# 中国农业产业技术发展报告

## （2014年度）

农业部科技教育司
财政部教科文司

中国农业出版社

**图书在版编目（CIP）数据**

中国农业产业技术发展报告．2014年度/农业部科技教育司，财政部教科文司编．—北京：中国农业出版社，2015.8

ISBN 978-7-109-20753-0

Ⅰ.①中…　Ⅱ.①农…②财…　Ⅲ.①农业产业—技术发展—研究报告—中国—2014　Ⅳ.①F320.1

中国版本图书馆CIP数据核字（2015）第179735号

中国农业出版社出版

（北京市朝阳区麦子店街18号楼）

（邮政编码100125）

责任编辑　吴丽婷　宋会兵

中国农业出版社印刷厂印刷　新华书店北京发行所发行

2015年8月第1版　2015年8月北京第1次印刷

开本：889mm×1194mm　1/16　印张：21

字数：458千字

定价：80.00元

# 出　版　说　明

收集、整理、分析产业及技术发展动态信息，为政府决策提供咨询，为社会发布技术成果信息和技术需求信息是现代农业产业技术体系（以下简称“体系”）的重要任务之一。为了进一步促进体系对产业发展基础信息资料的收集与总结，强化体系对产业发展的技术支撑作用和效能，2014年，我们又一次组织水稻、玉米、小麦、大豆、大麦青稞、高粱、谷子糜子、燕麦荞麦、食用豆、马铃薯、甘薯、木薯、油菜、花生、芝麻、向日葵、胡麻、棉花、麻类、甘蔗、甜菜、蚕桑、茶叶、食用菌、大宗蔬菜、西甜瓜、柑橘、苹果、梨、葡萄、桃、香蕉、荔枝龙眼、天然橡胶、牧草、生猪、奶牛、肉牛牦牛、肉羊、绒毛用羊、蛋鸡、肉鸡、水禽、兔、蜂、大宗淡水鱼、虾、贝类、罗非鱼、鲆鲽类50个体系的首席科学家牵头编写了《中国农业产业技术发展报告（2014年度）》，供各级农业及相关行业行政主管部门、科研教学单位、推广机构和各类企事业单位参考和借鉴。水平有限，疏漏和粗糙之处难免，敬请谅解。

编　者

2015年6月

# 目 录

# 2014 年度水稻产业技术发展报告

（国家水稻产业技术体系）

## 一、国际水稻生产与贸易概况

### （一）生产

据联合国粮农组织（FAO）作物前景报告，预计 2014 年全球稻谷产量 7.06 亿吨左右，比 2013 年小幅减产 100 万吨左右，减幅 0.2%。其中，预计亚洲稻谷小幅减产 0.5%，主要是印度、印度尼西亚、斯里兰卡和泰国等国家水稻生长期间遭遇不同程度自然灾害，特别是主产国印度受季风影响，降雨少，预计稻谷减产 3%以上，但中国、孟加拉国、缅甸、越南和菲律宾稻谷均有不同程度增产。在其他水稻非主产国，如非洲的马达加斯加、坦桑尼亚等，实现了灾后恢复性增产，增产超过 10%；而澳大利亚受主产区新南威尔士州的灌溉水源供应减少影响，产量下降了 15%。

### （二）贸易

预计 2014 年世界大米进口总量达到 4 003万吨，出口总量 4 258 万吨，分别比 2013 年增加 108 万吨和 31 万吨，增幅分别为 2.8%和 0.7%。在主要出口国家中，印度出口 900 万吨，比 2013 年减少 115 万吨；泰国出口 1 100 万吨，与 2013 年基本持平；越南出口 670 万吨，增加 40 万吨；巴基斯坦出口 390 万吨，增加 50 万吨。预计 2014 年国际大米库存量为 9 764 万吨，比 2013 年减少 882 万吨，减幅 8.3%；库存消费比 20.2%，降低了 2 个百分点。

### （三）市场

2014 年国际大米市场价格延续了近年来的低迷局面，全年价格走势较弱。以泰国含碎 25%大米 FOB 价格为例，2014 年国际大米市场年平均价格仅为每吨 382.6 美元，比 2013 年大幅下跌了 95.3 美元，跌幅高达 20.0%。其中，2013 年上半年泰国含碎 25%大米 FOB 价格均在每吨 510 美元以上，而 2014 年中有 8 个月平均价低于每吨 400 美元。2014 年 12 月泰国含碎 25%大米 FOB 价格为每吨 395 美元，比 2003 年 1 月份平均价下降了 150 美元。这也是近年来我国大米进口量持续增加的主要原因之一。

## 二、国内水稻生产与贸易概况

### （一）生产

2014 年全国水稻种植面积 4.55 亿亩*，

* 亩为非法定计量单位，1 亩≈667 米²，余同。——编者注

略减3.8万亩；亩产454千克，比历史最高的2012年提高了2.2千克；总产20 643万吨，比历史最高的2012年增产219万吨。其中，早稻总产3 401.0万吨，比2013年略减6.3万吨，主要原因是湖南、江西部分产区受长时间低温寡照以及局地暴雨、洪涝等气象灾害影响，导致这两个早稻面积最大省份单产下降；中晚稻实现恢复性增产，比2013年增产280多万吨，主要原因是中晚稻生长的中后期气象条件较好，灌浆结实期间光照强，温度高、昼夜温差大，结实率高，特别是后期没有遭遇寒露风为害。

### （二）贸易

据国家海关统计，2014年我国进口大米257.9万吨，比2013年增加30.8万吨，增幅13.6%，是三大粮食作物中进口量同比增长的唯一品种；出口大米41.9万吨，比2013年减少5.9万吨，全年净进口量高达216.0万吨。越南、巴基斯坦的低价籼米仍是我国进口大米的主要来源。2014年大米进口继续增加，其主要原因是国内外大米市场价格倒挂。据监测，至12月下旬，越南5%破碎率大米到岸完税价每吨2 966元，比我国南方销区早籼米价低750～950元/吨。

### （三）市场

受稻谷最低收购价继续提高、低价大米进口等综合影响，2014年国内稻米市场略有上涨，但涨幅不大。2014年产早籼稻、中晚稻和粳稻最低收购价格分别比2013年提高3元、3元、5元。从9月26日起，安徽、四川和湖北等省先后及时启动了托市收购，有利于市场价格稳定，至12月25日国内中晚稻主产区各类粮食企业累计收购新产中晚稻5 137万吨，比2013年同期增加385万吨。据监测，12月份早籼稻、晚籼稻、粳稻每50千克的收购价格分别为132.75元、137.54元和153.09元，分别比2013同期上涨了3.6%、3.2%和4.3%。

## 三、国际水稻产业技术研发进展

### （一）遗传育种技术研发进展

在水稻种质创新和新品种培育方面，国际水稻研究所所长Robert Zeigler博士在泰国召开的国际水稻大会上报告，基于耐淹基因*Sub1*克隆，第二次绿色革命（GR.2）已来临，并提出2030年将进行水稻可持续发展的第三次绿色革命（GR.3）；国际水稻研究所“金稻”项目负责人Violeta Villegas博士指出“金稻”研究进展显著，其利用对缓解亚洲维生素A缺乏人群意义重大。印度农业理事会（ICAR）发放了16个抗旱水稻品种，并在特里普拉邦（Tripura）省开始应用。此外，由国际水稻研究所牵头的$C_4$水稻研究也取得重大进展，Thomas Brutnell博士研究发现具有$C_4$特征水稻种质，为$C_4$水稻深入研究奠定基础。在杂交水稻技术研发与推广方面，印度、印度尼西亚、越南、美国、巴西等国杂交水稻已达8 000万亩，其中印度约3 750万亩，比1995年增长近250倍，增产效果十分显著。

### （二）栽培与土肥技术研发进展

亚洲部分地区传统栽培制度受到挑战，如印度西北部水稻小麦轮作区地下水过量开采、土壤退化、劳动力缺乏、劳动力成本上升，稻麦轮作的栽培方式难以持续。但同时，劳动力和水资源短缺也促使传统水稻手工移栽向机械化干直播方式转变，减少了种植环节能源和人力投入，使传统的稻麦轮作模式得以延续，特别是秸秆还田杜绝了焚烧秸秆带来的空气污染，改良了土壤结构和养分循环。水稻玉米轮作模式在南亚和孟加拉国正快速发展，比水稻—水稻模式节约了大量淡水，满足了家禽和鱼养殖对玉米的饲料需求。孟加拉国研究人员采用BMP和叶色卡指导氮肥施用或者大颗粒尿素施用技术和农民管理技术集成，可以大幅度提高水稻产量。总体上看，适应环境改善及顺应社会发展的种植模式正在不断发展与完善。

### （三）病虫害防控技术研发进展

美国科学家Jessie Fernandez等发现稻瘟菌初级代谢酶转酮酶是其在水稻细胞中生长必需的，稻瘟菌在水稻体内的糖代谢产生的ATP可刺激活体生长和侵染，揭示了稻瘟菌利用代谢策略侵染水稻的机制；法国科学家Stella等研究发现，水稻中的两个NBS-LRR蛋白RGA4和RGA5进行功能性和物理性互作，并进一步提出了这两个NBS-LRR蛋白的互作模式；新加坡科学家Tian等克隆了水稻抗白叶枯病基因*Xa10*，该基因的启动子区域含有TAL效应子Avr-Xa10的结合位点，Avr-Xa10特异性地诱导*Xa10*的表达。在防治方面，日本科学家Yoshihiro Taguchi等通过田间风力模拟试验发现，在风力大于7.3米/秒时，水稻叶瘟和穗颈瘟的发病率显著降低，其对稻瘟病的控制效果甚至好于常用的杀菌剂，证明利用风力是防治稻瘟病的一种新方法。

### （四）产后处理及加工技术研发进展

日本利用高压技术处理发芽糙米，可改善产品口感，原因是细胞膜破裂和分子重排。在发芽糙米中的γ-氨基丁酸、谷氨酸及谷氨酸脱羧酶（GAD）的系统研究方面，发现发芽糙米中γ-氨基丁酸含量与稻米中GAD活力和谷氨酸含量呈正相关；韩国学者Kim等开展了利用电解氧化水调整稻米贮藏湿度，增加米糠中γ-氨基丁酸含量的研究。米糠油中生物活性成分功效的研究结果表明，米糠油中谷维素、脂溶性维生素、植物甾醇及谷甾醇等成分除具有调节神经、降低胆固醇和降血压等保健功能外，还可利用其稳定且补水的特性应用于医药和化妆品领域。此外，稻米提取物中天然存在的抗氧化剂成分已有报道，如马来西亚Norhaizan等以高血脂兔为模型现已开展活性稻米对肝脏脂质抗氧化作用的研究。

### （五）设施与设备技术研发进展

欧美国家水稻机械技术研究主要是大型的水稻直播机和全喂入联合收割机，直播机械还是飞机散播和大型条播机，工作效率高。日本的插秧机技术继续朝高效方向发展，手扶步进式插秧机已很少采用，小块水田插秧已采用普通乘坐式插秧机。日本插秧机技术还致力于减轻插秧机重量，如变速箱体均采用压铸铝件，行走变速采用静液压无级变速装置，大一些的田块普遍采用8行高速插秧机。水稻摆栽机在日本北海道寒冷地区采用比较普遍，因为摆栽可以缩短秧苗的返青期，但是育秧复杂，机器价格较高。在育秧技术方面，日本都是采用基质育秧的方法进行流水线播种。在田间管理方面，日本大多采用高低隙大型喷洒机，飞机喷药很少。稻谷烘干机普遍使用，但技术改进不大。中国台湾专业育秧中心发展很快，确保了机插秧工作顺利开展。

## 四、国内水稻产业技术研发进展

### （一）遗传育种技术研发进展

陵两优 22 等 47 个新品种通过国家审定，内 5 优 8015 等 18 个品种通过农业部超级稻认定。水稻新品种龙粳 31 和中嘉早 17 预计年推广分别超过 1 500 万亩和 800 万亩，分别居全国粳稻和籼稻品种年推广面积的首位。基础研究取得重大进展，如万建民研究团队成功完成了 *Bph3* 的图位克隆，发现 7 个含 *Bph3* 位点水稻品种中的前 3 个 OsLecRKs 的氨基酸序列完全一致，而与其他感虫品种存在较大差异；利用 RNAi 技术下调抗虫亲本中 OsLecRKs 的表达，显著降低了其褐飞虱抗性，相关成果发表在 *Nature Biotechnology*。傅向东研究团队在氮肥高效利用研究取得突破，证实异三聚体 G 蛋白（Heterotrimeric G proteins）调控了水稻的氮利用率，推断这一植物 G 蛋白复合物调控了氮信号，调控异三聚体 G 蛋白的活性有可能是环保且可提高水稻产量的一个有前景的策略，相关成果发表在 *Nature Genetics*。

### （二）栽培与土肥技术研发进展

由中国水稻研究所主持的“超级稻高产栽培关键技术与区域化集成应用”获 2014 年国家科学技术进步二等奖。在高产示范方面，中国水稻研究所在浙江宁海采用超高产品种“春优 927”加“早发壮秆稳长”高产栽培技术，实割亩产达到 955 千克，实现了浙江水稻主产区单产新突破；华南农业大学和中国水稻研究所联合在新疆一团七连示范机械精量旱穴播种技术，创出 1 043 千克高产纪录。在水稻全程机械化技术方面，水稻钵形毯状秧苗机插技术大面积推广，双季稻钵苗机插、窄行机插方法和装备不断完善，有利于提高穗数和产量。高低温、干旱防控关键技术进一步集成。在土肥方面，中国水稻研究所等开展南方低产水稻土改良技术研究，从推荐施肥、缓释新肥料、抗逆品种及群体调控等方面，提出了有机熟化、厚沃耕层、排水氧化、酸性消减和厢垄除樟等低产水稻土改良技术，有利于提高产量和提升肥料利用效率。

### （三）病虫害防控技术研发进展

南京农业大学等单位鉴定了一个水稻抗条纹病毒基因 *STV－11*，发现在感病品种中超表达 *STV－11* 基因可显著增强对条纹病毒的抗性。四川农业大学发现水稻 MicroRNA 参与其对稻瘟病的免疫反应，其中 *miR160a* 和 *miR398b* 的超表达植株抑制菌丝生长，增强了侵染位点活性氧的累积和上调了防卫基因的表达，从而增强了水稻的抗瘟性。上海生命科学研究院植物生理生态研究所等研究发现超表达丙二烯氧化环化酶（AOC）基因降低了稻褐飞虱的去世活性和存活率，显著增加了水稻对褐飞虱的抗性，揭示了 AOC 介导的 OPDA 抗刺吸式害虫机制。此外，中国水稻所发现 pH 不可逆的影响水稻纹枯病病害分级，影响抗纹枯病 QTL 的精确定位，并进一步改良了精确定位抗纹枯病定位方法，建立了第一个抗纹枯病物理图谱。扬州大学精细定位了抗纹枯病的主效 QTL $qSB-9^{TQ}$ 并将其与 $TAC1^{TQ}$ 聚合，发现在抗纹枯病育种中具有利用价值。

### （四）产后处理及加工技术研发进展

中国农业大学对过热蒸汽干燥稻米的力学特性进行研究，在稻米爆腰率不增加的同时提高干燥速率，降低能耗，提高大米的成品率。华中农业大学发现米粉加工原料除需选择直链淀粉含量高的稻米外，还应选择粗脂肪含量高、凝胶回弹性大和糊化回生值低的品种。天津农学院研究认为陈化稻米米饭变劣的原因是米饭吸水率、延伸率和碘蓝值降低，而膨胀率和透光率增加。此外，稻米副产物加工，米糠油提取工艺、米糠油脱色脱酸技术一直是国内研究的重点，目前稻米中保健成分γ—谷维素的研究仍处于制备和检测阶段；米糠蛋白已应用于乳化香肠加工；采用加酶和挤压膨化技术，以碎米为原料生产淀粉糖浆工艺研究也已见报道。

### （五）设施与设备技术研发进展

制约我国水稻生产机械化的瓶颈主要是高速插秧机技术和育秧机械化技术。2014年我国水稻插秧机生产发展稳定，高速插秧机关键零部件研究等进展较好，如机械传动零部件的制造工艺和可靠性、精密取秧技术等发展较快。适应有机稻生产的机械除草机开始在不同地区示范与推广。在稻田的机械化整地方面，开展了拖拉机悬挂整地机械的水平平衡装置的研究，进展较快。由于农机的购机补贴政策和农民对稻谷机械烘干认识的提高，在一些经济较发达稻区稻谷机械化烘干技术推广较快。联合收割机底盘技术的履带式旋耕机技术发展很快，已有多种类型的履带式旋耕机通过部级推广鉴定。水稻机械化直播技术开始示范与推广，种植效果较好。

（水稻产业技术体系首席科学家程式华提供）

# 2014年度玉米产业技术发展报告

（国家玉米产业技术体系）

## 一、国际玉米生产与贸易概况

**1. 2014年全球玉米产量明显增加，供给较为充足** 美国农业部预计，2014年度美国玉米产量3.66亿吨，比2013年度增加1 225万吨，创历史新高。2014年度美国玉米国内总消费预计为2.95亿吨，出口4 445万吨，比2013年度减少445万吨，期末库存预计为5 075万吨，比2013年度增加1 936万吨，是9年来的最高水平。近两年美国玉米连续增产，库存持续增加。

预计2014年度全球玉米产量9.915 8亿吨，全球玉米消费量9.722 1亿吨，全球玉米期末库存1.926 2亿吨，为近15年来的最高水平。全球玉米供应宽松。

**2. 2014年国际玉米价格大幅度下跌** 2014年全球玉米产量显著增加，供需形势得到明显改善。在供给较为充足的预期下，全球玉米价格持续大幅度下降。美国芝加哥短期期货价格由2013年6月份平均614美分/蒲式耳（24美分/千克）降至2014年11月份的375美分/蒲式耳（15美分/千克），降幅高达39%。

## 二、国内玉米生产与贸易概况

**1. 2014年玉米面积继续增加，总产量达到历史较高水平** 据国家统计局公布的数据，2014年我国玉米总产量2.156 7亿吨，比历史最高水平的2013年减少286.1万吨，减幅约1.3%。其中，玉米播种面积3 707.6万公顷，比2013年增加75.8万公顷，增幅2.09%；玉米单产为5.817吨/公顷，比2013年下降0.199吨/公顷，减幅3.31%，主要原因是2014年7月以后北方出现干旱，东北地区南部、华北黄淮西部等地玉米正值产量形成关键期，对玉米生产有一定负面影响。总体而言，干旱对总产影响有限，玉米总产仍达到历史次高水平。

**2. 2014年饲用玉米需求低迷，工业需求有所增长，玉米总需求小幅增长，但玉米价格仍面临下行压力** 2014年，畜产品价格较为低迷，部分畜产品价格相对2013年明显下降，但饲料价格相对较高，猪肉的肉料价格比一直处于6：1盈亏平衡线以下，生猪和能繁母猪存栏量下降。受2014年初禽流感疫情影响，家禽养殖规模也出现大幅下滑。同时还受到高粱及大麦等替代品进口量大幅增加等因素的影响。总体上，2014

年饲料粮总需求量下滑、玉米饲料消费出现下降。预计2014年玉米饲料消费为1.12亿吨，比2013年下降300万吨。另一方面，2014年国内淀粉和酒精行业的经营状况相对于2013年有所改善，生产效益和数量都有不同幅度的提高。预计2014/2015年度我国玉米工业消费将比2013/2014年度增长300万吨（增长6.1%），达到5 200万吨。

2014年国内玉米供需形势较为宽松，玉米价格面临下行压力。但受到国家玉米临时储备调控政策的影响，玉米价格比2013年呈上涨趋势。由于国际市场玉米价格不断下降，我国玉米价格已显著高于进口玉米价格。2014年12月份美国玉米运抵我国南方港口的到岸税后平均价为1 710元/吨，国内南方港口玉米平均成交价格为2 436元/吨，美国玉米比国内低726元/吨。如果剔除13%增值税（国储进口免征增值税），美国玉米到港成本比国产玉米价格低912元/吨。

**3. 国内外玉米差价持续扩大，我国玉米进口数量减少，进口国别显著变化，玉米替代品进口数量显著增加** 由于国际玉米价格较低，国内玉米进口压力增加。但受到美国MIR162转基因玉米事件影响，我国2014年玉米进口量预计为250万吨，低于2013年320万吨的进口量，降幅23.3%。2014年进口国别显著变化，来自乌克兰和泰国等地玉米进口数量有较大幅度增加，预计来自美国的玉米进口份额降到50%以下。

由于玉米进口减少，加之国内玉米价格相对较高，畜禽养殖企业不断寻求其他廉价饲料，致使玉米在饲料粮使用中的比例偏低。2014年我国高粱和大麦进口大幅度增长，主要用于饲料。预计我国2014年进口高粱、DDGS（玉米干酒糟）和大麦分别达到600万吨、560万吨和480万吨，比2013年分别增加492万吨、160万吨和246万吨，三种替代品合计增加898万吨。在我国饲料消费仍疲软的情况下，进口玉米及其替代品数量增加对国产玉米价格造成了冲击。

## 三、国际玉米产业技术研发进展

当前，国际玉米产业技术研发方向主要体现在以下5个方面。

**1. 遗传改良技术及其产业化发展迅速**

种质改良技术不断升级，规模化的以单核苷酸序列（SNP）差异为基础的分子标记辅助选择和转基因、单倍体育种技术已经成为跨国种业集团玉米育种的核心技术，并深度集成应用于育种程序。种质改良与创新备受重视。品种改良朝抗虫、抗除草剂、耐旱、优质、资源高效等方向快速发展。

玉米转基因研究与应用由单一性状向复合性状方向发展，2014年美国种植的抗虫和抗除草剂转基因玉米达到玉米播种面积的93%。

**2. 强化密植高产与资源高效利用的简化管理技术**

（1）欧美发达国家推广矮秆、早熟、耐密植、脱水快的品种，通过高密度种植和机收籽粒，简化管理过程，实现高效生产。

（2）欧美国家通过秸秆还田、与豆科作物轮作、增施有机肥、减少化肥用量和采取少耕、免耕等保护性耕作措施培肥地力，保育合理耕层，不断提高养分利用效率，在不增施化肥的前提下，连续提高玉米单产；在北美，新型玉米专用控释肥料（ESN）得到推广应用。

**3. 病虫草害综合治理更加科学** 加强

有害生物流行监测与综合防治相结合。充分利用玉米品种抗病虫特性，通过常规育种与分子标记辅助技术相结合，选育抗病虫品种，特别是抗黄曲霉和多种镰孢菌所致穗腐病的品种，利用转基因技术改善品种的抗虫和耐除草剂水平，减轻玉米虫害和穗腐病的发生；研制高效、安全的新型种衣剂以及利用生物防治技术控制土传病害和地下害虫；构建区域化绿色综合防治技术体系已成为欧美玉米高产稳产的重要技术保障。

**4. 推广施行以机械化为主的集约化生产技术** 高速、宽幅、联合、智能化依然是发达国家玉米生产机械化发展方向。一次性作业完成深松、耙茬、施肥等耕整地复式作业技术、保护性耕作技术、单粒精量播种技术、高效低耗田间管理技术等将有较快发展；籽粒直收技术、秸秆综合利用技术更加成熟；国际大公司充分利用 GPS 卫星定位、激光制导等智能技术为农场主提供精准播种、施肥、植保和收获作业的整体解决方案。

**5. 深加工领域向扩大产业链、低碳环保方向发展** 国际上玉米深加工产品主要有淀粉及变性淀粉、淀粉糖、燃料乙醇、有机酸、氨基酸和玉米食品等。新技术与产品开发主要体现在：利用新菌种和新酶制剂研发淀粉及其下游新产品，提高产品品质；采用生物转化和化学裂解技术，加快新材料、新能源的开发利用；应用先进的技术和装备，降低资源消耗，提高环境效益。

## 四、国内玉米产业技术研发进展

围绕"一机两改一保障"的产业技术发展战略，依靠技术进步继续提高单产，转变发展方式，降低生产成本，提升玉米产品的国际竞争力，是 2014 年国内玉米产业技术研发的基本方向。

**1. 推进种业改革，转变育种观念** 玉米是我国第一大作物，跨国种业强势进入我国市场，凸显国内种业整体发展滞缓的局面。我国种业发展正处于转型升级时期，国家玉米产业技术体系积极建立和巩固玉米种业科企合作对接机制，推动公共科研部门和商业种子公司的紧密合作，引领我国育种研究机构和企业，调整育种方向、目标和技术路线。国家玉米产业技术体系积极实施科企合作育种创新战略，通过发放种质、技术培训、新品种联合测试等，带动企业提升育种创新能力。

2014 年，我国玉米种业进一步加大了优良种质资源的引进、改良与创新力度。以早熟、矮秆、耐密、高抗、籽粒灌浆和脱水速度快等性状为特点的宜机收品种已成为新时期玉米育种的主导方向，已选育出一批苗头自交系和新杂交组合。双单倍体育种技术进一步完善并推广，成为部分企业的主流选系技术。分子标记辅助选择和转基因育种技术正逐步成为培育抗虫和抗除草剂新品种的重要技术。

提高种子发芽率、发芽势和幼苗生长势成为玉米育种和种子技术研发新指标。大面积采用单粒播种技术，对种子质量提出了更高要求，继续推广先进的种子加工处理技术，精品种子占 31.7%，部分发芽率达到 95%，为玉米生产实现机械单粒播种提供了保障。

**2. 选育推广早熟、耐密植、适宜机械化播种和收获的新品种** 2014 年，高产、抗逆、耐密植品种郑单 958 和先玉 335 的推广面积仍然较大，在生产上继续发挥重要的增产作用，也出现了一批综合性状优良的新品种。国家玉米产业技术体系大力推进科企合作，引领我国育种研究单位和企业，调整育种方向、目标和技术路线，更新种质，积极培育优质、高产、抗逆、适应机械化生产的创新型新品种，选育出一批苗头自交系和优良新杂交组合。

**3. 集成与推广高产高效栽培技术** 2014年，继续推广密植播种技术，玉米主产区合理增加了种植密度。针对不同区域的生态条件和生产水平，研究与推广深松改土技术，在东北推行秋深松、高留茬、平播高产技术，在黄淮海夏玉米区推广免耕直播、秸秆还田、秋深翻技术，在西北推广大小行深松密植高产技术，有效改善玉米耕层结构。研究水肥一体化技术，逐步推广节水灌溉、坐水种、行走式节水灌溉机械播种技术以解决玉米播种、保苗问题，同时因地制宜继续推广全膜双垄沟播种植和中小型喷灌、玉米膜下滴灌技术。继续推广测土配方施肥技术，配方肥和缓释肥的研制和应用取得明显成效，机械施肥技术稳步发展。

**4. 保护性耕作** 保护性耕作示范县建设工程、购机补贴、秸秆禁烧等政策和项目实施，促进了保护性耕作技术的推广。我国目前各种保护性耕作面积约2.8亿亩，占耕地面积14%。其中小麦玉米两熟免耕直播1亿亩，一季玉米留茬免耕垄作1 500万亩，玉米地膜覆盖少、免耕种植3 500万亩，农作物间作带状保护种植2 000万亩。

**5. 机械化生产技术** 玉米生产机械化水平进一步提升，深松整地技术大面积推广应用，过去长期以旋耕为主造成的土壤耕层浅、犁底层厚、板结严重的问题开始得到解决；机械化单粒精密播种技术在生产上得以快速推广，但种子发芽率低、加工质量差等问题依然存在，不能完全满足单粒精密播种要求；一直以来阻碍玉米机械收获的种植行距多样化问题，经国家玉米产业技术体系多年研究，基本明确黄淮海地区夏玉米播种行距60厘米最为适宜。2014年玉米收获全程机械化，包括摘穗、剥皮、脱粒、秸秆粉碎还田一体化在各地开展了大面积示范，但生产上的宜机收品种仍较少，收获时籽粒含水率偏高，不适合机械化收获的矛盾依然突出，需抓紧研发解决。玉米生长后期的植保机械化作业取得进展，国产大型高杆喷雾机已经开始在生产上示范应用。

随着家庭农场、合作社等经营方式的转变，土地流转、规模化、集约化和机械化生产方式必将成为我国未来玉米生产主流模式，与之相配套的机械化生产技术需求将突显，应得到高度重视，提前做好技术储备。

**6. 病虫害防控技术** 研发防治土传病害的新型种衣剂和生防制剂，有效控制了丝黑穗病、线虫矮化病和玉米茎腐病的发生，示范效果明显；释放赤眼蜂、喷施Bt制剂，结合灯光诱杀和早春白僵菌封垛的玉米螟绿色防控技术，在东北春玉米区大面积推广；玉米生长后期叶斑病控制前移技术已经在东北、黄淮海和西南区示范应用，对玉米大斑病、小斑病、灰斑病等叶斑病有显著的控制效果，得到地方政府、国内玉米种业公司和外资企业的关注，而且在防病机理和控制药害方面取得进展；研究了适应机械化种植条件下的病虫害综合防治技术，其中机械化密植模式下病虫害简化防控技术在黄淮海夏玉米区示范效果好，可以减少农药施药次数2～3次。

**7. 玉米深加工技术** 2014年，我国玉米精深加工业呈现出保质、减损、降耗、增效的发展趋势。主要特点为：①应用生物和信息技术等绿色储藏和物流技术，提高玉米原粮品质，减少原粮损耗；②集成国内外加工新技术、新工艺，研发绿色、智能化加工新装备，节约能源，减少排放，降低原粮消耗和生产成本；③采用现代生物技术、组分分离技术等手段，开展玉米生产和加工副产物的高值化利用关键技术研发，提高资源利用率，增加玉米深加工的综合效益。

**8. 我国玉米产业技术发展的基本方向** 我国玉米产业技术发展的基本方向是“一机两改一保障”。其中隐含着大量的产业技术需求和研发任务，包括育种、土壤耕作、秸秆还田、合理施肥、科学灌溉、植物保护、农业机械和产业经济。农业机械将带动品种改良和土壤改良，科技人员培育的新品种、研发的新技术都必须适应机械化作业。“一机两改一保障”已经成为驱动玉米产业技术发展的基本框架。

（玉米产业技术体系首席科学家张世煌提供）

# 2014年度小麦产业技术发展报告

（国家小麦产业技术体系）

## 一、国际小麦生产与贸易概况

世界小麦产量再创新高。据联合国粮农组织报告，2014年世界谷物产量为25.23亿吨，较2013年略降0.1%；其中，小麦产量为7.19亿吨，在2013年创纪录的水平上略增0.2%，再创历史新高。增产主要是由于俄罗斯和乌克兰单产达到历史最高水平，欧盟、中国和印度产量有不同程度增长，弥补了北美洲小麦产量下降。世界小麦消费量为7亿吨，比2013年增长1.7%；产大于需1 900万吨，库存水平有所回升，小麦供需形势进一步改善。

国际小麦价格趋于走弱。2014年国际小麦价格呈现前高后低、震荡下行态势。上半年受美国恶劣天气及加拿大物流问题影响运输等因素影响，2～5月国际小麦价格连续走高，之后随着主产国小麦生产形势逐渐明朗，全球小麦产量再获丰收，6月起国际小麦价格呈下行态势，整体水平低于上年。美国墨西哥湾硬红冬麦（蛋白质含量12%）平均离岸价从1月的288.4美元/吨涨至5月的346.2美元/吨，6～11月跌至280.3美元/吨，12月回升至290.3美元/吨。全年平均离岸价为303.4美元/吨，同比下跌6%。

世界小麦贸易量略有下降。2014年世界小麦贸易量为1.5亿吨，在2013年创纪录水平上减少4.6%，但仍保持较高水平，较2012年增长7%。贸易量减少主要是由于亚洲和非洲小麦进口减少，但欧盟对高品质小麦的进口仍处于较高水平。另一方面，主要出口国的小麦供应充足，库存量占消费量和出口量之和的比率从14.1%提高至15.6%。

## 二、国内小麦生产与贸易概况

我国小麦实现连续11年丰收。据国家统计局数据，2014年我国粮食总产量为60 709.9万吨，比2013年增加516万吨，增长0.9%，粮食生产实现了连续11年丰收。其中，小麦产量12 617.1万吨，比2013年增加424.5万吨，增长3.4%，实现第11年增产；小麦面积2 406.39万公顷，减少5.31万公顷；单产5 243.2千克/公顷，增加187.6千克/公顷。总体来看，当前国内小麦消费稳中略增，供需平衡有余，国内供应较为充足，为市场稳定奠定了良好基础。

国内小麦价格稳中有升。在成本上涨及

最低收购价支撑的影响下，2014年国内小麦价格呈稳中有升态势，优质麦涨幅高于普通麦，价差呈缩小趋势。郑州粮食批发市场普通三等白小麦1月价格为2 523元/吨，2～3月涨至2 550元/吨，4～6月跌至2 430元/吨，7～10月涨至2 560元/吨，11月略跌，12月回升至2 560元/吨，同比上涨1%；全年均价为2 526元/吨，同比上涨1.5%，涨幅较上年回落13.6个百分点。优质麦全年均价有所上涨，1月为2 800元/吨，2～5月涨至2 860元/吨，6～7月跌至2 670元/吨，8月之后呈平稳上涨，12月为2 793元/吨，同比略跌0.3%；均价为2 757元/吨，同比上涨4.9%，涨幅较上年增加0.3个百分点。优质麦与普通麦价差由年初的278元/吨缩小至233元/吨。

我国小麦进口明显减少。2014年，我国小麦产品进口量达到300.44万吨，同比减少45.7%；出口量18.96万吨，同比减少31.9%。小麦进口以澳大利亚、美国和加拿大为主，合计占进口总量的88.9%，其中从澳大利亚、美国和加拿大分别进口139.59万吨、86.29万吨和41.09万吨，分别占46.5%、28.7%和13.7%。小麦出口以香港和朝鲜为主，2014年出口量分别为9.82万吨和7.89万吨，占出口总量的51.8%和41.6%。由于小麦进口量占国内消费量的比重很小，对国内市场影响不明显。

## 三、国际小麦产业技术研发进展

2014年SCI收录以“小麦”为主题的研究性论文7 117篇，比2013年增加558篇。其中数量超过50篇的国家有36个，前5位顺序是：中国、美国、印度、澳大利亚和德国。根据美国汤森路透THOMSON INNOVATION平台的检索结果，2014年中国、美国、欧盟和日本申请有关小麦的专利数分别为335、47、2和27条，2014年授权数分别为127、202、43、95条。

### （一）遗传育种研究

2014年7月，由全世界37个科研单位、近千名科研人员参与的六倍体小麦全基因组测序与组装工作完成，六倍体小麦全基因组草图问世，这将对于小麦遗传育种、小麦功能基因组、小麦进化及比较基因组研究产生巨大的推动作用。

目前已被正式命名的抗条锈、叶锈和秆锈病基因分别为67、74和58个，其中2014年新命名的为14、4和4个。抗小麦白粉病基因有53个，其中2014年新命名3个。2014年由蒙大拿农业试验站育成的第一个抗吸浆虫的硬红春小麦栽培品种Egan在美国登记，将在蒙大拿州吸浆虫高发区种植。西班牙育成了比正常麸朊含量低97%的面包小麦品种，可以供乳糜泻易感人群食用。

### （二）栽培技术研究

英国农艺学家通过比较小麦生产品种在干旱胁迫下的水分利用效率（water use efficiency，WUE），发现土壤深层水分的利用与产量潜力之间并没有明确的关联。而匈牙利学者关于不同时期干旱对小麦WUE的研究，认为短生育期的小麦品种对拔节期干旱敏感，而具有较长生育期的品种则易受到开花和灌浆期间干旱的影响。塞尔维亚研究人员将小麦苗期抗旱性状与后期发育及产量相结合，确立了包括耐性指数（tolerance index，TOL）、胁迫敏感指数（stress susceptibility index，SSI）、胁迫耐性指数（stress tolerance index，STI）在内的小麦抗旱筛选体系。

阿根廷研究人员将整个小麦生育期分为5个阶段，分别设置渍水处理，同时设置两个播期，发现靠近开花期的时间段为小麦对渍水胁迫最敏感的时间，而晚播减弱了小麦的耐渍性。印度学者通过考察108个小麦基因型在应对盐渍多重胁迫时的响应特征，将株型特征、开花时间、分蘖数等指标与小麦耐盐渍能力相关联，建立了一套鉴定小麦耐盐渍能力的评价体系。

澳大利亚谷物与大气 $CO_2$ 富集项目（Australian Grains Free-Air $CO_2$ Enrichment，FACE）经过3年连续多地点试验认为：较高的 $CO_2$ 提高了小麦籽粒硬度指数、粒径，但是降低了籽粒蛋白质和肌醇六磷酸含量。他们同时发现在高 $CO_2$ 条件下的小麦籽粒中Fe、Mg、Zn、Ca等矿质元素的响应特征与品种和播期存在显著相关关系。

### （三）病虫害防控技术研究

澳大利亚GRDC资助的全国茎基腐病流行和控制项目（National crown rot epidemiology and management）集中了全澳茎基腐病研究人员，进行该病害防控技术的开发和组装。其工作重点之一是完善南澳研究与发展研究所（SARDI）的PreDicta-B® 播种前病害检测方法，让农场主在进行种植规划时选择相应的轮作方式和病害防控措施。2014年又启动了一个为期3年的试验项目，进行茎基腐病造成的小麦和大麦的产量损失调查，同时分析轮作和间种对谷物产量的影响。

小麦赤霉病生物防治得到重视。通过室内筛选和温室试验，发现一些高等真菌能有效抑制赤霉病菌的生长，田间使用这些真菌对赤霉病的防效可达60%。其中，哈茨木霉T-22菌株在美国已获得登记并进行商业化生产（产品名称Plant Shield™），在田间使用该生防产品对赤霉病菌子囊壳形成的抑制率达90%。此外，芽孢杆菌属（*Bacillus*）、假单胞菌属（*Pseudomonas*）和链霉菌属（*Streptomyces*）等生防细菌对赤霉病防控也有潜在应用价值。例如，在田间使用多黏芽孢杆菌（*Paenibacillus polymyxa*）W1-14-3和C1-8-B菌株对禾谷镰刀菌的生长的抑制作用约50%，但对DON毒素合成可达85%～89%。

德国专家对瑞士、英国和以色列的小麦白粉病菌株基因组全序列进行了遗传信息分析，揭示了寄主与病原菌的长期共演化。白粉病菌与大多数真菌一样，有两种繁殖方式：一是遗传重组的有性生殖，二是后代遗传性状与亲代完全一致的无性生殖。研究认为，小麦和大麦白粉病菌的无性生殖后代，比有性生殖后代更具竞争力，但为了要感染植物，白粉病菌必须能够成功地抑制植物的防御系统。如果小麦演化出抗病能力，白粉病菌必须靠基因重组，也就是有性生殖让后代具有新的致病能力，并成功地感染新的小麦品系，否则就会被淘汰。

### （四）小麦加工技术研究

发达国家小麦加工企业数量、加工能力、产品数量已相对稳定。小麦粉产品类型向多样化、专用化和全营养方向发展，副产品利用向综合化、深度开发化和增值化方向发展。不同国家根据各自饮食习惯、食品制作工艺对应地开发各种专用粉。例如美、法、英等国家以焙烤类食品为主食，意大利以通心粉为主，澳大利亚以面条、饼干、蛋糕类为主。近年来发展较为迅速的是预混合粉和全麦粉。美国在全麦粉功能性研究方面有很多创新，在全麦粉（膳食纤维）对人体肠道益生菌的影响方面做出很多研究，既有理论意义，又有较高应用价值。

小麦制粉技术及设备仍以瑞士、意大利两个国家居世界领先地位，近些年主要通过研制自动化、方便性、灵活性更强的设备来提升小麦加工技术水平。同时，为适应行业加工企业规模越来越大的需求，开发了一系列产量更大的设备。

## 四、国内小麦产业技术研发进展

2014 年 SCI 收录中国有关小麦的研究性论文 1 596 篇，比 2013 年增加 679 篇。主要来自中国科学院（323 篇）、中国农业科学院（160 篇）、西北农林科技大学（156 篇）和中国农业大学（139 篇）。根据中国知网数据服务平台（www.cnki.com.cn）的检索结果，2014 年国内中文期刊发表的与小麦相关的研究论文（限基础科学、工程科技、农业科技领域）共计 1 859 篇。

### （一）遗传育种研究

2014 年我国利用小麦 90K 全基因组 SNP 芯片（Wheat SNP90）完成了对大量主推品种、育种亲本等材料的全基因组检测工作，获得了大量的 SNP 多态数据，为相关农艺性状的遗传研究提供了分子数据平台。对赤霉病、白粉病、锈病抗性，以及穗发芽、高温、严寒等耐性方面的优异种质材料进行了筛选与利用。利用关联分析的方法对穗发芽、产量性状、次生根数、耐光氧化基因位点等进行了鉴定分析。

新育成一批表现比较突出的小麦新品种，其中 70 多个通过国家和省级审定。主要有扬麦 23、克春 9 号、邯 05－5092、徐麦 33 等。农业部发布的 23 个 2014 年全国小麦主导品种为：良星 66、绵麦 367、淮麦 22、济麦 22、百农 AK58、西农 979、郑麦 366、周麦 22、烟农 19、邯 6172、烟农 21、新麦 26、石麦 15、郑麦 7698、衡观 35、扬麦 16、郑麦 9023、扬麦 13、襄麦 25、川麦 42、宁春 4 号、新冬 20、龙麦 33。

### （二）栽培技术研究

我国研究人员基于长期试验和大量调查研究证明，我国过量施肥的集约化农田体系，可以减少 25%～50%的化肥用量而不降低产量。小麦氮肥施用平均量为 210 千克/公顷，而区域氮肥总量控制施氮量为 174 千克/公顷，若将区域氮肥总量技术在小麦上应用，可以减少氮肥消费量 16.8%（85 万吨），增加产量 8.4%（1 200 万吨），降低温室气体排放强度 12.3%（1 040 万吨 $CO_2$）。

2014 年度我国小麦生产温室气体总排放估算值为 3.8 亿吨 $CO_2$ 当量，单位面积排放 $CO_2$ 量 18 吨/公顷。根据小麦生产的主产品和副产品含碳量的分析，2014 年小麦生产约汇集 3 亿吨 $CO_2$，占小麦生产过程排放量约 81%，净排放量约为 0.7 亿吨。比较小麦生产过程温室气体排放和汇集能力得出，本年度小麦生产过程温室气体排放和汇集的平衡产量约为6.8吨/公顷，低于此单产值表现为净排放，高于此单产值则表现为净汇集。运用此方法可以对我国种植业生产的分年度、分农产品的能源消耗排放和汇集能力进行分析，但目前学术界尚缺乏统一的全面有效的评价指标和测评方法。

## （三）病虫害防控技术研究

2014年我国小麦虫害发生5.28亿亩次，小麦病害发生3.98亿亩次，共计发生9.26亿亩次，总体属中等发生年份。其中麦蚜、纹枯病、赤霉病偏重发生，麦蜘蛛中等发生，吸浆虫、条锈病、白粉病偏轻发生。针对今年小麦病虫害发生情况，各地狠抓病虫防控，成功实现“虫口夺粮”，为夏粮丰产丰收赢得了主动。

研究发现微囊悬浮种衣剂作为一种新剂型具有良好的缓释性能，比粉体种衣剂和悬浮种衣剂更能控制原药的缓慢释放，提高原药的持效期和对种子的安全性。以第一代吡虫啉、第二代噻虫嗪、第三代呋虫胺为试验药剂，采用微囊技术做成缓释微囊种衣剂，通过测量土壤及麦苗中含药剂含量，得到其缓释动态结果：从播种到小麦收获，吡虫啉和噻虫嗪对麦蚜均具有非常好的防治效果，防效达到70%以上。从测产结果来看，吡虫啉和噻虫嗪也较对照显著增产，而呋虫胺只有小幅增产，这与灌浆期麦蚜的调查结果相吻合。

选用抗病性不同、遗传背景有较大差异的8个小麦品种，按组合所含品种数为3、4、5、6、7、8个进行混种，从这些组合上分离白粉病菌用SSR分析表明，品种混合种植组合的白粉菌群体遗传多样性总体要高于纯系组合；品种组合中各小麦品种的遗传背景丰富程度直接影响小麦白粉病菌群体遗传多样性水平；小麦白粉病菌群体遗传多样性的丰富程度与小麦品种遗传背景复杂程度有关。因此，要使小麦对病原菌产生稳定化选择，需要选择遗传背景复杂的小麦品种，而不能简单地用增加混种品种数目来实现。

近10年来，我国多家育种单位将含有抗条锈病基因*Yr26*的载体品种作为抗源培育出了一批抗性优良的生产品种，在我国小麦条锈病防控中发挥了重要作用。但目前已在甘肃、四川和陕西省分离到感染*Yr26*基因的条锈菌新菌系，且出现频率逐年增加，极有可能在2～3年内上升为优势小种，造成新一轮的小麦品种抗锈性丧失。应密切关注该菌系的变异动态，及时调整育种方向，挖掘新的抗病资源，以持续控制我国小麦条锈病危害。

## （四）小麦加工技术研究

2014年，国家加快对危仓老库的升级改造，并将在两年内新建500亿千克仓容的现代化粮库。横向通风、分体负压式谷物冷却机等粮食储藏成套新工艺、新技术将在新建仓容项目中推广应用。

随着我国粮食安全问题和食品营养问题越来越受重视，小麦适度加工、病害粒小麦加工技术、组分分离重组技术及主食营养组分强化、自营养面粉生产技术研发、营养稳态化小麦加工新技术研究等新技术越来越受到广泛关注。

2013—2014年，中国挂面生产行业的整体趋势是产能扩张和增速开始下降。2013

年总产量在 600 万吨，消化全国小麦粉 15%，至 2014 年有 2 800 余家挂面企业从事挂面生产。挂面市场仍处于扩张期，但行业增速已明显下跌，中等企业经营压力增大，行业风险开始增加。原料质量的优劣，设备和工艺的先进性，产品创新和市场拓展能力，以及管理水平成为面粉企业可持续发展的必然要素。

（小麦产业技术体系首席科学家肖世和提供）

# 2014 年度大豆产业技术发展报告

（国家大豆产业技术体系）

## 一、国际大豆生产及贸易概况

### （一）产量大幅增加，市场供给充足

2014 年度，全球大豆种植面积为 1.18 亿公顷，较 2013 年度增长 4.21%；总产首次突破 3 亿吨，达 3.15 亿吨，增长 11.04%；平均单产 2.67 吨/公顷，增长 6.55%。美国种植面积较 2013 年度增加近 9%，总产首次突破 1 亿吨，达到 1.08 亿吨；巴西大豆面积较 2013 年度增加 4.65%；阿根廷大豆种植面积与 2013 年度持平。由于消费增长幅度小于生产增长幅度，到 2014 年年底世界大豆库存接近 9 000 万吨，较 2013 年度同期增加 2 300 万吨，库存压榨比高达 35.4%，市场供需关系较 2013 年度明显偏松。

### （二）贸易价格回落

由于世界大豆消费增长相对较慢，库存增加，导致世界大豆贸易价格在 2014 年 3 月南美大豆上市后开始下滑。到 2014 年年底，由于美国大豆丰产，同时预计南美大豆增产，世界大豆价格大幅下降，甚至低于 2008 年世界金融危机时的水平，目前在 360 美元/吨左右徘徊，较 2013 年度高峰时下跌近 1/3。

### （三）贸易量增速减缓

2014 年，世界大豆、豆粕、豆油贸易量的增长均放缓。该年度世界大豆出口总量为 1.17 亿吨，较 2013 年度仅增加 440 万吨，增幅由 2013 年度的 12.44% 降至 3.87%。该年度世界豆粕出口 6 457 万吨，增长 6.4%；出口豆油 967 万吨，增长 6.5%。2014 年世界三大主产国大豆、豆粕、豆油出口量都较 2013 年度有所增加。

## 二、国内大豆生产、贸易概况及 2015 年发展趋势

### （一）国内大豆生产、贸易概况

**1. 生产规模下降，单产创历史纪录**

与世界大豆生产高速发展的趋势相反，2014 年我国大豆生产继续全面下滑，初步估计大豆种植面积为 640 万～650 万公顷，比 2013 年度减少 7.1%～8.6%，这是 2009 年以来连续 6 年大豆种植面积下降，且下降幅度加大，播种面积为新中国成立以来最低水平。该年度我国大豆单产创历史新高，达到约 1 843千克/公顷（123 千克/亩），比 2013 年提高 3.2%，但由于种植面积减少幅度较

大，该年度全国大豆总产比2013年度减少5.6%左右，降至约1 180万吨。

影响我国大豆生产的主要因素，仍然是国内农业生产政策继续倾向三大主粮，国家继续实行水稻和小麦最低收购政策及玉米临储收购政策，而大豆生产直补政策迟迟未能落实，且目标价格低于市场预期，极大地影响了豆农种豆的积极性。

**2. 国内外大豆价差扩大** 从粮油批发市场的大豆价格走势看，2014年1～4月份，大豆的周平均批发价格大体在4 550～4 620元/吨的幅度内波动；进入5月份后大豆的周平均批发价格逐渐攀升；至8月份，达到4 778元/吨；9月份后大豆价格一路跌落，周平均价格一度跌至4 383元/吨，年底收尾接近4 500元/吨。总体上，全年大豆批发价格都没有达到4 800元/吨的国家目标价格水平，国内外大豆价格严重倒挂，最大价差曾达到每吨617元。如此大的国内外价差导致大豆加工企业纷纷进口国外大豆。

**3. 大豆进口量再创新高** 2014年度大豆进口量突破7 000万吨，达到7 140万吨，较2013年度增长12.65%。主要进口来源国仍然是巴西（50.6%）、美国（35.4%）和阿根廷（9.3%），来自3个国家的合计进口比重达到95.3%。中国大豆进口依存度由2013年度的83.5%进一步上升到2014年度的85.6%。与此同时，我国还进口了592万吨食用植物油，其中豆油113万吨。

从大豆消费看，2013/2014年度的大豆压榨量约为6 875万吨，食用消费约1 000万吨，加上种子等其他耗用，国内的大豆总需求用量约8 000万吨。

### （二）2015年大豆产业发展趋势分析

大豆是我国最为开放的农产品之一，国内大豆产业发展趋势受国际大豆市场左右。2014/2015年度世界大豆产量达到创纪录的3.15亿吨，比2013/2014年度增加约3 200万吨，增长幅度达到10.92%，导致世界大豆供给过量，大豆价格持续低迷。一方面，总产大幅增加，大豆贸易量并没有以相同幅度增加，供给已经明显大于需求，导致库存增加。另一方面，2014/2015年度世界油料生产也大幅增加，食用植物油价格处于低位，由于油料的替代性很强，也会抑制大豆价格的增长。第三，世界石油价格仍将处于低迷状态，从而大大降低了国际大豆贸易的海运成本。在这些因素综合作用下，我国进口的到港大豆价格较低，2015年2月份我国进口大豆平均到岸价为2 858元/吨，只有我国大豆目标价格的59.5%，对我国大豆生产形成巨大的价格压力。近期国内外大豆价差还有可能进一步扩大，导致企业继续增加使用进口大豆，减少使用国产大豆，国内大豆市场的不景气，必将影响2015年我国农民种豆的积极性。

国内大豆生产的变动主要取决于黑龙江、内蒙古、安徽、河南4省份的生产情况。2014年前，东北大豆种植面积变动占全国大豆面积变动的80%以上。大豆种植面积在连续6年下降后，纯价格因素或种植效益因素的作用开始减弱，技术因素的作用逐渐增强，如轮作倒茬、种植习惯、竞争作物玉米的用工和烘干限制、过度种植玉米的经营风险等因素有利于维持大豆面积。预期2015年东北地区的大豆生产将有望保持稳定。2014年安徽、河南两个黄淮地区大豆主产省的大豆种植面积明显下降，其原因是玉米种植面积的扩大；2015 年该地区玉米种植面积仍将继续扩大，对稳定大豆生产不利。决定总产的另一个因素是单产。目前，全国大豆平均单产已经稳定在每公顷 1 800 千克以上，2015 年大体上也将稳定在这一单产水平。总体判断，2015 年的国产大豆产量将维持 2014 年的水平。

2015 年国内大豆需求仍将有所扩大，但增加幅度应该不会加大；由于国产大豆供给与 2014 年相近，估计 2015 年我国大豆进口量将在 7 500 万～7 600 万吨。

### （三）2015 年大豆产业发展建议

**1. 主攻单产，提高比较效益** 我国大豆比较效益较低有多种原因，其中最根本的原因是大豆单产偏低。如果不能把单产提高上去，对外不足以应对国际竞争，对内不足以与竞争作物相匹敌。采用提高价格来保护大豆生产的弊病日趋严重，国内外价格大幅倒挂导致进口大豆扩张。此外，在国内大豆生产面积难以恢复性扩大的现实境况中，提高单产是避免国产大豆产量严重下滑的唯一途径。近几年我国大豆单产的总体水平明显提高，对防止大豆总产严重下滑起到了一定作用。国家应当对有利于提高大豆单产的良种培育和推广、农田基础设施条件改造、大田高产栽培模式探索、优良品种使用和栽培模式推广等措施进行持续、大力度的经费支持。这类政策支持也符合世贸组织的绿箱政策，有利于促进大豆生产的持续发展。

**2. 重点支持与高产农艺栽培模式相配套的农机具研发和应用** 我国不少地区已经探索出适合当地自然条件和生产类型的大豆间套作栽培模式，有效提高了单位面积的农产品综合产出量和综合经济效益，有效提高了光热土等资源利用效益。我国南方地区在全国大豆面积下降的局面中能维持甚至扩大大豆种植面积，与大豆间套作栽培模式的推广有很大关系。

目前虽然大豆间套作栽培模式有利于提高农产品综合产量、资源利用及农户收入，但从经济发展的长期趋势看，农业劳动成本持续大幅上升是今后相当一段时期内的常态现象。农业生产中如何控制劳动成本，是关乎农业生产经济可持续性的一个主要影响因素，机器替代人工是必要条件。另一方面，作业强度和复杂程度越来越成为农民是否采用一种农业栽培模式的影响因素。因此，农艺作业的轻简化对栽培技术模式的采用非常重要，与栽培技术模式相配套的农机研发和应用的重要性就愈加凸显。国家不仅应当对农机研发加大支持力度，而且应当对新农机的工厂制作和试用推广也进行大力支持。

**3. 完善目标价格试点政策** 国家进行目标价格政策试点的出发点一方面是通过保护豆农收入来维持农民生产大豆的积极性，另一方面是避免价格补贴政策对市场价格的扭曲作用。从目前的实施状况看，避免扭曲市场价格的初衷基本实现，但维持农民大豆生产积极性的目标尚未达到。由于农民可能要到 2015 年 5 月底才能拿到补贴，补贴进程慢无疑将影响到农户种植大豆的积极性。从目前的情况看，目标价格政策有待进一步完善，需要对目前目标价格的具体操作进行深入细致的调研、总结经验、完善提高。

**4. 大力推进适度经营规模** 美国豆农每亩大豆扣除物耗的净收入大约只有 80 元人民币，远远低于中国的 204 元（2013 年的净收入）。我国大豆生产竞争力较弱的根本原因是农户耕地规模太小，不足以支撑基本生活水准。适度经营规模不仅是我国大豆生产也是其他农产品生产可持续发展的根本出路。大力推进适度经营规模是振兴中国大豆生产乃至发展中国农业的根本之道。

## 三、国际大豆产业技术研发进展

### （一）转基因大豆目标性状多样化、复合化

2014 年是转基因大豆大面积推广的第 19 个年头。1994—2014 年的 10 年，共有 30 个转基因事件获得 54 个国家的安全证书，用作粮食、饲料或在大田种植。批准转基因大豆种植的国家既有美国、巴西、阿根廷、巴拉圭、乌拉圭、玻利维亚、智利、哥斯达黎加等美洲国家，也有巴基斯坦、西班牙等亚洲、欧洲国家。在获批种植的大豆转化事件中，抗草甘膦大豆 GTS 40－3－2 获得 26 个国家及欧盟 28 个成员国的 52 次批准，居全球转基因作物转化事件之首；其次是抗除草剂大豆 A2704－12，获得 22 个国家和欧盟 28 个成员国的 39 次批准。复合性状是转基因大豆育种的新亮点。2014 年，巴西、阿根廷、巴拉圭和乌拉圭共种植 580 万公顷 HT/Bt 复合性状大豆，抗麦草畏和草甘膦及耐草甘膦除草剂和 2，4－D 的双价转基因大豆，耐草铵膦、异恶唑草酮和硝磺草酮 3 种除草剂的大豆相继推向市场。

2014 年，全球 82%的大豆面积种植转基因品种，其中，美国转基因大豆比例从 2013 年的 93%增加到 2014 年的 94%，巴西 91.1%，阿根廷 100%。值得注意的是，巴西等国的转基因大豆研发实力不断提升，巴西农业科学院（EMBRAPA）研发的转基因抗病毒大豆获准于 2016 年商业化种植，该院与巴斯夫（BASF）联合开发的抗除草剂大豆在通过欧洲进口审批后也将迅速进入生产领域。

### （二）大豆分子育种技术基础研究不断深入

伴随功能基因组学和高通量测序技术的发展和应用，以分子标记辅助育种、转基因育种和分子设计育种为核心的分子育种技术研究正快速发展，目前正由 QTL 定位向基因精细定位方向发展，通过全基因组关联分析发掘植物复杂数量性状基因已成为国际植物基因组学研究的热点。同时，高通量测序技术和高密度 QTL 作图的结合，加快了数量性状的基因的准确定位。

结合全基因组从头测序、重测序高密度 QTL 作图及基因功能分析策略，鉴定了野生大豆中与耐盐相关的离子转运蛋白基因 *GmCHX*。在大豆抗病虫研究方面，挖掘出大豆抗疫霉根腐病和大豆胞囊线虫新基因，大豆花叶病毒病、大豆斜纹夜蛾、大豆蚜等抗性基因精细定位研究也取得较大进展。在大豆产量及品质性状研究方面，定位到两个稳定的单粒重 QTL 位点、14 个根瘤相关 QTL、26 个叶部性状 QTL、多个籽粒矿物质含量、胱氨酸、蛋氨酸含量、β 亚族蛋白、水解蛋白 QTL，31 个与异黄酮含量相关的 QTL、27 个主要脂肪酸成分相关 QTL。此外还定位了 4 个大豆籽粒中的蔗糖含量的 QTL，确定了黄酮类物质合成相关基因的 eQTL 热点区，同时明确了未成熟籽粒中上调表达的基因。在大豆抗逆性状的 QTL 分析方面，定位出 8 个缺铁失绿主效 QTL 并识别出 12 个候选基因，5 个大豆

耐铝 QTL 和 6 个柠檬酸合成酶同系物基因等。

### （三）转基因大豆配套种植技术日趋完善

抗除草剂大豆转基因品种的大面积应用，美洲大豆主产国化学除草技术日臻完善，杂草得到有效控制，秸秆还田和免耕技术基本普及，大豆与玉米等作物轮作成为基本种植制度。在大豆—玉米轮作体系中，土壤耕作只是在种植玉米后进行深松。免耕和秸秆覆盖可减少水土流失，避免地力衰退。美国、巴西、阿根廷、加拿大和欧洲国家在豆科作物中普遍接种根瘤菌，美国的大豆种植中根瘤菌接种面积占 60%以上，在大豆新种植区要求全部接种根瘤菌。不施或仅施少量氮肥，既节约了生产成本又保护了环境。

### （四）大豆主要病虫害防控技术研究取得新进展

大豆疫霉根腐病是世界性大豆病害，在疫霉致病机理研究方面，发现大豆被疫霉侵染后出现一些小 RNA，其中 miR393 and miR166 有可能参与大豆的基础防卫反应。在抗大豆花叶病毒病（SMV）相关基因的研究方面，利用基于 BPMV 的 GmMPK6 基因沉默，使大豆对 SMV 的抗性增强，表明该基因可以帮助病毒复制或运动；*PP2C* 基因是一类由 ABA 诱导的抗病基因，而 *GmPP2C3a* 的过表达使感染细胞产生了胼胝质，抑制了病毒在细胞间的运动；利用点突变和嵌合体的构建发现 P3 和 HC-Pro 蛋白分别在致病性和沉默抑制效率上起到重要作用。在抗蚜基因定位方面，研究发现 PI 587732对两种蚜虫的抗病位点不同，其中，对Ⅰ型蚜虫的抗性位点位于 7 号染色体，对Ⅱ型蚜虫抗性位点则位于 13 号染色体。将茉莉酸和水杨酸合成途径和编码病程相关蛋白的基因 AtNPR1 导入大豆品种 Willams82 中，使大豆对胞囊线虫的抗性有所提高。美国农业部与田纳西大学育成大豆新品种 JTN－5203（PI 664903），可以兼抗大豆胞囊线虫、肾形线虫和真菌病害。在大豆刺吸类害虫防控研究方面，发现 6 个基因与寄主植物对大豆蚜虫的抗性有关；发现杀雄菌属（相对丰度的 54.6%）、黑草菌属（38.7%）和沃尔巴克氏体属（3.7%）是与大豆蚜侵染相关的主要细菌。

### （五）大豆生产装备技术向数字化迈进

国际农业机械化与农业装备技术继续围绕以最少的投入获取最高经济效益和环境友好的目标，深入开展基于数字设计、传感技术、3S 技术、保护性耕作技术、互联网技术和柔性加工等技术的智能化、数字化、信息化农业装备和生产管理系统研究，促进整个农业生产不断由精确农业向数字农业发展。种子加工技术研究主要集中在种子包衣剂成分对大豆生长性状的影响及其与土壤环境、微生物的交互影响方面。在精细农业与信息化技术研究方面，测试土壤施肥制定技术、决策支持系统、专家决策支持系统 3 种精密施肥理念被提出并被深入研究；无线传感器网络（WSN）作为农业领域的监测系统概念被提出，部分研究者已经通过无线设备收集土壤信息，并且将不同类型信息分别应用到不同领域；广域农业监测和预测、未来农业的物联网信息建模、农业信息系统性能和相关的方法等成熟理念已推广应用。

### （六）现代加工技术提升传统豆制品加工水平

在传统豆制品研究方面，非发酵豆制品主要集中在对豆腐和豆浆的研究，内容集中在延长产品的保质期和货架期方面，韩国、德国和西班牙科学家分别采用微生物法、天然防腐剂法和超高压均质法延长了豆腐或豆浆的保质期。对发酵豆制品的研究主要集中在酱油方面，如泰国学者研究了采用近红外技术检测酱油掺入海水造假的方法；日本科学家基于代谢组学的方法分析了酱油中二肽在酱油味道差异之间的相关性；韩国学者研究了采用天然酵母菌控制低盐发酵酱油病原菌的方法。在现代大豆加工技术方面，将膜技术与吸附法联合应用到大豆分离蛋白的制备中，得到功能特性较好同时产出率较高的产品。副产物综合利用研究主要集中在豆渣和黄浆水的利用方面，如荷兰学者研究更绿色安全的异黄酮提取技术；印度尼西亚大学研究了黄浆水可以作为生产生物柴油的小球藻培养基。

## 四、国内大豆产业技术研发进展

### （一）大豆分子生物学基础研究进展加快

近年我国大豆分子育种技术研究正在努力追赶世界先进水平，经过多年积累，关键性状相关基因克隆、分子标记辅助育种、分子设计育种研究等得到全面发展。在转基因大豆新品种培育方面，我国已经获得一批具有自主知识产权的抗除草剂、耐逆、抗病、抗虫、优质、高产及养分高效利用转基因大豆新材料，其中部分已经进入环境释放试验阶段。在大豆分子育种技术基础研究方面，通过对7份有代表性的野生大豆进行从头测序和独立组装，构建出首个野生大豆泛基因组，在全基因组水平上阐明了大豆种内/种间结构变异的特点。发掘出野生大豆特有的优异基因，为阐明人工选择过程中大豆育成品种的基因变异提供了重要的线索。此外，我国科技工作者还克隆了大豆耐盐基因 *GmSALT3* 和 *GmCHX1*、生育期相关基因 *GmFLD*、半矮秆相关基因 *Dt2*、抗霜霉病基因 *GmSAGT1*、抗大豆疫霉根腐病基因 *GmSGT1*、裂荚性相关基因 *SHAT1-5*、耐低磷基因 *GmACP1* 和 *GmEXPB2* 等，完成了一批大豆重要性状的分子标记研究。这些工作的完成，不仅使我国在大豆分子育种基础研究领域快速接近世界先进水平，也为开展大豆分子育种奠定了良好基础。

### （二）大豆主产区主要栽培技术模式进一步完善

在栽培技术上，东北大豆主产区主要开展了大豆玉米轮作栽培技术研究，主要集中于综合技术的集成、配套。黑龙江农垦通过规模化、模式化、标准化的大力推广，创立了大豆“二密一膜一卡”模式，在西北绿洲地区，通过借鉴棉花栽培技术经验，创造了大豆膜上精量点播、膜下滴灌栽培模式。黄淮海麦茬夏大豆机械化免耕覆秸栽培技术不断完善，在麦茬免耕条件下再次创造实收亩产281.95千克的高产典型。通过新品种（齐黄34）和综合技术集成，创造了亩产312.3千克的山东省大豆高产纪录。南方“禾根豆”轻简化栽培技术示范田实测亩产大豆达到169.54千克，大豆与其他作物带状复合种植技术也不断完善。

### （三）大豆病虫害发生规律和防控技术研究密切结合

在大豆疫霉根腐病研究方面，我国科技工作者在大豆抗病基因挖掘、抗病品种筛选和防治技术方面取得新的进展，发现 *GmSGT1*、*RpsJS*、*Hin1* 等基因与大豆对疫霉病的抗性有密切关系，并在高抗 1 号生理小种的大豆品种绥农 10 中发现抗病基因 *GmEON3-1* 和 *GmEIN3-2*；研制出对大豆疫霉根腐病具有良好防效的种衣剂。在大豆病毒病防控研究方面，将抗 SMV 基因 *Rsc3Q* 定位于 13 号染色体上 651 千碱基对的区间内，将 SC7 相关的抗病基因定位到 2 号染色体 158 千碱基对区间，发现该区域含有 1 个 *NBS-LRR* 基因；建立了一种逆转录环介导等温扩增的 SMV 检测技术，可以快速、准确地检测大豆植株和种子中携带的 SMV。在大豆胞囊线虫病防控研究方面，进一步深化了大豆胞囊线虫分类鉴定、种群监测、诱导抗性及生理分化研究，明确了新疆分布的大豆胞囊线虫生理小种为 4 号小种；改进生物防治方法，研制的生物种衣剂菌线克 SN101 对线虫的防控效果及对大豆的增产作用显著。在大豆蚜化学防治方面，提出了采用生物农药及天敌昆虫进行综合防治的策略。经调研和试验，初步明确近年在东北北部地区大面积发生的大豆“茎倒”由豆根蛇潜蝇危害所致，为制定防治策略提供了可靠依据。

### （四）新型大豆生产装备不断涌现

我国农业装备技术研究与产品开发继续保持快速稳健发展的趋势，农机装备领域向全程、全面发展提速，农业机械化向高质、高效转型升级。在耕整地装备技术方面，根据土壤物理特性对深松阻力影响，设计了一种偏角和倾角可调的圆盘刀试验台；依据土壤动物的减黏脱土特性和超高分子量聚乙烯优异的减黏性能设计出仿生波纹形开沟器；将小家鼠爪趾高效的土壤挖掘性能应用于深松铲减阻结构设计中，设计了减阻深松铲；基于臭蜣螂腹侧面的几何结构，设计了肋条型仿生镇压辊；设计了双犁体翻转鱼鳞坑开沟犁机构，应用机械、液压、电控装置实现了不同土壤类型的鱼鳞坑开沟间距式作业；研制出 1GZMN—140 型联合整地机、1ZF—330 复式少耕整地机、2BZL—8 型联合整地播种机、1S—4 型带式土壤深松机等耕种机械。在收获机械技术研究方面，研发出了一种适用于丘陵山区及套作的 4L—0.2 型谷物联合收割机。

### （五）现代与传统加工技术研发齐头并进

传统豆制品加工技术研究主要集中在豆腐、豆酱、豆腐干、腐乳和酱油等产品加工技术研发上。本年度不断开发新型豆腐产品，完善豆腐品质评价技术和标准；改进豆浆有害成分和功能性成分的检测分析技术；在发酵豆制品尤其是腐乳和酱油的技术研发方面，改进挥发性成分分析技术，特别是糠醛、无机元素、蛋白酶、草酸三钾等多种成分的检测，以及酱油发酵过程相关的微生物的分离、鉴定和作用分析。在现代大豆加工技术方面，在大豆乳清废液中低聚糖的分离纯化技术方面取得明显进展；在功能成分提取方面，以酱油渣为材料，研究了大豆异黄酮的提取工艺及其抗氧化活性；以豆渣为原料，研究了超声波法对豆渣中大豆皂苷提取的影响；在磷脂研究方面，针对其改性方法展开了一系列的研究。在副产物综合利用方面，改进了膳食纤维、多糖、蛋白质、异黄酮和皂苷的提取工艺；此外，利用不同微生物发酵豆渣并分析发酵后豆渣成分和性质变化的研究也较多。

（大豆产业技术体系首席科学家 韩天富提供）

# 2014年度大麦青稞产业技术发展报告

（国家大麦青稞产业技术体系）

## 一、国际大麦青稞生产与贸易概况

根据联合国粮农组织数据，2014年全球大麦产量约为1.43亿吨，比2013年减少300万吨，降幅为2%。这主要是因为澳大利亚、加拿大、土耳其、阿根廷等大麦主产国或地区的大麦产量均出现下降。俄罗斯和乌克兰的大麦产量则均出现显著增长，中国和欧盟大麦产量均小幅增长。根据美国农业部数据，2014/2015年度全球大麦的种植面积4 921万公顷，比2013/2014年度减少151万公顷；平均单产比2013/2014年度有所下降，为2.84吨/公顷，较2013/2014年度每公顷减少0.03吨。

**表1　2013/2014年度和2014/2015年度世界及主要国家或地区大麦生产情况**

| 世界及主要国家地区 | 面积（百万公顷） | | 单产（吨/公顷） | | 产量（百万吨） | |
|---|---|---|---|---|---|---|
| | 2013/2014 | 2014/2015 | 2013/2014 | 2014/2015 | 2013/2014 | 2014/2015 |
| 世界 | 50.72 | 49.21 | 2.87 | 2.84 | 145.36 | 139.74 |
| 中国 | 0.45 | 0.45 | 3.33 | 3.44 | 1.50 | 1.55 |
| 欧盟28国 | 12.36 | 12.44 | 4.83 | 4.82 | 59.64 | 59.93 |
| 俄罗斯 | 8.02 | 8.20 | 1.92 | 2.38 | 15.39 | 19.50 |
| 澳大利亚 | 3.92 | 3.80 | 2.43 | 2.00 | 9.54 | 7.60 |
| 乌克兰 | 3.23 | 3.20 | 2.34 | 2.94 | 7.56 | 9.40 |
| 加拿大 | 2.65 | 2.14 | 3.86 | 3.33 | 10.24 | 7.12 |
| 土耳其 | 3.33 | 3.40 | 2.19 | 1.18 | 7.30 | 4.00 |
| 阿根廷 | 1.27 | 0.90 | 3.74 | 3.33 | 4.75 | 3.00 |

数据来源：美国农业部USDA“World Agricultural Production”2015年1月。

根据联合国粮农组织数据，2014/2015年度（市场年度）全球大麦进出口量基本持平，进出口量均为2 100万吨；与2013/2014年度相比，进口量将减少30万吨，出口量将减少130万吨。2014/2015年度全球排名前五位的主要大麦进口国分别是沙特阿拉伯、中国、日本、伊朗和美国，估计进口量分别为850万吨、320万吨、140万吨、100万吨和70万吨；全球排名前五位的主要大麦出口国或地区分别是欧盟、澳大利亚、俄罗斯、阿根廷和乌克兰，估计出口量分别为 550 万吨、500 万吨、350 万吨、250 万吨和 250 万吨。

2014 年国际大麦市场价格整体呈现同比震荡下降趋势。根据国际货币基金组织公布的加拿大西部大麦价格，2014 年 1～12 月份平均为 146.09 美元/吨，显著低于近 4 年的年均价格，比 2012 年（238.23 美元/吨）和 2013 年（206.36 美元/吨）分别下跌了 38.68%和 29.21%。具体到 2014 年，1～5 月份稳中有涨，6～10 月份则持续下跌，11～12 月份又有所上涨且 12 月份为 126.79 美元/吨。

## 二、国内大麦青稞生产与贸易概况

据国家大麦青稞产业技术体系统计，2014 年我国大麦青稞收获面积 115.7 万公顷，较 2013 年减少 13.8 万公顷；总产 520.95 万吨，较 2013 年减少 19 万吨。其中，2014 年皮大麦面积 80.6 万公顷，较 2013 年减少 13.75 万公顷，总产 400.3 万吨，较 2013 年减少 28.3 万吨；平均单产 4.5 吨/公顷，较 2013 年增加 0.5 吨/公顷。2014 年我国青稞（裸大麦）收获面积 35.1 万公顷，较 2013 年增加 0.57 万公顷；总产 120.35 万吨，较 2013 年增加 9.85 万吨；平均单产 3.42 吨/公顷，较上年增加 0.21 吨/公顷。我国 2014 年皮大麦收获面积的大幅度下降，主要是由于当年啤酒大麦春播面积减少所致。与 2013 年相比，2014 年啤酒大麦种植减少了 12.7 万公顷，总产减少 21.6 万吨。

2014 年我国大麦进口量同比大幅增长。根据海关统计数据，2014 年我国大麦进口量达 541.3 万吨，比 2013 年增加 307.8 万吨，增幅达 131.8%。我国大麦进口主要来源国为澳大利亚、加拿大、法国和乌克兰，分别占进口总量的 78.70%、9.20%、7.54%和 2.62%。

2014 年我国大麦市场价格整体高于 2013 年，但年内价格波动较为剧烈。根据谷鸽久久网数据，2014 年 1 月和 2 月份，我国大麦价格延续了 2013 年第四季度的持续上涨趋势，但从 3 月份开始，随着新一季大麦陆续收获并上市，转而不断走低，到 5 月份跌至 1 760.00 元/吨，6 月份起又出现了持续大幅上涨，10 月份达到 2013 年 1 月份以来的最高水平，达到 2 113.02 元/吨，到 12 月份略降为 2 110.66 元/吨。2014 年平均价格为 2 025.59 元/吨，比 2013 年（1 964.80元/吨）上涨 3.09%。

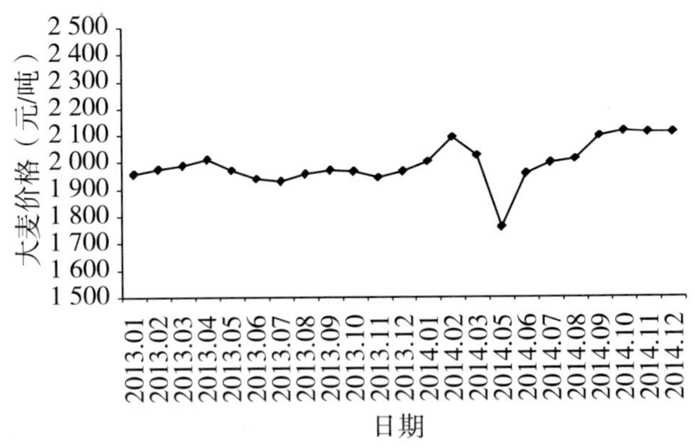


**图 1　2013—2014 年我国大麦价格变化趋势**

数据来源：根据谷鸽久久网我国各地大麦收购价数据整理。

## 三、国际大麦青稞产业技术研发进展

大麦种子在发芽过程中，随着一系列生理生化反应的发生，会产生许多新的生理活性物质，从而提高其饲料利用价值。因此，近些年来，在国外大麦作为饲料，不再按照传统方法直接饲喂动物，而是经过发芽加工生产成绿饲料后饲喂。为减少绿饲料生产中的耗水量，土耳其科学家发明了一种现代化的绿饲生产水培系统，耗水量仅占传统发芽生产的2%～3%。采用该现代水培系统，发芽1千克大麦只需1.5～2升水，而传统方法生产1千克绿大麦饲料则需73升水。为确定最佳水培收获时间，科学家们采用体外产气法，研究了大麦绿饲料水培生产中，不同收获时间对营养品质的影响。结果表明，随着水培发芽时间的延长，可消化物质（DM）含量有所降低，粗蛋白（CP）含量无显著变化，细胞壁成分包括中性可溶纤维（NDF）、酸性可溶纤微（ADF）、酸性可溶木质素（ADL）和灰分含量等均显著提高，有机物消化率（OMD）和代谢能量（ME）有所降低，但变化不显著。研究确认大麦水培7天生产的绿饲料营养价值最高。

为提高大麦的商品价值，澳大利亚阿德莱德大学Daniel Cozzolino博士通过将酶生化研究成果与诸如近红外等仪器分析相结合，发明了一种测定大麦籽粒品质的新方法。并成功用于分析大麦籽粒的淀粉和蛋白质构成以及籽粒的三维物理结构对于麦芽加工特性的影响。

欧洲的大麦主要病害包括叶斑病（*Rhynchosporium secalis*）、网斑病（*Pyrenophora teres*）和白粉病（*Erysiphegraminis*）。但是，叶锈病（*Puccinia recondita*）在早春和籽粒灌浆期间也越来越重，眼斑病有时也会引起倒伏而造成减产。近年来，在大麦网斑病防治中，病原菌已经显现出对于去甲基化酶抑制剂（DMI）类杀菌剂的抗药性，此外，叶斑病、条锈病和白粉病等病原菌也时而表现出一定的抗药性。为保持杀菌剂药效和防止病害流行，植保专家经过实验发现，将三唑类和甲氧基丙烯酸酯类杀菌剂混合施用，可以显著提高叶斑病、网斑病和叶锈病的防治效果。采用嘧菌环胺防止叶斑病和盐斑病也效果很好。甲氧基丙烯酸酯除其杀菌剂功能之外，还可以促进大麦植株生长，延缓叶片衰老和提高籽粒产量，因此，最近两年在冬播啤酒大麦上的应用大量增加。但是，农用化学制剂在啤酒大麦生产中的应用，可能会对啤酒酿造和啤酒风味造成影响。为避免此类事情发生，英国啤酒和授权零售商协会（BLRA）进行了细致的药害检测，并发布了可用农业化学品目录，只有BLRA认可的农药制品才可用于啤酒大麦生产。

随着测序技术的不断发展和测序成本的大幅度降低，测序作图（Mapping-by-sequencing，MBG）已经成为动植物遗传连锁图谱构建的有力工具。德国科学家将大麦作图分离群体的表型鉴定与外显子组测序相结合，鉴定出1个多叶突变候选基因，并通过独立突变基因的等位分析所证实。光敏色素在植物的光信号传导和光周期开花控制中起重要作用。德国科学家的研究证明，红光/远红外光接收器中含有GAF保守区突变的大麦光敏色素C（HvPHYC）是早熟位点eam5的候选基因。他们以来自Bowman（eam5）回交渐进系的早熟分离群体为实验材料，采用测序作图和外显子组测序捕获方法，进行了*eam5*基因的精细定位和功能分析。揭示*eam5*通过打乱大麦生物钟基因的表达和与光周期响应基因*Ppd-H1*之间的互作，促进大麦在短日条件下开花。该研究结果表明，大麦 HvPHYC 蛋白参与了光周期信号向昼夜节律生物钟的传递过程，因而调控体内与光照有关的生化过程，例如光周期开花调控。

具有完整遗传鉴定数据的作图群体是数量性状基因（QTL）定位和功能验证的良好工具。德国科学家采用 Illumina 1536 - SNP 芯片，对 73 份来自春性大麦品种 Scarlet 和野生大麦种质 ISR42 - 8 的杂交渐渗系，进行了高通量基因型鉴定。该芯片可以将回交导入栽培大麦遗传背景的野生大麦 DNA 片段精确定位。依据 636 个 SNP 位点信息，确定全部渐进系共代表了 87.3%的野生大麦基因组，而每个渐进系平均贡献了 3.3% 的供体基因组。为加快 QTL 精细定位和功能基因的图位克隆，构建了高通量作图分离群体。并将 1 个控制籽粒易脱粒性状基因（*thresh-1*）快速精细定位在了大麦 1H 染色体上。在 *thresh-1* 所处的 4.3 毫摩尔根染色体区间内，含有调控细胞壁组成成分合成的候选基因。由于来自野生大麦隐性等位基因控制着籽粒的不易脱粒性，表明 *thresh-1* 基因在大麦栽培驯化中发挥了重要作用。在西北欧大麦品种中，主要包含有 2 个矮秆基因。一个是位于 3H 染色体上的 *denso*，与水稻绿色革命基因 *OsSd1* 具有直系同源关系；另一个是 *Brevi aristatum-e*（*ari-e*），位于 5H 染色体上。*ari-e* 最初源于苏格兰啤酒大麦品种 Golden Promise。英国科学家采用基因型测序鉴定方法，以来自于二棱大麦品种 Golden Promise 和六棱大麦品种 Morex 的重组自交系为作图群体，进行了株高基因的遗传连锁图谱绘制。鉴定出 3 个株高相关数量性状位点（QTL），其中之一在大麦 2h 染色体上，位于包括穗结构基因 *Vrs1* 在内的区间；第二个位于 3H 染色体尚未鉴定的着丝点区域，第三个位于 5H 上，与前人报道的大麦矮秆基因 *Breviaristatum-e*（*Ari-e*）位点相重合。

谷类作物最常见的耐盐机制是限制钠离子在茎叶中的积累。澳大利亚科学家研究发现，在大麦品种 Barque - 73 和野生大麦材料 CPI - 71 284 的杂交组合中，来源于野生大麦 7H 染色体的排钠基因 *HvNax3*，决定盐培苗叶片中 10%～25%的钠离子含量变异，同时与茎叶鲜重增加 13%～21%有关。并将 *HvNax3* 定位在 0.4 毫摩尔根的遗传区间内，与液胞氢离子—焦磷酸化酶（V-PPase）的编码基因 *HVP10* 共分离。测序分析揭示，尽管作图亲本编码相同的 HVP10 蛋白，但 CPI-71 284 茎叶和根系中 *HVP10* 基因的盐诱导 mRNA 表达高于 Barque-73。作图比较发现，位于 *HvNax3* 位点的几个预测基因的表达在两个亲本之间表现一致。证明液胞焦磷酸化酶（V-PPase）的编码位点 *HVP10* 是大麦钠排除基因 *HvNx3* 的主要候选基因。研究解释了 V-PPase 在离子转移和耐盐性方面的作用，认为在盐胁迫条件下，*HVP10* 的转录水平是 *HvNax3* 位点控制大麦茎叶中钠离子积累和生物量差异的基础。

为加快育种速度，提高育种效率，美国明尼苏达大学利用外显子捕获和基因型测序鉴定（GBS）技术，开展了大麦优良等位基因挖掘和测序遗传图谱构建。通过网络工具，将标记辅助选择（MAS）和全基因组选择技术综合应用于大麦育种。利用 9K 和 90K 的 iSelect 芯片，几个月内完成了大麦专门关联作图（AM）种质样本和多个作图群体的基因型鉴定，加快了优异等位基因挖掘和分子标记开发。完成了7 000份大麦种质资源的基因型芯片鉴定，开发出了优良基因高通量分子标记分析方法。在控制环境和田间条件下，开展了大麦种质资源的水分利用效率（WUE）和氮利用效率（NUE）鉴定，改进了群体冠层光谱反射（CSR）检测分析方法。通过整合多种环境条件下的基因型和表型鉴定数据，进行全基因组关联分析（GWAS），为多个育种目标性状确立了有价值的标记—性状关联。完成了大麦核心种质和专门关联作图（AM）种质样本，对于主要病害的抗性分析评价，鉴定出大麦条锈病、秆锈病、灼焦病、叶斑病、网斑病和黄矮病等抗病基因的等位变异。此外，加拿大科学家进行了与大麦饲草品质有关的3个数量性状位点（QTL）的染色体定位，证明了选择高产、抗倒伏和茎秆易消化的早熟大麦品种的可行性。

## 四、国内大麦青稞产业技术研发进展

**1. 新品种选育** 采取多种杂交组合方式，综合运用染色体加倍、分子标记辅助选择、异地加代、抗病与抗逆性鉴定、品质分析与小型加工等技术手段，加快杂交后代的鉴定升级，开展了大麦青稞专用品种的选育。育成优良品系289个，提供参加各级区域试验和生产试验的优良品系87个，通过省或自治区审（认）定品种22个，其中啤酒大麦品种15个，饲料大麦品种6个，青稞（裸大麦）1个。

**2. 生产栽培技术集成与示范**

（1）青稞生产技术集成与示范。结合青藏高原的生态特点，重点针对青稞生产主推品种，进行了种子包衣、精量播种、抗寒性栽培、测土配方施肥、强秆防倒、病虫草害防治和机械收获等单项栽培技术研究和综合配套栽培技术集成、高产创建与生产示范。研制出喜马拉22号高产栽培技术、青海省海南共和盆地灌区藏青25千亩连片规范种植技术、青稞配方施肥技术和青稞高产创建植保技术等。开展了青稞粮草双高绿色生产、农机农艺结合、轻简栽培、主要病害防治与野燕麦防除及防倒伏化控等技术生产示范。建成各类青稞生产技术示范基地43个，创建百亩高产示范方26个，千亩示范片5个，技术示范25.6万亩，平均每亩粮食产量320.3千克、干草产量449.7千克，分别校对照田增产12.6和15.9%。

（2）优质啤酒大麦生产技术集成与示范。针对啤酒大麦生产主推品种，结合产区生态特点和耕作制度，进行了种子包衣、精量播种、配方平衡施肥、水肥滴灌一体化、化控防倒、病虫草害防治等单项栽培技术研究、集成示范与高产创建。研制出东北地区集地表处理、免耕播种、病虫草害防治、机械化收获、秸秆覆盖等于一体的啤酒大麦保护性耕作生产技术体系，生产示范12万亩，平均亩产超过300千克，每亩增产超过15%。编制出《啤酒大麦 蒙啤麦3号》等品种标准和《啤酒大麦蒙啤麦3号生产技术规程》《内蒙古盐碱地大麦丰产、优质栽培技术规程》《河套地区大麦麦后复种向日葵优质高产栽培技术规程》和《海拉尔垦区啤酒大麦机械化技术标准》等地方标准。完成了西北地区不同海拔高度，优质啤酒大麦生产全膜覆土穴播、垄作沟灌、与玉米间作复种萝卜、最佳播量和群体密度与氮磷配比、最佳灌溉次数与灌水量、自动化滴灌等栽培试验。编制出《啤酒大麦 甘啤6号》和《啤酒大麦 甘啤7号》品种标准，初步形成了基于垄作沟灌和全膜覆土穴播栽培模式的节水灌溉与培肥方案。在东南和中部地区开展的大麦抗盐栽培、除草剂和杀虫剂对麦芽加工和啤酒酿造品质影响的试验基本完成。研制出了《驻大麦8号高产高效生产技术规程》和《中度盐渍化土壤啤酒大麦苏啤6号丰产栽培技术规程》。在西南地区重点开展了大麦稻茬免耕耕轻简栽培、大麦田病害和恶性杂草（奇异虉草）防控研究与技术集成。研制出《5%爱秀防控虉草技术》《大理州稻茬免耕大麦优质高产栽培技术》《滇中稻茬免耕大麦高产高效技术》《滇中烟后大麦高产高效技术》《啤酒大麦云啤2号技术规程》和《啤酒大麦澳选3号技术规程》。

**3. 产业技术基础和前瞻性研究**

（1）种质评价创新与育种技术。引进以色列野生大麦697份，其他国外大麦青稞种质230，收集参加国家大麦品种区域试验品种48个。编目鉴定1 010份，新编入目500份，交存国家长期库入库种质800份，中期库入库950份。编制出大麦遗传多样性图谱，完成了20世纪90年代以来中国大麦青稞育成品种入志图像采集。对2 582份种质进行了农艺、品质、抗病性和抗逆性鉴定评价；采用杂交、诱变和小孢子培养、染色体加倍等技术，开展了高产、优质、抗病、抗逆等优异种质创制；筛选和创制各类优异种质、DH群体、突变体等54份。根据用户要求，向全国20多家科研和教学单位提供矮秆、抗病、优质等各类大麦种质资源763份。利用SNP分子标记，对源自中国的1 398份种质资源，进行了春化基因 *HvVRN1* 和 *HvVRN2* 的单倍型分析，鉴定出除 *HvVRN1* -7（$V_{1-7}$）之外 *HvVRN1* 的所有单倍型。结合 *HvVRN2* 基因的显隐性分析，发现18种不同的春化基因型及其在野生、地方和现代育成品种以及不同生态区的分布特点。通过春播和秋播多点表型精准鉴定与等位变异关联分析证实，*HvVRN*1第一内含子保守调控元件的长度决定着大麦青稞的春化温度需求，调控元件碱基序列的片段缺失是导致大麦青稞由冬性突变为春性的根本原因。随着 *HvVRN*1第一内含子调控元件中碱基缺失长度的增加，冬性不断减弱、春性逐渐增强。该研究结果为中国大麦青稞种质资源利用和早熟品种选育提供了重要的遗传信息。利用DH群体的高密度遗传图谱和多年多点表型鉴定数据，对麦芽浸出率、黏度值、α-氨基氮、库尔巴哈值、糖化力进行了QTL定位分析。在2H上发现1个麦芽浸出率主效QTL，遗传贡献率达48%以上，分子标记为GBM1121。根据大麦基因组序列信息和基因标注信息，进一步分析表明，编码1，4-木聚糖酶的基因（MLOC _ 60 943.2）为该QTL的候选基因。该基因在大麦发芽过程中，通过降解胚乳细胞壁，释放可溶性多聚糖，从而提高麦芽浸出率。在3H染色体上鉴定出1个控制大麦青稞籽粒γ-氨基丁酸含量的QTL，位于标记 *M5E4a* 和 *M3E18* 之间，定名为 *qGABA* - *3H*，来自高亲Steptoe的遗传贡献率为8.3%。序列比对发现大麦品种Jotun和Riso9 265的半矮秆基因 *sdw1*/*denso*，在碱基序列22千碱基对处均存在47千碱基对段的缺失。以叶片总RNA为模板，通过RT-PCR扩增，克隆出青稞类黄酮O—甲基转移酶基因包含FOMT编码区cDNA序列，全长1 071个碱基对，具有完整编码框，编码356个氨基酸，推定蛋白质分子量为 38.53 千原子质量单位，具有 FOMT 家族保守域及 N 端二聚体化结构域。利用高黄酮青稞品系“94－19－1”，同源克隆出 798 个碱基对的查尔酮异构酶基因 *HvCHI* 全长 cDNA 序列。同源克隆出了钾离子高亲和基因 *HvHKT7*。基因结构和亚细胞定位与进化分析显示，该基因 cDNA 和基因组 DNA 长度分别为 1 776 个碱基对和 3 858 个碱基对，含有 2 个内含子和 3 个外显子；与水稻 HKT1，4 和小麦 HKT7 同处于一个分支。干旱胁迫对青稞 ABA 含量和耐旱基因 *HVA1* 的影响研究表明，随着干旱胁迫时间增加，ABA 含量和 *HVA*1 基因的表达均呈先增后降趋势，处理 96 小时表达量最高。以 Franklin/Yerong 的 DH 群体为供试材料，以酒精冷浑浊（ACHD）为鉴定指标，进行了啤酒混浊特性遗传研究。发现酒精冷混浊值呈正态分布，属受多基因控制的数量性状。在大麦第 4H 染色体长臂 108cM 附近，检测出 1 个 ACHD 相关 QTL 位点，表型释率 20%左右，命名为 *qACH*。通过研究大麦青稞小孢子再生植株的气孔保卫细胞长度与倍性的相关性，发现单倍体和二倍体气孔保卫细胞的长度值范围分别为 26.9～37.7 微米和 38～59.5 微米，利用气孔保卫细胞长度差异可在早期快速鉴定小孢子再生植株的倍性。建立了麦芽纯度 SNP 标记快速检测技术。研制出利用粒度分析评价麦汁过滤性能的方法、禾谷类作物单倍体群体的构建方法、大麦幼胚直接成苗组织培养法及所用培养基、青稞成熟胚愈伤组织诱导培养基及其培养方法等申报了国家专利。

（2）主要病虫害灾变特点与防控技术。开展了麦青稞主要病害年度检测，发现 2014 年条纹病、根腐病、白粉病和黄矮病在大麦青稞生产中危害较重。此外，根腐病在内蒙古东部地区发生为害严重，云纹病在青海西宁和甘肃甘南，网斑病在甘肃甘南危害较重；黄矮病在西藏多地地发生并有加重趋势。在青海进行了未知病菌导致的青稞穗腐分布调查。发现该未知病害呈上升趋势，并以海晏县危害最重，田间平均发病率高达 3.75%。开展了国家大麦和青稞品种区试参试品种和青海省青稞主推品种的抗条纹等病害病鉴定；分析了云南大麦主要病害类型及其发生流行特点；构建了大麦叶斑病菌和白粉病菌鉴别寄主体系。进行了大麦白粉病生理小种鉴定以及叶斑病和条纹病源菌群体毒性结构与遗传多样性分析。将采集的 22 个叶斑病原菌株划分为弱毒性、中等毒性、高毒性和强毒性 4 种毒性类型和 5 个遗传类群；将采集的 19 份条纹病原菌系分为 4 个遗传类群。筛选制定出了防控大麦条纹病、黑穗病和根腐病的拌种药剂与施用剂量方法。开展了大麦青稞蚜虫对吡虫啉、氟啶虫胺腈、高效氯氰菊酯、溴氰菊酯、抗蚜威和氧化乐果四大类共 6 种杀虫药剂的抗药性年度检测。制定出大麦蚜虫抗药性监测技术操作规程和大麦青稞高产创建植保技术规程。编著出版《大麦（青稞）田杂草防除技术》，翻译出版《大麦病害概略》。

（3）抗逆生理与轻简栽培技术。研究了低氮和低氮胁迫对大麦生理特性的影响。通过蛋白组分析，鉴定到 31 种与能量代谢、次生代谢、信号传导及胁迫防卫系统有关的差异表达蛋白，利用 qRT-PCR 技术，确认其中 9 种仅在低磷胁迫下特异表达。进行了不同铝毒耐性的大麦基因型根尖对铝毒胁迫响应的代谢组和离子组分析，鉴定到与耐铝相关的代谢物及代谢通路。以聚乙二醇模拟干旱胁迫，利用无损伤微电极离子流测定技术（MIFE），通过分析根系 $K^+$、$H^+$ 离子流对干旱胁迫的瞬时响应变化，研究了大麦青稞根系质膜离子转运系统对干旱胁迫响应的生理机制。发现大麦青稞根系的 $K^+$ 内吸（速率或总量）与植株抗旱能力存在极显著正相关，认为根系 $K^+$ 的大量内吸和 $H^+$ 的大量外排，可能是干旱胁迫下渗透调节的重要组成。干旱处理后，$K^+-H^+$ ATPase 的活性显著升高，且抗旱性强的基因型的升高水平显著高于非抗旱基因型，推测细胞质膜上的钾离子通道和 $H^+-$ATPase，可能共同参与调节干旱胁迫下细胞的渗透平衡。研究了氮肥对饲料大麦产量和品质影响，发现增施氮肥可以显著促进籽粒产量和蛋白质含量。氮肥处理下产量与农艺性状相关分析表明，用氮肥调控大麦产量可能主要是通过调控穗粒数与穗数来实现增产。进行了青稞防倒伏试验，研制出稻茬田人工撒播或浅旋耕撒播轻简栽培技术和稻茬机械开沟防渍排涝技术。完成了“饲料大麦栽培技术规程”制定，研制的“一种大麦耐盐碱种质筛选及高产栽培方法”申报了国家发明专利。

（4）大众化食品与高值产品加工技术。测定了 100 份青稞育种材料的 β-葡聚糖、生育酚、生育三烯酚、淀粉、膳食纤维品质。比较分析了青稞经发酵、烘焙和膨化加工后的营养成分变化。开展了青稞曲奇的原料配比和烘焙工艺的优化试验和企业生产中试。通过多次试验、中试、工艺优化，基本建立了可以规模化生产的青稞红曲醋加工技术。完成了青稞红曲醋企业标准和青稞红曲醋生产技术规程制定，开展了青稞发酵饮料研制，基本完成发酵、配方调制和工艺研发。完成了青稞红曲酒发酵酿造工艺优化，开展青稞发酵生物氧化的机理分析，筛选出优良红曲发酵菌株和可以分泌抗菌肽的乳酸菌菌株。以青稞粉为主要原料，按照世界粮农组织推荐的蛋白效价模式进行谷豆复配，采用双螺杆挤压预熟化成型工艺，开发出青稞营养重组米。此外，还开展了青稞黄酮类化合物提取工艺研究。研制的“一种青稞红曲酒及其酿造方法”和“一种降低镉在农作物中积累的制剂及其使用方法”申请国家专利。

（大麦青稞产业技术体系首席科学家张京提供）

# 2014年度高粱产业技术发展报告

（国家高粱产业技术体系）

## 一、国际高粱生产与贸易概况

### （一）国际高粱生产概况

2014年，世界高粱总播种面积大约为3 988万公顷，总产量6 213万吨，平均每公顷产量1.56吨。2014年世界高粱播种面积较2013年略有减少，减少面积为61万公顷，由于单产比2013年增加0.07吨/公顷，总产量增加186万吨。苏丹、印度、尼日利亚、尼日尔和美国是世界上高粱种植面积前5位的国家，与2013年比较，生产总体格局没有明显变化，由于印度生产面积相对减少，苏丹生产面积跃升至世界第一。播种面积前5位的国家累计播种面积2 169万公顷，约占世界总种植面积的54.3%（图1）。

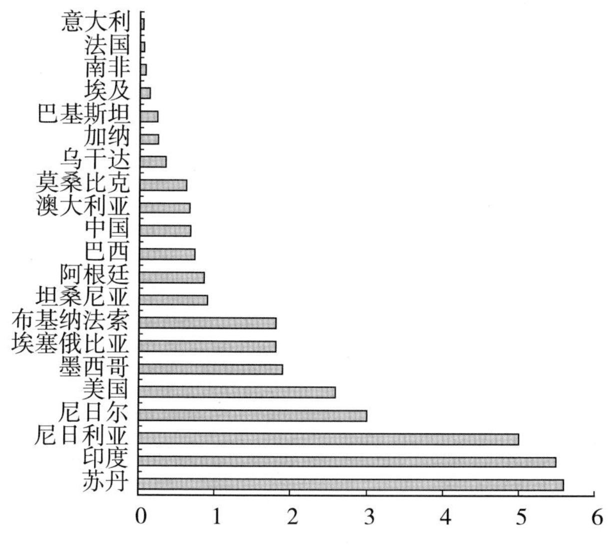


**图1　世界高粱主要生产国播种面积**

（单位：百万公顷）

从高粱的生产总量来看，美国总产量仍居世界第一，为1 099万吨，其次为墨西哥，总产为770万吨。高粱产量超过一百万吨的国家共有12个，中国高粱总产量为270万吨，总产量在世界排第8位（图2）。

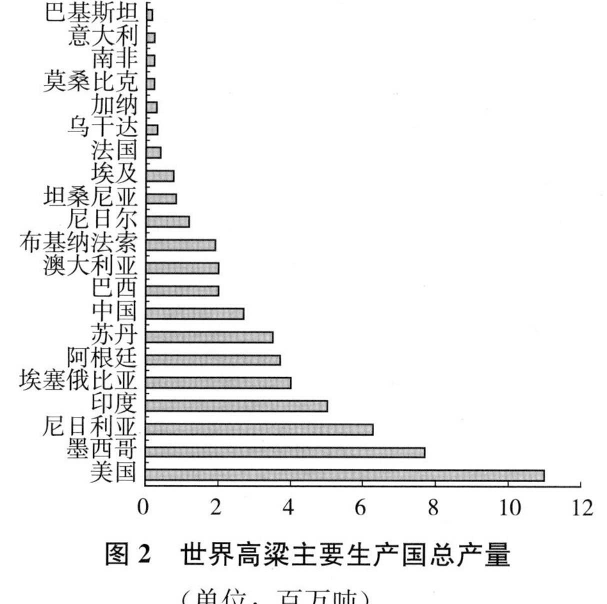


**图2　世界高粱主要生产国总产量**

（单位：百万吨）

从单位面积的产量来看，法国、意大利和埃及是世界上高粱单位面积产量最高的3个国家，单产分别为6.38吨/公顷，6.22吨/公顷和5.29吨/公顷，但是这3个国家的播种面积相对较小，合计播种面积仅为

18 万公顷。就播种面积超 50 万公顷的国家来说，阿根廷是单产水平最高，为每公顷 4.35 吨，其次是美国、墨西哥和中国，单产分别为 4.24 吨/公顷、4.05 吨/公顷和 4.03 吨/公顷（图 3）。

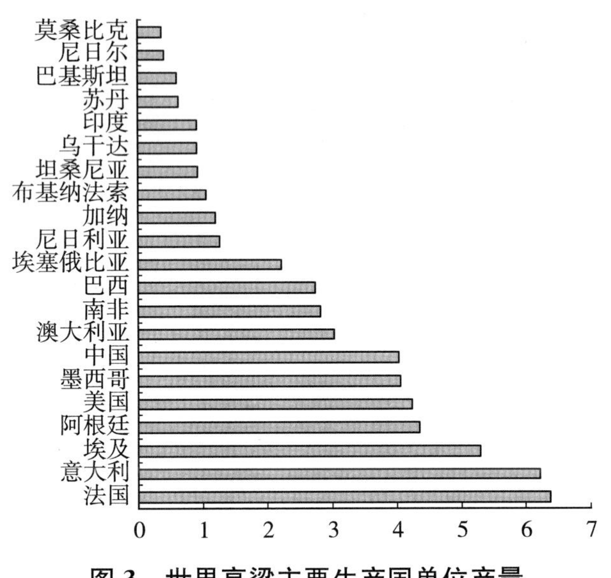


**图 3　世界高粱主要生产国单位产量**

（单位：吨/公顷）

**（二）国际高粱贸易概况**

2014 年，世界高粱的进出口量为 839 万吨，较 2013 年升高 7.1%。2014 年美国、阿根廷和澳大利亚高粱出口量仍居世界前三位，但出口格局发生很大变化，出口量分别为 580 万、130 万和 80 万吨，分别比 2013 年减少 0.7%、增加 36.4%和增加 97.5%。乌克兰出口为 15 万吨，较 2013 年减少 34.5%。进口方面，中国、日本和智利是高粱的主要进口国家，进口量分别为 500 万（截止到 2014 年 11 月为 517 万吨）、120 万和 25 万吨。中国高粱进口数量显著增加，跃升为全球第一高粱进口国。我国台湾地区也有高粱进口，进口量为 10 万吨（图 4、图 5）。

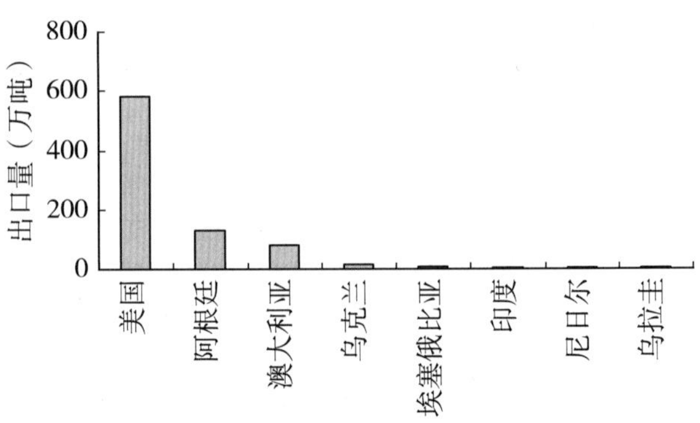


**图 4　高粱主要出口国家及出口量**

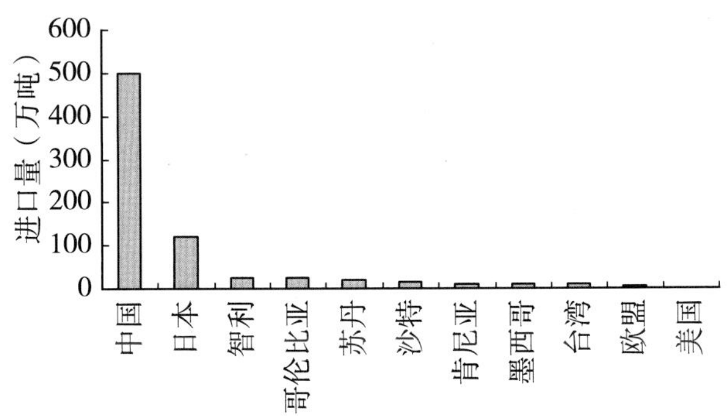


**图 5　高粱主要进口国家和地区及进口量**

2014 年世界高粱贸易价格总体呈现波动趋势（图 6）。年初价格高开，最高价为 1 429.67元/吨（3 月份），而后一路走低，最低价为 1 072.30 元/吨（9 月份），年末价格回暖至 1 320.52 元/吨（12 月份）。

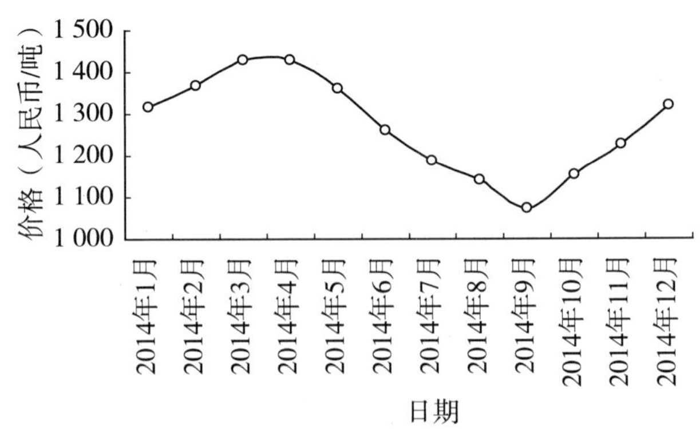


**图 6　世界高粱贸易价格**（FOB）

注：FOB（Free On Board），即船上交货；高粱价格以人民币计算

## 二、国内高粱生产与贸易概况

### （一）国内高粱生产概况

2014年我国高粱种植面积约67万公顷，总产量270万吨，与2013年相比生产面积提高约3%，总产量基本持平。2014年我国高粱生产总量约占全球高粱生产总量的4.4%，居世界第八位。国内高粱生产的总体格局稳定，仍以北方高粱主产区及西南高粱生产优势区为主导。北方高粱主产区主要涵盖内蒙古、吉林、辽宁和黑龙江等省区，四省区高粱生产面积占全国总生产面积的61%，其中吉林省播种面积呈上升趋势，其他三省区有下降趋势。黑龙江省高粱种植区域继续向齐齐哈尔北部、黑河南部、绥化北部、佳木斯等地的原大豆产区扩展。尽管我国高粱总播种面积有所提高，但由于受到2014年夏季东北局地持续旱情的影响，总产量并未有显著提高。西南高粱主要生产省份，如四川、贵州等省仍依靠名酒企业，通过白酒企业的生产基地建设，拉动当地的高粱生产。在生产条件上，随着规模化和基地化种植范围的扩大，高粱主产区机械化作业水平得到进一步提高。

### （二）国内高粱贸易概况

由于城市化进程加快，肉类消费需求不断上升，饲料需求不断加大，以往作为饲料主要来源作物的玉米，因进口配额限制等原因，使得部分饲料生产企业转向高粱进口。从2013年开始我国高粱进口贸易突然活跃，高粱的进口数量呈现井喷式增加，从2012年进口量的8.66万吨增加到2013年107.80万吨，2014年截止到11月已进口517.0万吨（中国食品土畜进出口商会数据）。2014年初，国内高粱的库存量大约在68万吨，累计2014年的生产量和进口量，国内高粱的总供应量在840万吨左右，高粱的总消费量在757万吨（包括出口5万吨），所以年末高粱仍有80万吨左右的余量。

因受到进口高粱的冲击，2014年国产高粱价格整体低位运行，普通高粱价格由年初的每千克3.0元下降到年底的2.0元左右，杂交糯高粱从年初的4.0元/千克下降至年底的3.0元左右，四川、贵州等地常规糯高粱从年初的5.0～6.0元/千克下降至4.0元左右。国内生产高粱的主要市场需求仍是酿造产业，不足以有效带动我国高粱生产，应加大饲料专用粒用高粱品种筛选与选育工作力度，边研究、边试验、边示范，尽早应用于大面积生产，占领国内饲料高粱市场。

## 三、国际高粱产业技术研发进展

### （一）高粱生物技术研究

分子标记辅助育种技术和转基因技术发展缓慢。尽管第三代分子标记单核苷酸序列（SNP）已有报道，但多用来开展高粱进化和选择研究，以SNP为基础的分子标记辅助选择（MAS）技术尚未应用。抗螟虫和抗除草剂转基因品种在玉米和大豆中得到广泛应用，但尚未有相关高粱转基因品种投放，科研单位有关高粱成功转化的报道较多，但成功率因人和材料而异，高粱基因转化技术有待进一步提高。

**1. 抗除草剂突变体筛选少** 几年前就有EMS诱变的高粱耐黄隆类除草剂的专利

报道，但不清楚EMS诱变的抗除草剂突变体其他农艺性状的变化，至今仍未在生产上应用。目前也只有黄隆类抗除草剂突变体的筛选，尚未有其他抗除草剂突变体的报道。

**2. 尚未培育出高粱转基因品种** 孟山都等种业公司尽管研发出了转基因玉米，但却没有抗除草剂和抗螟虫转基因高粱品种的报道，澳大利亚昆士兰大学利用TX430幼胚为外植体，通过基因枪转化可将转化效率提高到20%～25%，但以成熟胚为外植体，利用农杆菌和基因枪转化达到这种转化效率的还未见报道。

**3. 分子育种研究进展缓慢** 高通量测序技术被广泛应用于研究种质基因组变异、基因定位和表达等，国内外多家实验室报道了该技术在高粱上的应用。高粱重要性状基因定位报道较多，并已经克隆了株高褐脉、糯质淀粉、褐脉、糯质淀粉和单宁等性状基因，但利用分子标记辅助育种技术开展品种改良的报道不多。

**4. 利用突变体挖掘基因报道少** 国际上有少数单位构建了高粱突变体库，利用高粱突变体鉴定相关基因，但目前很少有相关报道，这也为我们更好利用突变体挖掘基因提供了很好契机。

### （二）养分利用与非生物胁迫抗性研究

**1. 养分及水分利用研究** Ahmed等（2014）研究结果表明，随着微量元素肥料用量的增加，高粱籽粒中的蛋白质含量和必需氨基酸组成显著增加；Thivierge等（2014）研究结果表明，无机氮肥用量在80千克N/公顷时的干物质和水溶碳水化合物产量大于有机氮肥；Leiser等（2014）研究了西部和中部非洲多样性高粱基因型的磷吸收和磷利用效率。结果表明，磷吸收特性比磷利用效率特性有较大的基因型变异。地方基因型一般表现出较高的磷吸收和籽粒磷浓度，而育成品种的基因型表现出较大的磷利用效率，光周期敏感性与较高的磷吸收有密切关系；Andrew等（2014）通过高粱近等基因系在一系列大田和控制环境下的试验，确定了4个独立的持绿数量性状位点，并对冠层形成、水分利用以及花后干旱胁迫下籽粒产量影响进行研究，进而阐明了持绿性等位基因通过改变干旱条件下的冠层形成和吸水模式是高粱持绿性的生理和遗传机制。

**2. 非生物胁迫抗性研究** Soudek等（2014）研究了重金属在高粱植株中的分配和积累。研究表明，重金属镉（Cd）和锌（Zn）主要积累在高粱植株的根部，重金属在地上部毒害影响导致植株叶片生长减少，增加地上部重金属浓度导致叶绿素a/b比率增加，叶片失绿。增加根系重金属浓度减少了过氧化物酶（POX）和谷胱甘肽转移酶（GST）活性；Liu等（2014）研究表明，硅（Si）能改善植物对盐胁迫的耐性。大多数研究关注硅是如何阻碍钠（Na）的吸收，但忽略了硅减轻盐诱导渗透胁迫的潜在机制。本研究以高粱为供试作物，在液体培养条件下对硅减轻盐诱导渗透胁迫的机制进行研究。结果表明，在正常条件下硅对幼苗生长没有影响。在盐胁迫条件下，光合作用和蒸腾速率减少，这些减少是通过硅的应用导致的。另外，与无硅比较，硅的应用使叶片含水量和叶片生长率保持在较高的水平。在短期盐胁迫条件下，通过水通道蛋白活性，硅的应用能够减轻水电导率的下降，导致水吸收的增加，增强盐诱导渗透胁迫的耐性。

### （三）高粱加工利用

**1. 高粱食品与饲料研发** 在高粱功能食品研究和开发方面，现在一些人们偏爱黑色食品，国外也在探索黑高粱的利用，应引起关注。Chad等（2014）开发了黑粒高粱杂交种，并对其农艺表现和杂种优势在Texas的6个环境中（3个地点和两年）进行了评价。Phi-Hung Nguyen等（2014）研究发现粒用高粱中有抗血栓和抗糖尿病的黄酮苷物质，他们评估了高粱黄酮苷对血凝固和α-葡糖苷酶的抑制作用，数据表明，高粱和它的黄酮提取物具有抗凝血作用，认为是血栓栓塞疾病以及糖尿病病人的良好功能性食品。

高粱作为饲料、饲草作物在许多国家的农业生产中发挥着重要作用，在很多国家，高粱产业是随着畜牧业的发展而发展起来的。在美国，36%的高粱用作饲料，配合饲料中25%的成分为高粱籽粒，45%的高粱出口到墨西哥等国家，出口的高粱也主要用于饲料加工。在法国，高粱作为青贮饲料用来养牛、养猪，发酵饲料中70%的成分为高粱籽粒。在澳大利亚，配合鸡饲料中30%的成分为高粱籽粒。在俄罗斯、乌克兰等国家，种植饲草高粱用来放牧牲畜，或者用作青贮和干草饲料。

**2. 能源生产工艺研发** 借助高粱的基因操控技术，高粱新品种的研发诸如提高甜度、增加生物产量和降低木质素等已有很大改观。研究将高粱生物量转化为纤维素和半纤维素，使高粱成为一种新型的可再生生物工业炭源产品；研究表明甜高粱可代替甘蔗用于乙醇生产，在乙醇生产中可采用与传统乙醇加工作物相似的机械及技术，甜高粱大规模生产乙醇具有可行性。

目前，世界各国对能源甜高粱的研发方兴未艾。美国能源部将甜高粱列为制取酒精的主要作物，计划用甜高粱逐渐取代玉米生产酒精。欧洲对甜高粱的研发也十分重视，从1 982年开始，在欧共体的支持下，欧洲开展了甜高粱的研究，首先评价甜高粱作为一种有潜力的工业和能源作物的可能性，并经过生物质能源的多年试验，表明甜高粱是欧洲未来最有希望的再生能源。俄罗斯、日本和印度也在能源甜高粱加工利用方面进行了大量研究。

## 四、国内高粱产业技术研发进展

### （一）高粱遗传育种研究

2014年，随着国家高粱产业技术体系工作的深入开展，我国高粱遗传育种研究取得全面进展：

**1. 新品种选育** 在高粱亲本系的选育和杂交种组配过程中更加注重专用性和适宜机械化作业。选育出各种类型的优良专用高粱亲本系15个。育成通过国家高粱品种鉴定委员会及各省品种审定委员会审鉴定的高粱新品种9个，其中包括机械化专用高粱品种1个、酿酒用高粱品种7个、能源用甜高粱品种1个。

**2. 种质发掘与筛选** 对高粱育种资源进行了抗丝黑穗病、抗叶病、抗旱、耐盐、耐瘠性鉴定，筛选出一批抗源，对提高抗性育种水平有重要价值；异质甜高粱亲本系选育取得较大进展，甜高粱不育系、保持系含糖量有大幅度提高。创造性应用 A2 细胞质不育化选育技术，选育出 A2 细胞质不育化杂交组合 1 个，该杂交组合表现为不结籽粒，茎秆含糖量提高 3%～5%，解决了倒伏问题，规避了 A3 细胞质不育化甜高粱的制种风险。

**3. 分子育种研究** 研究了 *dw*3 和 *sd*1 基因在高粱机械化育种应用的可行性，其中 *dw*3 可能对产量影响较小；分析了部分群体材料的总淀粉和单宁含量，为进一步开展品质分子育种进行了初步探索；利用 TX430 幼胚转化开展抗虫和除草剂转基因品种研究，摸索了转化条件；利用突变体克隆了两个基因，其中 *PHO*2 基因为高粱养分高效吸收利用奠定了材料基础。

## （二）栽培与病虫草害研究

**1. 栽培技术研究与应用** 在主要高粱产区选用适于机械化的高粱品种，按照机械化栽培技术规程进行了试验与示范，取得了良好经济效益和社会效益。完成试验项目 29 个，示范面积 2.1 万亩，平均亩产 360～640 千克，平均增产 3%～13.4%，亩增加效益 80～200 元；依据酿造专用高粱全生育期的需肥、需水规律，根据一系列栽培试验结果制定了酿造高粱标准化栽培技术规程，各地按照酿造高粱新品种高产高效栽培技术规程试验示范了完成相关试验 41 个，示范品种 30 余个，示范面积 4.9 万亩，平均亩产 316～710 千克，比一般生产田增产 10%以上；小面积超高产研究取得显著进展，6 个试验站小面积高产田均超过 647 千克，其中朝阳试验站一块 5 亩田块获得亩产 857.7 千克；研究了高粱抗逆（抗旱、抗盐碱）生理机制，探讨了高粱抗逆的形态、生理、生化参数变化规律，确定了一些高粱抗逆生理生化参数指标，研究成果发表在 *Journal of Integrative Agriculture*、《作物学报》《中国农业科》《沈阳农业大学学报》等杂志上；审定辽宁省地方标准《粒用高粱栽培技术规程》，编制了辽宁省地方标准《高粱机械化栽培技术规程》。

**2. 营养与土肥研究** 明确了适于机械化高粱品种的留苗密度、种植模式、主要品种（龙 683、吉杂 136、辽杂 35 和晋杂 34）的养分需求规律和适宜施肥量，探索了施肥及收获时间对高粱品质的影响，为适于机械化高粱栽培技术提供了理论依据，以此为依据制定了山西省地方标准《高粱机械化栽培技术规程》，已经通过最终审订；完成了 400 个土壤样品数据库的建立。在高粱主产区 11 个点进行了各产区主要酿造高粱品种对氮肥施用量的反应研究，优化了各产区的高粱专用肥，在大多产区优化高粱专用肥效果好于原专用肥，且成本低于原专用肥；系统研究了秸秆还田和施用有机肥对高粱植株形态、根系生长及产量的影响，发现有机肥和秸秆还田会降低高粱的株高和穗柄长度；明确了以解淀粉芽孢杆菌为核心菌株对连作高粱生长、土壤环境及高粱产量的影响。

**3. 病虫草害防治研究** 完成高粱病虫害预警信息数据库，并开通网络；从形态学和分子生物学两个层面，证实了我国北方玉米、高粱丝黑穗病出现多种症状均为孢堆黑粉菌侵染所致，并非其他黑穗病菌侵染造成；优化了田间高粱抗蚜虫鉴定评价技术。筛选出防治高粱丝黑穗病有效药剂；完善了高粱靶斑病、煤纹病、黑穗病和茎腐病等主要病害的抗性评价技术，并提供利用。

### （三）相关产业发展

**1. 高粱酿造产业** 汾酒集团、茅台集团、泸州老窖集团等大型酿酒企业在高粱产业技术体系品种和配套技术的支撑下继续加强原料基地建设，扩大酿酒专用高粱种植面积。这些企业的生产基地及其周边地区高粱生产的规模化和标准化生产水平得到了进一步提高。例如2014年汾酒集团原粮公司在高粱基地建设方面提出了“标准化、规模化生产”的基地建设模式，按照因地制宜，逐步推进，优势区域集约种植的布局要求，在山西建立原粮基地10万亩，其中高粱基地7万亩，有机高粱基地5 000亩，在高粱主产区实现了高粱的规模化、标准化种植。集中连片种植，统一管理，统一收购，有效促进了高粱产业的发展，保障了大型酿造企业原料供给。基地建设也保证了农民和种植合作社的收入，凡列入基地合同种植的高粱收购价均为2.80元/千克，比自由种植高粱价格高出0.5～0.6元/千克；四川省继续深化酿酒高粱产业基地建设，通过大力调整种植结构，大搞增间套围，努力扩大种植面积，2014年全省酿酒高粱面积达到110万亩，比2013年增加10%，总产近40万吨。以泸州、宜宾为核心的川南酿酒高粱产业带基本建成。

**2. 能源高粱产业** 作为很具潜力的能源作物，甜高粱的研发和产业化利用正在稳步发展。在前人工作的基础上，通过国家高粱体系工作的深入开展，能源甜高粱研发工作取得了全面进展：在新品种选育方面，已选育出了一系列含糖量高、生物产量高、适宜机械化作业的能源用甜高粱杂交种，并制定了配套的高效种植技术；在综合加工利用方面，完成五碳糖基因工程菌株生长特性与乙醇转化特性的测定工作，并以此提出基因工程菌与常规菌株混合发酵利用方案。进行了高粱秸秆饲料化与能源化利用技术研究。在能源化利用上，通过技术研究发使高粱秸秆可替代秸秆进行生物沼气混合发酵，实现高粱秸秆的能源化处置。甜高粱茎秆制取乙醇固态发酵中试试运行取得成功；在能源高粱产业化方面，国内已建成多家以甜高粱为原料的燃料乙醇生产企业。如中兴能源（内蒙古）有限公司于2009年建立起了企业的甜高粱原料生产基地，利用甜高粱茎秆汁液进行燃料乙醇生产，现在企业已完成乙醇产品的区域性封闭试验，正在进行大规模商业化生产的前期筹备工作。

**3. 高粱综合加工与利用** 加快高粱深加工和综合利用研究，并进一步拓宽国内和国外高粱消费市场是我国高粱产业发展的关键。我国高粱的精深加工及综合开发利用发展速度较为缓慢，导致高粱产业链过短、综合效益不高，这在很大程度上制约了我国高粱产业的持续、健康发展。

针对这种现状，高粱产业技术体系通过市场调研及专家讨论分析，初步确定了高粱综合加工利用的发展方向和具体方式、方法。本年度各岗位及试验站进一步加强了高粱产后加工研发工作力度。如山西省农业科学院筹备了高粱加工研究室，并与酿酒、酿醋龙头企业合作开展了高粱酿酒、酿醋与高粱品质相关指标研究；开展了利用优质饲料高粱养猪、养鸡饲喂研究，研究结果表明优质饲料高粱饲料价值高于玉米，优质饲料高粱养殖蛋鸡不仅产蛋量高，而且鸡蛋的胆固醇含量低，优质高粱饲料开发前景广阔；辽宁省农业科学院充分利用食用高粱资源丰富的优势，继续加强了食用高粱产品的研发和市场推广工作。黑龙江省农业科学院针对当地相关企业的需求，加强了特色帚用高粱杂交种的研发和示范推广工作力度。

（高粱产业技术体系首席科学家邹剑秋提供）

---

注：国际高粱生产及贸易情况数据引自美国农业部和中华人民共和国商务部。国内高粱生产情况数据引自中国种植业信息网。

# 2014年度谷子糜子产业技术发展报告

（国家谷子糜子产业技术体系）

## 一、国际谷子糜子生产与贸易概况

粟类作物是小粒粮食或饲料作物的总称，除粟（谷子）外，还包括珍珠粟、糜子、龙爪稷、食用稗、小黍、台夫、圆果雀稗、马唐、臂形草、薏苡等。在我国种植的粟类主要是谷子和糜子，主要分布我国三北干旱地区。印度和其他国家的粟类主要为珍珠粟、台夫等。谷子糜子起源于中国，是世界上最古老的粮食作物之一。中国是谷子糜子生产大国，其中谷子面积占世界谷子的80%，居世界第一位；糜子面积占世界糜子的20%，居世界第二位。世界上粟类作物的出口国为印度、中国、俄罗斯、乌克兰等国家，近年来世界粟类作物贸易量为35万～40万吨。日本国内的粟类作物产量很低，90%的原材料是从印度、中国、美国、澳大利亚进口。2014年，日本国内粟类作物的产量仅574吨，约进口9 000吨粟类作物，自给率仅6.4%。在美国，糜子主要作为一种非常重要的轮作作物，年种植面积320万亩，年产量275 000吨，单产为1 500千克/公顷，平均单价为每千克0.22美元。在韩国，糜子种植制度主要有3种类型：春糜子两熟种植区种植面积达3万亩，占韩国糜子总种植面积的80%，但其产量并不高，仅1 200～1 500千克/公顷；夏糜子两熟种植区在南部地区，其产量达1 500～2 250千克/公顷；夏糜子单一种植区在中部及北部地区，该区夏糜子产量最高，可达2 250～3 000千克/公顷。韩国杂粮（谷子、糜子、高粱）产量为20 000吨，进口量为72 000吨，自给率为27%。韩国国内价格保持在进口粮食价格的3～4倍。2014年中国出口谷子糜子693.9万吨，出口金额728.75万美元，主要出口国家为韩国（占28%）、印度尼西亚（占21%）、巴西（占9%）、日本（占8.4%）、德国（占8.1%）、荷兰（占6.9%）、英国（占4.5%）、越南（占3.9%）等27个国家，出口量较2013年同期减少48%，但价格由2013年的656.1美元/吨增加到2014年的1 050.3美元/吨，提高60.1%，出口金额降低16.6%。出口量减少主要是因为对日本出口减少近300万吨，减少83.5%。

## 二、国内谷子糜子生产与贸易概况

谷子糜子为我国主要的特色杂粮作物，

主要分布在西北、华北、东北地区，南方省区有零星种植，其中山西、河北、内蒙古谷子种植面积在全国领先，陕西、内蒙古、陕西糜子种植面积较大。根据调研数据估计，2014年我国谷子面积为1 500多万亩，糜子面积800多万亩，谷子糜子总面积约2 300万亩，较2013年增加近30%。2014年谷子糜子生产出现了良好的变化趋势，在轻简化生产技术的带动下，许多开发企业和专业合作社投资建设了千亩规模的生产基地，多的达到8 000亩以上，使谷子糜子生产的规模化、专业化程度大幅度提高。目前我国谷子糜子生产的80%进入市场，形成了河北藁城、河北孟村、辽宁建平、内蒙古赤峰等小米集散地，这些集散地主要从事谷子糜子收购、粗加工，少部分采用精包装和品牌运作，是全国各大批发市场小米的主要来源，贸易量到200万吨左右。根据市场调研，2014年谷子/小米总体价格比2013年上涨30%左右，华北、东北集散地小米批发价在12元/千克，较2013年上升2.5元/千克；优质、绿色、有机精品包装小米持续在高价位运行，每千克在18～25元。全国谷子收购价差异显著，继续表现为组织化、产业化程度越高的地区谷子收购价格越高。糜子价格较去年略有提高，糜子价格在3.5元/千克，大黄米价格在9.0～10.0元/千克。

## 三、国际谷子糜子产业技术研究进展

国外对谷子的研究主要侧重于营养成分及其功能、基因组等方面的研究，也有少数从事饲草谷子、鸟饲谷子育种研究机构。中国对谷子的遗传育种、栽培、植保、产品加工、生理生化、功能因子及基因定位等进行了较系统的研究。

### （一）谷子糜子分子遗传研究

日本利用分子生物学的手段对粟类作物的来源分布进行研究，在谷子、糜子中已经发现不同的蜡质基因型。中国台湾的XuYue选用来自中国和其他国家的190份糜子品种，通过标记核糖体DNA内外转录间隔区序列，追踪探索糜子起源中心。试验得到来自中国的rDNA类型I作为纯合子，其内转录间隔区位于ITS变异型星网中心，最接近古老品种，证明中国是欧亚大陆糜子起源中心。美国Dipak K. Santra根据株高、结束、缺铁性黄化情况、倒伏等农艺性状选择13份糜子种质系，用基因组学从柳枝黍、谷子、高粱中选择DNA标记，定位Huntsman×Rise和Huntsman×Minsum两组基因图谱，初步显示种质系间的形状差异多数变现在抗倒伏和落实率，而重组自交系中除了结实率和粒重，其他形状都具有显著差异，且存在超亲分离现象。韩国Je-Hyeok Yu利用双向电泳分离从糜子籽粒种得到1 152个蛋白点，比对后获得26个差异蛋白，其中15个位上调蛋白，11个为下调蛋白，通过MASCOT引擎比对26个蛋白点基因序列，查找Unipot数据库，得知这些蛋白与酶活性代谢相关。王瑞云选择抗旱和不抗两个糜子品种三叶期叶片，用PEG6 000处理后，提取RNA经由质检后建立cDNA库后上机测序，最终得到42 240个Unigenes，2 301个SSR标记和1 447 148个SNP标记。

### （二）谷子糜子生物技术和育种研究进展

美国近年选育并推广的糜子品种有Horizon、Sunrise、Huntsman、Earlybird、Sunup、Dawn、SPlateau等。韩国2009—2014年利用纯系育种的方法育出6个糜子新品种。

### （三）国际谷子糜子栽培和生理研究进展

在栽培技术研究方面，俄罗斯、乌克兰、美国、韩国、日本等国一直重视农机与农艺的结合，长期开展适于机械化收获的糜子新品种选育及糜子播种机、中耕机械、收获机等机械研究与利用。K. Y. Jung研究了播种机的最佳播种率和播种深度，建立最佳栽培模式。相比较传统技术，将播种率定为15千克/公顷，将减少时间136小时/公顷，深度设为3厘米为最佳，可节约90%的花费。Y. D. Choi采用裂区设计方法，探索糜子在前茬为洋葱的土地上种植的施肥方法，建议施纯氮20千克/公顷的基肥。韩国近年选育糜子品种6个，并采用管道排水系统提升糜子生产力66%。

### （四）国际的谷子糜子食品加工研究

Phonesavanh PHOUTHAXAY研究不同糜子茶制品的化学组分变化，得到糜子茶多酚和单宁含量最高，而干燥后的种子酚酸含量较高，煎炒后的糜子茶羟自由基含量将高，且对$\alpha$-葡萄糖苷酶的抑制性最强。In-Je Sung研究了不同时间、温度下煎煮对多酚、单宁含量以及抗氧化活性的影响，发现80℃3h不煎煮的种子生物活性最高；80℃3h煎煮的多酚含量最高，100℃3h不煎煮的种子单宁含量最高。而延长煎煮时间则能提高抗氧化活性。Yunyao Jiang研究发现，糜子抗氧化和抗炎活性提取方法中，水提具有显著活性，且水提物中分离出的$CH_2Cl_2$、EtOAc、n-BuOH中n-BuOH含量较高。Hyoung-min Suh分析了棕色、黄色、棕红和白色糜子的酚类化合物及活性氧代谢发现，黄糜的多酚含量较高，对DPPH自由基的抑制作用最显著，抗氧化性显著，具有较高价值。Koan-Sik Woo研究认为，不同糜子品种间的水分、蛋白质、灰分等有明显差异，多酚含量在566.19～694.76微克/克，类黄酮含量在214.07～237.83微克/克，单宁含量在235.82～280.33微克/克；品种GSC的多酚、类黄酮、单宁含量以及，DPPH和ABTS的自由基清除能力最高。Kiyokazu IKEDA研究发现，$MgCl_2$、$MgSO_4$和$ZnSO_4$处理的糯糜硬度、黏聚性、胶黏性和黏着性都有显著变化，而粳糜除了KCl处理，其余处理下硬度均有所上升，且$MgCl_2$、$MgSO_4$和$ZnSO_4$处理下的黏聚性、胶黏性变化显著。

## 四、国内谷子糜子产业技术研发进展

### （一）材料创新与分子育种取得新进展

2014年，体系18个创新团队开展了抗咪唑乙烟酸材料创新工作，共在后代变异中筛选出优异材料1 300多份，选出农艺性状较好的稳定材料120份，鉴定出产量较对照增产或与对照产量相当的优良农艺性状材料16份，获得抗谷瘟材料15个，高抗黑穗病糜子新材料18个。

分子育种岗位完成了对谷子萌芽期抗旱QTLs的定位工作，发现18个抗旱相关的QTL位点，论文发表在SCI收录期刊PLOS ONE；完成谷子核心种质及关联分析群体生育后期的抗旱性鉴定，获得500个谷子品种主要农艺性状对中后期干旱胁迫反应的相关数据，为发掘谷子中后期抗旱相关基因奠定了基础；对50 200份谷子EMS突变系（M2－4代）进行了表型鉴定，获得527份形态性状表型变异显著突变体，获得新处理的（M0代）突变体2 018个株系，谷子功能基因分析的EMS突变体库基本成型；对SSR41进行了基因组高倍覆盖重测序，构建了SSR41和豫谷1号的基因组变异数据库，完成黄叶、小穗等多个突变体的突变基因定位和克隆，初步了解和认识了这些基因的功能。

### （二）新品种筛选与选育研究

2014年，有2个谷子品种（峰杂1号、九谷22）、2个糜子品种（陇糜11号、蒙糯糜1号）通过省级审（认）定，74个谷子品种参加国家或省级区域试验，其中24个谷子品种完成区试程序并达到审（鉴定、认定、备案）标准；筛选出2个适合推广的饲草专用品种。明确了适合机械化生产的谷子品种量化性状指标，筛选出32个适合机械化生产的品种。

### （三）谷子糜子高效栽培进展

（1）集成12项谷子生产技术规程，其中《谷子轻简化栽培技术规程》《旱地谷子绿色栽培技术规程》2项已颁布执行。在100个县建立示范基地10.38万亩。主要示范了谷子化控间苗、化学除草、机械化播种、机械化收获、地膜覆盖等轻简化生产技术，一般每亩节支增收300～500元，常规品种一般亩产300～500千克，最高亩产690.8千克，杂交种一般亩产300～600千克，最高亩产712千克。

（2）改进和小批量生产谷子、糜子条播机。改进研制了2款精量条播机、1款穴播机，改进和试生产了2款割晒机；研制了双滚筒整株脱粒机，实现谷子、糜子兼用并大幅度提高机具的作业效率和性能的目标。改进了切流式谷子联合收获机。试生产各类机械132台，应用效果良好。

（3）开展了谷子糜子需肥规律及肥效研究，全生育期干物质变化规律研究，不同形态氮肥对谷子生产发育及产量的影响，基于叶龄指数谷子糜子施肥模式研究，微肥及生长调节剂在谷子糜子上的应用研究，种植方式对谷子糜子水分养分高效利用的影响研究，耕作方式对土壤水分动态及糜子水分利用效率的影响，不同种植密度下全覆膜对糜子产量形成机制的影响，谷子主要病虫害防控技术研究等，集成了谷子糜子水分养分高效利用栽培技术，在65个示范县示范面积73 480亩，核心示范区面积为35 155亩，增效在200～800元/亩。主要技术有：机械精播、覆膜滴灌技术、渗水地膜精量穴播技术、配方施肥、优良品种、病虫防控等。

### （四）谷子糜子加工基础性研究及产后加工研究进展迅速

（1）在加工基础性研究方面，研究确定小米糠蛋白提取工艺，谷子水溶性淀粉提取工艺，超微粉碎技术对谷子淀粉物化特性影响，研究了不同播期不同品种谷子原料营养成分分析，黍米粉小麦粉混粉粉质特性，黍米粉添加量与混粉粉质参数的相关性分析，黍米粉小麦粉混粉面团拉伸特性，小米粉流变学特性，不同预处理糜子粉与小麦粉不同比例混合后的糊化特性，谷子全粉淀粉指标间相关性及消化特性，谷子淀粉各特征值的相关性，谷子淀粉消化特性，小米膨化特性，不同预处理糜子粉与小麦粉制备的挂面蒸煮特性等。

（2）在产品研发方面，研制的小米含量达50%的小米馒头实现了工厂化生产，销售量已经完成600吨，销售额1 200余万元，实现利税130多万元。产品已初步得到消费者的认可，受到消费者的一致好评。确定了小米酥饼生产工艺；小米免煮面条生产工艺逐步完善，相关产品已上市，面条保质期可达12个月以上。

## （五）产业经济研究

发布了4期产业动态简报，主要包括谷子生产监测报告、春秋季各地谷子小米价格监测报告、主产区干旱情况报告等。同时课题组在平台网站发布各类产业动态信息130余条；进一步丰富农产品批发市场数据库，数据量达到7 500多个；采集谷子加工集散地市场变化数据1 500个。开展了谷子生产要素变化分析。分析了谷子生产的政策支持现状以及农户、种粮大户、合作社、企业对政策的需求，提出了政策扶持方式建议。

（谷子糜子产业技术体系首席科学家刁现民提供）

## 一、国际燕麦荞麦生产与贸易概况

2014 年度全球燕麦种植面积 1.72 亿亩，产量为 2 248.2 万吨，同比降低 5.1%。主要生产国欧盟 28 国（802 万吨）、俄罗斯（500 万吨）、加拿大（291 万吨）、澳大利亚（115 万吨）、美国（101 万吨）、智利（70 万吨）、中国（60 万吨）。2014 年世界燕麦消费量约 2 276.7 万吨，欧盟、俄罗斯、美国、加拿大是最大消费国，消费燕麦约 780、500、262、145 万吨。中国预计消费量为 72.5 万吨，需要从澳大利亚进口燕麦 20 万吨以弥补市场需要。加拿大是世界主要燕麦出口国，向美国出口燕麦约 150 万吨。

2014 年世界荞麦种植面积约 3 579 万亩，与 2013 年度基本持平。荞麦总产量 230 万吨左右，同比减少约 9.7%。其主要原因是本年度俄罗斯西伯利亚地区荞麦收获季节遭遇降雪，而中国北方部分荞麦产区遭受连续干旱少雨影响所致。本年度世界荞麦主产国为俄罗斯（75.1 万吨）、中国（66.0 万吨）、哈萨克斯坦（28.7 万吨）、乌克兰（17.9 万吨）、法国（15.5 万吨）、波兰（9.1 万吨）、美国（8.1 万吨）。2014 年世界荞麦进出口贸易量预计可达 20 万吨以上，中国是荞麦主要出口国，出口量约 14 万吨左右，主要出口到日本、俄罗斯、法国、荷兰及欧盟国家、韩国、朝鲜及南亚、西亚等国家和地区。日本依然是荞麦最大进口国，2014 年进口荞麦总量约 5.0 万吨，主要进口渠道为中国、美国和俄罗斯，分别为 3.19 万吨、0.99 万吨和 0.66 万吨。

## 二、国内燕麦荞麦生产与贸易概况

中国的燕麦种植区面积约为 1 050 万亩，2014 年总产量 85 万吨左右，企业总加工能力约 73 万吨，总产值约 61 亿元。因为前期干旱后期多雨，燕麦产量略有降低，收购价格为 3 200 元/吨左右，比 2013 年度稍有升高，有利于燕麦产业发展。河北省年燕麦加工量最大，为 30.0 万吨，其次为山西省，为 10.0 万吨。值得注意的是 2014 年我国进口燕麦草总计 12.0 万吨，同比增 182%；进口金额总计 4 065 万美元，同比增 157%。

中国荞麦种植面积约为 1 100 万亩，与 2013 年度基本持平。荞麦总产量为 66 万吨，预计同比减少 10%。主要是 2014 年

7～8月，内蒙古中东部以及与辽宁、河北、山西、陕西等省区交界的北方荞麦主产区干旱无雨，荞麦大面积减产，甚至有的地方基本绝产。下半年荞麦市场价格一路攀升，赤峰、乌盟、忻州、榆林、平凉等地市场平均收购价从年初的2.60元/千克，提高到目前的3.90元/千克以上，涨幅达到50%，市场出现惜售、囤货现象。结合俄罗斯荞麦减产等因素，预计到2015年市场价格还会继续看涨，荞麦加工、贸易将受到一定冲击。南方产区苦荞收购价相对稳定，但受甜荞市场价格影响，预计后期亦会发生一定程度的上涨。以大垄双行为代表的机械化种植和采收技术成为提高主产区生产效率和解决劳动力紧张等问题的有效措施之一。有机、绿色栽培技术与生产基地认证作为荞麦产业良性发展的科学模式，得到更广泛的认可与推广。

## 三、国际燕麦荞麦产业技术研发进展

2014年7月在加拿大渥太华举行了美洲燕麦工作者会议，会上交流了燕麦CORE基因项目最新研究进展，同时强调了要把燕麦这一特色作物推广为经济效益显著的作物，为食品加工企业提供稳定的可持续的优质燕麦供应，并且满足消费者对于健康的需求，要实现这一目标，在不采用转基因手段（常规育种）基础上应该将目前燕麦产量提高20%，$\beta$-葡聚糖含量提高10%以上。这将成为近年燕麦工作者主要的奋斗目标。

国外燕麦育种越来越倾向创新研究，主要是常规育种与分子生物学及分子遗传学手段相结合，在燕麦基因组学和分子育种研究等方面进展迅速。近年来，国外在提高燕麦的抗逆性及抗病虫草害等生物胁迫方面的研究比较集中，也取得了一些新进展。

美国农业部农业风险管理机构发布农作物保障条例，规定受保险区域比上一年进一步扩大，凡是种植以收获籽粒为目的的燕麦，如遇到恶劣天气、灌溉供水故障、火灾、病虫草害均可受到农业保险。

苦荞在国外曾被认为是不宜食用的作物，至今基本没有规模化生产加工。随着中国苦荞研究利用成果的引领，国际荞麦学界开始深入关注苦荞产业化技术研究。

2014年国际上荞麦专利数继续保持10%以上的增长速度，暗示国际荞麦技术和产品研究也在逐年增加。荞麦作为保健产业的主要一员正在提升其重要性和影响力。

波兰专家研究发现，苦荞和野生苦荞芽菜含有已知和新发现的黄酮醇，野生苦荞子叶中芦丁含量超过普通荞麦的10倍，深入研究了苦荞中荞麦碱的含量与结构，为苦荞生物活性研究提供指导。

意大利学者研究结果表明，苦荞的中性膳食纤维含量高于大麦，而大麦总膳食纤维含量高于苦荞。日本学者研究表明，苦荞纳豆酱富含总酚、总黄酮及纳豆激酶等活性成分，具有较强的自由基清除能力和抗氧化能力。斯洛文尼亚用苦荞粉取代部分小麦粉新研发的苦荞面包系列产品填补了市场的空白。

加拿大是北美荞麦主产国和主要生产和出口大国，近年来由于豌豆和小扁豆出口效益较好，大幅度挤占了其他杂粮的种植面积，本年度荞麦面积下滑30%左右。据报道，加拿大曼尼托巴生产的荞麦杀虫剂残留超标，出口到日本的荞麦受到退货处理。曼尼托巴加工商担忧烟碱类杀虫剂的污染影响未来对日本的荞麦出口，北美民间环保组织及地方政府已呼吁和制定措施限制该类杀虫剂的使用。而德国、法国、意大利已下令禁止使用含有“新烟碱类”的杀虫剂。此现象也应引起我国荞麦生产的关注和借鉴。

## 四、国内燕麦荞麦产业技术研发进展

国内发表有关燕麦论文 205 篇，荞麦论文 173 篇。申请燕麦有关专利 51 项，荞麦专利 83 项。

在育种研究上，在燕麦方面，燕麦属物种 β-葡聚糖含量测定及其相关基因进行克隆，明确了不同居群间 β-葡聚糖含量差异达显著水平；燕麦光周期不敏感基因的 QTL 定位，通过光周期模拟试验筛选出光周期不敏感燕麦品种 VOA-8，将光照不敏感的燕麦品种 VOA-8 与敏感的燕麦品种白燕 2 号为材料进行杂交，得到了 $F_1$ 代种子。

在荞麦方面，苦荞相关基因的挖掘研究主要有：①苦荞 RIL 遗传群体构建，通过对这群体的形态分析，发现易脱壳、灰粒均为隐性基因控制。②苦荞基因研究，发现甜荞和苦荞相比黄酮合成酶基因（Buckwheat _ F _ Unigene _ BMK. 29760）的翻译水平差异是苦荞黄酮含量大大高于种子的主要原因。

2014 年育成燕麦新品种 2 个，荞麦新品种 1 个。有 4 个荞麦品种完成区试。通过贵州省区试，目前在审定中；四倍体甜荞新品系通过了山西省农作物品种审定委员会办公室组织专家进行的田间鉴定，有望明年认定。

栽培方面，进行了裸燕麦 N、P、K 的“3414”配比试验研究、复合盐碱胁迫对燕麦种子发芽的影响研究、覆盖材料和沟垄比对燕麦产量和水分利用效率的影响研究、播期和施氮量对不同燕麦（*Avena sativa*）品种氮素吸收利用的影响研究、耕作措施对燕麦田土壤水分、温度及出苗率的影响研究、碱性盐胁迫对燕麦矿质离子吸收与分配的影响等研究工作。完成栽培技术规程 6 项。

病虫害防控方面，今年东北地区燕麦炭疽病持续发生，西北地区白粉病发生较重；燕麦红叶病发生较普遍，但是发病较轻；燕麦细菌性条斑病有一定上升的趋势；黑穗病发生较轻。荞麦方面北方以黑斑病、轮纹病、叶斑病和病毒病发生比较普遍，其中甜荞黑斑病、苦荞白粉病发生较重，发病面积大。

2014 年，国内加强了燕麦高效安全除草剂的筛选工作、燕麦蚜虫和荞麦上发生的西伯利亚龟象甲的发生规律和防治方法的研究。

加工利用方面，开展了一系列以燕麦荞麦为原料的主食化研发工作，并深入探索了燕麦荞麦及其功效成分的功能性验证。通过动物试验说明燕麦 β-葡聚糖对降脂降糖具有显著效果。优化了浸麦条件对萌动燕麦 β-葡聚糖及蛋白质体外消化率的影响。

使用单螺杆挤压膨化机处理燕麦麸皮粉，研究其灭酶灭菌效果，可在不添加任何化学防腐剂在的前提下符合国标规定的“食品卫生标准”，开展了燕麦葡聚糖益生菌的酶的鉴定、分离纯化、基因克隆和活性研究。

帮助内蒙古清谷新禾有机食品公司建设年产 500 吨荞麦麦片生产线一条；与伊健公司合作完成低 GI 苦荞浓浆饮料中试试验一项；帮助山西朔州佳维粮油加工有限公司改扩建 3 000 吨荞麦米、荞麦面粉生产能力。

（燕麦荞麦产业技术体系首席科学家任长忠提供）

# 2014年度食用豆产业技术发展报告

（国家食用豆产业技术体系）

## 一、国际食用豆生产与贸易概况

2014年国际食用豆生产平稳，发展中国家仍是主要生产国，产量约占世界总量80%，播种面积占总面积90%以上。但受研究投入、种植规模、政策支持等因素影响，发展中国家食用豆生产率低下，主要靠扩大种植面积来增加总产量。加拿大、澳大利亚、中国、美国、阿根廷是世界食用豆主要生产国和出口国，印度、中国、美国、埃及、巴基斯坦是主要进口国。印度是世界食用豆消费大国，而加拿大则是世界食用豆供给大国。中国在世界食用豆贸易中占有重要地位，其出口和进口数量均居世界前三位，其出口豆种主要是芸豆、绿豆和小豆，而进口豆种主要是豌豆。

2014年1～9月份，中国食用豆出口35.82万吨，同比减少48.2%；出口额55 414.30万美元，同比减少27.0%。食用豆进口59.08万吨，同比减少1.5%；进口额30 635.87万美元，同比减少30.0%。近年来受豌豆大幅进口的拖累，食用豆净进口量为23.26万吨，净出口额为24 778.43万美元。从豆种看，出口量最多的是芸豆，其次是绿豆和小豆；豌豆依然进口量最多，2014年1～9月净进口52.45万吨，净进口额20 373.65万美元。

我国主要食用豆进口国依然是加拿大、印度、巴基斯坦、缅甸和美国，这5个国家的进口量占进口总量97.57%，进口额占进口总额95.87%。我国食用豆主要出口市场依旧是日本、意大利、越南、印度、委内瑞拉、韩国、美国、古巴、南非、也门、英国、菲律宾等国家，其中出口到日本、意大利、越南、印度、委内瑞拉的数量占总量49.35%，出口金额占出口总额52.69%。

## 二、国内食用豆生产与贸易概况

据体系调查，2014年我国东北、华北主产区受春季降雨多、玉米种植面积扩大等因素影响，绿豆播种面积较2013年稍有下降，约70万公顷，总产量约86万吨，市场价格同比有所上涨。其中2014年5月后绿豆价格有一波明显的上涨行情，直到11月底基本维持在较高价位，但仍在合理范围之内。由于市场价格持续上涨，芸豆种植规模有较大提升，种植面积约60万公顷，总产量约120万吨。干籽粒蚕豆、豌豆种植面积相对稳定，西南和华东区受鲜食蚕豌豆市场价位高升、产业结构调整等因素影响，种植面积增长约15%，产量快速增长。其中，豌豆种植面积约94万公顷、干豌豆总产约119万吨；蚕豆100万公顷、干蚕豆总产约160万吨。小豆种植面积与产量相对稳定，种植面积约23万公顷，总产35万吨，市场价格与2013年同期相比价格明显上涨。由于旱薄丘陵地区大力发展林下经济和特色农业等，在山西、重庆、四川、湖北、广西等地食用豆种植面积出现新的增长。总的来看，2014年食用豆种植面积5 200余万亩、总产量约560万吨。东北区食用豆生产机械化作业能力初现，示范地块从整地、播种、施肥、打药、中耕除草、收获等机械化作业示范效果显著。

## 三、国际食用豆产业技术研发进展

### （一）食用豆遗传育种方面

**1. 种质资源研究与抗性基因挖掘** 西班牙学者对除蚕豆（*Vicia faba*）外的61个Vicia种267份资源进行抗褐斑病和锈病鉴定，发现大多数*Vicia* spp. 资源高抗褐斑病和锈病，甚至免疫。Atiq等筛选出13 989等5份高抗碳腐病绿豆；Singh等筛选出ML－4等8份抗叶斑病绿豆。Kumar等通过对白粉虱、叶蝉、花蓟马及豆荚螟抗性鉴定，筛选出AKM－4等5份综合抗（耐）性绿豆。Mohan等筛选出EC 398897等10份抗黄花叶病毒病绿豆。Teshomeet等从542份栽培豌豆中鉴定出2份高抗豆象资源。

**2. 分子标记及基因定位研究** Sehrawat等利用12份绿豆种质开发出38个与耐盐基因相关的SSR分子标记。Lestaria1a等对83份绿豆种质的多样性研究，发现印度尼西亚绿豆遗传多样性较小，群体没有明显分化，多数改良品种与主产区地方品种相似。El-Rodeny等构建了总图距为684.7厘摩尔根，共552个位点的蚕豆遗传连锁图谱。Khazaei等构建与蚕豆气孔性状相关的QTL遗传图谱，发掘出15个与蚕豆气孔密度、长度等有关的QTL，均位于第二染色体。

首尔大学等开展的小豆基因组测序覆盖率为75%，绘制了11对拟染色体，预测相关蛋白编码基因26 857个，证明与绿豆同源基因高度保守的组织特异性。Lestari等应用小豆栽培种和野生种进行全基因组单核苷酸多态性开发，共产生1 565 699个SNP，其中59.4%为转换，40.6%为颠换。

Kim等鉴定了绿豆与拟南芥开花相关的同源基因，开发出QTL。Gupta等利用绿豆转录组测序开发SSR，其中97%的引物在8种其他豇豆属种中具可转移性。Alam1等对绿豆粒重进行定位，发现至少有4个位点控制粒重，分别位于第1、6、8、9连锁群，解释5.8%～19.96%和9.31%～33.72%的表型变异。Kang等构建了绿豆基因组序列草图，将促进基因组研究和加快亚属*Ceratotropis*分子育种。

Aryamaneshet等利用豌豆$F_2$群体，将控制豆荚和子叶豆象抗性的主效QTL基因分别定位在LG2、LG4和LG5连锁群，3个主要效基因解释子叶抗性表型变异80%。

**3. 分子标记辅助选择育种** 加拿大学者通过回交和分子辅助选择育成抗普通细菌性疫病、炭疽病和普通花叶病毒病的多抗菜豆品种。吉尔吉斯斯坦学者通过分子标记辅助育成抗炭疽病菜豆品种。巴西学者通过分子标记辅助选择育成含3个抗锈病基因的普通菜豆品种。

Mishra等通过农杆菌介导法将来自绿豆的液泡膜 $Na^+/H^+$ 逆向转运蛋白基因转入到豇豆，与野生型相比，转基因豇豆在盐胁迫下表现较高耐受性。

## （二）耕作栽培方面

Latif等研究了2，4-二氯苯氧乙酸（2，4-D酸）对绿豆产量及相关因子的影响，结果表明：浓度0.8毫克/千克可显著增加生长因子及产量因子。Fakir等通过不同节位摘叶、摘花与摘荚处理，研究了绿豆产量与产量属性的源库影响，表明高产品种具有较好的库源流失补偿作用。

日本北海道研究表明，最佳小豆种植模式为垄距60～66厘米，穴距20厘米，播种2～3粒/穴，NPK配比是1∶5∶3（即每公顷施肥量为N 20～40千克，P 100～200千克；K 70～100千克），每公顷产量2 500～3 000千克。

## （三）病虫害防控研究

**1. 豆象防治** 博茨瓦纳学者研究表明在豇豆种子储藏期间添加大蒜、薄荷、辣椒可有效防治豇豆象的危害。Owolabi研究表明0.20微克/毫升的Morinda lucida精油处理72小时对四纹豆象成虫表现出高毒理学效应，造成100%死亡，故能用于四纹豆象防治。Babarinde等研究表明Xylopia parviflora植物精油对四纹豆象的熏蒸毒性在6.25微升/毫升浓度下处理6小时，能造成81.7%的死亡率。Izakmehri等对*Eucalyptus camaldulensis* Dehnh和*Heracleum persicum* Desf精油对四纹豆象的致死和亚致死剂量的研究表明，这两种精油熏蒸12小时的 $LC_{50}$ 分别为56.7微升/升和219.4微升/升，熏蒸24小时的 $LC_{50}$ 分别为26.1微升/升和136.4微升/升。两种精油的LT50分别为6.3小时和10.9小时。

印度园林大学对6个菜豆品种的α-淀粉酶抑制剂分析表明能有效地抑制绿豆象和赤拟谷盗幼虫的α-淀粉酶活性，及灰翅夜蛾的中肠酶活性，将赤拟谷盗幼虫与纯化的抑制剂与面粉的混合物上饲养5天，100%幼虫致死。

Zottich等研究表明0.5%的Cc-LTP1蛋白能有效抑制四纹豆象幼虫发育，减少雌虫产卵量和体重，且能抑制四纹豆象中肠α-淀粉酶活性。

**2. 病害防治** 巴西学者评价了几种除草剂对菜豆土传病原菌的抑制效果，发现精异丙甲草胺（S-metolachlor）在菜豆土传真菌病害防治中具有利用潜力。而*Pseudomonas aeruginosa* 产生的次生代谢产物对植物病原菌黄单胞菌种具有生物活性作用，叶面喷施KSi + NaMo能够降低菜豆炭疽病的症状和较大的提高产量。也有学者发现莽草酸和水杨酸能诱导蚕豆赤斑病的抗性，100微摩尔/升处理能够减轻蚕豆真花叶病毒病的症状。而苯并噻二唑（benzothiadiazole）和*Trichoderma harzianum* 处理蚕豆叶片可显著减轻赤斑病的严重度。

## （四）功效成分研究和产品研发方面

Itoha等研究表明小豆热提取物对预防骨质疏松有一定作用；Yao等首次报道了挤压膨化后提取得到的小豆蛋白质（EA）能

够显著抑制 α-糖苷酶抑制活性，抑制正常和链脲霉素口服糖尿病大鼠的血糖和胰岛素升高。而在大鼠饲料中添加 1%～2%的绿豆，可以有效降低大鼠血浆总胆固醇和三酰甘油水平，且增加了 3-hydroxy-3-methyl-glutaryl-coenzyme 还原酶在 mRNA 中表达。Ana 等研究表明红芸豆中的酚类提取物 RPB 是高浓度酚类化合物的混合体，主要包含儿茶素衍生物、原花色素和儿茶素糖苷，其具有较高的抗氧化能力以及抗炎能力。

## 四、国内食用豆产业技术研发进展

### （一）遗传育种研究进展

**1. 资源研究** 2014 年度共收集引进国内外种质资源 2 451 份，鉴定出 C04509 等 62 份综合农艺性状优良的特异种质；新品系异地联合鉴定，筛选出冀绿 0514 等高产稳产广适性新品系 8 份；经抗逆、抗病虫鉴定，筛选出 20120286 芸豆、05 - 633 蚕豆、w07（16）- 1 豌豆等抗逆境、抗病虫材料 48 份。

**2. 遗传研究** 吴传书等构建了一张含有 585 个标记的绿豆遗传图谱，图谱总长 732.9 厘摩尔根，包括 11 个连锁群，标记间平均距离 1.25 厘摩尔根，是目前国内外发表的标记数最多、密度最高的绿豆遗传连锁图谱。

李明等小豆粒色性状遗传的分析表明，黑粒对米黄为显性，米黄对红色为显性，且黑色对米黄色具显性上位性作用；红底黑斑和红粒色由一对基因控制，红底黑斑为显性，红粒色由隐性基因控制。

**3. 育种研究** 本年度培育出省级及以上审（鉴）定品种 27 个，包括绿豆 14 个（鄂绿 5 号、晋绿豆 8 号、宝绿 1 号、宝绿 2 号、吉绿 10 号、吉绿 11 号、潍绿 3 177、潍绿 3 216、潍绿 3 260、中绿 15、中绿 16、中绿 17、中绿 18、中绿 19 等），小豆 2 个（白红 10 号、吉红 12），芸豆 2 个（龙云豆 9 号、龙云豆 10 号）、蚕豆 4 个（青蚕 15 号、云豆 470、成胡 20 号、凤豆 17 号）和豌豆 5 个（云豌 1 号、云豌 18 号、云豌 23 号、陇豌 4 号、定豌 8 号）。

### （二）病虫害防控研究进展

**1. 筛选一批新的抗病虫资源或品种** 筛选出 2 个抗炭疽病品种“海鹰豆”和“龙芸豆 8 号”、20 个抗炭疽病品系和 11 份抗炭疽病资源，获得 4 份抗普通细菌性疫病资源和 2 个抗菌核病菜豆资源。鉴定出 28 份抗白粉病豌豆品系，筛选出抗豌豆象豌豆资源 5 份。此外，还筛选出蚕豆抗赤斑病、绿豆抗尾孢叶斑病和绿豆象资源。

**2. 明确了豌豆品种（系）抗白粉病基因** 发现豌豆地方品种 G1778 对白粉病抗性由 1 个隐性基因控制，并将该基因定位豌豆第 6 连锁群上基因 *er*1 区域；确定了 G1778 抗白粉病基因为 *er*1 的新等位基因，命名为 *er*1 - 6。通过 *er*1 同源基因克隆和序列分析，鉴定豌豆品种云豌 8 号、Cooper 和 Tara 含有 *er*1 - 1 等位基因，云豌 21 号和 L1 335 含有 *er*1 - 2 等位基因。

**3. 重要食用豆病害防治取得显著进展** 采用播种前用 35%多克福悬浮种衣剂对种子包衣，播种后 6 周用 72%农用链霉素可溶性粉剂加 50%福美双可湿性粉剂混合喷雾，防治菜豆普通细菌性疫病及后期叶部病害取得明显增产效果。该技术在 4 个试验站 5 个点示范 230 亩，增产 11.8%～45.6%。43%戊唑醇悬浮剂1 500～2 000倍液防治绿豆尾孢叶斑病在6个试验站示范，增产幅度为8.59%～12.51%。80%代森锰锌可湿性粉剂（大生M-45）防治蚕豆赤斑病在5个试验站进行示范，增产幅度为7.2%～18.07%。

进一步明确我国食用豆主产区豆象种类、分布及危害状况；优化完善了仓储豆象综合防控技术，经在不同产区示范防效达85%以上；筛选出田间豌豆象防控最佳复配药剂和比例，提升了豆象防控水平。通过不同药剂处理对绿豆象防治研究表明，辛硫磷乳油浸种+喷雾防治田间绿豆象具有较好的效果，且能提高绿豆的单株结荚数和产量。研究表明320戈瑞能有效抑制绿豆象卵的孵化（孵化率0）、蛹的羽化（羽化率7.33%）、造成幼虫（死亡率100%）和成虫的死亡（死亡率90.67%）。

**4. 食用豆田杂草防除研究取得一定进展** 试验表明，绿豆生产除草效果最好的氟磺胺草醚高效氟吡甲禾草灵苗后喷雾，拿捕净氟磺胺草醚苗后喷雾和精喹禾灵、氟磺胺草醚苗后喷雾，防治效果分别为92.3%、95.5%和93.5%。小豆田间除草效果最好的为75%噻吩磺隆WG 30克/公顷+72%异丙甲草胺EC 1 800毫升/公顷，使用药剂后20和40天株防效最高，分别为94.0%和87.5%；小豆产量为2 024.6千克/公顷。豆杰在30及45克/公顷剂量下单用及豆杰30克/公顷+咪草烟1 500毫升/公顷混用，对红小豆田鸭跖草、刺儿菜和苣荬菜等阔叶杂草有良好的防效，施药后对红小豆株高略有影响，但7天左右恢复生长，对产量无影响。另外，用960克/升精异丙甲草胺乳油、900克/升乙草胺乳油、330克/升二甲戊灵乳油单用，对小豆田阔叶杂草的防效略好于禾本科杂草；50%丙炔氟草胺可湿性粉剂对反枝苋和龙葵的防效好于75%噻吩磺隆干悬浮剂，对藜和苘麻的防效相近。

### （三）耕作栽培研究进展

针对食用豆主产区不同的气候、种植制度、生产方式等研究集成的西部旱薄区地膜覆盖栽培技术、南方稻茬免耕生产栽培技术、华北区间作套种高效生产技术、东北区机械化生产技术等，创建出西部旱薄区芸豆增产30%、蚕豆增产40%、绿豆亩增产值80～120元，南方稻区蚕豆节约成本60～90元，华北区间套种较平作增收20%～30%，东北区机械化生产亩节本增效80～100元的高产高效典型。

### （四）食用豆功能成分分析与产品研发进展

通过开展相关理论研究及技术优化，食用豆功能成分鉴定水平得到显著提升，γ-氨基丁酸测定技术、食用豆膳食纤维提取及功能特性评价技术及豌豆品种胰蛋白酶抑制剂的粗提工艺进一步优化完善；蚕豆单宁类物质钝化技术，蚕豆蛋白提取及功能特性研究技术以及建立原花青素提取技术得以建立；明确了绿豆发芽过程中乙烯对绿豆芽下胚轴的影响及其生理生化基础。筛选出一批适宜加工的食用豆品种，开发出富含GABA的芽苗菜保健产品，蚕豆膳食纤维面包产品，研制出“一种具有降血糖效果的红小豆粉食品的制作方法”专利技术。

（食用豆产业技术体系首席科学家程须珍提供）

## 一、国际马铃薯生产与贸易概况

**1. 生产概况** 据FAO统计数据[①]，2013年全世界种植面积2.90亿亩，总产3.76亿吨，分布在全球169个左右国家和地区，亚洲和欧洲面积分别占全球面积的51.16%和29.61%，生产重心继续由东向西、由发达国家向发展中国家转移；世界十大主产国是中国、印度、俄罗斯、乌克兰、美国、德国、孟加拉国、法国、荷兰和波兰。世界平均亩产为1 298千克，较2012年增加23千克，平均亩产在3 000千克以上的国家有新西兰、美国和比利时，59个国家和地区的平均亩产不到1 000千克。

**2. 贸易概况** 根据联合国商贸数据统计[②]，2013年世界出口和进口数量分别为2 102.52万吨和4 867.47万吨，较2012年分别增加3.39%和减少1.56%，其中冷冻马铃薯、细粉和鲜薯出口数量减幅分别为31.12%、14.46%和10.03%；淀粉、种薯出口量增幅分别为26.73%和12.32%；其他产品出口量变化均在±10%以内。2013年世界出口和进口金额分别为146.24亿美元和146.71亿美元，较2012年分别增加17.85%和16.88%，其中世界贸易第一大产品为速冻马铃薯，占出口总额的43.89%，第二大产品为鲜薯，占出口总额的15.37%。

## 二、国内马铃薯生产与贸易概况

**1. 生产概况** 根据体系专家调查统计，2014年全国种植面积为10 226.6万亩，较2013年增加178.2万亩。其中，面积超过1 000万亩的省份有四川、贵州和甘肃，面积500万～1 000万亩的省份有内蒙古、云南、陕西、重庆、湖北，占全国总种植面积的70%以上。全国总产量12 722.6万吨，较2013年减少374万吨，其中，四川、贵州和甘肃等总产量超过1 000万吨，500万～1 000万吨的省份有云南、内蒙古、陕西、山东、重庆、湖北、吉林，排名前八的省份产量占全国的64.4%，全国平均亩产1 244.1千克，较2013年减少59.3千克。各地生产水平差异比较大，且呈现主产区单产水平低的特点，亩产超过2 000千克的省份有5个。马铃薯种植的区域化、规模

① 数据来源FAO统计数据库，http：//faostat. fao. org，2015年2月8日

② 数据来源联合国商贸数据库，http：//comtrade. un. org，2015年1月6日

化、机械化水平进一步提升。

**2. 贸易概况**

（1）市场价格。2014 年，全国田间平均价格下降幅度较大，但地区间不平衡，北方主产区价格降幅在 30%以上，西南一季作主产区总体略降，南方冬作和秋作产区价格较 2013 年上涨。全国批发市场价格较去年同期下降 0.35～0.45 元/千克，降幅达 13%～22%，但仍高于 2011 和 2012 年。

（2）国内贸易。各地区实现鲜薯异地销售 4 261.2 万吨，占总产量的 1/3，商品性较去年降低 4 个百分点。

（3）国际贸易。2014 年，马铃薯及其制品国际贸易总额 52 881.6 万美元，其中出口额 32 443.3 万美元，进口总额 20 438.3万美元，出现 12 005 万美元的顺差。出口产品中，鲜薯 54.01 万吨 27 153.11万美元、占出口总额的 83.69%，冷冻马铃薯 2.9 万吨共 4 581.74 万美元（占出口总额的 14.12%）、淀粉制品 0.432 万吨共 607.6 万美元；进口产品主要为速冻马铃薯和淀粉制品，其中速冻马铃薯 12.67 万吨共 15 539.9 万美元（占进口总额的 76.0%）、淀粉类产品进口量 4.5 万吨共 4 895.4万美元（占进口总额的 23.9%）。

## 三、国际马铃薯产业技术研发进展

**1. 遗传育种**

（1）Ana Panta 等改进了马铃薯资源长期冷冻保存技术。

（2）Prashar Ankush 等构建了一个高度杂合的二倍体马铃薯的加密 SNP 图谱并分析控制薯形和芽眼深度的 QTL。

（3）Shepherd L. V. T. 等分析了块茎生命周期的代谢。

（4）加强了块茎营养和安全研究，如 Muttucumaru 等研究了块茎中自由氨基酸、糖含量和丙烯酰胺形成的关系、天冬氨酸的合成，Paget Mark 等分析了安第斯二倍体地方品种微量营养元素的遗传、Ek Kai Lin 等研究了淀粉对血糖指数的改变、Zhang B 等研究了直链淀粉和磷酸盐单脂对变性淀粉聚合结构的影响。

（5）K. Hosaka 等应用 PCR 分析细胞质基因分型方法研究马铃薯系统发。

（6）2014 年美国申请新品种保护 15 个。美国农业部于当地时间 11 月 7 日批准辛普劳公司种植其研制的转基因品种 innate potato，这种品种可以减少高温制作产生的致癌物质和变黑。

**2. 栽培与作物生产**

（1）许多研究者开展了有机肥、轮间（套）作对马铃薯产量、品质和土壤微生物的影响。

（2）水分胁迫对产量、块茎大小分布及水分生产率的影响，美国建立了水分胁迫下根生长和水分吸收模型，可为水分吸收提供预测、为栽培决策提供支持。

（3）氮磷钾管理：Paul E 和 Bryan G 研究了土壤中磷浓度与根系对磷吸收的影响。

（4）Cepl 等报道了栽培条件对马铃薯油炸薯片中丙烯酰胺前体物质含量的影响，氮肥施用量的增加会提高天冬酰胺含量，油炸薯片中丙烯酰胺含量也会相应增加。

**3. 病虫害防控**

（1）晚疫病。英国首次从生物化学角度阐述了效应蛋白专化和寄主分化进程的相关性；Jo K-R等通过无选择性标记转化得到了累积表达致病疫霉（*P. infestans*）R抗性基因的马铃薯品种。Pushpa等基于代谢组学发现了马铃薯与晚疫病抗性相关的代谢途径与基因。

（2）俄罗斯发现多种PSTVd与$PVY^{NTN}$菌株混合侵染后会引起新的病症并在马铃薯中发现，广泛传播；Jasna等研究表明PSTVd序列变异因RNA复制的效率和运输能力而不同，序列变异伴随着RNA复制过程中发生的转录错误。

（3）Ines Siri等发现Pili相关基因参与了青枯菌对马铃薯的早期侵染。

（4）Mohan等研究表明含有GSL2基因的转基因马铃薯对由*Pectobacterium atrosepticum*引起的黑胫病具有抗性。

**4. 田间机械** 研制了一种新型切种薯的机械（切块机），包括切块装置、传输装置和输送装置。切块装置包括多个间隔排列在主轴上的犁刀刀片，传输装置包括一个输送床和许多个滚筒。

**5. 深加工技术和副产品综合利用**

（1）加工技术：美国的Ayvaz等建立了用手持式便携近红外光谱仪分析油炸薯片中丙烯酰胺含量的方法。

（2）英国的Lemos等发现烹饪方式对总酚类物质和总花青素影响很大，但对抗氧化物质没什么影响。

（3）爱尔兰的Hossain等研究了脉冲电场和脉冲光预处理对从薯皮里提取甾族生物碱的影响。

（4）印度的Sandhu等研究了淀粉颗粒大小和制备过程中的pH对变性淀粉的理化性质、形态学、热性质和糊化特性的影响。

（5）西班牙的Amado、加拿大的Maldonado等从薯皮渣中提取抗氧化活性物质、酚酸和糖苷生物碱，美国的Liang等用薯皮渣发酵生产乳酸。

## 四、国内马铃薯产业技术研发进展

**1. 遗传育种**

（1）李飞等分析了3个耐冻性和冷驯化能力不同的马铃薯野生种中*FAD2*基因的克隆及表达。

（2）秦玉芝等分析了持续弱光胁迫对马铃薯苗期生长和光合特性的影响。

（3）邓珍等建立了PEG8 000模拟胁迫条件下组培苗耐旱性评价方法。

（4）二倍体富利亚和窄刀薯杂种无性系是改良马铃薯品种铁和锌含量的宝贵资源材料。

（5）马铃薯野生种羽叶裂种（*S. pinnatisectmum*）和小拱薯（*S. microdontum*）田间具有马铃薯甲虫抗性，并从其中共筛选出6份抗虫材料。

（6）截至2014年12月初，全国共审（认）定品种41个，其中国审品种7个，食品加工品种3个，高淀粉品种10个，彩色马铃薯2个，品种类型更加丰富，亲本来源多样化。

**2. 栽培与作物生产**

（1）刘星等发现长期连作条件下马铃薯植株库源关系的失衡是导致块茎产量降低的主要原因；秦舒浩等报道马铃薯—豆科植物轮作对防止连作田土壤盐渍化有显著效果。

（2）建立主要营养品质指标的提取和分析测定方法。

（3）初步探讨了马铃薯植株镉积累规律

及降镉栽培技术。

**3. 病虫害防控**

（1）王静等发现β-氨基丁酸（BABA）能有效诱发基础防御反应，提高马铃薯对晚疫病的抗性。

（2）中国农业大学首次检测到马铃薯H病毒，是Betaflexiviridae科*Carlavirus*属的新成员，其分布广泛。

（3）崔岩等研究发现一种新的木霉菌对干腐病具有拮抗作用。

（4）陈淑琴等研究发现放线菌D01对马铃薯干腐病菌、黑痣病菌、炭疽病菌和早疫病菌均表现显著的拮抗作用，其中对马铃薯干腐病菌和黑痣病菌的持续抑菌作用最强。

**4. 田间机械**

东北农业大学研究了马铃薯播种机双轮盘排种器相位调整机构，实现了马铃薯播种机双轮盘排种器的左、右排种轮盘之间投种相位角的调节，提高了作业速度和作业精度。

**5. 深加工技术和副产品综合利用**

（1）江南大学的Ma等研究了微波加热对马铃薯淀粉的颗粒状态和热性质影响，结果发表在Starch-Stärke杂志上；合肥工业大学的Xie等研究了马铃薯蜡质淀粉的反复多次回生对结构特性的影响，并对其体外消化进行了分析，相应结果发表在*Food Chemistry*上。台湾的Huang等将马铃薯做成直径为6毫米、高6毫米的颗粒然后进行不同温度深度油炸，建立了马铃薯颗粒油炸过程中受热脱水的经验模型。

（2）汪成龙等提出了一种基于流形学习算法的机械损伤检测方法，苏文浩等利用高光谱图像技术建立外部缺陷在线无损检测方法。

（3）张良等建立了直链淀粉含量测定的近红外光谱模型，吴晨等应用近红外高光谱成像技术无损检测块茎淀粉含量和干物质含量。

（4）李次力等优化了薯皮抗氧化物质绿原酸提取工艺条件。

（5）谢涛等制备并纯化得到马铃薯抗性淀粉，研究了其益生作用与结构变化。

（6）梅新等采用酶法制备薯渣膳食纤维，分析了pH、NaCl浓度和温度变化对薯渣膳食纤维持水性、持油性、吸水膨胀性和黏度等物化特性的影响。周睿等研制了一种新型羧甲基薯渣基可食性包装膜；王伟东等研究了薯渣为原料的沼气发酵预处理条件，蔡维北等研究了酵母菌固态发酵薯渣。

（7）梅宁安等将发酵薯渣、葡萄渣颗粒饲料应用肉羊饲养，益蕊等进行了薯渣裹包青贮对肉牛饲养中的应用试验。

（马铃薯产业技术体系首席科学家
金黎平提供）

## 一、国际甘薯生产与贸易情况

根据联合国粮农组织（FAO）统计数据，2013年全球甘薯种植面积为818.19万公顷，鲜薯总产1.03亿吨，种植面积略高于2012年，而鲜薯总产低于2012年。2013年，全球甘薯单产平均为12.60吨/公顷，每公顷单产超过30吨的国家为以色列、埃塞俄比亚、留尼旺岛、埃及，发展中国家的甘薯种植面积较大，其中低收入缺粮国家种植甘薯面机占全球的48.20%；发达国家的种植面积较小。

联合国统计司数据显示，2013年国际进出口甘薯（鲜甘薯和薯干）73.34万吨，比2012年增长42.13%，远高于2011年，总值60 297.56万美元，比2012年增长38.70%。主要进口国为欧盟、英国、加拿大、荷兰、日本、泰国、美国等；出口甘薯28.04万吨，总值22 240.76万美元，主要出口国为美国、埃及、中国、越南等。欧盟、英国和加拿大是世界甘薯的主要进口国，其进口额占世界甘薯总进口额的46.35%；美国仍是世界甘薯最大的贸易国，世界甘薯45.73%来自美国的供应。由于统计数据的局限性，联合国统计司统计资料仅能反映世界鲜甘薯和薯干贸易情况。

## 二、国内甘薯生产与贸易情况

由于受2103年甘薯价格高、种植效益高的影响，2014年甘薯种植面积有所扩大，据调查资料分析，全国甘薯种植面积为6 500万～7 000万亩，较2013年增加300万～500万亩，总产持平，鲜薯总产保持在1.0亿吨，按政策统计折粮2 000万吨，实际折粮3 200万吨。由于甘薯未列入粮食种植补贴，多方数据统计误差较大，实际种植面积高于统计面积，调查数据高于统计数据15%～20%。

2014年甘薯生产特点是面积增加，种植效益下降，特别是淀粉型甘薯收购价格下降25%左右，由2013年平均0.85元/千克左右下降到0.65元/千克左右：鲜食甘薯（包括紫薯）市场需求继续保持旺盛，但受供货期影响较大，供货期集中，造成价格走低，但下降幅度较小。甘薯种植分布继续向北方比例减少，南方保持稳定，长江中下游比例增加，长江中下游薯区现占全国甘薯种植面积的50%左右。北方、长江中下游薯区单产水平略有下降，南方单产上升，高产田再创新高，全国出现大批10亩以上高额丰产田块。据2014年全国700户固定观察点农户问卷调查资料分析，甘薯产量平均为2 049千克/亩，其中春薯的平均产量为2 415千克/亩，夏秋薯平均产量为1 992千克/亩，冬薯平均产量为1 739千克/亩。

随着休闲食品的快速增加和加工新产品开发加速，国内市场贸易量增加，大型超市基本能实现周年供给。据中国海关信息网的统计资料，2014年我国鲜、冷、冻或干的甘薯进出口总量为11 969.17吨，进出口总额为807.88万美元，其中出口总量为11 855.55吨，出口总额为787.21万美元，与2013年相比，出口总量和总额下降较大。2014年我国甘薯主要出口日本、德国、韩国、美国等国家。

## 三、国际甘薯产业技术研发进展

甘薯基因的克隆和功能分析有所进展，Kim等克隆了3个金属硫蛋白（MTs）基因：*IbMT1*、*IbMT2* 和 *IbMT3*，过表达 *IbMT1* 基因增强了大肠杆菌对环境胁迫和重金属胁迫的抗性。Rajendran等发现甘薯贮藏蛋白基因是通过调控NAC和WARK转录因子介导的JA和SA信号传递来增强对非生物胁迫和生物胁迫的抗性。Sefasi、Rukarwa等认为过表达 *Cry*、*Bt* 基因增强了甘薯对蚁象的抗性。Sivparsad等报道表达coat protein基因增强了甘薯对病毒病的抗性。Park等发现过表达甘薯 *IbOr* 基因可以提高甘薯块根胡萝卜素和花青素含量。

Mbanzibwa等利用sRNA深度测序分析了23份甘薯种质资源中的病毒。Solis等报道了在温室和大田情况下，干旱对甘薯块根膨大的影响并对基因表达谱进行了分析。Genoveva等报道国际马铃薯中心开发了一个SSR标记试剂盒用以分析甘薯种质，补充和评价数据的表型特征。Ndagijimana等研究了赤霉素和蔗糖对甘薯离体繁殖的影响。Ogero等开发了一种低成本的甘薯组织培养再生技术。Asare等研究确定了γ射线对3种甘薯材料茎尖培养的合适辐照剂量为45戈瑞。

Gadi V. P. Reddy等研究表明白僵菌和褐色绿僵菌组合可减轻蚁象危害并提高甘薯产量。Takashi Kuriwada等研究了实验室长期饲养对甘薯蚁象种群交配能力的影响，结果表明大规模饲养对甘薯蚁象不育雄虫的交配能力无负效应。Okada等对西印度甘薯象（*Euscepes postfasciatus*）的取食和产卵倾向，以及与甘薯品种对幼虫抗性的关系进行了研究。

Mitsuo Horita等运用现代分子生物技术对青枯菌进行更为系统地分类，打破了之前根据青枯菌寄主范围和生物特性两种传统分类方法的局限；Olivé等首次报道甘薯曲叶病毒Sweet potato leaf curl virus（SPLCV）侵染希腊蓝牵牛。Sivparsad等为了解决甘薯多个病毒感染和协同作用的问题，以SPFMV、SPCSV、SPVG和SPMMV的外壳蛋白基因片段诱导基因沉默，开发了具有广泛抗病毒性的转基因甘薯植物。Richard W. Gibson等研究表明SPFMV感染在乌干达甘薯品种上存在逆转现象，并可以解释为何大部分未受保护的乌干达甘薯农场SPFMV测试显示阴性。

甘薯加工领域研究进展主要在紫甘薯天然产物方面。将加压液体萃取、超声波辅助酸性乙醇提取、脉冲电场处理、高速逆流色谱法等技术应用于提取紫甘薯花青素，并研究紫薯色素的抗高血糖、抗突变、抗肿瘤和保护肝脏等药理作用。甘薯食品加工、甘薯淀粉全粉、甘薯营养成分和甘薯非食品加工等方面未见大的进展。

国外在甘薯栽培生理方面研究较少。

## 四、国内甘薯产业技术研发进展

国内学者研究表明：*IbP5CR*、*IbNFU1*、*IbMas* 等基因的过表达可增强甘薯耐盐性，定位了与甘薯淀粉含量和块根产量相关的 QTLs，分析了甘薯羽状斑驳病毒和病毒 G 的遗传多样性和系统发育关系。用覆盖甘薯不同连锁群的 7 对 SSR 引物构建了 202 个主要甘薯品种的 SSR 指纹图谱，为将 DNA 指纹图谱实际应用于甘薯品种鉴定提供了依据。

育成广紫薯 8 号、济薯 26、福薯 24 号、烟紫薯 3 号、商薯 9 号、鄂薯 11、广紫薯 8 号、绵紫薯 9 号等 8 个品种通过国家鉴定。育成川薯 219、广薯 82、福薯 24 号等 21 个品种通过省级审（鉴、认）定。提出了从试管苗直接到生产种的脱毒种薯二级快速繁育体系。

国内在甘薯高效合理施肥技术上发表了多篇论文。研究表明不同氮水平下，甘薯生长前期$^{15}N$ 主要分配到地上部，之后大量转移到块根，适量施氮有利于提高叶片叶绿素含量、光合速率、气孔导度、干物质积累量、氮磷钾积累值和鲜薯产量；过多施氮会导致产量下降。单施硫酸钾的钾肥农学效率比单施氯化钾高，而产量无显著差异；与单施硫酸钾相比，氯化钾与硫酸钾配施显著提高了甘薯 N、P、K 养分利用效率。基施或封垄期追施钾肥显著提高块根干物质积累量和淀粉产量，提高支链淀粉含量、降低直链淀粉含量；基施钾肥处理的大型淀粉粒体积百分数高，而高峰期施用钾肥处理的中小型淀粉粒体积百分数高，块根钾利用效率与钾敏感性是筛选耐低钾与钾高效利用型甘薯材料的主要指标。叶面喷施表油菜素内酯提高紫甘薯叶片叶绿素含量、块根产量和淀粉含量，降低紫甘薯块根含水量和可溶性糖含量。

在逆境胁迫上仍主要集中在盐胁迫和干旱胁迫，盐胁迫下叶片的总氮、叶绿素含量降低，游离氨基酸含量增加，脯氨酸迅速累积。干旱胁迫下，高钾处理提高根系活力，促进养分吸收，减轻干旱胁迫对植株伤害；最大净光合速率、光饱和点和表观量子效率、暗呼吸速率明显下降，复水后又逐渐增加。

研究集成了不同薯区“一季薯干超吨”和“丘陵薄地产量倍增”栽培技术规程，为高产创建提供了技术支撑。研发筛选了不同薯区起垄、移栽、打蔓、收获等机具，提出了配套的作业技术规程。研究建立了不同薯区氮磷钾养分丰缺指标，提出了操作性强的配方施肥技术。

病虫害防控方面研究表明抗、感甘薯品种的胶乳提取物均对甘薯茎线虫具有强烈的驱避作用，集成了甘薯茎线虫病“选、控、封、防”综合防控技术，并在商丘、济宁、泗县进行了较大面积的示范。研究发现甘薯黑腐病菌存在致病力分化，在海南存在强致病力菌株；建立了甘薯黑痣病田间抗性鉴定方法和甘薯瘟病菌和蔓割病菌的分子鉴定技术；明确了甘薯蚁象主要防治药剂施用剂量与持效期的关系。明确了甘薯蚁象性诱剂诱芯 GC 含量在自然环境下的动态变化以及与诱集效果的关系，确定了适宜的使用技术。初步明确了我国甘薯双生病毒的种类和分布、发现了2个双生病毒新种，发现新种总数达到4个，占全球已报道甘薯双生病毒总数的25%。利用RT—PCR和RACE的方法首次从传毒介体烟粉虱中获得了SPCSV 5个中国分离物的基因组全长序列，建立了能同时检测甘薯病毒G、甘薯羽状斑驳病毒、甘薯病毒C和甘薯褪绿斑病毒4种甘薯病毒的多重磁珠RT—PCR方法，首次在中国圆叶牵牛（*Ipomoea purpurea*）上发现了*Sweet potato leaf curl Georgia virus*（SPLCGV）的侵染。研究建立了SPLCV—JS侵染性克隆接种方法，加速了甘薯双生病毒的分子生物学研究和抗病毒病育种研究。

国内甘薯加工技术领域主要涉及甘薯色素及抗氧化能力研究、甘薯深加工技术、甘薯的营养成分研究及药理作用。开展了高花色素的紫甘薯花色素理化特性、利用HPLC法检测紫甘薯矢车菊素和芍药素，以及紫薯色素的抗氧化、保护肝脏及大脑等研究，紫甘薯花青素具有抑制高脂诱导的SD大鼠营养性肥胖的功能活性，其生理机制是通过抵抗氧化应激，并激活下丘脑瘦素及其下游的信号通路，从而降低血糖和血脂水平，抑制脂肪堆积和体重增加。在甘薯淀粉滚筒式逆向提取设备、甘薯淀粉清洁生产技术及资源化利用技术等方面取得一定进展。

（甘薯产业技术体系首席科学家马代夫提供）

## 一、国际木薯生产与贸易概况

### （一）国际木薯生产

在非洲食品可持续发展战略的推动下，2014年全球木薯产量达2.913亿吨，比2013年增长4.6%，其中：非洲1.669亿吨（占57.3%），拉丁美洲0.323亿吨（占11.1%），亚洲0.918亿吨（占31.5%），其他0.003亿吨。各木薯生产国中，尼日利亚的木薯产量仍然位居第一，达0.551亿吨；泰国第二，达0.312亿吨；印度尼西亚第三，达0.250亿吨；其次是巴西，达0.233亿吨（2014，FAO Food Outlook）。

### （二）国际木薯贸易

目前世界木薯产品贸易的主要品种包括木薯淀粉、木薯干片、木薯粉和木薯颗粒。据FAO统计，2014年其贸易量0.162亿吨（干片和颗粒），其中木薯粉和淀粉0.080亿吨，木薯干片和颗粒约0.082亿吨（表1）；泰国仍然是世界主要出口国，而中国是世界木薯产品主要进口国（2014，FAO Food Outlook）。在价格方面，据泰国木薯贸易协会统计，2014年，泰国木薯干片出口到中国的到岸价平均为226.5美元/吨，木薯淀粉428.9美元/吨。

表1　2014年泰国木薯产品出口情况

（单位：万吨）

| 进口国/地区 | 木薯淀粉及木薯粉 | 木薯干片及木薯颗粒 |
|---|---|---|
| 中国大陆 | 416.3 | 816.8 |
| 日本 | 91.7 | — |
| 中国台湾 | 71.2 | — |
| 印度尼西亚 | 51.2 | — |
| 马来西亚 | 47.8 | — |
| 其他国家/地区 | 124.1 | 10.0 |
| 合计（万吨） | 802.3 | 826.8 |

（来源：泰国木薯贸易协会，IITA和FAO）

## 二、国内木薯生产与贸易概况

### （一）国内木薯生产

2014年我国木薯种植面积约39.25万公顷，相比2013年略有减少，鲜薯总产量为893.63万吨，单产约22.8吨/公顷。国内木薯种植主要集中在广西、广东、云南和海南等省区，其中广西23万公顷，鲜薯产量540万吨；广东8.7万公顷，鲜薯产量195万吨；云南2.7万公顷，鲜薯产量50万吨；海南2.72万公顷，鲜薯产量57.53万吨；福建1.1万公顷，鲜薯产量26.5万吨；江西0.87万公顷，鲜薯产量21万吨；其他约0.16万公顷，鲜薯产量约3.6万吨。

### （二）国内木薯贸易

我国木薯产品贸易包括鲜薯、干片、颗粒和木薯淀粉等。2014年，我国木薯原料市场仍然无法满足木薯加工业的需求，鲜薯市场价格500～600元/吨，木薯原淀粉3 050～3 800元/吨，木薯干片1 820～1 860元/吨。由于我国极大的木薯市场需求和国际木薯干片、木薯淀粉价格的低迷，我国大部分木薯干片和木薯淀粉主要依赖进口，木薯产品的进口量远大于国内的生产量，其中进口木薯淀粉190.6万吨、木薯干片856.5万吨，总金额达29.538亿美元（表2）。

**表2　2014年中国进口木薯产品（干片和淀粉）情况**

（单位：万吨，万美元）

| 名称 | 1月 | 2月 | 3月 | 4月 | 5月 | 6月 | 7月 | 8月 | 9月 | 10月 | 11月 | 12月 | 合计 |
|---|---|---|---|---|---|---|---|---|---|---|---|---|---|
| 淀粉 | 21.20 | 11.90 | 19.00 | 18.10 | 10.20 | 7.20 | 11.10 | 16.00 | 21.10 | 18.10 | 19.10 | 17.6 | 190.6 |
| 干片 | 83.5 | 89 | 121.3 | 98.9 | 55.7 | 52.5 | 71.5 | 65.2 | 56.5 | 43.3 | 42.8 | 76.3 | 856.5 |
| 小计 | 104.7 | 100.9 | 140.3 | 117 | 65.9 | 59.7 | 82.6 | 81.2 | 77.6 | 61.4 | 61.9 | 93.9 | 1047.1 |
| 淀粉进口额 | 9 597 | 5 176 | 8 157 | 7 766 | 4 509 | 3 263 | 4 898 | 6 900 | 9 174 | 7 905 | 8 492 | 7 717 | 83 554 |
| 干片进口额 | 21 007 | 21 720 | 29 569 | 25 523 | 13 655 | 12 684 | 17 098 | 15 733 | 13 795 | 10 833 | 10 925 | 19 284 | 211 826 |
| 小计 | 30 604 | 26 896 | 37 726 | 33 289 | 18 164 | 15 947 | 21 996 | 22 633 | 22 969 | 18 738 | 19 417 | 27 001 | 295 380 |

（卓创资讯，2014年）

## 三、国际木薯产业技术研发进展

### （一）遗传育种技术研究发展动态

在基因组方面，我国科学家主导的木薯基因组测序工作顺利完成，获得了木薯野生祖先种和栽培种两个全基因组测序，覆盖基因编码区的95%，首次揭示了栽培木薯高光效、光合产物运输及淀粉高效积累途径基因的进化特征，这为今后通过分子定向设计育种培育新品种奠定了良好的基础（Wang et al，2014）。基于全基因组水平上的分子标记也将大大推动木薯MAS育种，例如，Vásquez和López（2014）对木薯基因组上的SSR分布进行了研究。在比尔和梅琳达·盖茨基金会等项目的支持下，康奈尔大学NEXTGEN木薯项目与国际农业研究磋商组织（CGIAR）研究项目（CRP）块根、块茎和蕉类作物（RTB，http://www.rtb.cgiar.org/）实现了合作，木薯的研究实现了国际大联合。

针对木薯的抗低温等非生物逆境的研究日益增多。国内专家报道了木薯中协同表达胞质型Cu/ZnSOD和*APX2*基因可明显提高木薯抗氧化和低温胁迫的能力（Xu et al，2014），也研究木薯低温驯化过程发生的转录水平和small RNA变化，获得许多目标基因（Zeng et al，2014；Xia et al，2014）；而CIAT研究了胁迫条件下木薯MicroRNAs的变化情况（Ballén-Taborda et al，2014）。巴西de Souza团队克隆了对木薯翻译调控的肿瘤蛋白基因*MeTCTP*并对与盐胁迫响应的功能进行了研究（Santa Brígida et al，2014）。ETH-Zurich木薯团队报道了利用蛋白组学发现与木薯采后生理性衰变相关的蛋白并进行抗性改良的研究（Vanderschuren et al，2014）。

### （二）栽培技术发展动态

目前国际木薯栽培和水肥管理方面的研究尚未有突破性的进展，国际热带农业中心和各国木薯研究机构在栽培领域方面的研究主要是以肥料试验、水土保持、耕作管理、种植方法试验为主，相应推荐了木薯营养诊断施肥、最佳种植期、合理种植密度、种植方式等适宜本地区的丰产栽培技术，并得到了较好的普及和推广。泰国开展了各种生物肥料、有机肥料、叶面肥、植物激素、生长调节剂和一些微量元素的应用试验和土壤改良试验，以及木薯节水灌溉技术研究和应用，大力发展先进的灌溉技术。木薯淀粉和酒精加工废液处理后用于木薯大田灌溉技术开始在泰国、中国等国得到应用，巴西在木薯机械化生产研究和应用方面仍然处于全球领先地位，中国、泰国的机械化生产研究和应用也取得很大进展。

### （三）植保技术发展动态

2014年度，国际木薯植保技术主要集中于主要病虫监测预警、控制基础及控制技术研究上，尤其在危险性病虫监控与抗病虫育种上取得明显进展（Allie F，2014）。监测发现，蛙皮病、丛枝病分别首次在巴西和越南发现为害；针对植原体病害为主的便携式田间病原诊断系统研发获得成功并进行推广应用。利用抗病虫性筛选、杂交种质创制及RNAi介导转基因技术等开展了细菌性枯萎病、花叶病、褐条病和单爪螨等危险性病虫的抗病虫机理研究，获得了抗病虫性种质或品种，明确了RNAi介导转基因木薯抗褐条病的遗传性，发现抗花叶病单显性基因*CMD2*的基因簇和种质抗性有很高的相关性，初步阐明了木薯抗螨性为显性遗传，证实SOD/CAT为木薯抗螨相关基因，开展了木薯抗螨性遗传的分子特征。在控制技术研发方面，继续研发和推广了细菌性枯萎病、单爪螨、花叶病、褐条病、丛枝病等重要病虫的综合防控技术，推广使用了一批高产、耐褐条病和抗花叶病的木薯新品种；印度开展了杂草防除试验（Megan Cohn；Ismail Y. Rabbi；Farhahna Allie；Wang G；Resmi TR；Hipp K；Odipio J；Scott SW；Legg JP；Lapidot M；Guastella D；Alvarez Elizabeth；Pinweha N；Y. L. Pei；Muñ oz-Bodnar；Cohn et al.，；Liu et al.，2014；Rabbi et al.；Maruthi et al.）。

### （四）加工与综合技术发展动态

以木薯作为主食的多数非洲国家正加快木薯主食化研发，通过国际合作项目提高食用级木薯粉的机械化（连续式）生产及相应的木薯食品安全和卫生的质量要求，开展木薯食品营养化的研究；具有丰富木薯资源的东南亚国家仍在不断扩大发展木薯淀粉、木薯变性淀粉等大宗产品的产能，东南亚木薯燃料乙醇加工向规模化方向发展，木薯综合利用进一步深入，包括木薯皮的利用已经在食用菌栽培（N. K. Kortei，2014）、木薯淀粉生物合成膜（de Souza AC，2014；Lomelí-Ramírez MG，2014）、新型淀粉水解产品等领域获得突破（Doué G，2014），循环经济已经成为国际木薯加工产业发展趋势。

## 四、国内木薯产业技术研发进展

### （一）遗传育种研究

随着农业部国家木薯产业技术体系及科

技部973项目“重要热带作物木薯品种改良的基础研究”的持续实施，我国木薯产业应用基础研发日臻深入，在研究团队结构和组成上日益完善和壮大，在学科发展上从功能基因组学、蛋白组学、基因工程、分子标记育种、传统杂交育种、栽培及田间生理等都有涉及，并且在研发水平上有了长足的进展。该项目完成木薯野生祖先种和栽培种2个全基因组测序，覆盖基因区遗传密码的95%，发现2.8万余个共有基因模型，以及栽培与野生种中特有的基因。尤为重要的是，通过比较基因组和转录组，首次揭示了栽培木薯高光效、光合产物运输及淀粉高效积累途径基因的进化特征，据此提出了木薯碳流分配和块根淀粉高效积累模型，为木薯分子辅助育种奠定了良好的基础。项目组专家们还创建木薯基因组数据库，设计了基因的系统检索工具（http：//www.cassava-genome.cn）；发展了生物技术育种新技术，结合常规育种培育出淀粉改性（包括糯性）、抗产后生理衰变PPD、耐寒、高产高淀粉的木薯新种质和新品种，为木薯产业的良性发展提供了新的契机。

### （二）栽培技术研究进展

**1. 木薯机械研制进展顺利** 在前期木薯机械研究的基础上，不断优化和创新，采用仿真技术，研发出新型的起拔式木薯收获机械，该收获机拔起机构运行平稳，能按设计要求完成相关动作，优化后，前直杆重量减轻了81.6%，后直杆重量减轻了41.1%，花键轴重量减轻了51.3%，凸轮轴重量减轻了53.2%，达到了设计与优化的目的（覃海鑫，2014；陈科余，2015）。邵仁清等人针对不同种植地区木薯种植的特殊要求，在消化吸收国内外先进的木薯播种机技术的基础上，创新设计研发出2BMSU _ 2X旋切开沟式木薯播种机，可与LW60配套使用，实现种植、收获一体化作业（邵仁清，2014）。余瑞明等人分析挖拔式木薯收获机拔起木薯块根和输送木薯时速度和角度参数对整机运行的影响，优化设计拔起角度、速度和高度等参数，研发出木薯收获机及其夹持输送机构（余瑞明，2015）。

**2. 多样化木薯种养技术广泛应用** 各地针对不同土壤类型和作物类型，全面研究了木薯养分需求规律（黄子乾，2014；黄巧义，2014；林立铭，2014；李少芬，2014；何永群，2014；盘欢，2014；何铁光，2014），进一步明确了不同生育期对养分需求的差异性。在此基础上，推广运用多种木薯间套种技术（刘连生，2014；韩全辉，2014）和木薯茎秆还田技术（黄学华，2014；邹雨坤，2014），促进木薯种养多样化，改变单一种植模式，提高了土地利用率及农民种植的积极性。

**3. 木薯耐旱机理和高产高效栽培技术** 进一步鉴定种质间耐旱性能（魏云霞，2014），通过干旱胁迫处理，研究了木薯根系生理特性，发现根系*AP2*基因受干旱胁迫诱导（李雅韵，2014），叶片和根系$K^+$、$Ca^{2+}$和ABA的含量差异显著（杨子，2014），且蜡封种茎可以显著提高发芽率和鲜薯产量（刘海刚，2014）。还研发了木薯雾化栽培技术（李军，2014），为系统研究木薯根系的形态结构及生理生态功能以及根系与地上部生长发育和产量的关系提供技术支撑。

### （三）植保技术研究进展

根据NCBI上已公布的16SrⅠ组木薯丛枝植原体的16S rDN A序列，建立了该病的快速诊断技术，制定丛枝病预警预案；继续开展细菌性枯萎病、根腐病、褐斑病、藻斑病等重要病害灾变与环境、品种、耕作制度及栽培模式的关系，以及不同环境、品种及耕作制度与栽培模式下的为害特性和发生规律。克隆细菌性枯萎病病原菌致病性相关基因14个以上，并对2个基因开展了功能鉴定；继续收集抗病种质并开展种质的抗病性评价。

在虫害方面，完善了木薯害虫（螨）基础数据平台与监测网络，分别在云南河口和海南儋州与三亚首次发现新入侵害虫——粉蚧和非洲真叶螨，发现单爪螨在云南勐海、元阳、红河与河口，痣鳞鳃金龟和葫芦夜蛾在云南保山及斜纹夜蛾在湖南醴陵发生为害；发现朱砂叶螨在北移地区仅有1个发生高峰期，而在传统种植区有2个发生高峰期；建立了基于RAPD和SCAR标记的木薯单爪螨和美地绵粉蚧的分子检测技术；建立了单爪螨与粉蚧监测预警模型及基于Maxent模型的适生评判标准与风险评估技术体系；开展木薯抗螨性遗传的分子机理研究，初步阐明了木薯抗螨性为显性遗传；研发复合型杀虫杀螨剂、地下害虫、茎叶部啃食性害虫、刺吸式害虫（螨）综合防控技术。

### （四）加工与综合技术研究进展

木薯淀粉、木薯酒精向高品质产品发展已成为市场发展方向，企业规模化扩张和清洁生产将成为市场主流（唐杰，2014）。在酒精深加工方面，研发推广了优化后SN酵母，具有耐酸（pH2.5）耐乙醇和耐糖的优点，可提高酒精生产效益（皮聪，2014）。对不同总糖浓度进行酒精发酵研究，发现初始总糖浓度253.75g/L时，发酵效率最高（88.93%）（赵子威，2014），而利用原料膨化技术可缩短乙醇生产周期，节能75%～85%（张子睿，2014）。在技术研发方面，成功研发了一批新技术，包括木薯淀粉基胶粘剂（袁长在，2014）、泡沫材料（江健波，2014）、木薯酒糟复合材料（覃宇奔，2014）、磁性淀粉微球制作技术（谢新玲，2014；蓝平，2014）和木薯面包制作技术（古碧，2014）等，进一步加快了木薯深加工的产业升级，延伸了木薯循环产业链。

（木薯产业技术体系首席科学家
李开绵提供）

# 2014 年度油菜产业技术发展报告

（国家油菜产业技术体系）

## 一、国际油菜生产与贸易概况

### （一）世界油菜收获面积、产量和单产略有减少

据 USDA 统计，2014 年世界油菜总收获面积为 54 198 万亩，较 2013 年减少 31.5 万亩。加拿大、中国、印度和欧盟仍然排在前四位，中国占 20.7%。世界油菜籽总产量为 7 066.2 万吨，较 2013 年减少 42.6 万吨，其中，欧盟、中国、加拿大和印度仍然排在前四位，中国占 20.8%。世界油菜单产为 130.4 千克/亩，比 2013 年减少 0.7 千克/亩。智利超越欧盟成为单产最高的国家，为 240.0 千克/亩。

### （二）世界油菜籽贸易总量略有下降，菜籽油贸易总量有所上升

据 USDA 统计，2014 年世界油菜籽出口总量为 1 365.2 万吨，比 2013 减少 145.4 万吨。其中，加拿大、澳大利亚和乌克兰排在出口国前三位，加拿大占 60.8%。世界油菜籽进口市场总量为 1 318.6 万吨，比 2013 年减少 177.2 万吨。其中，中国、日本和欧盟排在进口国前三位，中国为 375 万吨，占世界市场的 28.4%。

2014 年世界菜籽油出口总量为 417.3 万吨，比 2013 年增加 11.2%，其中，加拿大占世界出口份额 63.5%。世界菜籽油进口总量为 415.3 万吨，较 2013 年增加 12.5%。其中，美国、中国仍然排在进口国前两位，挪威代替欧盟成为第三位。

## 二、国内油菜生产与贸易概况

### （一）国内油菜生产概况

2014 年我国油菜收获面积为 11 250 万亩（USDA 统计数据），比 2013 年增加 0.67%；全国油菜籽总产量达 1 470 万吨，比 2013 年增加 3.5%；2014 年全国油菜平均单产为 130.7 千克/亩，比 2012 年增加 2.8%。

### （二）国内贸易概况

2014 年我国油菜籽价格在波动中下降，菜籽油价格一路下跌。从 2 月份开始，油菜籽价格一路下降，6、7 两月价格略有回升之后，8 月份开始价格继续下降，截至 11 月，价格已跌至 4 666.67 元/吨，为近 3 年来最低价（图 1）。

受国内外油菜籽供应宽松，国内油菜籽

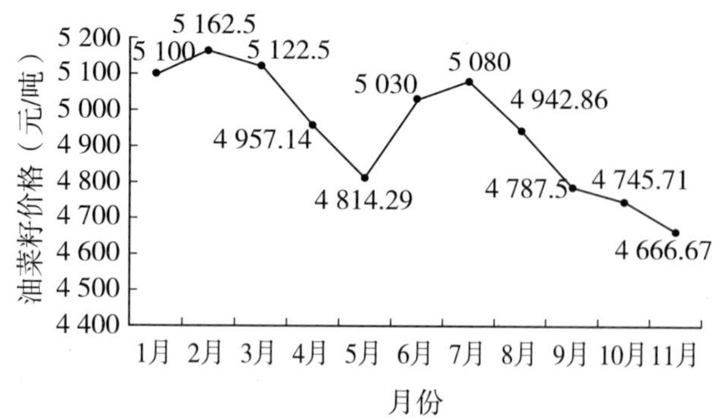


**图 1　2014 年 1～11 月油菜籽月度价格**

加工企业产能过剩影响，菜籽油成交价格全年均呈现下降趋势，于 4 月份跌破 9 000 元关口，11 月菜籽油平均成交价格为 8 092 元/吨，为近 5 年来最低价（图 2）。

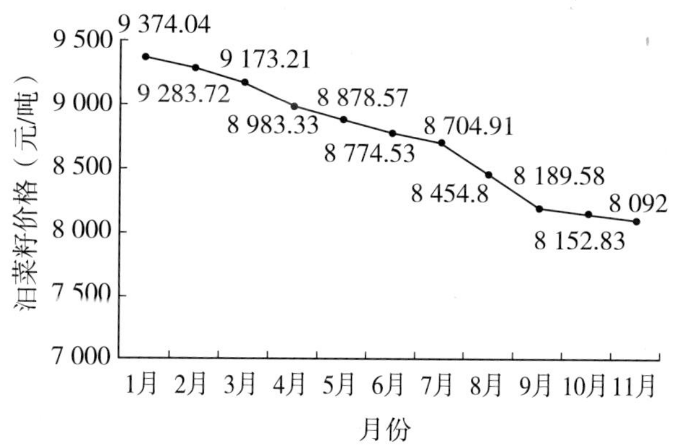


**图 2　2014 年 1～11 月菜籽油月度价格**①

## 三、国际油菜产业技术研发进展

### （一）遗传改良与品种选育

2014 年，全球杂种油菜种植面积已经超过油菜种植总面积的 50%。在欧洲和加拿大，萝卜细胞质不育杂种发展迅速。在油菜转基因抗草甘膦除草剂品种方面，目前通用的是孟山都的基因，具有如下三方面的缺点，一是使油菜变黄 3 天后转绿，影响油菜生长；二是喷施浓度控制不好易引起雄性不育；三是可使油菜减产 5%。先锋公司改良的转抗草甘膦除草剂基因品种，即使除草剂浓度提高 8 倍，也不致叶片发黄、不育和减产。欧洲提出了提高油菜杂种产量的途径，即利用国外基因库，包括利用强壮的根系来达到营养高效、提高抗性的目的，以及通过半矮秆来提高收获指数等育种策略。美国嘉吉（Cargill）公司选育的高油酸油菜新品种（油酸含量 75%）已在北美市场批量生产。2014 年，加拿大新品种区试前 5 名品种中，有 3 个是该公司的高油酸品种。

加拿大油菜抗除草剂新品种的选育及推广应用走在世界前列，目前抗除草剂品种种植面积达 95%以上。其中，种植面积最大的品种是孟山都公司培育的抗农达（草甘膦）品种 GT73/RT73 及其衍生品种。

### （二）栽培与生产技术

国外油菜栽培管理研究主要集中在以油菜机械化生产、生长模型、营养与施肥技术、品质形成机理与优质化栽培、病、虫、草害综合防治与环境友好栽培等方面。欧盟等油菜生产大国实行规模化连片种植，大面积推广耐密植、高含油量、成熟度一致、抗裂角、抗倒伏、抗病、强发芽能力等适合大型农机作业的杂交油菜新品种，采用机械化栽培和病虫草综合防治、水肥高效利用等先进技术，油菜不但单产高，而且机械收获损失小，生产效率高。油菜栽培管理计算机专家系统、决策支持系统、以 3S 技术集成为主的油菜生长信息采集和实时监测技术等已在发达国家广泛应用。其中，法国免少耕油菜耕作制度的可持续性评价取得较大进展。另外，氮肥施用时间和秋冬季施用比例、碳氮的积累与分配、氮磷钾硼配方肥的施用研

① 注：图 1、2 根据中华油脂网相关数据整理得出。

究较为深入。我国直播油菜草害问题缺乏系统的研究，而加拿大的研究比较全面，分析了不同品种、除草剂类型、施用时间对油菜产量品质的影响，并且推出了畅销产品。

### （三）植保技术研究

首次从菌核病病原核盘菌弱毒菌株中分离到一种新的单股负义链RNA病毒；在菌核病的生防菌筛选及生防机理、抗菌核病油菜资源的创建及抗性机理等方面有不少研究报道。加拿大在油菜根肿病的研究中做了大量的工作，通过感染根肿病和未感染根肿菌的油菜的miRNA的差异表达分析，进一步了解了芸薹根肿菌侵染油菜的分子机理。多方面开展了油菜根肿病的防治技术研究，包括土壤熏蒸、土壤消毒、利用生防菌进行生物防治、利用抗病品种提高抗性等。

### （四）机械化装备

加拿大、德国等国家采用大型气力式播种，一次作业可完成灭茬、施肥、播种、覆土、镇压等作业。排种器为气力输送集排式播种系统，播量精度和各行一致性较好。收获方式仍然以分段收获为主，联合收获为辅。机械化收获率几乎100%。收割机上普遍采用液压技术，主要作业参数可以方便调整，对作物状态适应性强，收获损失率稳定在6%左右。进一步研究和应用了纵轴流式脱粒滚筒，提高了脱粒分离的能力；开展了宽幅高效的大型割晒机和捡拾脱粒机以及联合收割机的研发；机电一体化技术、GPS定位导航技术、信息化技术与精准农业技术相结合并广泛应用到机械装备上，提高作业质量和效率，减轻操作者的劳动强度。

### （五）加工和检测技术

随着国民对营养和健康的重视，功能油脂的需求越来越旺盛，采用现代生物技术和高新技术开发功能油脂及其营养学研究已成为研究和发展的重点。生物技术应用到合成双甘油酯、结构脂质、甾醇酯、蔗糖酯等具有特定生理功能的油脂，磷脂酶对合成特种结构磷脂的作用等将日益受到重视。膜分离技术、超临界$CO_2$萃取浸出技术、分子蒸馏等现代高新技术将在油脂加工技术方面大显身手。进行油菜特殊功能成分的提取纯化、鉴定及营养功能评价是国内外研究的热点和难点。在油菜饼粕利用方面，以菜籽饼粕生物作为培养基通过微生物发酵制备生物农药等高值化产品成为本年度的研究热点。

在油菜质量控制与品质检测技术研发方面，国外等油菜生产大国普遍将近红外技术应用于油菜品质快速检测中，对于本国油菜产业发展起到了积极的促进作用。

## 四、国内油菜产业技术研发进展

### （一）遗传改良与品种选育

高含油量育种不断取得新进展。成功选育出含油量超过50%的杂交油菜新品种，创制出含油量超过60%的特高含油量种质资源，育成一批含油量在45%以上、产油量水平显著高于对照的高含油量新品种。适宜机械化生产品种鉴定及选育取得进一步突破。适应机械化生产的高产广适型新品种的推广，进一步促进了高产、优质油菜的种植，农艺农机结合促使机械化生产面积进一步扩大。如“华油杂62”相继通过湖北、长江中游、下游、春油菜区国家区试，2014

年推广面积已达210万亩。特早熟型品种的选育，为实现新的生产条件下“稻—稻—油”生产、扩大油菜播种面积和土地利用率奠定了基础；极强抗寒性油菜的选育，使油菜的种植地区进一步北移。

产业体系在源头创新领域起到引领作用。创制了一批高产、品质优良、不育性状稳定、抗倒伏、抗裂角、超强抗寒、优良株型、特早熟等新资源，育成了一批高油酸新品系，并在生产上试种；开展了以高光效、理想株型等为突破口的新一轮高产育种研究，通过“杂种优势＋优良株型＋高光效”等育种模式进一步提高品种产量潜力；高通量分子标记技术和表型鉴定技术进一步完善，应用范围继续扩大。种子公司通过与科研单位合作，在全国育成油菜品种份额呈上升趋势。

### （二）油菜栽培与生产技术

油菜稀植移栽向高密度直播种植转化。油菜生产机械化已成为生产发展的必然趋势，与之配套的油菜精量联合直播技术、大面积壮苗培育技术、病虫草害综合防治技术、机械分段收获技术进一步熟化，适合各种植制度和生态区域的油菜栽培技术规程进一步完善，例如针对稻板茬田油菜机械移栽难题，创新性地提出了油菜毯状苗育苗技术和移栽方式，菜喷播和打捆技术研发成功，应用效果良好。油菜生产等行距种植向宽窄行种植转化，肥料撒施向集中条施转化，普通肥料向专用控释肥料转化，油菜秸秆焚烧还田向秸秆粉碎还田转化。此外，利用油菜秸秆菌核腐解技术，解决秸秆焚烧带来的大气污染、土壤有机质浪费等问题，促进环境友好型和资源节约型农业发展。

### （三）植保技术

在理论研究领域，油菜基因组序列的逐步解析为研究油菜与菌核病的互作和明确油菜抗菌核病的机理提供了便利；从核盘菌弱毒菌株中分离到一种新的单股负义链RNA病毒，这是真菌中首次证实存在负单链RNA病毒。在实践应用中，根据油菜机械化生产的需求，菌核病的防治已进入飞机喷药防治时代。

目前国内根肿病发生区域、重发区的病原主要生理小种类型已基本明确；筛选并获得一批防效好的生防菌，分析了其生防机理；筛选获得了针对不同生理小种类型的抗病品种，下一步将进行大面积试种和推广应用；合理利用杀菌剂对油菜根肿病进行低成本防治，相关技术措施已开展了多点的示范推广工作。

在油菜抗除草剂突变体的创制及品种选育研究方面，构建了甘蓝型油菜EMS突变体库并从中筛选到3株抗苯磺隆的突变体；对这些突变体进行遗传学分析，初步明确其抗性分子机理，并建立相关的SNP分子标记。

### （四）油菜种植与收获机械装备

油菜直播机研究和产品开发取得新的成效。对正负气压组合式油菜精量排种气力系统、中央集排离心式油菜排种技术进行了优化和提升，开展了机械式与气力式结合的滚筒集排式油菜精量排种技术研究。研发的离心式油菜播种机和油菜小麦兼用型播种机已产业化应用。

油菜联合收获技术得到进一步改进和提升，分段收获技术与装备研发成功。开展了独立割台通用性联合收割机研究、脱粒清选仿真研究和碎草机理研究，进一步提升联合收获机的性能。机械分段收获技术与装备性能进一步提升。对研发的履带自走式割晒机和捡拾脱粒机进行了改进，解决了下田第一行开道的问题研制出钢制弹齿，提高了捡拾能力。开展收获机脱粒滚筒自动监测技术研究，应用该技术可对收割机工作状态进行在线诊断，通过故障诊断和监测，可以降低滚筒堵塞等故障发生率，降低操作者劳动强度，提高作业效率。

油菜机械移栽技术取得突破，研制的2ZTY—4型油菜毯状苗移栽机能一次完成松土开沟、栽植、覆土镇压、施水等工作，作业效率是人工移栽的60倍以上、链夹式移栽机的13倍以上，整机实际作业效率5～8亩/小时，作业效率高，作业质量符合油菜移栽农艺要求。该成果属世界首创，达到国际领先水平。

### （五）加工和检测技术

应用已开发的小型榨油机（100千克/小时）、油料调香等技术，通过工程化组装集成，开发出了加工量为2吨/日的小型油料加工成套工艺技术和装备。开展了低温亚临界流体脂质提取新技术研究，提取率大于95%，残油小于1%。开展了菜籽饼高值化利用研究，使伊枯草菌素最高浓度达1.90克/升。

研究建立了食用植物油中脂肪酸高灵敏检测技术，该技术可以测定菜籽油中含量大于万分之一的32种以上脂肪酸，从更加精细的指纹谱认识菜籽油等食用植物油身份特征。建立了胆固醇与植物甾醇的SPE-GC-GC-TOF/MS高灵敏检测技术，可以实现菜籽油中15种以上植物甾醇的准确定量分析。构建了菜籽油脂肪酸和植物甾醇组成文库。建立了基于脂肪酸组成的菜籽油掺伪鉴别技术，实现了菜籽油中掺其它食用油（掺伪量>10%）的有效鉴别，正确识别率达95%以上。同时，建立了菜籽油离子迁移谱检测技术和菜籽油离子迁移谱文库，建立了菜籽油掺伪快速鉴别技术，为保证食用植物油质量和安全提供了必要的技术支撑。

### （六）产业经济研究

根据国内外油菜生产状况与贸易格局，从油菜生产、加工、市场（贸易）、政策等方面深入开展我国油脂产业安全问题的调查研究；设计食用植物油产业安全评价的指标体系，定量分析中国油菜产业安全度，并探讨我国油菜籽加工领域和油菜产品国际贸易对中国油菜产业安全的影响；结合土地流转、家庭农场经营扶持政策，探寻我国农户油菜生产规模化、机械化的有效路径；联合各综合试验站开展2013—2014年度油菜生产状况调查，分析油菜生产技术效率。基于2008—2013年油菜产业生产状况调查数据，开展了体系重点任务技术经济分析与评估，着重开展了技术增长率的经济分析，定量评价了油菜产业技术经济效益（成本变化、效益变化、要素生产率变化等）。结合国家相关政策、产业发展新动向、权威数据，继续开展了季度油菜生产与市场监测工作。

（油菜产业技术体系首席科学家王汉中提供）

## 一、国际花生生产与贸易概况

### （一）生产概况

2013年，美国的花生种植面积为105.8万英亩（约合42.8万公顷），同比2012年下降了35%。这是美国自1914年以来花生种植面积最小的年份。能够收获的土地面积确定为103万英亩（约27.8万公顷），自1926年以来收获面积最小的年份。佐治亚州的种植面积同比2012年下降41.5%，美国东南部（阿拉巴马州、佛罗里达州、佐治亚州、密西西比州）的种植面积下降39%，美国西南部（新墨西哥州、俄克拉荷马州、德克萨斯州）的种植面积下降了23%，美国弗吉尼亚—卡罗莱纳区域（北卡罗来纳州、南卡罗来纳州、弗吉尼亚州）的种植面积下降了25%。美国2013年的花生产量不如2012年，但是根据美国农业部的数据，花生单产量还是很高的，全美的花生单产约为3 787磅/英亩（合4 245千克/公顷），是美国有记录以来的第二高产纪录。

2014年美国花生种植的预测与2013年大致相当，最大的不同是别的春种作物如玉米、棉花和大豆的价格在2014年将会下降，而同时种植成本却在上升（肥料涨价），花生的价格在2014年将会保持稳定，与2013年大致相同，以runner品种为例，价格将上保持在425～450美元/吨。

美国农业部预计2014/2015年度美国花生种植面积将从2013年偏低的水平恢复，不过仍低于2012年的种植面积。

阿根廷农业部预计2013/2014年度花生种植面积为37.5万公顷，与2012/2013年度相比下降了10.2%，由于干旱等原因阿根廷的花生产量受到影响。阿根廷确定2014年花生产量将下降，以阿根廷科尔瓦多省为例，2013/2014年度，花生产量预计为91.6万吨，比2012/2013年度减产2.3%。

据巴西全国农产品供应公司公布的粮油作物估产结果，2013/2014年度，巴西粮油作物总产量可能达到1.912亿吨，比2012/2013年度增产1.4%，粮油作物种植总面积达到5 630万公顷，其中花生增加种植面积10%。

据塞内加尔农业部长塞克表示，截至2014年6月，2013/2014产季已收获花生31.38万吨，21.67万吨已被收购。

据美国农业部发布的2014年5月份世界油籽市场贸易报告显示，2014/2015年度全球花生产量预计将达4 100万吨。

### （二）贸易概况

美国2013—2014年的花生销售年度，预期市场将会加大对花生糖果、花生零食和花生酱的需求，原因在于带壳花生价格较往年更低，更在于有关于花生对健康有积极作用的新闻和报道。2013年美国花生的价格为450～500美元/吨，2014年的价格将与2013年持平。

世界上花生的主要出口国包括美国、阿根廷、苏丹、塞内加尔和巴西。最近几年，美国是花生出口最多的国家。

世界上最主要的花生进口国家及地区包括欧盟、加拿大和日本。这3个区域的年进口量占世界总量的78%，加拿大75%的花生进口自美国。

贸易方面，根据农业部农研中心董彦彬的文章，预计2014年全球花生出口285万吨，中国和印度分别出口55万吨和75万吨，两国占全球花生出口的46%。

2014/2015年度全球花生贸易将与上年度相对稳定，美国和阿根廷的花生期末库存量增高，全球供应更为充裕，花生价格将会下跌，从而提振花生在零食加工行业的竞争力。美国市场现货离岸价粗制花生油价格63美分/磅（约合1 389.2美元/吨），阿根廷花生仁出口离岸价，价格1 072美元/吨。

2013/2014产季，塞内加尔花生收获创收超过395亿西非法郎（约合4.7亿人民币），主要被国内的花生油生产商收购，其中Suneor公司收购11.5万吨，Copeol公司收购7.7万吨，Cait公司收购2.4万吨。由于中国和印度的需求量较大，对于塞内加尔农民来说种植花生的收益还是很不错的，由于花生油是花生10倍的价格，因此中国的买家愿意给当地农民提供资金建厂制油。

## 二、国内花生生产与贸易概况

### （一）生产概况

根据国家统计局的年度数据按时，2013年花生总产量为1 697.22万吨，播种面积463.853万公顷，单位面积产量为3 598.46千克/公顷。

近两年来，花生市场疲软，价格走低。眼下，新花生上市在即，国内花生市场仍显疲弱，预计2014年花生产量与2013年持平或有所下降。国家粮油信息中心2014年7月份的报告，预计2014/2015年度的花生产量为1 650万吨，原因是花生播种面积可能小幅下降。

2014年7月份在山东省的日照、临沂、沂南、沂水等地，自新花生播种后，基本上没下过雨，对新花生生长造成极为不利的影响。由于日照和临沂的花生产量占山东省花生总产量的一半左右，此次长时段的干旱天气，致使新花生减产已成定局，进而影响了山东省花生的总产量。在新花生上市前后，由于储存花生货源紧张，价格一般都会迎来一波上涨势头，山东部分地区产量减少，或会对市场行情向好产生一定的推动作用。

2014年河南花生因受夏季干旱的影响，全省花生产量有所下降，进入11月份，河南花生的市场价格较为稳定，花生仁的平均价格为10.24元/千克，环比持平。

### （二）贸易概况

2014年新季花生已陆续上市。国内花生市场在经历了两年多价格大幅下滑之后，疲弱态势依旧没有改善。当前市场新旧花生均陷入供销僵滞状态，一方面农户对新花生价格预期偏高，惜售心理浓厚；另一方面消费需求和出口持续疲软，贸易商相对谨慎，采购量小，而且目前新花生水分较大，收购商大多持观望态度，经销商则以清理库存为主，总体成交氛围仍显清淡。据农业部信息中心监测，2014年8月份山东地区二级花生仁批发价格6.8元/千克，与7月持平，与2013年同期相比跌8.1%。在国内食用油供给整体宽松背景下，如果短期内花生终端需求难有改善，在随后的新花生大量上市阶段价格或将面临进一步走低的风险。

由于2014年主要花生产区的干旱导致减产等因素，8～9月份新花生上市后，花生收购价格开始上涨。2014年12月份，黑龙江四粒红花生果的交易价格为7.4～7.6元/千克，手选花生果8.8～9元/千克，精筛花生米价格为11～11.2元/千克。2014年11月底，辽宁白沙手选花生果8.6～8.8元/千克，白沙米收购价10元/千克左右。2014年11月底，山东泰安新泰花生，花生油料米收购价9元/千克，白沙米收购价10.4元/千克，白沙果收购价7.4～7.6元/千克。

有报道称，国际市场花生仁的成交价格在1 200～1 400美元/吨，比中国花生仁的出口价格低了100～300美元/吨，价格低廉吸引了国内近两年花生产品进口明显增加。这一趋势不利于我国的花生产业的发展，花生作为我国油料作物中具有国际竞争力的产品，而是我国实现油料保障的拳头产品，因此不能在花生生产上失去竞争力和话语权。因此，我国仍有必要加快花生产业的发展，加强科技创新，提升科技对产业的支撑能力，增加花生种植面积，提升花生产量和品质，增强我国花生在国际市场上的竞争力。

## 三、国际花生产业技术研发进展

**1. 高效栽培** 美国的花生生产水平领先世界。从生产用种到花生收获这一整套的栽培管理体系非常科学合理；花生种植机械化程度高，产后加工业发达，对花生生产和贮藏过程中影响品质的因素研究较多，花生安全生产模式非常完善。在美国农场主把引进和种植新品种作为重要的生产措施之一，新品种的覆盖率达到100%。“重视前茬施肥”和“根据土壤化验结果和花生的需肥特点科学施肥”是美国花生合理经济平衡施肥的突出特点。

阿根廷为了减轻花生重茬造成的各种为害，农场主非常注意花生的轮作换茬；花生种采用机械脱壳和机械选种，大小均匀，种子用含有微量元素和根瘤菌的种衣剂包衣，呈粉红色，采用大型花生播种机播种，田间管理不中耕、不追肥、不喷药，田间杂草靠喷施除草剂防除，若遇天旱，则采用大型平移式自动喷灌机进行喷灌；收获时，采用大型花生掘刨机将花生掘起，并将荚果向上平放在地里，自然晾晒至荚果含水量为18%～20%时，再用花生摘果机自动进行摘果。荚果去沙、去杂后随即装进相连接的两个储藏车厢内，然后直接运到花生加工厂储藏棚中。储藏车厢内热气鼓风机鼓风烘干（25～35℃），使荚果含水量降到9%以下。

日本花生栽培主要采取地膜覆盖技术，日本是采用花生地膜覆盖栽培最早的国家之一。降雨量较大种植区，花生覆膜面积占70%以上，干旱地区花生覆膜面积达90%以上，覆膜、收刨和摘果全部实现机械化作业，生产方式为一家一户为单位的个体种植和经营。机械覆膜、人工播种、花生开花下针期揭膜、机械收刨和机械摘果，避免了对土壤和环境的污染。围绕无公害栽培，保证花生品质进行栽培技术研究包括：①早熟花生与蔬菜轮作换茬；②减氮增磷钾优化施肥研究；③采用生物制剂防治地下病虫害；④生长期间不喷施有毒性农药。

**2. 病虫害防治** 全球范围内花生重要的病害包括早斑病、晚斑病、锈病，尤其是叶斑病的分布最为广泛，区域性较强的病害包括细菌性青枯病（主要在东亚、东南亚、非洲的乌干达）、网斑病（北纬、南纬35°以上的冷凉地区）、花生条纹病毒（东亚地区）、花生丛簇病毒（非洲为主）、番茄斑萎病毒（美国）。土传性真菌枯萎病、烂果病、黄曲霉毒素污染等问题在世界各地均存在，但尤以热带、亚热带地区发生更严重。据美国农业部估计，全球因花生病害造成的经济损失率平均在20%左右。

**3. 机械化生产与加工** 美国花生生产机械化技术已相当成熟，代表了当前世界最先进水平，其花生种植体系与机械化生产系统高度融合，耕整地、播种、施肥、中耕、灌溉、收获、摘果、干燥、脱壳等各个环节早已全面实现机械化。机械化包衣技术、机械化单粒精播技术、保护性耕作技术、大型机械化灌溉技术等应用普遍；美国花生收获技术以两段式收获为主，即先用花生挖掘机将花生挖掘、清土并条铺于田间，待花生干至一定含水率后，再用捡拾花生联合收获机捡拾摘果，相应的装备也早已实现了专用化、标准化和系列化；近年来，GPS卫星定位、自动导航等高新技术逐渐应用在花生耕整地、播种和收获作业机械上；美国花生产后干燥、脱壳加工技术也相当先进和完善，就车低温通风干燥、太阳能干燥得到广泛应用。

总体而言，美国花生机械化生产技术模式与装备均已相当成熟，在成熟机具大面积应用的同时，装备制造企业作为技术持续创新的主体，还在不断对现有机型进行升级完善，使其产品向智能化、高效化等方向发展。

**4. 产后加工与综合利用**

（1）每日食用花生可以帮助降低血压和胆固醇。2014年3月刊登在美国临窗营养杂志（*American Journal of Clinical Nurtition*）上的一篇研究指出，不同的花生调味料——不管是椒盐的、辣的、裹糖的还是原味的，都能对健康带来积极地影响。该研究名为“一项有关日常使用花生作为调味料的健康作用的随机实验”，普杜大学的研究人员跟踪了150名志愿者（包括男女），他们都坚持食用花生12个星期。

（2）花生白藜芦醇有助于慢性肾病的治疗。最近来自哈佛的研究表明，食用花生和坚果能够防止各种慢性疾病导致的死亡，尤其是癌症、心血管疾病、心脏病和肾病。近期刊登在 *Oxidative Medicine and Cellular Longevity* 杂志上的一篇文章，重点阐述了花生中的植物化学成分白藜芦醇在保护花生食用者抵御慢性肾病侵害。该研究说明白藜芦醇也许能够改变DNA性质以增进抗发炎和抗氧化的能力。白藜芦醇尽在一些食物中存在，包括花生、桑葚、葡萄皮和葡萄酒。每天食用一小撮花生，能比一杯白酒提供更多的白藜芦醇。

（3）有益心脏健康的花生。在美国，心脏病仍然是致死率最高的疾病之一。食用花生能够降低心脏病致死的风险。每周食用两次花生能够降低 24%的心脏率致死风险。原因可能在于，花生能够帮助降低胆固醇含量，特别是降低低密度胆固醇，同时不影响高密度胆固醇，花生中含有的油脂、蛋白质和纤维成分能够帮助减少胆固醇；花生能降低血压；花生是一种天然的低钠食品，花生中基本上不含有钠元素，因此即使花生食品中添加了盐分，也不会超标；花生含有有益于心脏健康的营养成分，包括膳食纤维、维生素 E、烟酸、镁元素、钾元素和一些生物活性物质。

（4）花生衣含有促进健康的营养物质。根据 2014 年 2 月发表在 *Food Chemistry* 上的一篇文章，阐述含有花生衣成分的花生酱，对酚醛物质成分、纤维成分和抗氧化性质的影响。花生衣含有大量的生物活性物质和纤维成分，能够促进健康和预防疾病。花生是最流行的坚果类实物，食用花生，人们相当于享受了一套营养食谱。花生和花生酱能够向美国人民提供平时餐饮中难以获取的影响成分，每天食用一些花生能够提供我们每天所需的必需营养成分。

## 四、国内花生产业技术研发进展

2014 年我国在花生产业技术方面取得了令国际同行瞩目的成绩。现就国内外花生产业技术研发进展概述如下。

**1. 育种及生物技术** 高油酸花生贮藏期长，更加有益健康，因此高油酸已成为现阶段及今后相当长一段时期内花生最重要的育种目标之一。国内外专家普遍认为，下一次花生品种更新将是高油酸花生全面取代普通油酸花生品种。

我国迄今为止已育成 14 个高油酸品种（附表）。其中 6 个品种为山东省花生研究所利用自主创制的高油酸材料育成的，其余 8 个品种为其他单位利用美国高油酸亲本育成的。14 个品种当中只有 4 个为大花生品种。

近年我国高油酸花生品种选育步伐明显加快。2009—2012 四年间总共育成 4 个高油酸品种，而 2013—2014 两年期间就育成了 10 个高油酸品种，2013 年育成 4 个，2014 年育成 6 个。预计 2015 年通过区域试验的高油酸花生新品种的数量将会进一步增加。未来几年我国年审（鉴）定高油酸花生品种的数量将进入 10 个左右的新常态。

**2. 高效栽培** 我国花生主要分布在山区丘陵及平原的沙土地，土壤瘠薄，保肥保水能力差，缺少灌溉条件，机械化程度低，连作造成病虫害严重，造成产量不稳，产量高低易受降雨丰缺等自然条件的影响。花生产品质量安全问题非常突出。一是，优质专用花生品种缺乏，品种更新慢，混杂退化严重。二是，生产过程中过量化肥、农药的使用，影响了花生的品质；三是，收获、运输、储藏和加工过程中管理技术方面的问题，导致花生发生霉变，造成黄曲霉毒素的污染问题较为突出。如何在确保花生产量不断提高的前提下进行花生无公害安全高效生产，确保农业生产的各个环节符合质量安全标准，是花生生产急需解决的重大问题。在花生质量安全控制方面，我国的研究虽处于较为先进地位，但尚未取得彻底解决的良好结果。我国在花生生产和加工及流通中环节还没有建立有效的质量控制技术体系。

（1）近年来，针对不同花生产区的主要问题，围绕建立高产、优质、高效、安全、生态友好的生产技术体系开展了大量研究工作，集成了丘陵旱地花生优质高产栽培技术、花生单粒精播高产配套技术、花生蛴螬生物防治与综合防控技术、夏直播花生高产优质栽培技术等技术。实施了“花生栽培技术示范”活动，在全国征集栽培技术22项，适用区域覆盖了花生主产区，有20个试验站安排示范73项次，示范点110余处，多数示范点增产效果显著，并形成了示范工作总结，为进一步熟化技术和推广打下坚实基础。另外还开展了花生抗重茬机理研究。选择了氨基酸、商品有机肥和硅肥等抗重茬剂，同时配以氮磷钾肥料。主要研究施用不同抗重茬剂对土壤理化性质和花生植株生长的影响。研究表明增加有机肥的施用量、适当提高氨基氮在总氮中的比重，可以提高花生抗连作障碍能力和减轻重茬时发生的不良反应。

(2) 在施肥方面，研发集成了炭基肥、包膜控释肥、水肥一体化等技术，进行了试验示范和推广。

(3) 在抗旱节水灌溉研究方面。研发集成滴灌节水灌溉系统和管理技术，研发了灌水模型，研究了土壤水分动态。通过示范增产和经济效益均非常显著，具有广阔的推广应用前景。

(4) 种植方式方面。进行夏直播试验，完善了“前茬深耕重施肥、前促中控防早衰、适时晚收”小麦茬夏花生机械化高产栽培技术。

研究确定了东北农牧交错区风沙地花生高产高效栽培模式框架。一般花生田的关键技术为改革种植方式、选用良种、地膜覆盖、增施肥料、增加密度、化学控制；高产田的关键技术是在一般田的基础上，实行轮作换茬，实施膜下滴灌，提高水分利用效率和肥料利用率，探索实现水肥管理一体化新模式。已初步制定出东北区沙壤地花生抗旱节水保护性种植模式。以充分利用当地自然资源为基础，以提高产量为目标，以节水和提高水分和肥料利用效率为中心，以采用保护性栽培法和膜下滴灌为主要技术手段，使东北农牧交错区花生生产实现新跨越。

华南区进行旱薄地花生间种高效种植模式研究与示范。与国家木薯产业技术体系梧州综合试验站、武鸣综合试验站、广西玉米创新体系百色试验站、合浦试验站等部门合作，开展了花生与木薯、玉米间作的试验研究；示范推广花生与水稻轮作栽培技术，均达到预期增产效果。形成了花生玉米间作高产高效栽培技术规程1个，花生间作木薯高产高效栽培技术规程1个。

豫南多雨易涝区麦后直播起垄种植技术集成与示范，为解决淮河流域易涝多灾，对花生生产影响较大和生产机械化程度低的问题，在多年研究的基础上，2014年继续在理论上对花生的抗涝生理进行研究，并进一步扩大麦后直播起垄种植技术的示范范围。

(5) 随着农村劳动力结构的变化，花生播种和收获费工的特点已成为花生生产规模及效益的重要限制因子。逐步实现机械化也是我国花生生产的发展方向，但是花生生产机械化的普及进程还较为漫长，不同地区因自然、农业、劳动力资源和经济条件的不同，花生机械化的模式可能有较大差异，对花生品种的要求也可能不同。我国花生播种机械在部分地区使用并未普及，收获仍以人工作业为主。应加强花生机械装备技术创新能力和示范推广力度，研究开发出满足不同地区、不同农艺和不同档次要求的花生机械装备，以促进整个花生产业的发展。

**3. 病虫害防治** 不同于美国，花生的种植只集中在东南部的一些省份，我国花生种植范围从海南岛到东北的吉林，从东到西都有花生的种植（除西藏和青海）。目前种植的主要区域为黄淮海种植区、长江流域种植区，华南花生种植区和东北种植区。近年，花生种植面积的新状态为东北种植区的面积在不断地扩大，辽宁省计划扩展花生的种植面积到 1 000 万亩；新疆的花生种植面积也在不断扩大。除了种植的面积广泛，而且我国花生种植地形（丘陵、平原、山地等），种植的规模（零星田块、大面积的连片），土壤类型（沙土、沙壤土、黏土等），施肥模式等的差异，导致花生小区域的小气候环境的差异，我国花生病害的种类、发生严重度存在多样性。由于我国花生种植地区地形复杂，气候条件多变，造成了花生种植区小气候条件的多样化，这也导致了同一省份或同一地区或同一县市的不同花生种植区病虫害发生种类和严重度也存在差异。我国花生种植的在花生种植面积增大，总产量不断提高的大形势下，同时存在花生的连作种植年限越来越长，花生土传病害越来越严重，同时受气流影响的花生早、晚斑和网斑病是长期危害我国花生的重要病害，另外，黄曲霉毒素对我国花生产品的污染伴随民众对食品安全的重视越来越受到关注。

**4. 机械化生产** 2014 年，花生机械化水平进一步提升，国家花生产业体系及机械制造企业等就麦茬免耕播种、分段收获、全喂入摘果、联合收获、脱壳、荚果干燥等技术开展了大量的研发与试验示范等工作，并已取得阶段性成果。

（1）提升优化多款两行半喂入花生联合收获机。国家花生产业技术体系、江苏宇成动力集团、青岛弘盛汽车配件有限公司、临沭东泰机械有限公司等为代表的研发机构与生产企业已研制出并不断优化提升多款两行半喂入花生联合收获机，并已实现批量生产及销售，产品已进入地方或国家农机购置补贴目录。

（2）创制并优化提升高效花生联合收获机。针对现有两行花生收获设备生产效率相对较低，还不能满足花生适收期短及规模化种植快速发展后对高效花生收获设备的迫切需求现状，国家花生产业技术体系优化提升了四行半喂入花生联合收获机，同时创制出了八行捡拾花生联合收获机，其中四行半喂入花生联合收获机技术上已趋于成熟，八行捡拾花生联合收获机已完成首轮样机田间生产性试验，两种收获机目前正在进行新一轮样机优化设计。

（3）分段式花生收获技术设备提升完善工作在稳步推进。适用于沙壤地作业的分段式花生收获机仍是豫、鲁、冀及东北等主产区需求主体，其保有量也最大。为了适应生产实际需求，科研单位和企业一直在对现有技术进行改进提升，新型分段式花生收获技术设备未见报道；适于南方稍许黏重土壤的分段式花生收获技术研发工作尚未全面开展。

（4）中大型全喂入花生摘果机已获得普遍应用。主要针对花生秧饲料化利用价值高、农村劳动力季节性短缺等现实需求，河南、山东等传统花生主产区农机制造企业近年来相继开发出了多款中大型全喂入花生摘果机，并已在当地得到快速推广应用；同时相关企业还针对摘果机存在的破损率高、夹带损失大等问题，不断对相关技术产品进行改进与升级。

（5）麦茬全秸秆覆盖花生免耕播种设备得到有效试验与示范。国家花生产业技术体系研发了新一轮可完成碎秸、清秸、浅旋、播种、施肥、播后覆秸等作业工序的花生免耕播种机，并在河南驻马店、开封、濮阳等地进行了大面积生产性试验与示范。试验表明，该机作业顺畅、可靠、高效，播种质量显著提高，秸秆均匀覆盖均匀；通过更换部件，该机还可满足全秸秆覆盖地免耕播种大豆、玉米等其他旱作物需求。该机为解决全秸秆覆盖地播种难及秸秆禁烧难等问题提供了新的有效技术支撑。

（6）低破损花生脱壳设备研发顺利进行。针对目前花生脱壳机存在脱壳后果仁破损率高、脱净率低、对品种适应性差等问题，在充分调研及试验筛选等工作基础上，国家花生产业技术体系开展了新型花生脱壳机改进试制、小批生产及生产考核等工作，结果表明改进提升的花生脱壳机脱净率高，破损率低，基本可满足种用花生（部分花生品种）脱壳需求。

（7）花生荚果干燥设备研发顺利进行。针对主产区收获季节多雨，花生收获后得不到及时干燥，容易造成荚果霉烂及黄曲霉毒素污染等问题，国家花生产业技术体系开展了花生干燥特性、机理及机械化干燥技术研究，目前已完成新一轮设备试制、试验与示范等工作。

**5. 产后加工与贮藏**

（1）花生产业技术体系产后干燥与储藏科学家岗位花生储藏技术研究进展。

①在开封、潍坊、保定、石家庄开展储藏过程中抗黄曲霉气体置换贮藏技术技术示范。

②进行了花生原料储藏过程中黄曲霉毒素综合防控技术研究，研究了不同包装材料、不同气体比例、贮藏时间及温度对花生黄曲霉生长的影响。

③研究了不同包装方法对高水分花生果储藏品质的影响，通过高水分花生果PA/PE共挤包装袋充$CO_2$密闭包装与打孔PA/PE共挤包装对比试验，研究了不同水分含量的花生果失重率、水分含量、过氧化值、酸价、碘值、总糖的变化趋势。

④完成了花生密闭贮藏防控黄曲霉毒素技术推广应用，在花生产业体系的13个试验站开展了试验示范，并取得了相关数据。

（2）开展花生产地减损贮存技术及装备研究。

①采用不同配比的二氧化碳贮藏花生，每隔3个月检测其理化性质，结果得出油料的酸价、过氧化值等都变化不大且在安全范围内，而对照组油料的各项理化指标值都随着贮藏时间的增长而增大，有些甚至超过安全值。

②在45℃下，采用自制的干燥机对新鲜花生干燥6～7h后，花生水分在26%左右，脱壳后花生仁继续在40℃下干燥2～4h，花生水分达到安全水内以下，最后采用气体密闭室温贮藏样品。

此干燥技术快速、简便，可解决南方在花生收获期遇到雨天或阴天，花生不能及时干燥而导致花生品质变化的问题。

（3）粮油贮藏中黄曲霉毒素防控技术研究。开展花生密闭贮藏防控黄曲霉毒素技术示范工作，在前期研究的基础上，对获得的密闭贮藏防控黄曲霉毒素技术进行了技术示范推广，分别在江西樟树、山东临沂、河南开封、河北保定和石家庄等地进行技术示范，其中在樟树示范贮藏花生米达到百吨以上，取得良好的示范效果和社会效应。

（4）覆膜栽培，花生产量高。四川省大竹县种植基地，农民采用覆膜栽培技术，底肥施用复合肥，并适时加强除草、防治病虫害等的管理。2014 年全乡栽培“黑＋白”花生面积 680 亩，其中建立白花生种植示范基地 20 亩。通过测算，“中花 9 号”黑花生产量每亩达 215 千克，“白珍珠”白花生产量每亩达 250 千克，分别较往年净增 50 千克、35 千克。

（5）山东花生单产创新纪录。1983 年，山东省蓬莱县南王镇矫格庄村曾创下花生亩单产 746.3 千克的全国最高纪录，这项保持了 31 年的纪录被打破。山东省农业厅、山东农业大学、青岛农业大学等单位有关专家严格按照《山东省花生田测产验收办法》，分别于 2014 年 9 月 13 日、9 月 24 日和 9 月 26 日，先后对设在平度市古岘镇、宁阳县葛石镇和莒南县板泉镇 3 块春花生单粒精播技术高产攻关田进行了 1 亩实打验收，亩产全部超过 650 千克，其中，莒南县板泉镇攻关田亩产达到 752.6 千克，创造了我国花生单产新纪录。

这项花生高产攻关纪录的诞生，源于山东省农业科学院花生栽培团队研究创建的花生单粒精播技术体系。该院科研处处长张正介绍，花生栽培团队以花生单粒精播为核心，选用优良花生品种——花育 22 号，按照“在充分发挥单株生产力基础上，优化种植密度，建立合理群体，增加亩总果数及百果重”的研究思路，采取“培肥地力、一播全苗、适期化控防徒长、综合管理防早衰及适期晚收”等技术措施实现的。这项技术有效克服了传统花生种植中“种量大、成本高、高产条件下群体与个体矛盾突出、易造成早衰倒伏”等突出问题。近年来，该技术体系在全国范围内进行的高产攻关及示范推广中取得了良好效果。

（花生产业技术体系首席科学家禹山林提供）

# 2014年度芝麻产业技术发展报告

（国家芝麻产业技术体系）

## 一、国际芝麻生产与贸易概况

**1. 国际芝麻生产概况** 2014年世界芝麻种植面积突破1.5亿亩，比2013年增加5%；年度世界芝麻总产量比2013年提高10%左右，突破500万吨。调查显示大部分主产国芝麻丰产。印度主产区因季风降雨来临较晚，夏芝麻播期推迟，但全生育期生长发育较好；缅甸主产区因5月份干旱而播期推迟，生长期间雨水多，年度减产；苏丹、埃塞俄比亚、布基纳法索、马里、多哥等主产国芝麻全生育期长势良好。

**2. 国际芝麻贸易概况** 2014年世界芝麻贸易量约145万吨，与2013年持平。国际市场芝麻价格比2013年下降45%左右。主要进口国为中国、日本、韩国、土耳其等国家，中国为年度最大进口国，进口量达56.9万吨，占世界总贸易量的39.2%。主要芝麻出口国为埃塞俄比亚、印度、苏丹、缅甸、尼日利亚、坦桑尼亚等亚非国家，埃塞俄比亚为年度最大出口国，出口量达27.0万吨，占世界芝麻贸易量的18.6%。

## 二、国内芝麻生产与贸易概况

**1. 国内芝麻生产概况** 2014年我国芝麻种植面积780万亩，与2013年相比增加15%。河南、湖北、安徽、江西等芝麻种植面积均有大幅增长，西北和东北产区芝麻生产快速发展，规模化和机械化种植程度显著提高。本年度芝麻主产区的气候条件不利于芝麻生长发育，湖北、河南、安徽表现为前中期干旱，苗情较差，地下害虫较重；中后期连续阴雨，气温较低、光照不足，开花结蒴缓慢，叶病发生较重，一定程度上影响了籽粒灌浆，黄籽、瘪籽率高，导致芝麻单产和品质下降。预计全国平均单产84千克/亩，比2013年减产15%以上；其主要原因是主产区中后期阴雨连绵，芝麻生长发育受到极大影响，稳产性问题凸显。

**2. 国内芝麻贸易概况** 2014年我国芝麻市场需求旺盛，年需求量突破120万吨，国产芝麻难以满足国内市场需求，进口量增幅较大。据海关统计，2014年1～12月份我国芝麻进口量56.9万吨，比2013年同期增加29.0%，进口集中在3～5月和11～12月份，主要从埃塞俄比亚、苏丹、尼日利亚等非洲国家进口；此外，通过边境贸易进口芝麻约8.0万吨。我国年度出口芝麻总量为3.45万吨，比2013年增加43.8%，主要出口到韩国和日本。

## 三、国际芝麻产业技术研发进展

**1. 芝麻种质资源研究进展** 在芝麻资源保存方面，尼日利亚学者Oyekale等研究认为利用木炭去湿集装箱可有效保存和维持种子活力；Bhattacharya等研究发现，芝麻种子储藏一年后含油量减少，蛋白含量变化较小，碳水化合物、粗纤维和芝麻酚基本不变。在种质资源鉴定方面，印度学者Pathak等对印度143个芝麻栽培种和野生种质的抗氧化物质进行了测定，筛选一批高芝麻素、高芝麻林素、高生育酚芝麻种质；伊朗学者Poor-Esmaeil等通过抗旱性鉴定，筛选出抗旱品种Darab－14和Sistan local。在遗传多样性分析方面，韩国学者Park等利用SSR标记对来自四大洲15个国家的277个芝麻核心种质进行了遗传多样性研究，共检测到158个等位位点，14个位点具有较高的遗传多样性；印度学者Surapaneni等利用72个SSR标记对印度68个栽培种和3个近缘野生种遗传多样性分析，检测到170个等位位点，每个位点等位基因为2～4个；韩国学者Park等研究发现，仅用4对SSR引物即可区分43个（韩国）和27个（中国）芝麻品种。

**2. 芝麻遗传育种研究进展** 在遗传研究方面，王林海等报道了芝麻栽培种基因组测序与拼接出的274摩尔根的基因组序列，估测基因27 148个；对29个品种进行了重测序，每个平均检测出12.7万个SNPs、17 961个InDels和9 266个结构变异；Nyongesa等根据染色体数目和同工酶标记研究了栽培芝麻和野生近缘种之间的遗传关系。印度学者Lokesha等利用芝麻F4家系对产量及产量构成因素的遗传变异、遗传力和遗传进化进行了研究；Sumathi等对芝麻分枝和其他产量性状的基因效应和遗传进行了研究。在种质创新方面，Anbarasan等研究表明，利用EMS和秋水仙素处理芝麻品种TMV3的半致死浓度分别为1.0%和0.6%；Ravichandran等研究发现，γ射线处理芝麻品种VRI－1，可以导致各种数量性状变异，LD50剂量为40KR。美国Langham选育出适合机械化收获的矮秆芝麻品种，获得了专利保护。

**3. 病虫渍旱害防控研发进展** 国外学者研究报道了茎点枯病病原菌菜豆壳球孢的遗传多样性、侵染特点以及与不同寄主作物之间的互作机制。印度学者Aasfa等研究发现生姜提取液对种传茎点枯病防效最好，蓖麻种子、大蒜瓣和印楝叶提取物均能降低种子带菌率。韩国学者Choi Ok hee等用荧光假单胞杆菌M45粉剂对芝麻进行丸粒化，能够有效防治土传病害。尼日利亚学者Tunwari等发现大蒜、丁香罗勒、香泽兰的提取物能降低尾孢叶斑病的发病程度，与化学农药苯来特的防效相当。Ahmed等调查了孟加拉国Rajshahi和Lalmonirhat地区芝麻主要害虫种类，发现南美番荔枝叶片提取物的杀虫增产效果最好。Poor-Esmaeil等通过产量以及形态和发育动态学指标来评价不同芝麻品种（系）的抗旱性；伊朗学者Kadkhodaie等研究表明，叶片抗氧化酶活性及可溶性物质含量的提高可以增强芝麻品种的抗旱能力。

**4. 耕作栽培技术研究进展** 印度学者

广泛研究了芝麻播期、行株距、施肥水平、灌溉对产量和品质的影响。孟加拉学者Shilpi等研究了氮、磷、钾、硫肥的增产效果，氮肥和硫肥显著影响芝麻产量和含油量。尼日利亚学者Babajide等研究发现，在习惯施用有机肥的条件下，过量施用氮肥可导致含油量显著减少，但能显著提高微量元素特别是锰和锌的摄取。巴西学者Silva等对不同芝麻品种在不同灌溉深度下生长发育和生产能力进行了评估。Bazrafshan等研究结果表明，不同基因型品种对盐胁迫的反应存在差异，盐离子浓度和比例影响生长发育和光合作用。Kadkhodaie等研究认为，芝麻根系脯氨酸、叶片类胡萝卜素含量与抗旱性紧密相关，可作为鉴定芝麻抗旱性的生理指标。Prakash等研究发现，每千克种子用250克粉煤灰协同米粥包衣，可以促进芝麻生长发育，增加净光合速率，提高产量。Sagarka等研究认为，二甲戊灵用作芽前除草剂、咪草烟和精喹禾灵作为苗期除草剂效果较好。

**5. 加工技术研究进展** 国外加工技术研究主要集中在以现代分析检测手段（GC-MS）分析芝麻营养成分以及真菌毒素等有害物质含量，以控制芝麻产品质量；分析芝麻天然抗氧化物质存在方式，抗氧化机理。韩国学者Kim等分析了不同年份黑白芝麻中木酚素的组成及其抗氧化效果，解析了2种芝麻素的结构。Rostami等研究认为，芝麻籽粒在75℃、含水率6.3%～6.5%条件下浸出处理时，不仅可获得质量好的浸出芝麻油，而且粕中残油很低。Prasad等研究发现，添加200毫克/千克TBHQ能有效抑制煎炸时芝麻油的裂变，超声处理能有效降低芝麻油的热分解和氧化。hmadian-Kouchaksaraei等研究发现，在室温下用0.5%$NaHCO_3$水溶液浸泡芝麻15分钟后可生产出色泽好、风味优良、固形物含量适中的芝麻乳饮料。

## 四、国内芝麻产业技术研发进展

**1. 芝麻种质资源研究进展** 国内对芝麻种质资源的研究逐步深入，完成了500份国内地方品种和外引资源的田间综合农艺性状、抗病、耐渍性鉴定分析，筛选出抗病材料50份、耐渍44份；完成了2 350份资源的品质性状分析，筛选出高含油量材料11份，高蛋白含量109份，高芝麻素和芝麻林素含量材料18份。魏利斌等利用芝麻转录组数据发掘了SNP标记7 450个，InDel标记362个，平均每6.66千碱基对出现1个SNP，137千碱基对出现1个InDel标记；魏鑫等开发出23 438对SSR引物，对31个芝麻品种检测，发现218对SSR具有多态性；吴坤等开发出349对SSR和79对InDel引物，并对130份芝麻品种资源进行了遗传多样性、进化关系、群体结构和等位基因分布的研究，共检测到325个等位基因位点。

**2. 遗传育种研究进展** 在分子遗传研究方面，张艳欣等开展了芝麻耐湿性QTL定位，共检测到与盛花期耐湿性相关的6个QTL位点，表型解释率5.67%～17.19%；李春等利用国内外369份芝麻核心种质资源开展了关联分析，获得19个含油量标记（$R^2$值4%～29%）和24个蛋白质含量标记（$R^2$值3%～29%），发现含油量和蛋白质含量主要受主效基因控制；王蕾等以215份芝麻核心种质资源开展了关联分析，利用

GLM 和 MLM 模型均检测到与芝麻素和芝麻酚林含量显著关联的 SSR 标记 4 个。在不育系研究方面，郭伟等从小孢子发育上阐明了芝麻核雄性不育系后代微粉植株产生的原因；吴坤等开展了芝麻核不育系 95ms－5 开展了育性差异表达，发现 TDF04 在花蕾和雄蕊中特异表达。在育种技术创新和新品种选育方面，张海洋等建立了高效检测芝麻远缘杂交分子鉴定技术，获国家技术发明专利授权；河南省农业科学院芝麻研究中心通过理化诱变创制出有限花序突变体 DS899，株高 130～150 厘米，结蒴集中，千粒重 4.0～4.5 克；创制出芝麻光敏感核雄性不育系 Sipsms3 041。我国年度共选育出芝麻新品种 12 个，其中增产幅度 10%以上的 4 个，脂肪含量 51.3%～57.5%，蛋白质含量 17.5%～25.5%。

**3. 病虫草渍害防控研究进展** 国内主要开展了芝麻主产区病虫害发生规律、抗病性鉴定技术以及病虫害防控技术研究。赵辉等首次报道了芝麻球黑孢叶枯病及其在黄淮芝麻产区的危害；Tseng 等首次报道台湾出现植原体（16SrⅡ－A）侵染芝麻，导致茎秆卷曲和花叶的症状。高树广等建立了芝麻无菌苗培养技术，并对 12 个芝麻品种进行了苗期抗病性鉴定。赵辉等研究发现，苯醚甲环唑拌种和 FQB7 种衣剂处理对茎点枯病具有良好的防治效果；王振军等研究表明，草木犀对菜豆壳球孢具有明显的抑制作用；氟硅唑对芝麻立枯病菌的抑菌效果最好；葛红滨等研究发现，农用链霉素与甲基托布津复配，在芝麻始花期喷施，防治茎点枯病效果较好。苗红梅等建立了稳定的芝麻枯萎病菌致病力和芝麻抗病性室内鉴定技术方法，获得国家专利授权；张秀荣等研制出一种提高芝麻耐湿能力的复合诱抗剂，能有效提高耐渍性。

**4. 芝麻耕作栽培技术研究进展** 国内重点开展了芝麻光合利用率、需水需肥规律、逆境胁迫、机械化种植关键技术、高效栽培技术等研究。陈培等研究认为，适宜芝麻出苗的土壤含水量为 15%～35%，适宜幼苗生长和培育壮苗的土壤含水量为 15%～20%；杨宗渠等研究发现，不同芝麻品种之间光合速率有显著差异，光合速率与水分利用率呈显著正相关；高桐梅等研究表明，在蒴果发育过程中光合物质优先供应中部蒴果。杨佩等研究认为，重金属铅镉及紫外线辐射均会对芝麻幼苗叶片内渗透调节物质含量产生不同程度的影响。我国科研人员改进了覆膜、播种一体化设备，实现了新疆地区芝麻机械化精量播种。在 1 490 亩高产示范田应用膜下滴灌机械化栽培技术，创造了平均亩产 172.5 千克的高产纪录。

**5. 芝麻加工技术研究进展** 在芝麻制油方面，我国科研人员研究并确定了冷榨芝麻油生产的最佳工艺条件，形成了标准化的生产技术工艺，检测分析并评价了芝麻冷榨油品质质量，制定了冷榨芝麻油的企业标准。在芝麻蛋白分离方面，研制出了芝麻低温脱脂技术，建立了冷榨芝麻蛋白粉标准化生产技术规程。在芝麻抗氧化物质提取方面，确定了吸附纯化芝麻素的生产工艺参数，研制出了芝麻素标准化生产技术及工艺。

（芝麻产业技术体系首席科学家
张海洋提供）

## 一、国际向日葵生产与贸易概况

### (一)国际向日葵生产概况

目前，全世界种植向日葵的国家共有70多个，面积和产量较大的国家有25个，年种植面积2 000万～2 500万公顷，年总产量2 500万～3 500万吨，产量1 200～1 400千克/公顷。

根据联合国粮农组织统计数字，2013年世界向日葵种植面积为2 545.36万公顷，总产量4 455.11万吨，种植面积和总产量较2012年有较大增加。其中欧洲种植面积1 692.93万公顷，总产量3 178.71万吨，占世界总产量的71.35%；亚洲种植面积399.27万公顷，总产量596.99万吨，占世界总产量的13.40%；美洲种植面积260.44万公顷，总产量461.20万吨，占世界总产量的10.35%；非洲种植面积189.70万公顷，总产量213.77万吨，占世界总产量的4.80%；大洋洲种植面积3.03万公顷，总产量4.43万吨，占世界总产量的0.10%。

### (二)国际向日葵贸易概况

**1. 国际向日葵籽进出口情况** 国际进出口向日葵籽约945.93万吨，总值75.28亿美元。其中进口向日葵籽约465.09万吨，总值37.79亿美元。主要进口国为土耳其、荷兰、法国、德国、西班牙、葡萄牙、罗马尼亚和意大利；出口约480.84万吨，总值37.49亿美元。主要出口国为罗马尼亚、保加利亚、乌克兰、匈牙利、法国、摩尔多瓦、中国和斯洛伐克。与2010年相比，2011年世界向日葵籽进出口总量和总值均有较大增加（注：由于2012年度国际向日葵籽进出口贸易数据未公布，因此仍使用2011年数据）。

**2. 国际向日葵油进出口情况** 国际进出口向日葵油1 344.26万吨，总值187.97亿美元。其中进口向日葵油648.67万吨，总值93.69亿美元。主要进口国为印度、土耳其、比利时、荷兰、伊拉克、德国、埃及；出口695.59万吨，总值94.28亿美元。主要出口国为乌克兰、阿根廷、俄联邦、法国、荷兰、匈牙利、土耳其、罗马尼亚。2011年世界向日葵油进出口总量和总值均较2010年有较大增加（注：由于2012年度国际向日葵油进出口贸易数据未公布，因此仍使用2011年数据）。

## 二、国内向日葵生产与贸易概况

### （一）国内向日葵生产概况

近几年中国向日葵种植面积在 100 万公顷左右，其中 70%是食用向日葵。根据联合国粮农组织统计数字，2013 年底我国向日葵种植面积为 92.34 万公顷，总产量 242.32 万吨，单产水平为 2 624.29 千克/公顷。2013 年我国向日葵的种植面积、总产量和单产水平都较 2012 年有所提高。

中国向日葵生产主要集中在东北的三省、山西、陕西、河北、内蒙古以及新疆、宁夏、甘肃等西北地区。内蒙古是中国最大的向日葵主产区，根据中国种植业信息网统计数据，2012 年种植面积 39.86 万公顷，总产量 107.10 万吨，占全国总产量的 46.11%。其次是新疆、吉林、甘肃、宁夏和黑龙江。内蒙古巴彦淖尔市是向日葵产量最大的地区，产量在 89.74 万吨，占全国总产量的 38.64%，其中五原县是中国最大的向日葵主产县（注：由于 2013 年度国内向日葵生产数据未公布，因此仍使用 2012 年数据）。

### （二）中国向日葵贸易

近年来向日葵加工企业发展快，效益好，有力地拉动了向日葵产业的发展。其中安徽合肥华泰集团生产的洽洽牌瓜子不仅占据国内主要市场，而且远销国外 38 个国家和地区。五原真心食品有限公司生产设备在国内是最先进的，年加工能力为 10 万吨。

我国的向日葵油脂加工企业主要集中在内蒙古地区，大小油脂加工厂 15～20 个；新疆的益海粮油工业有限公司年处理原料约 25 万吨，效益也非常好。

我国的向日葵籽每年都有一定的出口量，呈稳步发展的趋势。1979/1980 年度为 6 100 吨，1980/1981 年度为 9 900 吨，1981/1982 年度为 13 500 吨，1 982/1983 年度为 15 000 吨，出口量较少。从 90 年代开始有向日葵籽仁的出口，主要出口到东南亚、中东和欧洲。2000 年后，成品向日葵香瓜籽开始出口东南亚、北美和欧洲，每年的出口量约 2 万吨。从 2005 年开始，出口量稳定在 11 万吨以上，总值 1.07 亿美元。根据联合国粮农组织统计数据，2011 年中国出口向日葵籽 16.96 万吨，总值 2.45 亿美元，比 2010 年稍有增加。

近年来我国开始进口向日葵油，2011 年进口 8.29 万吨，总值 1.16 亿美元，比 2010 年略有减少（注：由于 2012 年度我国向日葵贸易数据未公布，因此仍使用 2011 年数据）。

## 三、国际向日葵产业技术研发进展

### （一）国际向日葵育种研发进展

**1. 向日葵育种研究进展情况与水平** 近年来在抗病育种、品质育种和获得理想株型的高产育种等方面不断深入，获得了较好的结果。目前国际育种先进的国家有法国、美国、塞尔维亚、阿根廷、俄罗斯等国家。育成的油葵杂交种子实含油率可以达到 52%，有的杂交种试验产量亩产可以达到 300 千克。

**2. 种质资源的利用** 在杂种优势利用的初期，种质资源主要来源于当地的向日葵群体和俄罗斯、阿根廷的常规品种，到 20

世纪90年代通过远缘杂交加强了野生种的利用，主要是获得抗性基因。过去的10～15年，主要是创造特殊性状遗传变异基因库，如生产力、抗病、抗旱、油品质等。目前的种质资源创新趋向于利用现有的具有不同期望性状的自交系间杂交汇集和提高遗传变异性，再通过自交选育新的自交系。

**3. 国外育种技术发展** 国际上向日葵育种技术发展也经历了常规品种选育、杂种优势利用的两大阶段。在1968年“三系”发明之前的常规品种选育阶段，主要是注重单一群体的改良，杂种优势利用阶段主要是注重种质资源创新，增加抗性、品质和产量的遗传变异性。

（1）新的遗传变异改良。利用优异的栽培种和野生种为资源进行资源创新。一是通过简单轮回选择，一般配合力轮回选择，特殊配合力轮回选择，交互轮回选择。二是通过诱变，物理诱变和化学诱变。三是群体改良，利用基因库、人工合成群体、半姊妹或全姊妹后代选育。

（2）抗病育种。目前抗病育种的抗源主要是来源于野生种，应用胚拯救技术获得远缘杂交后代，通过回交转育获得抗源。通过育种家近30年的努力，育成了抗褐斑病、锈病、霜霉病、黄萎病、拟茎点病、茎点病，耐菌核病和抗寄生性杂草列当的亲本和杂交种。目前，国际上已经利用分子标记法进行抗性基因的筛选，使育种的效率有了进一步的提高。一些向日葵育种起步较晚的国家直接利用有抗性基因的杂交种作为抗源，简化了育种程序，收到了事半功倍的良好效果。

美国农业部北方作物科研所向日葵科研室正在利用多年生野生种培育抗菌核病的创新种质，2011年已经取得了阶段成果，目前研究在不断深入。

（3）抗除草剂育种。由于科技进步，机械化作业以及生产水平的提高，使用除草剂除草是必然趋势，但使用杀单子叶杂草的除草剂，不能灭杀向日葵田中的双子叶杂草，那么，如果向日葵可以抗杀双子叶杂草的除草剂，就可以杀灭向日葵田中的杂草。近10年，向日葵抗除草剂育种在一些向日葵育种较先进的国家，如塞尔维亚、法国、美国、俄罗斯等国家发展较快，育成了杂交种，现已广泛应用于生产。抗源来源于野生种 *Helianthus annuus*。

（4）抗旱育种。到目前为止，国际上育种研究工作者仍然用野生种 H. argophyllus 进行抗旱育种，取得了显著成就。随着科技的发展，分子育种水平的提高和在育种中的应用，可能鉴别抗旱基因。野生种 *H. deserticola*，*H. hirsutus*，*H. maximiliani*，*H. tuberosus*，已在抗旱育种中应用。

（5）品质育种。向日葵的油酸和亚油酸占90%，其中，亚油酸占70%左右，油酸占20%左右。由于亚油酸属于多不饱和脂肪酸稳定性较差，油酸的稳定性较好。通过诱变育种，已经育成了油酸达到80%～90%的杂交种，有的亲本的油酸可以达到90%以上。在美国食品工业已经应用了称之为中油酸杂交种（NuSun），油酸的水平为65%～75%。

向日葵维生素E（生育酚）的含量较高，但普通向日葵主要是alpha生育酚占95%，通过品质育种已经育成了gamma生育酚占95%的自交系（LG-17）。

**4. 国外向日葵杂交种在我国的应用情况** 2014年，我国推广应用的国外引进的食葵杂交种主要有 LD5009、X3939、3638C，这些品种与国内育成的食葵杂交种相比，抗旱性较好，产量较高。国内育成的杂交种有的商品品质和抗病性优于国外食葵杂交种。随着国内育成的食葵杂交种的推广应用，国外的食葵杂交种已经退出了垄断地位。

国外引进的油葵杂交种主要有 TO12 244、567DW、NX19012 等，国内育成的有些油葵杂交种的产量、抗性、含油率等指标已经优于国外引进的油葵杂交种。从推广应用的情况看，国内育成的油葵杂交种的推广面积明显多于国外引进的油葵杂交种。

### （二）国际向日葵病虫草害研发进展

**1. 向日葵菌核病** Wang 等利用从 4 个不同的地域收集并分离 101 个向日葵菌核病菌株研究了核盘菌的变异和分化，发现其中供试菌株被鉴定共有 23 种菌丝亲和型。微卫星标记数据显示，从 4 个地域收集的所有供试菌株可以被分成三大主要菌群，来自于内蒙古和宁夏地区的菌群构成了菌系Ⅰ，来自于黑龙江的菌群成了菌系Ⅱ，新疆的菌群构成了菌系Ⅲ。Würschum 等测定了两个抗向日葵菌核病品种培育出的杂交群体的形态学性状及抗病性，发现核盘菌的抗性呈现数量性状的特征，并且不同的基因区域介导对植物不同组织的抗性。

**2. 向日葵黄萎病** 2013 年的夏天，García-Ruiz 等在 Cadiz 的一块田里观察到带有脉间褪绿症状的向日葵，这些症状侵染了 80%的杂交品种，且这些杂交品种的发病率高达 90%。从向日葵发病茎和叶柄组织中分离出来的真菌，结合形态学上和 PCR 鉴定结果确认次病害是向日葵黄萎病菌。2014 年 2～4 月，研究者在一间 18～24℃的温室实验室内确定了分离出向日葵黄萎病菌。利用次病菌侵染感病的杂交种 Transol 和它的近交系 HA89（所带 *v1* 基因可抗黄萎病），以及 HAR5（可抗其他病害，但对黄萎病抗性如何未知）。接种 5 周后，病害症状在 3 种基因型的所有植株上 100%发生。这是在欧洲首次发现克服 HA89 中 *v1* 基因的小种存在。这对欧洲国家的向日葵育种项目造成了威胁。Mathew 在其论文中指出，在世界大多数向日葵生产地区镰刀菌素通常被认为是一种不太重要的病原体。在北部大平原，共有 110 个镰刀菌系从 1 637 个随机取样的秸秆中分离出来。重复序列聚合酶链反应（rep-PCR）指纹的系统发育分析和翻译延长因子 1 - alpha（EF - 1&agr;）基因的系统发育显示：来自向日葵中的镰刀菌存在 8 个种，即禾谷镰刀菌、镰孢菌、黄色镰刀菌、燕麦镰孢、尖孢镰刀菌、锐顶镰刀菌、拟枝孢镰刀菌和木贼镰刀菌。温室中 8 个镰刀菌的致病性研究表明拟枝孢镰刀菌、木贼镰刀菌感染性是最强的。研究比较 3 个不同镰刀菌和代表 6 个营养体亲和群的大丽轮枝菌菌株的致病力，显示大丽轮枝菌 VCG4B 和 VCG2A 比禾谷镰刀菌和尖孢镰刀菌致病力更强。

**3. 向日葵锈病** 2013 年 12 月，由美国农业部农业部农业研究组织释放两个向日葵食葵种质系 HA-R10（Reg. No. GP - 327，PI 670043）和 HA-R11（Reg. No. GP - 328，PI 670044）均含有抗向日葵锈病的基因。这些资源将提供给食葵育种者一个机会，将抗锈病基因引入亲本品系中，从而促进抗病杂交品种的选育。同时 Bulos 等绘制 *Pu6* 基因图谱发现向日葵品种 P - 386 抗锈

病是由 *Pu6* 基因控制的，*Pu6* 基因是独立分离于其他抗锈病基因，如 *R4* 基因。

**4. 向日葵黑茎病** 黑茎病是由 *Phoma macdonaldii* 引起的最重要的向日葵真菌病害。在控制条件下，Maleki 等调查阐明了一些人工培育的品种和野生型品种向日葵与7个分离菌株的相互作用。接种后的3、5、7天，根据幼苗的坏死面积的百分比划分1～9等级。观察高度显著差异基因型中，分离并接种7天后根据 AUDPC（病程曲线下面积）值确定基因型、分离物及他们互作下病害的严重度。结果显示，GGE 双标图方法可以帮助我们更好地了解向日葵基因型和黑胫病之间的互作。Maleki 等对黑茎病菌 3 个分离物 MA6、MP6 和 MP10 3 个菌系的涉及部分抗性的数量性状基因座（QTLs）进行研究，针对向日葵抗病突变系 M6－54－1 和感病自交系 ENSAT-B4 的杂交后代 F2/F3 群体，利用复合区间作图法确定显性的 14 个推定基因，位于 7 个连锁群，表型变异从4%～42%。由于向日葵黑茎病（Black stem，BS）的而导致的籽粒产量损失被世界许多相关生产区域报导过。Quiroz 等开展了黑茎病对产量的影响及生理生态方面的影响的评估工作。在药剂处理杂交种的实验中黑茎病的发生率介于2.9%～49%。相对于没有做保护处理的品种，保护处理后黑茎病有所减少。

**5. 向日葵拟茎点霉属茎溃疡病** 向日葵的产量普遍受几种茎部病害影响。在这其中，拟茎点霉属茎溃疡病导致澳大利亚、欧洲和北美地区频繁减产。在美国，向日葵间座壳属菌 *Diaporthe helianthi* 被认为是唯一病因。在澳大利亚向日葵茎溃疡病菌被发现能导致拟茎点霉属 *Phomopsis* 茎溃疡病。在美国，为了确定原因病原菌，Mathew 从北部平原采集 275 个被感染向日葵茎中培养出 234 个菌系，利用内转录间隔区，延伸因子亚基和肌动蛋白基因序列，证实为是两个种 *D. helianthi* 和 *D. gulyae* 导致茎溃疡的发生，对 9 种基因型的品种进行抗性筛选，美国农业部PⅠ162784′和PⅠ219649′对 *Diaporthe* spp. 感病性较弱。在向日葵的主产区，拟茎点霉属茎溃疡病（间座壳属）会使向日葵的产量和含油量大幅削减。Desanlis 等通过田间试验开展了病害控制对拟茎点霉属茎溃疡病发病率和严重程度的影响。发现①叶症状的数量取决于顶冠小气候，尤其是在营养阶段，但是，开花后，绿叶组织潜在的感染叶片可能是一个额外的限制性可变因素；②叶向茎扩展阶段是由叶长度和自然或茎点霉属引起的黑茎病引起的衰老速度决定的；③环斑症状的比例与茎秆直径有关。这些知识将会帮助设计作物管理系统，减少由向日葵拟茎点霉属茎溃疡病引起的作物损失的风险。

**6. 向日葵黑斑病** 在世界各地 9 个 *Alternaria* 种已被报道与向日葵叶枯相关，*A. helianthi* 已被公认为最普遍的和破坏性的物种。然而，在这项研究之前导致中国向日葵叶枯病的链格孢种群结构不清楚。2010—2013年，Wang 等在中国的 11 个省和自治区从被感染的向日葵叶片中获得 272 菌株。基于形态特征和 ITS 区段和组蛋白 3 基因的部分编码序列，227 个（83.5%）鉴定为属于极细链格孢 *Alternaria tenuissima*，其余 45 菌株为 *A. alternata*（16.5%）。不同来源的这两个种在甘葵 2 号品种的离体叶片的致病性没有显著差异。本结果与中国此前报道的 *Alternaria* 引起的向日葵叶枯病菌种群结构不同，*A. helianthi* 并未发现。此外，这是 *Alternaria tenuissima* 造成向日葵叶枯在中国的首次报道。在印度海得拉巴 Rajender 等从油用向日葵上收集到 205 株 *Alternaria helianthi* 黑斑病菌，从培养形状、形态和致病性上对其鉴定。所有的菌株表现出相当大的差异，包括菌落边缘、菌落生长、色素沉着、气生菌丝颜色及产孢特征。荧光假单胞菌（Pf1）、枯草芽孢杆菌（Bs1）是针对叶面病原菌的主要潜在生物防治剂。MPf1 和 MBs1 被认为是对抑制 *Alternaria helianthi* 菌丝体生长最有效。Venkataramanamma 等用 3 种真菌剂，即 SAAF、代森锰锌和丙环唑配成 5 个不同的治疗组合进行喷雾和种子处理，结果显示 SAAF 3 克/千克种子处理+代森锰锌 75%WP 0.2%种子处理及结合 30 天和 45 天播后代森锰锌 75%WP 组合获得了最大产量及最小发病率。2011、2012 年结果表明，SAAF 3 克/千克+丙环唑 0.1%种子处理的组合产量最高发病率最低。三年的数据汇总分析显示，在各处理间 SAAF 3 克/千克和 0.1%丙环唑种子处理的效果最好。

**7. 向日葵霜霉病** Sakr 对向日葵霜霉病 7 个小种的多个分离物进行了形态学特征的研究，结果表明所分离的病原体都表现出显著的形态学差异。其中，椭圆形平均比例为 78.3%±3.5%，游动孢子囊的平均大小为 459.2 微米$^2$±30.2 微米$^2$，孢囊梗平均长度为 556.9 微米±36.2 微米和孢囊梗平均宽度为 10.3 微米±0.9 微米。Sakr 还对向日葵霜霉病种群的 3 个小种 710、714、704 的每个分离物的 5 个单个孢子囊进行了包括毒性和侵袭力进行了研究，结果显示，单个病原菌分离物的 5 个孢子囊侵袭力有很明显的差异，但在病菌群体中，没有显著区别。向日葵霜霉病是一种广泛流行的破坏性的疾病。用杀菌剂处理种子和栽培抗病品种是广泛采用的控制此病害的措施。目前欧洲鉴定出的 14 个向日葵霜霉病病菌致病类型，在 2010 年之前，匈牙利只鉴定出 6 个。在 2010 年 1 个新的小种 704 在匈牙利被分离。Bán 等监测了 704 在匈牙利的侵染情况。感染的向日葵霜霉病的植株表现出的典型症状（叶片黄化、严重矮化），17 个中的 12 个是致病型 704，可侵染的两个是商业化的向日葵杂交种的任意一个（NK Neoma 和 NK Brio）。其余的 5 个小种是 700、710 和 730，其广泛分布于匈牙利。在所有种植向日葵的国家，向日葵霜霉病对经济有很重要的影响。当气候条件有利于病害的发展时，其损害会使种子产量和含油量在很大程度上减少。控制真菌的最好的方法是培育抗病品种，Ficrbint canu 和 Dinca 研究了罗马尼亚向日葵霜霉病的优势种。科研工作者还利用共显性标记 PL－6 和 PL－8 基因作为分子标记辅助选择（MAS）使用。

**8. 向日葵线虫** 2013 年 5 月，Tzortzakakis 等在希腊东南部 Agios Athanasios，Drama 省发现向日葵严重矮化、变黄，并且观察到在向日葵上有大量的根瘤。症状大约在种植后 45 天被观察到，并且呈点片分布覆盖大约全部耕地的 2%。从挑选出的被感染的植物来检查这里的土壤和根的样品，显示了大量根瘤线虫的存在。利用雌虫会阴的形态及 28s 核糖体 RNA 基因 D2－D3 序列测定，全部鉴别为西班牙根结线虫 *Meloidogyne hispanica*。这是在欧洲第一个报道 *M. hispanica* 感染向日葵并且第一次在希腊报道。向日葵含有生化合物可提供对一些病原物的抗性。Fabiyi 利用 5 个品种即 France lever，Isanka，Peredovicks，Pwk E5 和 Sigco 445 来检测其对根结线虫，黑斑病菌及病毒病的抗性差异，结果表明他们表现出不同的抗性水平。另外平均株高、平均叶片数、盘重、及收获期产量表现出很大差异。

**9. 向日葵立枯病** *Trichoderma harzianum* NBRI-1055（T-1055）可用于种子处理、土壤处理，或者组合应用，可提供很好的保护效果。Singh 等的实验表明 T-1055的使用可诱导苯基丙氨酸解氨酶 PAL，多元酚氧化酶 PPO，过氧化酶 PPO 和肉桂醇脱氢酶 CAD 活性。此外，高效液相色谱分析表明，播种后 14 天阿魏酸和对香豆酸增加了 6.3 和 4.6 倍。五倍子酸也增加一倍以上。木质素沉积在向日葵根增加 2.7 倍、3.4 倍和 3.7 倍。播种后 16 天、18 天和 20 天确定了这种生防菌进行种子处理再结合 12 天后土壤处理还能增加 PR-2 和 PR-3 蛋白积累 3.3 倍和 3.9 倍。这个根际真菌生防剂 T-1055 的应用明显提高向日葵防御反应更好的保护防止 *Rhizoctonia* 引起的幼苗立枯病。

**10. 向日葵白粉病** 菊科白粉病菌引起的白粉菌是一个很严重的病害，对籽粒产量有很大的影响，Amaresh 等研究发现，内吸性杀菌剂苯醚甲环唑、戊菌唑、丙环唑、粉锈宁和非内吸性杀菌剂代森锰锌、可湿性硫抑制孢子萌发效果最好，但是在田间试验中，苯醚甲环唑处理后发病率最低（25.00%），其次是腈菌唑（27.33%），产量最高的分别是使用苯醚甲环唑和腈菌唑。Reddy 等对 420 份含有野生向日葵种、核心种质、自交系和一些外来材料在田间自然情况进行了工接种试验，结果表明 PCR 扩增得到的 391 个碱基对的碱基长度，确定为二孢白粉菌 *Golovinomyces Cichoracearum*。用 7 个不同方法来进行侵染实验，在健康叶子上接孢子粉是最方便有效的侵染方法。

**11. 向日葵病毒病** Giolitti 等在田间发现向日葵的叶子上有褪绿轮斑，用电镜观察到有 30 纳米直径长的准球形粒子。后来确定与天竺葵轮斑病毒血清反应呈阳性。深度测序组装的 3 个 contig 分别与 *Anulavirus* 属的一个成员天竺葵轮斑病毒 RNA-1（GenBank accession No. AJ272327），RNA-2（AJ272328）and RNA-3（AJ272329）的核酸同源性是 90.0%，94.7% 和 93.9%。因此，确定向日葵上病毒 PZSV。这是第一次在世界首次报道其在南美洲的存在。

## （三）国外向日葵种植技术发展现状与研究进展

**1. 栽培技术发展现状与研究进展** 2014 年国外向日葵在栽培技术与种植模式仍然围绕向日葵的高光效群体机构，高产优质生理栽培和优化生产模型等方面开展研究。在高光效群体机构方面深入研究了不同品种种植密度对向日葵根系的形态、抗倒伏能力、产量、品质的影响，明确了随密度增加，根系形态及面积变小，抗倒能力下降，蛋白质含量也下降，密度太小，影响产量提升，应根据不同品种及生产基地气候条件，确定适宜的密度，在塞尔维亚 NS 系列向日葵的适宜密度为 40 000～50 000 株/公顷（阿根廷 Andrianasolo.，2014）。

在生理栽培方面，进一步明确了干旱已经成为向日葵产量的主要限制因素，通过测定向日葵叶片和根系中营养成分和可溶性有机物质，探讨接种内生细菌后对水分胁迫下向日葵生长的影响，结果表明，出苗后 35 天对株高、茎粗、地上部与根系的鲜重和干重都有明显的影响，同时对氮磷钾含量、可溶性糖、游离脯氨酸和可溶性蛋白也有很大影响，特别是水分亏缺使叶片中 N、K 含量增加，茎中的可溶有机物含量增加，干旱胁迫下植株生长势降低接种内生细菌可以通过高可溶有机物的积累来增加干旱胁迫条件下植株的渗透调节能力（塞尔维亚 Crnobarac，J. 2014）。通过 PEG－6000 模拟干旱实验条件下，对抗旱栽培品种进行研究，结果表明，随着渗透胁迫的增加，所有苗期性状如发芽率、根长、株高、根和芽干重降低（巴西 Juliana Fernandes，2014）。通过遥感对 6 个干旱地区的灌层温度进行监控，灌层温度预测向日葵水分胁迫程度，可以作为作物水分亏缺的指标，当有效水分降低时蒸腾速率随之降低，灌层温度会有所增加（保加利亚 Vassilevska-Ivanova.，2014）。印度的 Pal，Madan Chaturvedi，Ashish K.（2014）研究了增加大气中 $CO_2$ 浓度对向日葵油分品质和籽粒产量的影响，结果表明，提高 $CO_2$ 浓度可显著影响向日葵杂交种和品系的光合速率、籽粒产量和质量形状。高浓度 $CO_2$ 使两基因型向日葵生物量增加61%～68%，产量增加 35%～46%，但是籽粒中矿物质和蛋白的积累量降低，籽粒中蛋白质含量降低 13%，高浓度 $CO_2$ 处理的杂交种籽粒中大量和微量元素含量最大降低 43%。在 $CO_2$（13%）处理条件下两基因型的碳水化合物积累量增加值相当。增加 $CO_2$ 使脂肪酸中不饱和脂肪酸比例增加，脂肪酸质量的这一变化是有利于人们消费的。由此可以推断，随着未来气候的变化大气中 $CO_2$ 浓度不断升高，向日葵生物量和产量会增加，不饱和脂肪酸比例增加改善油分品质，同时籽粒中蛋白和矿物营养降低。

在模型预测方面，法国的 Andrianasolo 和 Fety Nambinina 等（2014）利用统计模型，根据品种、田间管理、环境预测进行了向日葵产量及籽粒油分含量的预测。西班牙的 Lopez-Urrea，R. 等（2014）研究明确灌溉向日葵的耗水量和作物系数，明确了西班牙水地向日葵的需水规律及灌溉制度。探索了利用灌溉模型进行向日葵产量预测的方法。印度的 Sumalatha，G. Jebarathnam，T. G. 等（2014）建立了以综合营养管理为核心技术的向日葵—蜂场系统可持续生产模式。阿根廷的 de la Fuente，Elba B 等开展了向日葵大豆间作集约种植系统对产量优势和虫害草害影响的评估研究，黎巴嫩的 Saab，M. T. Abi 等（2014）利用 Aquacrop 模型，进行了水分亏缺地区合理灌溉和稳产影响的评估，都对进一步拓宽向日葵栽培技术研究领域提供了新的技术方法和途径。

**2. 水肥管理技术发展现状与研究进展** 水肥管理一直是国外向日葵主产国高度重视的技术措施，在美国、阿根廷、法国、俄罗斯和乌克兰等国家都建有施肥技术国家标准，在标准施肥技术应用基础上，2014 年的重点仍然围绕优质施肥生理、抗旱施肥技术和环保型施肥方法三方面开展了研究，其中在向日葵优质施肥生理基础研究方面，阿根廷的 Pinedo，Marcela，Corti Monzon，Georgina（2014）研究明确了氧化氮决定根构型和木质素含量，在一些生理过程中起到分子信号的作用。氧化氮对根系的生长具有调节作用，内源氧化氮可以调控作物木质素组成。通过对NO水平调控，可以改善根系构型和木质素成分。印度的Pujar，Amit M等（2014）研究明确了施用硫肥可以有效增加向日葵产量和油分产量，使用量20千克/公顷和30千克/公顷并同时施入硫氧化生物肥料的产量最高，巴西的de Oliveira，Cleuton Ribeiro等在2014年通过追施氮肥对向日葵叶片数、株高、茎粗、盘径、籽实率、千粒重、颗粒密度、盘粒数的研究，明确了氮肥主要影响向日葵的株高、盘重、茎粗和盘粒数。巴基斯坦的Tahir，Muhammad、Ayub，Muhammad等在2014研究明确了硫和硼的施用显著的增加了向日葵生长和产量。30千克/公顷硫素的使用量增加茎粗、每盘粒数和含油量。硫和硼同时施用使株高、盘径、千粒重、生物产量和籽粒产量增加。

在抗逆施肥技术方面，澳大利亚的Waraich，Ejaz Ahmad、Ahmad，Rashid等在2014深入研究了氮肥对向日葵抗旱性的影响，明确了土壤施氮和根外施氮是缓解土壤干旱不利影响的重要方式。南非的Nel，Andries A等2014年研究明确了施用根际细菌和细胞分裂素可以处进向日葵幼苗生长。改善向日葵的出苗情况。印度的Nagaraj Udabal，Ravi Hunje，Praveen Kote等研究明确了有机肥和液体肥料对进一步提高向日葵生长和产量有良好作用。伊朗的Ebrahimi，M. K、hajehpour，M. R等在*Isfahan Agricultural Research Center*进行了锌肥向日葵对水分胁迫的生理响应的研究，结果表明，水分胁迫降低了叶片相对含水量、叶绿素含量、叶面积指数、叶干重和盘干重，施用60千克/公顷硫酸锌在一些情况下可以部分减缓水分胁迫的伤害。印度的FU Rasool，B Hassan，A Jahangir等在2014年研究明确了增施有机肥和硫肥提高油葵含油量的效果，增施有机肥20吨/公顷，使含油量提高5.4%，配合增施硫黄60千克/公顷，使含油量进一步提高到10.5%。希腊的Koutroubas，S. D等在2014研究明确了施用多效唑、助壮素和矮壮素等生长调节剂对提高向日葵生长、产量、含油量和干物质有良好作用。

在环保型施肥方面，德国的A. Ktschau，G. Büchel，J. W. Einax，等2014年研究明确了向日葵具有去除土壤中的污染物，并将污染物存于植株的能力特性。伊朗的Khosro Mohammadi，Yousef Sohrabi，2014年研究明确了土壤酶活性在使用农家肥+堆肥的小区中数值最高，其中以酸性磷酸酶、蛋白酶、脱氢酶、尿素酶含量为主。印度的Sumalatha，G. Jebarathnam，T. G. 等利用以综合营养管理为关键技术建立了向日葵系统可持续生产优化模式。

**3. 农机作业技术发展现状与研究进展**

近年来国外在适宜作物的机械化作业方面取得很大进展，以欧美发达国家为主导的农业生产已经实现高度机械化，无论是农机具的配套上，还是农业的产业结构都是较完善的，形成了比较稳定的生产体系。而且随着信息技术、生物技术、机械制造技术等这些高新技术在农业机械上的应用，适宜机械化作业的向日葵种植形状与生态环境保护方面的研究不断加强。德国早在20世纪70年代，德国就已经实现了农业机械化，而且根据农业发展的实际需要，因地制宜地研发新技术、新农机，近些年来，德国的农业机械已经实现了大型化和大功率化，这很好地适应了农场规模不断扩大的需求。以色列的高效、低量、低毒农药和防扩散污染技术和施药机械，化肥深施技术和机械，免耕作业机械及成套设备等。美国肯塔基大学的 Shockley 和 Jordan（2012）指出随着农业机械化水平的提高，农田种植形状的设计应根据不同作物播种、喷药和收获农机具作业的规范进行改进。目前，为适应大规模集约化经营生产方式，美国研制出了很多大型高效农业机械。基本形成了美国、阿根廷的向日葵全程机械化免耕与俄罗斯、澳大利亚的豆科牧草与向日葵轮作机械化生产模式。英国为适应中等规模集约化经营，主要以生产中型农业机械为主。

近年来，一些发达国家为了促进农业机械的智能化发展，不断地将激光技术、产量计量器、超声波技术、微波技术等高、新、光技术应用到农业机械上，从而使农业发展更上一个新台阶。其中复式作业机和联合作业机出现发展新高潮，包括免耕深松、灭茬、施肥、播种一次完成的机具的制造，多种高性能机具前后挂接的联合作业机的推广与使用，极大地提高了农机作业的效率，还有保护资源环境的农业机械的生产，包括深松灭茬圆盘，属于保护性耕作。喷灌机械利于节水，并向着节低能耗、零排放的节约型农业装备和自动控制技术方向发展（CTIC，2012），美国、阿根廷、法国、俄罗斯、澳大利亚等向日葵种植大国 90%的耕地在大型免耕机械取代了铧式犁传统耕作的基础上，重点在喷药、施用自动控制方面有新的突破。美国、法国、俄罗斯等早在本世纪初就已经在机械化施肥方面采用了拖拉机携带 GPS 按土壤养分分级指标进行自动化，还研发了一种根据机载电脑和作业处方图实施变量施肥作业的专用农机具（Michihisa Iida，Mikio 2009）。美国肯塔基大学以农业喷雾器和播种机在农田中的应用为例，分析了自动化控制在整个农业决策框架中的作用。自动化控制喷药在增加农田净效益的同时，对农田的规格和种植形状提出更高要求（Shockley，Jordan，2012）。

## 四、国内向日葵产业技术研发进展

### （一）国内向日葵育种研发进展

**1. 向日葵育种研究新进展** 2014 年，国家向日葵产业技术体系育成了 13 个向日葵新品种，包括食葵杂交种 9 个（JK106、JK108、龙食杂 3 号、AR7－7376、新食葵 6 号、T338、T339、甘葵 6 号、晋葵 11 号），油葵杂交种 4 个（龙葵杂 8 号、新葵 26 号、辽葵杂 12 号、赤 CY102）。这些新品种在粒长、籽仁率、籽实含油率和抗病性方面表现优良，通过了国家向日葵品种鉴定委员会鉴定登记和内蒙古、吉林、黑龙江、新疆、山西省品种审定委员会登记。

**2. 体系育成的向日葵新品种应用情况** 体系育成的向日葵新品种试验示范、推广成效显著。2014 年体系共示范推广自育新品种 240.4 万亩，新增效益 10 616.16 万元。推广应用主要食葵新品种有科阳 1 号、科阳 7 号、T33、JK103、JK108、JK106、JK601、新食葵 6 号、新食葵 7 号、龙食葵 2 号、龙食葵 3 号、辽嗑杂 5 号、赤 219、晋葵 11 号、陇葵杂 3 号，油葵新品种新葵 10 号、新葵 20

号、新葵22号、AR2－1216、龙葵杂7号、辽葵杂10号等，取得了显著的经济效益和社会效益。

通过新品种的推广，一是基本解决了向日葵抗黄萎病的危害，二是对吉林省、新疆阿勒泰等地区的向日葵抗列当危害得到了控制，通过体系育成的抗病品种的推广，收到了显著的效果，挽回了因病害和列当危害造成的巨大经济损失。

从育成的向日葵新品种的产量、抗性、品质和商品性看，又有了进一步提高。食葵新品种百粒重、籽粒长度、籽粒宽度、籽仁率、皮壳率等与商品品质相关的性状有了进一步改善，亩产量超过了300千克，比对照品种增产10%以上。抗旱，适应性较强，耐菌核病、抗叶斑病和锈病。与2011年前相比，育种取得了新的突破，育成的抗黄萎病、抗列当食葵新品种已经得到了稳定的推广。

**3. 品种资源情况** 我国1997年编辑出版了《中国特油作物品种资源目录》(1986—1995)，收录了国内向日葵品种资源2 433份，国外向日葵品种资源382份。到目前为止，入国家中、长期库的向日葵品种资源已超过了3 000份。各育种单位目前保存的新资源约1 500份。

向日葵杂交种推广之后，面积不断扩大，不断取代地方品种，杂交化势必导致基因型的单一化，存在着潜在的抗逆性危险。因此，国家向日葵产业技术体系的各个建设单位积极进行品种资源的收集、整理和保存工作，并进行向日葵种质资源数据库的建设工作。

2014年，向日葵体系完成了包括种质来源、类型、形态特征和生物学特性等26项数据，完成了132份种质资源数据。

**4. 育种方法** 向日葵常规品种的选育方法主要应用系统选育、杂交选育、诱变育种、轮回选择（半分法）等方法，我国向日葵常规品种选育使用最多的方法是系统选育和轮回选择。

杂种优势利用是通过选育不育系及同型保持系、恢复系，来达到利用杂种优势的目的。保持系和恢复系是通过杂交后系谱自交选育、自由授粉品种自交、轮回选择等方法育成，育成的保持系再通过回交转育成不育系或保持系自交的同时与不育材料回交育成不育系。油用型的恢复系多数都是分枝型，以延长对不育系的授粉时间和提高制种的结实率。食用型恢复系一般是单秆型，主要目的是保证杂交种子实的大小和百粒重，有的育种单位也开始利用食用型分枝型恢复系。在杂种优势利用中，野生资源已在亲本选育中应用，主要是转育野生种的抗性基因，提高育成亲本的抗性。

幼胚培养技术已成为成熟技术在育种中应用，极大地缩短了育种进程，每年可以完成3个世代的选育。

花药培养技术研究也在进行中，目前可以培育出幼苗，但还不能繁殖后代，该项技术接近国际水平。分子标记育种刚刚开始，体系各育种单位正在进行深入研究，还没有真正的应用与育种中，处于前期的研究阶段。

2013年，开始了向日葵品种DNA指纹鉴定标准体系研究，用向日葵幼嫩真叶，采用SDS法、DNA快速提取法和CTAB法提取向日葵的DNA，分别用紫外分光光度计和琼脂糖凝胶电泳测定DNA的纯度和完整度。其中 SDS 法与 CTAB 法提取的 DNA 样品纯度 $OD_{260}/OD_{280}$ 的比值都在 1.6～1.8，达到了进行 SSR 实验的要求，DNA 快速提取法提取的 DNA 样品纯度 $OD_{260}/OD_{280}$ 的比值未达到 1.6～1.8 的要求，不能用于本实验。对 DNA 样品溶液做 0.8%琼脂糖凝胶电泳，SDS 法与 CTAB 法提取的 DNA 样品点样孔处未发亮，而且条带没有拖尾、弥散现象，说明所提取的 DNA 不含有蛋白质且完整度好，未降解。2014 年将继续完成该项研究。

2014 年筛选出 56 对在向日葵 17 条染色体上分布，扩增带清晰、重复性好、片段大小（60～450 碱基对）的 SSR 引物，作为构建 30 个向日葵品种 DNA 指纹图谱核心引物的候选引物。56 对 SSR 核心引物在 30 个向日葵品种间共检测出 131 个等位基因变异，平均每个引物位点的等位基因数为 2.34 个，变化范围 2～4 个。平均 PIC 值为 0.690 0，变化范围为 0.516 0～0.824 2，以引物 ORS229 最高，引物 ORS559 最低。利用毛细管电泳荧光检测技术，并综合扩增带型清晰度、重复性、PIC 值、片段大小、双亲互补带型等指标，进一步筛选出峰值清晰、高多态性的 34 对用于建立标准 DNA 指纹图谱的 SSR 核心引物，分别是 ORS959、ORS1093、ORS229、ORS342、ORS665、ORS488、ORS366、ORS337、ORS1120、ORS240、ORS57、ORS230、ORS431、ORS16、ORS243、ORS299、ORS510、ORS1265、ORS878、ORS853、ORS354、ORS621、ORS810、ORS123、ORS1056、ORS465、ORS307、ORS1086、ORS148、ORS857、ORS899、ORS885、ORS170、ORS811。

## （二）国内向日葵病虫草害研发进展

**1. 向日葵菌核病** 为建立有效的向日葵菌核病田间接种鉴定方法，孟庆林等以菌核病菌菌丝体悬浮液和高粱粒菌丝体作为接种物，分别对不同抗感向日葵品种在始花期和盛花期进行人工接种，从而得出用菌丝体悬浮液接种时，7.5～15.0 克/升浓度即可区分出向日葵品种间抗感性差异。始花期接种较盛花期可获得更高的发病率及病情指数的结果。同时还筛选出 5 个对盘腐型菌核病表现抗病的向日葵品种。王鹏等在综合分析国内外向日葵菌核病最新研究进展的基础上，归纳总结了目前国内外菌核病的研究现状及防治措施；同时，从菌核病生理生化特征及其与环境因子相关性的角度，分析向日葵菌核病的防治原理，在此基础上比较并探讨不同防治措施的差异及其优劣势，并对菌核病的研究前景进行了展望。张一名等从内蒙古包头市萨拉齐向日葵根围土壤中分离得到 1 株生防细菌 S-16，拮抗试验表明，菌株 S-16 能够显著抑制向日葵核盘菌的菌丝生长和核盘菌菌核的形成。

**2. 向日葵黄萎病** 为进一步研究向日葵黄萎病病原菌的变异规律及不同菌株致病力差异，景岚等以采自于黑龙江、内蒙古东部和西部、河北、陕西、宁夏、新疆等 120 份向日葵黄萎病为材料，利用硝酸盐营养缺陷型突变体（nit）技术可将 120 株菌株分为 3 个亲和群（VCGs），3 个亲和群分别有 89 株、13 株、7 株。研究同时表明菌株间营养亲和性与地理位置没有明显的相关性，但与致病性类型具有一定的相关性。曹雄等在内蒙古巴彦淖尔市五原县、宁夏固原县以及黑龙江农科院农场的田间自然病圃进行了不同向日葵品种抗黄萎病鉴定试验。结果表明，同一供试地点不同向日葵品种之间以及同一品种在不同供试地点间均存在着一定的抗性差异。同时，不同供试地点的试验结果表明，同一向日葵品种在不同供试地点对黄萎病抗性表现出一定差异，预示着向日葵黄萎病菌存在着致病力分化现象。

**3. 向日葵锈病** 近年来随着土地流转规模的扩大和农业产业结构的调整，向日葵种植面积不断扩大。向日葵锈病发病逐年加重，严重影响向日葵生产的健康发展。为了有效控制向日葵锈病，杨敏介绍了该病的发病原因及防治措施。田间管理不当、整地质量差，中耕除草不及时，普遍存在重施氮、磷肥轻钾肥的现象、连片种植等是造成向日葵锈病大面积发生的原因。

**4. 向日葵白锈病** 李秀琴等设计了向日葵白锈病菌［*Albugo tragopogi*（Persoon）Schröter var. *helianthi* ovotelnova］的Padlock探针，并对探针的灵敏度和特异性进行了验证。在自然发病条件下，陈卫民等通过对2011年新疆伊犁河谷新源县向日葵种植产区的32个向日葵品种（油葵16个品种，食葵16个品种）发病程度的调查结果表明32个品种无一免疫品种。陈卫民等以向日葵油用型品种S606为试验材料，在自然发病条件下，2012—2013年连续两年在新疆伊犁地区新源县研究了不同播期和不同密度对黑胫病发生程度的影响，结果表明新疆伊犁地区向日葵种植时间为5月中旬黑茎病病情指数较低；播期与白锈病的发生程度未见相关性。伊犁地区向日葵最佳种植密度为株距30厘米，行距50厘米（4 500株/公顷），此密度下种植的向日葵产量较高，白锈病病情指数较低；种植密度与黑茎病的发生程度未见相关性。

**5. 向日葵黑胫病** 刘启鹏等对不同地理来源的向日葵黑茎病菌的*ITS*基因、*Actin*基因和*EF*基因进行测序，结果表明：ITS序列和Actin序列比较保守，无法作为种内鉴定的依据。*EF*基因序列其变异概率比较高，不同地理来源的菌株在*EF*-1*α*基因序列上表现出了比较大的差异，可以用于种内亲缘关系的研究。

**6. 向日葵疫霉病** 魏良民等报道2011年在新疆阿勒泰地区阿苇滩镇首次发现向日葵疫霉病，这两年在阿勒泰地区向日葵疫霉病偶有发生，发病面积很小，发病程度很低，没有规模化流行蔓延。当地主要采用地膜滴灌的栽培方式对遏制病害蔓延流行发挥了很大作用。

此外，由于向日葵病虫害是严重影响呼伦贝尔地区向日葵产业发展的主要因素，2009—2011年孙东显等对呼伦贝尔地区向日葵病虫害种类、分布以及对向日葵药害和向日葵抗病性进行调查。为该地区向日葵生产中病虫害防治提供科学依据，确保当地向日葵产业的可持续发展。

### （三）国内向日葵种植技术发展现状与研究进展

**1. 高产高效栽培技术发展现状与研究进展** 2014年国内向日葵栽培技术研究取得的新进展，主要体现在适宜不同品种的栽培技术、适宜不同类型土壤的栽培技术和适宜机械化作业的栽培技术等方面。适宜高产品种的栽培技术主要包括高产、超高产品种的栽培技术改进，研究应用了保障高产向日葵增产潜力的全覆膜沟种、覆膜滴灌等现代农业新技术，进一步挖掘出向日葵高产品种的增产潜力，使向日葵单产突破了300千克/亩，并补充完善了全覆膜沟种高产种植模式的适宜土壤及技术规范，明确了全覆膜的地膜宽度、覆膜方式、开沟深度等关键技术指标，适宜在土壤质地较轻的水地、旱地及蓬松盐化土上广泛应用。一般能够使向日葵保苗率提高到 95%以上，单产增加 20%以上，在旱地和盐碱地上的增产效果更好，可达到 30%以上（郭永鹏等，2014；赵沛义等，2014；李彬等，2014）。配套高产向日葵品种的栽培技术还有膜下滴灌栽培技术的改进，重点在利用滴灌进行节水节肥的关键技术上有新的突破，明确了采用滴灌随灌水施用进一步提高单产并减少肥料用量 10%以上的向日葵高产创建新途径（尹飞虎等，2014）。通过水量平衡法研究明确了向日葵的需水规律，提出了保障高产向日葵水肥供应的优化灌溉、施肥制度（范雅君等，2014）。配套向日葵高产品种的栽培技术 2014 年还研究提出了与覆膜玉米进行合理轮作的技术，主要是利用上年度覆膜玉米的旧地膜进行向日葵高产创建的旧地膜再利用免耕栽培技术，不仅能够有效提高向日葵的单产 12.9%～17.8%，同时对增温保墒、养分转化、微生物数量和酶活性都有良好的促进作用（闫雅菲等，2014；乔广军等，2014）。在覆膜高产栽培基础上，进一步明确了食用、油用向日葵的适宜密度，完善了保全苗的种子精选、催芽技术，同时配合开沟探墒、脱盐等播种技术规范（倪大力等，2014；蒋立新等，2014），改进了钉齿耙、旋耕机对角整地与单粒精量播种结合的保全苗整地播种配套技术（田贵荣等，2014；刘勇等，2014）。

在适宜不同类型土壤的栽培技术方面，主要是盐碱地改良利用栽培技术方面有很大进展。研究明确了盐碱地全覆膜沟播技术在盐碱地躲开表土高盐分层并抑制返盐的良好效果，开辟了全覆膜沟种抗盐增产的新途径（妥德宝等，2014；王勇等，2014）。进一步完善了旱地沟种垄植栽培技术体系，明确了沟种垄植探墒保苗、预防倒伏、预防病害、节水节肥的多重效应，实现了旱作向日葵抓苗稳产的良好效果（山军建等，2013）。针对向日葵螟发生严重的情况，研究明确了河套灌区推后播期预防一代葵螟、宁夏地区提早播期预防二代葵螟危害向日葵的有效技术（杜磊等，2014）。针对新疆伊犁地区黑茎病发生严重的问题，研究明确了推后播期到 5 月中旬并适当降低密度预防黑茎病的有效技术方法（陈卫民等，2014）。深入探讨了合理轮作对减轻向日葵病害的机理及预防菌核病、黄萎病等的有效轮作技术（郭永利等，2014）。在适宜机械化作业方面，研究提出了适宜机械化作业的大小行种植方式、宽覆膜种植方式、全覆膜种植方式等高产栽培模式，并在生产上逐步应用推广。

**2. 高效施肥技术发展现状与研究进展** 2014 年向日葵施肥技术在测土推荐施肥基础上，进一步加强了节肥增效的技术研究与理论探索，不仅在合理施用氮磷钾大量元素肥料技术方面研究不断深入，而且对中、微量元素肥料施用技术研究也逐步加强，同时肥料对农业环境存在的潜在污染问题越来越受到重视。在合理施用氮磷钾大量元素肥料方面，从单一保障作物养分供应向土壤植物连续体中的养分最佳管理方向发展，其中氮肥施用技术的研究较多，不仅加强了向日葵合理施肥量的研究，同时开展了包括合理施肥方式、合理施肥位置和合理施肥时间等最佳养分管理模式的研究，进一步完善了科学施肥的技术体系（段玉等，2014）。为明确施用氮、磷、钾化肥对向日葵产量的影响，研究明确了向日葵施用氮、磷、钾肥均有增产效果，其中氮肥增产效果最好，磷肥其次，钾肥增产最少，增产幅度分别为28.5%、8.5%和12.5%（刘继霞等，2014）。系统分析了测土配方施肥、缓控释肥、变量施肥与灌溉施肥技术，以及变量施肥机械、种肥施肥机械、追肥施肥机械、液态施肥机与撒肥机的研究现状及其存在的问题，并提出了相应的对策与措施（陈远鹏等，2014）。从向日葵种植方式与施肥技术配合方面对施肥技术提出了更加完善的技术体系（范丽娟等，2014），从向日葵施肥技术与生态环境协调方面提出了新的技术途径，研究明确了向日葵不同生育阶段养分积累及其与环境因素的关系，提出了向日葵养分吸收不仅受施肥技术的影响，同时受到降水、温度等气候条件的影响（池也等，2014）。合理施肥应从土壤培肥、作物需肥好环境保护等各个方面进行理论与技术探索。低产田培肥技术的研究得到加强，在秸秆还田培肥技术方面有新的突破，研究明确了秸秆还田的水分和盐度差异及其对向日葵生长的影响，通过深耕无秸秆覆盖（CK）、深耕秸秆覆盖（SM）和秸秆覆盖同时在40厘米土层施入12吨/公顷的玉米秸秆（SM+SL）3个处理对土壤水分、土壤盐分和向日葵生长的检测，明确了秸秆深埋降低土壤盐度，促进向日葵叶面积指数增加，生物量增加的良好效果（赵勇敢等，2014）。

**3. 农机农艺一体化技术研究进展** 2014年向日葵生产应用的新型专用农机具明显增加，使生产上的机械化程度不断提高，主要是油用向日葵的机械化程度进一步提升，全程机械化作业的地区不断扩展。其中新疆比较成熟的耕、种、收全程机械化作业生产模式，不仅在新疆各地的油用向日葵生产上广泛应用，而且逐步向内蒙古、甘肃的旱作向日葵生产基地扩展，有效提升了油葵机械化生产的水平和规模。然而绝大部分地区的机械化程度停留在播种、除草两个生产环节，收获机械还没有普及，特别是食葵的收获还以人工收获和半机械化收获为主。我国向日葵实现机械化，收获是关键，目前收获作业有三类，第一类是固定作业，即以人工收获为主，向日葵盘割下后拉回家晾晒，用小型脱粒机脱粒，大部分地区采用这种方法；第二类是机械收获，多数是在小麦联合收获机上改装脱粒装置后的机具，一般脱净率大于等于90%，破碎率小于2%，该方法仅在新疆地区使用；第三类是向日葵收割机一次完成向日葵盘收割，然后进行晾晒脱粒（王志强等，2014）。向日葵的机械化进程缓慢主要是受到种植模式多样化的影响，特别是套种模式多样、大小行和株高相差较大，严重制约了机械化的应用。因此，向日葵除草、喷药、收获等关键环节的机械化成为制约生产现代化的瓶颈，必须从实际出发，研制开发适宜生产需要的农机具（程明等，2014），重点加强油料等经济作物的机械化，特别是关键环节的机械化作业程度（张宗毅等，2014）。目前国际上在农机具方面通过应用激光、超声波、微波、光波和电子等技术提升农机的作业效率，同时配套精准化、智能化的先进技术（李涛等，2014）。机械化在衡量农业现代化程度中起着非常重要的作用，只有快速、稳定发展农业机械化，才能保证农业健康稳产持续发展（韩俊国等，2014），研究探索了优化农业机械量与农业机械投入量对农机化程度的影响，提出农业机械化程度在不断提高，但效率处于较低水平的问题，所以在规模化使用农机具的同时必须进一步注重农机利用与效率（余世勇等，2014），目前应把充分利用农业机械化促进法作为推进机械化发展的主要途径（张巧宁等，2014）。

（向日葵产业技术体系首席科学家 安玉麟提供）

## 一、国际胡麻生产与贸易概况

### (一) 国际胡麻生产概况

据统计，世界上种植胡麻的国家有 40 多个，随着历史的发展，主产国家不断变化，目前主要生产国有俄罗斯、加拿大、印度、中国、哈萨克斯坦、美国、埃塞俄比亚等。

加拿大：加拿大是世界胡麻最主要主产国之一，年种植面积达 50 万～70 万公顷，长期居世界领先地位。总产 80 多万吨，占世界的 30%以上，单产 1 358 千克/公顷，高于世界平均水平 956 千克/公顷。单产、总产均居于世界前列。加拿大胡麻总产出口约占世界出口的 80%。加拿大胡麻主要种植在 Saskatchewan（70%）、Manitoba（25%）和 Alberta（5%）。

俄罗斯：前苏联一直是胡麻生产大国。政治危机后，胡麻种植面积大幅度下滑。2009 年后，俄罗斯胡麻种植面积迅速增加，2012 年达到了 55 万公顷，成为世界最大的胡麻种植面积和总产量最高的国家，出口量超过了世界的 50%。俄罗斯胡麻主要种植在 Rostov（29%）、Altaj（20%）、Samara（16%）、Stavropol（11%）。

印度：印度胡麻平均年种植面积 40 多万公顷，一直居世界前列，但是印度单产水平较低，2012 年仅为 260 千克/公顷，远低于世界平均水平，因而总产较低。在印度主要种植在 Madhya Pradesh，Uttar Pradesh，Maharashtra，Bihar，Rajasthan，West Bengal，Karnataka，Orissa，Andhra Pradesh，和 Himachal Pradesh。

哈萨克斯坦：21 世纪以来，哈萨克斯坦胡麻种植发展迅速，从 21 世纪初的年种植面积 1 000 公顷发展到了 2012 年的 37 万公顷，成为世界胡麻生产大国和主要出口国之一。

美国：美国胡麻主要种植在 North Dakota（85%），South Dakota，Montana 和 Minnesota。近年来，美国胡麻种植面积和产量出现下降幅度比较大，由原来的出口国变为净进口国，年进口量达 20 万吨。

埃塞俄比亚：埃塞俄比亚地处非洲西部，胡麻是该国的主要油料作物之一，年种植面积在 10 万～20 万亩，单产水平较高，总产在 15 万吨，有一定数量的出口。

### (二) 国际胡麻贸易概况

长期以来，加拿大的胡麻生产和出口居世界领导者地位。2012 年，加拿大总产量为 51.8 万吨。但是据统计，在 2011/2012 年度，世界第一出口大国的位置已经被俄罗斯占据，俄罗斯出口量为 39.7 吨，比 2010/2011 年度（15.2 万吨）增加了一倍。哈萨克斯坦也增加了供应，从 2010/2011 年度的 5.9 万吨增加到了 2011/2012 年度的 24.0 万吨，居世界第三。同期，加拿大的出口量为 39.1 万吨，较 2013 年的 40.4 万吨略有下降。世界胡麻籽需求的增加带动了生产的发展，根据油世界的数据，2011/2012 年度胡麻籽的世界生产总额为 210 万吨，基本上超过了去年的结果 182 万吨。世界最大的种植区域的胡麻籽是加拿大、中国、美国、俄罗斯、哈萨克斯坦，同时，白俄罗斯胡麻籽产量也增加，乌克兰也开始大规模生产胡麻籽。世界主要买家、加工和消费者是欧盟。2011/2012 年度，中国和美国也大规模进口胡麻籽。

## 二、国内胡麻生产与贸易概况

### （一）国内胡麻生产概况

胡麻主要分布在我国西北、华北地区的甘肃、内蒙古、山西、宁夏、河北、新疆、青海、陕西等省（区），西藏、云南、贵州、广西、山东等省（区）有零星种植。2014 年据胡麻体系对全国胡麻主产区土壤水分和气象跟踪显示：4 月份土壤水分含量较往年增加 2%，收获期 7、8 月水分含量分别较往年降低 3.9%和 4.5%。胡麻主产区 4 月份播种期间，雨水充足，较往年平均降雨量增加 19.53 毫米，未造成春旱灾害，7～8 月份的收获季节雨水较往年偏少 72.15 毫升，没有出现大面积的倒伏现象，气象条件非常适宜胡麻生产。通过国家胡麻产业技术体系 50 个示范县调研，2014 年全国胡麻种植面积较去年增产 3.5%，达到 39.50 万公顷。由于气候适宜，本年度胡麻单产水平有较大幅度增加，全国平均单产达到 109.5 千克，较 2013 年增加了近一倍，因此总产量增幅达到 11.99%，为 49.39 万吨。

**表 1　2010—2014 年胡麻体系调研数据**

| | 播种面积（万公顷） | 总产量（万吨） |
|---|---|---|
| 2010 年调研面积 | 36.66 | 35.56 |
| 2011 年调研面积 | 36.95 | 39.9 |
| 2012 年调研面积 | 37.42 | 45.0 |
| 2013 年调研面积 | 38.17 | 44.1 |
| 2014 年调研面积 | 39.50 | 49.39 |

### （二）国内胡麻贸易概况

2005 年后我国胡麻需求呈现大幅度增长态势，2000 年后，年平均增长率达 6%，2012 年达到了 60 万吨。需求与我国胡麻总产相比，胡麻产能明显不足。产能缺口依赖大量进口解决，从 2006 年后，进口大幅度增加，进口最高年份 2010 年达到了 22 万吨，目前保持在 15 万～20 万吨，占国产胡麻籽的 50%左右。目前进口占国内需求的 40%以上。

据油世界（Oil World）预计，中国在 2014—2015 年成为世界最大的亚麻籽压榨国，加工能力达 60 万吨。2014/2015 年度中国亚麻籽进口量有望创下历史最高纪录，成为加拿大庞大亚麻籽供应的主要市场，预计 2014/2015 年度 8 月到次年 7 月中国亚麻籽进口量将达到 35 万吨，高于 2013/2014 年度的 25 万吨，也高于 2012/2013 年度的 15.3 万吨。

## 三、国际胡麻产业技术研发进展

**1. 亚麻抗旱研究** 亚麻的抗旱性是内部遗传因子和外界环境因素彼此相互作用的结果，由多基因控制，也是多途径的。Levitt认为植物适应干旱的机理可分为三类：避旱（drought escape）、御旱（drought avoidance）和耐旱（drought tolerance），其中又把御旱性和耐旱性统称为抗旱性（drought resistance）。Levitt和Turner在对亚麻适应干旱的机理进行了更进一步的分析之后指出：避旱、高水势下耐旱、低水势下耐旱是作物适应干旱的3种方式。避旱即通过调节生长发育进程避免干旱的影响，高水势下耐旱是通过减少失水或维持吸水达到的，低水势下耐旱的途径是维持膨压或者是耐脱水或干化。其中，减少失水或耐干化的耐旱性都是以降低产量为代价的。Hall指出，亚麻适应干旱的机理有3种：御旱、耐旱和高水分利用效率。御旱主要通过扩展根系和调节气孔来维持体内的高水势，耐旱的主要机制是渗透调节，高水分利用效率的作物和品种则能够在缺水条件下形成较高的产量。

**2. 胡麻分子生物学研究取得显著进展** 2009年加拿大启动了亚麻基因组计划（Total Utilization Flax GENomics，TUFGEN；http：//www. tufgen. ca），Raja Ragupathy等报道了亚麻第一个亚麻基因组物理图谱以及对由43 776个克隆组成的BAC库的分析，提供了对亚麻基因组的认识。Prakash Venglat等对亚麻种子发育的基因表达进行研究，获得了261 272 EST（expressed sequence tags），分析了与种子发育相关基因的表达。Sylvie Cloutier等从146 611个EST中筛选SSR，构建了由114个EST、5个SNP、4个脂肪酸合成基因及1个表现型组成的24个连锁群。Sylvie Cloutier报道了用SSR对脂肪酸组成的QTL分析。P. Smkal等用IRAP标记对栽培亚麻品种资源的遗传多样性进行了分析。近年来，本课题开展了SSR、SRAP标记的开发与应用工作。目前，国内外虽然已经构建过几个胡麻遗传图谱，由于胡麻遗传背景狭窄，已有标记多态性差，因而目前的图谱的标记密度不高。所以构建胡麻高密度遗传图谱，对于深入研究和定位功能基因是必要的。

## 四、国内胡麻产业技术研发进展

**1. 胡麻新品种选育取得重大突破** 利用杂种优势是大幅度提高作物产量和品质的有效途径。对于胡麻而言，雄性不育系的选育是杂种优势利用的关键。针对胡麻这一育种关键，胡麻体系首席科学家党占海及其团队利用抗生素诱变选育成功了受隐性基因控制的低温保持不育、高温育性恢复的温敏型亚麻雄性不育系。利用该不育系创建的在高温地区繁殖不育系、低温地区生产杂交种的两系法胡麻杂种优势利用技术已获得国家实用技术专利。2010年育成世界首例胡麻杂交新品种陇亚杂1号、陇亚杂2号，2012年育成陇亚杂3号，在区域试验中表现突出。其中，陇亚杂1号两年14点次试验中平均折合亩产130.40千克，较对照陇亚8号增产10.27%，增产达极显著水平，居参试材料第一位。陇亚杂系列杂交种在生产试验及示范中增产幅度在

10%以上，让胡麻杂种优势的利用成为了现实。

常规育种方面，近5年来在广大科技工作者的努力下，选育成功的陇亚12号、定亚23号两个胡麻新品种通过了国家胡麻新品种鉴定，陇亚11号、晋亚10号、晋亚11号、坝亚12号、坝选3号、内亚9号等7个新品种通过省（区）品种审定委员会审（认）定，这些新品种已经在各自的适宜区域大面积推广应用，为农民增收发挥着作用。

**2. 抗旱高效栽培技术取得新进展**

（1）旧膜重复利用胡麻免耕穴播栽培技术。近年来，全膜双垄沟播玉米和全膜覆土穴播小麦栽培在干旱地区发展迅速，各种方式的旧膜重复利用栽培技术应运而生。针对旧膜重复利用栽培胡麻的技术问题，开展了不同厚度地膜选择、冬季地膜保护、品种选用、适宜播期、穴播密度、施肥技术及穴播机选型等多项研究，并制定出一套“旧膜重复利用胡麻免耕穴播栽培技术”。2012年在定西安定区西贡驿示范区示范面积3 200亩。现场测产结果为旧膜利用穴播栽培的陇亚杂1号96.5千克、陇亚杂2号117.5千克、定亚22号92.32千克，较露地种植的定亚22号（44.9千克）均增产100%以上，较露地增收175.22元/亩，种植效益明显增加。

（2）旱地胡麻垄膜集雨沟播种植技术。“旱地胡麻垄膜集雨沟播种植技术”是针对西北干旱地区降水稀少而制定的一套抗旱栽培技术。根据旱作农田覆膜垄沟种植微集流富集叠加高效利用的技术原理，采取垄上覆膜，沟内种植作物，形成沟垄相间作物种植方式。使小于10毫米的无效降雨通过集流储存到膜下作物根部，转变为有效利用，达到增产的抗旱栽培技术。适用于年降雨量350～450毫米的生态区域，坡度<10°、土层深厚、土质疏松、肥力较好的旱塬地、川旱地或梯田推广应用。2011—2012年通过2 000亩的大面积示范，2年平均亩产92千克，比露地种植平均亩产（74千克）增产24.3%。

（3）胡麻田立体种植高效栽培技术。在胡麻沿黄灌区，为了提高胡麻种植效益，当地农民习惯采取胡麻田套种不同作物的种植方式。近几年来，国家胡麻产业技术体系通过大量试验示范，将胡麻田立体高效栽培技术进行完善，形成“胡麻田立体种植高效栽培技术”。此项技术能充分利用光、热、水资源，显著提高生产效益，在几年的推广中取得了良好的示范效果，得到了胡麻主产区农户的普遍好评。2009—2010年示范结果显示：按当地农产品市场价估算，胡麻套莲花菜亩净收益为1 521.8元，产投比为4.4∶1；胡麻套大豆的亩净收益为1 122.0元，产投比为4.2∶1；胡麻套食葵亩净收益为1 043.3元，产投比为4.2∶1；胡麻套玉米的亩净收益为1 067.3元，产投比为3.8∶1；胡麻单种的亩净收益为644元，产投比为3.3∶1。

**3. 胡麻田化学除草技术防效显著** 胡麻田化学除草技术是胡麻体系主要针对胡麻种植面临的除草困难、劳动力成本提高等诸多不利因素而研发出的一项轻简化实用技术，也是胡麻体系启动5年来，通过大面积推广示范农民口碑最好的一项科研成果。2011—2012年内蒙古乌兰察布市胡麻田杂草化学防除大面积示范结果表明，40%二甲·辛酰溴乳油100毫升+108克/升高效氟吡甲禾灵乳油 100 毫升/亩苗期（胡麻株高 5～10 厘米）茎叶喷雾一次用药对胡麻田阔叶杂草的平均株防效为 91.14%，鲜重防效为 92.80%；对禾本科杂草的平均株防效为 87.85%，鲜重防效为 91.94%；胡麻平均亩产 143.0 千克，平均增产率 61.66%。

（国家胡麻产业技术体系首席科学家党占海提供）

# 2014年度棉花产业技术发展报告

（国家棉花产业技术体系）

## 一、国际棉花生产与贸易概况

### （一）全球植棉面积和产量下滑

据美国农业部2014年8月预测，2013/2014年度全球棉花收获面积为49 151万亩，减少4.56%，棉花总产2 575万吨，减少3.81%；单产52.4千克/亩，比2012/2013年略增。然而，2013/2014年度印度由于播种面积增加，产量增6.92%至664万吨。

### （二）棉花消费缓慢增长，全球贸易规模缩小

受全球经济恢复影响，棉花消费量缓慢增长。国际货币基金组织（IMF）2014年10月预测2014年全球经济增速3.3%，比2013年高0.3百分点。全球经济逐渐回暖带动棉花消费连续增长，2013/2014年度全球棉花消费2 349万吨，增1.87%。2013/2014年度全球棉花贸易规模缩小，出口888.3万吨，减少12.61%；进口878.3万吨，减少12.68%。

### （三）全球棉价下行

2013/2014年度国际棉花价格呈震荡下行走势，2014年9月以后Cotlook A指数月均价持续下降，11月均价为67美分/磅，跌破70美分/磅。2014年Cotlook A指数（FE）83.11美分/磅，下降8.0%。

## 二、国内棉花生产与贸易概况

2014年是我国棉花的减产年景，全国棉花生产呈现“三减一降”特征，这是继2013年的第二个年景。

### （一）棉花生产呈现“三减一降”特征，极端异常气候频发

**1. 棉花生产呈现“三减一降”特征**

一是面积减。根据多方监测和市场数据，2014年全国植棉面积7 151万亩，减幅7.6%。二是单产减至95.8千克/亩，减4.5%。三是总产减至684.7万吨，减幅11.8%。中国棉花生长指数（CCGI）年均值93，表明长势差于去年近一成。全国棉花后期长势转好，但8月长江低温和西北迟发与肥水碰头，诱发大面积贪青晚熟，是形成“水蜜桃”“有桃无产”的根本原因，但烂铃极少。

**2. 2014年为中等偏差年景** 棉区天气灾害偏重发生，棉田绝收面积减少，长江中游和南疆黄萎病发生危害偏重。黄河棉花则

是丰收年。

**（二）取消连续实行3年的临时收储政策，在新疆试行19 800元/吨的目标价格，在内地9省试行补贴2 000元/吨政策，籽棉售价跌幅高达30%，目标价格实际效果尚待观察**

一是籽棉交售价格全面大幅下降三成。据中国棉花生产监测预警数据，2014年9～12月农民籽棉均售价5.85元/千克，比2013年同期8.37元/千克降幅高达30.1%。至2014年12月31日，全国籽棉交售进度79.9%，即有近三成籽棉在棉农家中，内地出现“卖棉难”问题。

二是新疆试点目标价格。据中国棉花协会监测数据，新疆籽棉售价6.02元/千克，折皮棉价13 600元/吨。与目标价格19 800元/吨的差值6 200元/吨，全疆补贴资金228亿元。至2014年12月底，中央发放两次计100亿元，地方60%按面积和40%按产量发放，兵团按产量发放。

三是内地棉花补贴2 000元/吨的利好政策，盼望早日落地。2014年11月5日，国家出台内地棉花补贴2 000元/吨，9省分别为湖南、湖北、安徽、江西、江苏、河南、河北、山东和甘肃。据了解，一些省出台按面积补贴的指导意见。

**（三）国内消费增幅回落，进口棉的价差仍很大，在配额限制条件下进口大幅减少，国内外棉价大幅下降**

一是棉纱产量增长，棉纺用棉减少。2014年1～11月棉纱产量3 528.8万吨，同比增7.5%；棉布产量356.3亿米，同比基本持平。2014年GDP增长7.4%，棉纱产量增速与之相近。由于国内外原棉价差仍较大，棉纺织用棉数量仍在减少。

二是纺织品服装消费和出口增幅回落。2014年纺织品服装出口2 984.26亿美元，增长4.2%，回落7.2个百分点。2014年国内限额以上服装鞋帽零售12 563亿元，增长10.9%，回落0.7个百分点。

三是原棉进口大幅减少，价差仍很大。2014年进口原棉244万吨，增长－41.2%；进口金额49.91亿美元，增长－40.9%。进口原棉均价2 045.67美元/吨，比2013年2 034.43美元/吨，略增0.6%。2014年进口棉纱线201万吨，增长－4.2%；出口棉纱线43.1万吨，增长－18.0%。

四是国内棉价大幅下降。受全球经济疲软的不利影响，2014年中国棉花价格指数（CC Index3 128B）均价17 169元/吨，同比下降11.2%。

五是国内外价差大幅缩小但仍较大。2014年进口棉到港的加权平均价差5 541元/吨，比2013年价差6 403元/吨减13.5%；1%关税加权价差3 666元/吨，比2013年价差4 364元/吨减幅16.0%；滑准税加权价差2 239元/吨，比2013年价差3 574元/吨减幅37.4%。由于价差的绝对值仍较大，2014年进口原棉244万吨。

## 三、国际棉花产业技术研发进展

### （一）棉花育种方面

美国Illumina公司根据已知的SNP标记开发了高达70k的棉花SNP芯片，可用于重要农艺性状的定位及分子标记辅助选择育种。随着雷蒙德氏棉和亚洲棉全基因组序列的发布，将获得有价值的SNP或InDel

标记，开发出携带大量诊断性 SNP 位点的“育种芯片”。利用多基因转化技术创制优质、多抗棉花新品种，成为国际棉花育种新趋势。2014 年投入美国市场的棉花新品种 FiberMax 和 Stoneville 系列，同时携带有两个可以整季防控鳞翅类害虫的 Bt 基因及两种抗除草剂基因。2015 年美国 8 个转基因的棉花品种投放市场。

### （二）棉花栽培方面

美国研究基于叶片温度、作物需水系数等棉花长势信息，结合棉花对干旱响应程度优化灌溉制度。研究快速高效测定棉花铃成熟性的方法，对脱叶催熟具有指导意义。一些新型脱叶辅助化学试剂 ETX、ET、Sharpen 以及 Display 等已注册登记，具有脱叶、催熟和防止二次生长作用。研究氮肥包括不同氮肥来源的环境智能型应用（ESN，Environmentally Smart Nitrogen）和不同种植制度的肥料优化方案等研究都取得了一些进展。

### （三）棉花植保方面

印度通过计算机系统 PSO 技术提取并识别棉花叶片的颜色、形状和纹理的特征差异，结合 CIGDFNN 技术进行分类，可有效识别和确定棉花枯萎病和黄萎病。巴基斯坦首次报道黄秋葵曲叶病毒与棉花曲叶病木尔坦病毒 α 分子和 β 分子形成复合体，感染棉花。重点发展寄生蜂释放与保护利用、抗性棉花品种利用、杀虫剂科学使用等防控技术。美国种植转基因抗草甘膦棉花后，杂草对草甘膦的抗性问题日益严重，一些新转基因抗除草剂棉花如抗草胺磷、抗麦草畏棉花作为替代品种开始商业化种植。

### （四）机械化采收方面

美国棉花生产机械化技术仍位居全球领先水平，以约翰迪尔公司和凯斯公司两大农机制造巨头为代表研制生产的水平摘锭式采棉机，其采收效率、采收质量、采收品质好。而其他国家研制开发的采棉机还是一些试验机型，如土耳其的垂直摘锭采棉机、阿根廷的梳齿式采棉机等机型因其采收质量或采收效率而不被看好。

美国公司在采棉机上安装和使用 GPS 定位导航技术、自动驾驶技术、自动测产技术和自动打包技术，减少了收获籽棉的田间转运工序，减少了用工量，大幅度提升了采棉机的作业效率。如约翰迪尔公司新研制开发的 7 760 型打圆包采棉机和凯斯公司研制开发的 635 打方包采棉机。

世界棉花机械收获面积约占总面积的 30%，美国、澳大利亚、巴西等实现棉花全程机械化，阿根廷、土耳其、巴基斯坦开展一些机械采收试验，埃及、印度等仍采用手工采摘。

### （五）综合利用方面

棉籽等副棉产品是一项宝贵的资源。其中，棉籽及棉籽粕一般被用作牛羊等牲畜的饲料，而棉秆粉碎后返还于农田。棉油脱酚精炼和脱酚脱色棉油和脱酚棉籽蛋白作为食品种或食品添加剂已进入商业化应用。另外，棉籽油作为生物柴油、维生素 E 及其他营养成分提取等研究也已取得较大的进展，在美国清花废料的加工利用也取得显著进展。对于提高棉籽品质为目的的育种研究也有显著的进展，集中于采用生物技术手段降低棉籽的棉酚含量，以提高棉籽利用价值。

### （六）棉花产业经济方面

2014 年全球重要的棉花经济信息研究咨询机构主要有：国际棉花咨询委员会、美国农业部、英国利物浦棉花展望公司和联合国粮农组织以及跨国公司如路易达孚、嘉吉等，建有自己数据库，并对全球生产、消费、贸易、库存与棉花政策法案等进行系统分析研究，编写咨询报告，定期发布全球棉花市场平衡预警报告，对决策咨询具有参考价值。

“低碳经济、环境友好、高效节能”理念受到全社会的广泛关注。一些国际组织和企业共同推动良好棉花倡导［Better Cotton Initiative（BCI）］活动，以促进全球棉花产业的可持续发展。

## 四、国内棉花产业技术研发进展

### （一）棉花育种方面

基因组育种方面不断取得进展，利用转基因技术将 LS1：GhPAG1 转入棉花，获得一系列不同程度矮化紧缩的转基因棉花材料，为理想株型选育奠定了材料基础。利用多基因转化技术将 5 个基因（csRRM2-epsps-edt1-iap-bt）转入中棉所 24，创制了优质多抗转基因新材料。2014 年体系共育成高产、优质棉新品种 12 个（中棉所 60、中棉所 69、中棉所 89、SGKz 中 929、新海 47 号、新海 48 号等），其中转基因抗虫棉品种 9 个，适宜机械化的新品种 1 个（鲁 6 269）；创制新材料/新品系 118 份，其早熟紧凑等适宜机采材料 62 份，并对选育的机采系进行机采鉴定试验。

### （二）棉花栽培方面

一是研发完善棉花轻简化育苗和机械化技术，研制形成打洞施肥一体化的移栽机，整机为发明专利（发明专利号 ZL201210248866.5）全球罕见，可免耕板茬移栽也可旋耕移栽，边栽苗边施肥，效率高，具有实用功能。二是简化植棉相关熟性和株型调控的量化管理技术取得新进展，全程机械化试验示范用工量下降到 5 个/亩。机采棉全程化学调控，脱叶催熟形成了技术规程。三是盐碱地植棉、节水灌溉、肥料高效利用方面也有一定的进展。

### （三）棉花植保方面

确定我国棉轮纹斑病的病原菌存在 2 个种，其中链格孢菌（*Alternaria alternata*）为优势种，占鉴定菌株的 94.1%，仅 1 个菌株鉴定为大孢链格孢菌（*Alternaria macrospore*），占鉴定菌株的 5.9%。不同种类盲椿象的性诱剂、寄生蜂陆续进入产业化阶段，植物源引诱剂、单一波长诱集灯光等在田间防控效果明显。

### （四）机械化采收方面

2014 年机采棉技术应用进展快速，全新疆机采面积达到 1 000 万亩，占收获面积的比例提高到 26.3%，其中兵团机采面积 650 万亩以上，占收获面积的 65%；地方机采面积 300 多万亩，占收获面积比例提升到了 10.7%。全疆采棉机 1 800 台以上，机采棉清理加工线 320 余条。内地也开展了机械采收试验示范，召开了机采棉现场会 10 多场次，扩大了视野。

### （五）综合利用方面

我国副棉产品的综合利方面仍然走在世界的前沿，棉籽油一直是我国棉区的主要食用油，而棉籽饼粕则作为是重要的蛋白资源被用于反刍动物的饲料，棉籽壳主要用于食用菌的培养，培养食用菌后的棉籽壳菌渣已开始用于制作再生炭。降低棉籽棉酚含量和提高棉籽油的专用棉育种取得进展，育成的低酚棉和高油棉品种已在生产上大面积应用。

### （六）棉花产业经济方面

棉花产业经济仍然是热点研究领域，主要进展：一是构建了 2 400 家加工企业的“棉包条形码信息管理系统”，即国内棉花“大数据分析与应用服务平台”，为产量和质量监控提供重要手段；二是国内棉纱期货、棉花期权等金融衍生品在郑州商品交易所上市；三是《中国良好棉花规范标准》通过了农业部专家审定。

（棉花产业技术体系首席科学家
喻树迅提供）

# 2014 年度麻类产业技术发展报告

（国家麻类产业技术体系）

## 一、国际麻类生产与贸易概况

2014 年国际麻类作物种植面积稳中有升，其中加拿大亚麻的种植在 2014 年出现了显著的增长，但也存在因国别和麻种类的不同而表现出复杂性和多用性。

世界麻类加工与贸易的布局没有显著变换，但欧洲和北美麻类的生产和贸易有向集生加工和多用途开发两个领域集中的趋势。欧洲亚麻的生产也保持着快速增长的势头，深加工和多用途开发的推广也促进了亚麻的生产和贸易，这在东欧国家表现得尤为突出。亚非拉美各国的麻类生产和贸易主要还是原料和低端制成品的加工和出口。

在价格方面，价格普遍回升。其中剑麻价格出现了较大幅度的上涨，由 1 300 美元/吨上升到约 1 700 美元/吨，涨幅达到 30.8%。而作为黄麻主要生产国和出口国的孟加拉国，黄麻价格也走出多年的下行态势，2014 年上升到了 450 美元/吨至 600 美元/吨。

## 二、国内麻类生产与贸易概况

2014 年国内麻类种植、加工和贸易继续呈现复苏态势。黑龙江省亚麻种植面积突破 20 万亩，达到 21 世纪以来的最高点。湖北、湖南等省份苎麻原麻价格大幅上涨到 12 元/千克，并且饲料苎麻种植面积逐步扩大。据中国麻纺行业协会估算，2014 年全国麻纺织规模以上企业累计实现主营业务收入 500 亿元及以上，出口麻纺织制品和服装等 250 亿美元及以上，扩大内需市场份额比 2013 年提高 6%及以上，实现利润总额 30 亿元及以上，实现固定资产投资 120 亿元及以上。

国际市场对我国麻纺织终端产品的认可程度正在逐步变高。已有部分民营企业开始进军国际市场，如浙江金达控股通过在埃塞俄比亚新建亚麻工业园、新申亚麻通过打造国际品牌等方式增强我国麻类产业竞争力。2014 年 1～9 月麻纺织原料、纱线和织物累计出口金额 12.52 亿美元，同比提高 21.4%。其中麻纱线出口 2.86 万吨，同比提高 1.57%；麻织物出口 2.17 亿米，同比提高 10.07%。麻制品出口累计金额 2.73 亿美元，同比提高 52.35%。由此可见，麻纺织初中级产品的出口增幅一般，而终端产品的出口增幅较大。

## 三、国际麻类产业技术研发进展

国际上对亚麻、大麻、黄麻、红麻、剑麻的研究比较广泛，而苎麻的研究非常少。在遗传育种方面，以应用为主，有少量分子生物学方面的研究报道，如解释亚麻野生资源遗传多用性、利用 CAD 基因沉默改良纤维品质等。在栽培方面主要对麻类作物在矿区、重金属污染耕地等边际土壤中的表现和农作技术进行了研究，并普遍认为在麻类作物在边际土壤中种植具有较高的生产与经济可行性。意大利主要研究了麻类作物的生态价值，考虑麻类作物作为地中海地区的多年生牧草进行推广。希腊针对希腊地区的气候环境、土壤条件等，将红麻作为一种新的农作物引入种植可行性做了研究，最终发现红麻不仅环境适应性强，且种植成本较低，可以作为新物种进行种植，并可形成商业化生产加工。

意大利和波兰学者对比分析了欧洲和中国收获方式的异同对提高大麻、亚麻、黄/红麻及其产品品质的影响，列举了 9 种麻类收获机械，并说明了其主要创新点，对我国麻类专用机械研发具有重要借鉴作用。然而剑麻、苎麻、荨麻等作物未见相关研究报道，同时大部分机械不适合我国南方丘陵山地使用，直接引进的困难较大。

在加工利用方面，印度等国也有开展苎麻纤维脱胶工艺研究及生物脱胶菌株选育的工作，涉及了酶在可持续织物湿法工艺中的应用、脱胶对苎麻纤维生物工程特性的影响等领域。纤维性能改良、生物能源制备等方面则具有较广泛的研究。除传统的纺织纤维，复合材料、生物能源、籽粒应用相关的有研究是国外麻类作物加工研究的热点。研究涵盖了加工条件下麻类纤维材料的变化特征与机理、加工工艺的优化、复合材料的性能、生物能源生产机理与技术等各个环节。欧盟生物经济事务委员会将木质素纤维应用于生物复合材料领域，旨在生产出两种生物复合材料：一是将红麻、大麻、黄麻等自然资源的碎片与热固性聚合物相结合形成的刨花板；二是由环氧树脂与可再生资源合成所形成的纤维增强复合材料。

## 四、国内麻类产业技术研发进展

### （一）育种

麻类作物遗传育种方面的工作取得显著成绩。2014 年我国发布鉴定品种 16 个，其中苎麻 3 个、红麻 6 个、黄麻 4 个、亚麻 1 个、工业大麻 2 个。在分子生物学方面开展了广泛研究：采用苎麻木质部和韧皮部进行了转录组和表达谱分析，发现韧皮部中半乳糖代谢途径相关基因的表达量高于木质部中的，而脂肪酸代谢途径相关基因的表达量则低于木质部中的表达量；利用 SSR 和 SRAP 分子标记对中苎 1 号及其自交后代群体的进行分析表明，经过连续自交，后代群体的一致性越来越好，随着自交代数的增多，后代群体的一致性不断提高，杂合度逐渐降低；利用 SSR 标记分析苎麻栽培种和野生种，揭示苎麻的遗传多样性和驯化历程；构建了与产量性状相关的第一张苎麻遗传连锁图谱；利用农杆菌介导的遗传转化获得以叶中脉为外植体的转基因苎麻；利用基因沉默的方法研究 FAD 调控高油酸。

### （二）栽培与耕作

麻类作物的试验产量得到了大幅度提

升，在全国29个主产区高产示范点分别获得了苎麻369工程（即亩产300千克原麻、600千克嫩茎叶和900千克麻骨，下同），红麻637工程、黄麻526工程，大麻238工程等目标；在山坡地、盐碱地、冬闲地等非宜粮田实现了苎麻248工程等目标。但消除科学家和农民之间的产量差仍然是一项艰巨的任务。

我国麻类作物栽培与耕作方面的研究比较全面，但不同麻类之间存在明显的差别。亚麻、工业大麻、黄/红麻等作物主要采用传统研究方法对抗旱、抗倒伏调控，施肥制度优化，少免耕方法及机理探索、高产栽培模式创新等研究，为提高麻类作物单产奠定了坚实的基础。苎麻则在蛋白质组学等较新的领域有所涉猎，如邓纲建立并优化了适于苎麻的双向电泳技术体系，进行了响应缺N、P、K的蛋白质组学研究。

重金属污染耕地、盐碱地、干旱贫瘠山地等边际土壤中麻类作物品种筛选与种植技术研究是当前研究的重点。如探讨了外源一氧化氮（NO）在亚麻盐胁迫中的生理调节作用；形成重度、中度、轻度三类重金属污染麻园红麻种植技术，产量均达到了我国南方红麻产区200～250千克/亩的高产水平；开展了不同浓度Pb胁迫及盐碱胁迫条件下工业大麻的生长、生理变化特征及调控技术研究；进行了剑麻幼苗抗旱生理及干旱区域节水灌溉技术研究；筛选出了中苎1号等高耐镉污染苎麻品种。

### （三）病虫草害防控

抗性品种筛选、高效专用防治药剂筛选与复配、发生规律与防治新方法研究是我国麻类病虫草害防控技术研究的主体。加强了黄麻叶枯病、红麻立枯病、新型黄麻根结线虫等新病害及麻类作物主要病虫草害的病原菌鉴定、发生与危害规律和现状调查、快速检测监控技术研发、防治药剂筛选和应用等研究。

研究提出了种衣剂在苎麻种子上应用的探索方向；筛选出水杨酸、壳寡糖1 500、壳寡糖750、几丁寡糖4种苎麻夜蛾诱抗剂；明确了剑麻褐圆蚧的生活习性和发生规律，提出了剑麻褐圆蚧可持续防控技术；发明了一种对苎麻根腐线虫病、红黄麻根结线虫病田间防效达82.6%以上的，由YC-10菌株（芽孢杆菌）与PSB-1菌株（光合细菌）复配而成的BP菌剂；开发了二甲四氯钠和烯草酮混用防除南方亚麻田杂草，56%二甲四氯钠WP与240克/升烯草酮EC混用防除大麻田杂草等杂草防除技术；深入探讨了剑麻茎腐病病原菌黑曲霉菌的生物学特性，并开发了其基因组SSR标记。

针对农药安全使用及农药残留问题，开展了除草剂安全使用技术及机理研究，研制了可降解农药残留的微生物菌剂，研究了降解机理。初步明确了川芎能缓解精异丙甲草胺对大麻苗的药害的图库。从光合细菌菌种库中筛选获得1株能高效降解烟嘧磺隆的光合细菌菌株J5-2（球形红假单胞菌）、高效降解菊酯类农药残留物的光合细菌PSB07-15，并研究规模化生产与应用技术。

### （四）设施设备

收集到了国外科研机构和企业研制的典型麻类剥制收获机械，如德国农业工程研究所研制的工业大麻产品加工生产线，加拿大曼尼托巴大学研制的一种鲜茎收割、干茎工厂化加工方法等。可为我国麻类机械研发提供参考。继续对大型苎麻剥麻机加工生产线进行了改进和试验，经过多年的研究与调试，研制成功的6BMH—180型大型苎麻剥麻生产线，该机性能可基本满足苎麻纤维剥制的需求。研制了4BM—780型大型剥皮机，并在中国农业科学院麻类研究所望城试验基地剥麻机车间安装运转，试验运行正常，可开展剥皮试验。加强苎麻收割农机农艺结合，苎麻种植方式配合4LMZ—160型苎麻收割机农艺的要求，改苎麻垄作为平作开沟的种植方式，提高了苎麻植株的一致性，结合收割机种植合适的株距和行距。通过田间试验表明，收割机切割率可到达92.3%，输送率可到达83.5%，平均生产率为0.25公顷/小时，各项性能指标均可达到机械化收割的要求，且苎麻收割后后季苎麻机械压损率小于3%。

## （五）加工

在麻类纤维脱胶及纺织性能改良方面开展了深入研究。我国在麻类纤维脱胶研究上占主导地位，研究范围涉及新菌株的发现、果胶酶的改造、果胶酶对生物煮炼的影响、生物脱胶工艺优化等。我国科学家从沿海高碱性土壤、海水等材料中筛选出多个高效脱胶菌株，如中国科学院天津工业生物技术研究所筛选出的*Paenibacillus sp*. 菌株，东华大学筛选出的*Bacillus cereus* DA3菌株、皖西学院筛选出的DM182菌株等，均具有很大的实际应用潜力。相关酶类研究方面，马延和等报道了嗜热和嗜碱木聚糖酶研究进展；刘正初等草本纤维生物提取菌株产果胶酶的组分研究以及草本纤维生物提取菌株分泌的关键酶研究。此外，段盛文等从富集液中发掘麻类脱胶果胶酶基因的技术；刘晓兰等对碱性果胶酶亚麻脱胶做了初步探索；陈葵阳等研究了剑麻脱胶，认为碱氧一浴法处理效果较佳。高效节能麻纤维生物脱胶加工新技术得到进一步推广。

2014年麻纤维的特种功能改性处理，主要集中在麻纤维阻燃改性处理方面。突出的研究有：在紫外光照射下，将甲基丙烯酸缩小甘油酯引发接枝到苎麻纤维上，再经过胺化、磷酸化处理，可以显著提高苎麻织物的阻燃性能；通过三氯氧磷与碱处理苎麻纤维的表面羟基进行反应，然后再通过与4,4′-二氨基二苯甲烷的缩聚反应原位形成一层含P、N元素的阻燃保护层；采用NE-WRAY911阻燃改性苎麻织物，使层压板保持了良好的力学性能，而且阻燃性能得到改善。

在纺织方面，完成了《苎麻纤维细度的测定（气流法）》和《精细化亚麻纤维》两个国家标准的制定。开展了纤维性能与成纱质量关系的研究、苎麻长度改良技术开发、苎麻氧化处理及改性技术研究、亚麻生物酶脱胶及纤维成分与性能的关系研究等。开发出了苎麻氧化脱胶中纤维素保护与稳定剂选用技术、棉型苎麻牵切纺纱技术、苎麻包缠纺纱新技术。

在纤维乙醇制备方面，优化了F1-1和FY-4等菌株的产酶优化参数，使F1-1纤维素酶发酵酶活性达到646.53单位/毫升。获得了木糖、葡萄糖和基本培养基转录组数据共3套，总数据量12G；获得差异表达基因数>1 670个，验证基因表达数量11个；初步选出EC _ 2.2.1.1酶基因为木糖和葡萄糖代谢交互影响的候选基因。

在多用途开发上，广泛开展了麻育秧膜在机插水稻育秧中的应用，苎麻饲喂奶牛、家鹅、山羊，功能食品开发，亚麻做保健食品，剑麻制作肥料，红麻制成环保吸附材料，黄麻变成保健蔬菜和重金属的吸附改良剂，大麻提炼中药，麻类副产物栽培食用菌等研究及扩大应用，推动了麻类在 2014 年的产业发展中起着重要的作用。比较突出的表现是苎麻饲料化技术得到了大面积示范，配套的饲用价值评价、套种技术开发等得到深入研究；苎麻功能食品的开发成为新的研究亮点；育成了 CBD 含量工业大麻新品种；筛选出高皂素含量剑麻新品系；“麻育秧膜研制及其在水稻机插育秧中的应用”经农业部科技发展中心组织评价为国际先进水平等。

（麻类产业技术体系首席科学家
熊和平提供）

## 一、国际甘蔗及制品生产与贸易概况

### (一) 全球甘蔗产量稳定、食糖产量减产，市场连续第四年处于供求过剩状态

2013/2014年全球甘蔗糖料产量稳定，食糖产量为1.825 6亿吨，较2012/2013年度减产277万吨，减幅1.49%，食糖消费量约为1.789 3亿吨，较2012/2013年度增长1.87%，市场供给过剩量约为363万吨，较2012/2013年度968万吨明显下降。受连续4年供给过剩影响，库存高企，2013/2014年度世界食糖库存量增加332万吨，库存消费比为42.8%，略增1.09%，处于历史高位。2013/2014年度，食糖产量减产主要受到不良气候的影响。由于巴西严重干旱与霜冻、澳大利亚干旱和飓风、印度多雨因素的影响，巴西、美国、印度、澳大利亚等分别较2012/2013年度减产2.95%、6.04%、5.49%和12.15%。受种植面积增加、良好的降雨及甘蔗转换播种有利于单产提高等因素影响，泰国大幅增产17.52%；由于单产提高和天气因素较好，在种植面积小幅下滑1.7%的基础上，中国食糖小幅增产1.91%。总体上，因减产影响大于泰国、中国等增产影响，食糖总产量小幅减少1.49%。2014/2015年，由于巴西、中国、巴基斯坦将减产，欧盟、俄罗斯将增产，全球食糖产量约为1.829亿吨，过剩47.3万吨，食糖市场或连续第五个年度过剩。未来国际市场重点关注巴西、泰国、中国的产糖状况，以及石油价格对巴西糖产量的影响。

### (二) 全球蔗糖贸易总体稳定，巴西仍是头号出口国

全球食糖出口贸易量保持在5 792万吨左右，进口贸易量约为5 761万吨。受巴西减产影响，2013/2014年巴西、欧盟、南非食糖出口有所下降，泰国、印度食糖出口增加。从近年发展趋势来看，巴西、泰国、澳大利亚、印度是主要食糖出口国，中国、欧盟、印尼是主要食糖进口国。世界食糖贸易量变化除了受到产量下滑影响外，还与政策变化有关。巴西提高乙醇生产用蔗比例以及增加汽油中酒精掺入比例、提供专用资金用于鼓励科研，税收优惠鼓励出口；泰国提供专门资金支持农户种植甘蔗；墨西哥与美国贸易纠纷变动；澳大利亚—韩国自由贸易协

定的签订有利于澳大利亚与泰国竞争；印度采取抑进扬出的政策鼓励出口；印度尼西亚实施“四年内实现自给自足”的计划；欧盟2017年将取消生产配额制度因此现在将限制开放食糖贸易。未来食糖产量与上述政策将影响着2014/2015年度的食糖贸易。

## 二、国内甘蔗及制品生产与贸易概况

### （一）甘蔗与食糖出现第三年恢复性增产，食糖消费量有所增加

自2008/2009年连续3年减产后，2013/2014年是第三年恢复性增长。据中国糖业协会统计，2012/2013制糖年全国食糖产量为1 331.8万吨，较2011/2012年度1 306.84万吨增加1.91%。其中，产甘蔗糖1 257.17万吨，较2011/2012年度增加4.91%，占食糖产量的94.4%；产甜菜糖74.63万吨，仅占食糖产量的5.6%。同期全国食糖消费量为1 480万吨，同比上涨90万吨，涨幅为6.5%。产销基本平衡，但连续4年超配额进口共1 200万吨以上，期末库存需求比超过25%，国内供大于求。在国际低价糖冲击下，国内糖价从7 500元/吨，下跌到4 000元/吨。与此同时，国内制糖成本比先进国家高1～2倍，达到5 000元/吨以上，高于国际平均成本一倍以上。所以国内糖市受国际低糖价与国内高成本的双重制约。

### （二）制糖企业临时储存300万吨食糖，食糖进口仍居高位

为缓解食糖市场供大于求矛盾，减轻制糖企业困难和国家财政负担，2013/2014年国家实施了制糖企业临时储存300万吨国产糖、中央财政半年贴息的政策。与此同时，食糖进口量仍居高位，2013/2014年食糖进口402.41万吨，比2012/2013年366.12万吨增长9.91%。据海关统计，2014年1～11月份全国累计进口食糖312.39万吨，比2013年同期减少24.01%，并超出关税配额进口117.89万吨。2014年1～11月我国出口食糖4.16万吨，同比2013年减少4.28%

### （三）高位库存与大量进口导致供给过剩，食糖价格低位盘桓

2013/2014年，国内食糖产需基本平衡，产量为1 331.8万吨，消费量为1 480万吨，两者大致均衡。在产量恢复性增长、消费稳定增长，产需紧平衡或基本平衡的情况下，低价进口食糖大量进入国内市场，2011—2013年进口量高达291.94万吨、374.72万吨和454.6万吨。2014年1～11月进口量高达312.39万吨。2011年至2014年11月累计进口食糖1 433.69万吨，大约是中国一年的食糖消费量。在进口糖冲击下，产需平衡的局面被打破，食糖供给过剩，库存高位运行，近三年库存消费比分别达到41.67%、57.97%和75.92%。受供给过剩影响，伴随新榨季开榨带来的供给压力，食糖贸易及终端用户企业多采取即用即买的低库存保守策略，进一步放大供大于求的信号，国内食糖现货价格追随国际食糖价格连续第三个年度大幅下跌，并在低位徘徊，最低跌至3 920元/吨，现在处于4 200～4 500元/吨。

### （四）2014年糖料面积大幅缩减，2014/2015年食糖产量可能减至1 000万吨

由于2012年以来连续3年糖价下跌，糖料收购价连年下滑，以广西为例，由2011/2012年500元/吨降至2014/2015年400元/吨，糖料价格下滑以及糖厂反哺农民力度下降，导致农民种植糖料每亩至少亏损200元，2014年糖料种植意愿大幅下滑，种植面积下滑。据统计，2014/2015年糖料种植面积为2 360万亩，比2013年2 805万亩下降了445万亩，降幅15.87%。再加上2014年截至9月份第9号超强台风“威马逊”和第15号强田丰“海鸥”影响，全国糖料主产区的海南、广东湛江和广西北海等区域甘蔗倒伏、折断和水淹，将导致产糖率下降。总体来看，即使糖料主产区未来天气正常，2014/2015榨季也将进入减产周期，估计产糖量下降200万吨约为1 000万吨，甘蔗糖约930万吨，甜菜糖约70万吨。

## 三、国际甘蔗产业技术发展动态

### （一）甘蔗遗传改良创新研发进展

本年度国外发表了上百篇甘蔗育种技术领域的论文报道甘蔗异源多倍体遗传，涉及种质创新、甘蔗开花、斑茅利用和远缘杂交、分子标记辅助鉴定、种属间杂种、种质遗传多样性评价、抗逆育种与逆境相关基础研究、GGE biplot模型应用于品种稳定性和适应性评价、抗病性遗传、转基因改良、基因克隆与鉴定等。选育种方法和技术手段的进步，是提高甘蔗育种效率和科学性的根本，被国外先进育种机构如澳洲BSES，巴西CV、CTC公司等应用于育种过程的各个环节。各主要甘蔗国家都一如既往地重视甘蔗品种改良与新品种培育，并且更加重视新技术在杂交育种各环节的应用，包括通过标记分析及其对亲本重要抗逆性状的研究尤其是抗病性的研究，指导亲本选择与组合配置；在杂交后代选择阶段，注重基于计算软件系统开发及其在田间调查与信息收集中的应用；注重借助现代测序技术开发标记用于目标性状的辅助鉴定与选择。

### （二）栽培耕作技术研发进展

（1）应用植物生理学、生物生态学等多学科方法，重点研究甘蔗氮素营养，实现精准施肥、减量施肥、提高肥料利用率及减少对生态环境污染；开展甘蔗抗旱生理生态学研究，采用农业、农艺措施提高甘蔗抗旱能力，结合农田水利设施建设，推行喷灌、滴灌等节水灌溉工程，提高对水资源利用率。

（2）甘蔗内生固氮菌的研究成为多个蔗糖生产国的热点，商品化的生物菌肥开始进入蔗田；生产上积极推广应用精确施肥、蔗叶回田、滤泥和生物炭等非传统肥料，以及应用如芽片苗减少种茎用量、延长宿根年限、休耕地种植豆科作物或绿肥植物等农艺技术措施，降低生产成本，应对国际低糖价冲击。

（3）先进生产国开展甘蔗全程机械化保护性耕作技术研究，采用用高质量、高精度、高通过性能设备取代常规精耕机械化、更多依靠化控技术，重视蔗田地力的提升，实现节本、增效。新兴国家广泛普及应用中小型农机协助甘蔗田间管理，并逐步引进使用大中型甘蔗收获机，大大提高了劳动生产率。

### （三）病虫防控技术研发进展

关于甘蔗宿根矮化病的研究，目前主要集中利用血清学和PCR的方法对甘蔗宿根矮化病的发生情况进行调查和品种抗性筛选。利用新型的PCR技术手段对宿根矮化病的检测方法进行升级，使检测更加灵敏和方便。同时基因组学的方法在该病原的致病性上得到进一步的运用，发现油菜素内酯合成蛋白、NBS－LRR类抗性蛋白、茉莉酸诱导蛋白、α－微管蛋白、ABA胁迫成熟蛋白、富含脯氨酸蛋白、翻译起始因子eif－2bα亚族等可能参与了甘蔗宿根矮化病病原菌互作的过程。

关于甘蔗黑穗病的研究，福建农林大学甘蔗研究团队已经在世界上首次完成了甘蔗黑穗病菌的全基因组测序及其致病机理的初步解析，目前主要集中在病原菌的快速检测和定量、甘蔗品种对黑穗病的抗性评价、甘蔗应答病原菌侵染的过程中差异表达基因的表达变化、抗病相关蛋白基因的克隆和鉴定等方法方面，以进一步了解甘蔗防御黑穗病菌侵染的分子机制及甘蔗与黑穗病菌的相互作用。

关于甘蔗病毒病的研究，目前主要集中在病原的生物学鉴定和分子检测、甘蔗病毒分离物全基因组测序、甘蔗病毒蛋白与寄主蛋白之间互作关系的研究等方法方面，以进一步了解植物病毒粒体分子结构和装配、病毒的核酸复制、基因表达调控、介体传播的分子机制、运动模式、致病机制等，为进一步防治甘蔗病毒病提供理论基础。国内也是针对这些问题开展创新性研究。

关于甘蔗害虫综合防控的研究，主要是地上、地下害虫及其防治方法。主要3种方法。一是生物防治：①利用天敌防治甘蔗害虫（主要天敌为赤眼蜂、螟黄足盘绒茧蜂、螟黑卵蜂、大螟拟丛毛寄蝇、红蚂蚁、蜘蛛、蠼螋等）；②利用昆虫病原微生物防治甘蔗害虫（主要昆虫病原微生物为颗粒体病毒、核型多角体病毒、苏云金芽孢杆菌、微孢子虫、白僵菌、绿僵菌和昆虫病原线虫等）。二是利用诱杀技术防治甘蔗害虫（如性诱剂、灯光诱杀等）。三是利用高效低毒化学杀虫剂防治甘蔗害虫（也包括一些生物源仿生农药）。国内也基本上在采用这些方法，但还是以第三种方法为主。

### （四）设施与设备研发进展

澳大利亚、巴西和美国等先进国家早已实现甘蔗生产全程机械化，正朝着信息化、产业化、集约化方向改进。更加注重减少糖分损失、减少含杂率与作业效率之间的平衡，注重甘蔗生产过程中作业机械轨迹固定和减少土壤压实造成的负面效应，注重行距与产量之间的平衡。GPS田间规划和自动驾驶技术的应用，成为世界先进技术的发展方向。切段式收割机一统天下，并向大型化、双行收割发展；种植机仍以蔗段种植机为主，实时切种式种植机主要应用在东南亚国家；中耕机械仍是以悬挂式为主，自走式少有应用。

### （五）产后加工研究进展

甘蔗除了加工为蔗糖外，巴西、美国、澳大利亚等国家的糖厂开发制糖废弃物甘蔗渣，通过高温、高压蒸煮膨化或经发酵处理制备牛、羊、鱼等动物饲料；开始以蔗渣替代木材用于造纸行业，广泛用于建筑、包装及船舶制造业。巴西作为最大的甘蔗生产国家，已经形成完整的“甘蔗种植—能源酒精—酒精汽车”机械化产业链，且已培育出能源甘蔗，具有种植简单、生长快速、播种周期长等优点，将其直接并全部用于二代能源酒精的生产，其成本大大降低至约2.8元/升，产业规模不断增大。

## 四、国内甘蔗产业技术研究进展

### （一）遗传育种与种业

根据前期选育过程的表现以及体系1-4轮集成示范的表现，进行综合评价后，推荐有推广潜力的新品种福农39号等8个，供体系进行机械作业技术示范；推荐桂糖29号、柳城05-136等9个，供体系进行生产性品种的多系布局的技术示范。本年度福农41号、福农42号、粤糖05-267、德蔗03-83、桂柳05136、闽糖01-77、云蔗06-80 7个品种通过国家甘蔗品种鉴定，桂糖44号（桂审蔗2014001号）、桂糖45号（桂审蔗2014002号）、柳糖2号（桂审蔗2014003号）、桂果蔗1号（桂审蔗2014004号）、桂柳05136（桂审蔗2014005号）、福农41号（桂审蔗2014006号）、福农39号（桂审蔗2014007号）、福农30号（桂审蔗2014008号）、福农02-3924（桂审蔗2014009号）、粤糖00-236（桂审蔗2014010号）、粤糖03-393（桂审蔗2014011号）、云蔗05-51（桂审蔗2014012号）、桂糖21号（桂审蔗2014013号）13个品种通过广西区品种审定，云蔗01-1413、云蔗04-621、云蔗05-596 3个品种通过云南省品种审定，桂柳05136（审定编号：桂审蔗2014005）、桂糖29号（审定编号：桂审蔗2010001）、桂糖31号（审定编号：桂审蔗2011001）、桂糖32号（审定编号：桂审蔗2011002）、桂糖40号（审定编号：桂审蔗2013003）、桂糖42号（审定编号：桂审蔗2013001）、桂辐98-296（审定编号：桂审蔗2012001）、福农39号（审定编号：桂审蔗2014007）、粤糖00/236（审定编号：桂审蔗2014010）、新台糖22号（脱毒种苗）（审定编号：国审糖2002010）10个品种推荐为2014年广西甘蔗良种繁育推广体系建设选定品种。目前国内正在开展转基因甘蔗对黑穗病的抗性及抗病机制的研究，为进一步利用基因工程技术培育抗病品种奠定理论基础和提供优质材料。世界上首次完成甘蔗黑穗病菌的全基因组测序及其致病机理初步解析。开展甘蔗病毒的比较microRNA组学研究，以深入了解甘蔗功能基因抗病毒的microRNA调控研究，为培育优良的甘蔗新品种提供辅助及对转基因甘蔗生物安全评价提供数据支撑。

### （二）栽培与水肥管理

（1）集成以周年全田覆盖除草地膜为核心，结合选用良种、深松耕整地、配方施肥、专用复合肥、控缓释肥、长效新剂型杀虫剂等措施的轻简栽培技术，实现甘蔗在播种期或宿根开垄时一次施肥满足全年养分需求的减肥省工、节本增效的种植模式，并在滇、桂、粤等蔗区示范推广，发展势头良好。

（2）结合土地流转和农田水利建设，推进以水溶性肥料、微滴灌为核心的水肥耦合一体化技术，节水省肥、增产增收效果显著。

（3）与农机配套的农艺技术不断完善，在播种时采用机械一次完成开沟、播种、施肥、施药、盖膜的耕作模式已被接受，面积不断扩大。

（4）甘蔗养分管理技术及施肥结构进一步得到优化，逐步实现减量施肥、提高肥料利用率及降低生产成本。

### （三）病虫防控研究进展

桂糖 31 号、桂柳 2 号、桂糖 32 号、桂糖 37 号、桂糖 42 号、桂糖 43 号等 6 个品种确定为 2014 年广西主要农作物主导品种。在虫害研究方面，开展了①新农药防治甘蔗害虫的筛选试验示范，筛选并推广包括 SP003 颗粒剂、蔗来茎在内的一批新产品、新技术；②进行赤眼蜂防治甘蔗的田间试验示范，研究了性信息素与赤眼蜂相结合对螟虫进行协同控制，对提高甘蔗生长中后期螟虫防治效果明显；③建立甘蔗螟虫测报数学模型、测报技术规范，开发研制数字化害虫监测预警设备，探索天敌与昆虫性诱剂、灯光与昆虫性诱剂协同控制甘蔗螟虫应用技术；④开展甘蔗主要害虫如木蠹蛾、蛀茎蔗象甲等形态及生物习性观察及防治技术研究；开展了地下害虫防治技术研究。

### （四）设施设备技术研究进展

进口的大型收割机 CASE7000/8000 作业性能和作业效率仍受地形、地貌复杂、地块太少、经营体制、经营模式和农艺约束，凯斯纽荷兰佛山甘蔗收割机厂开始在广西销售 CASE4000。中国农业机械化科学研究院正在研制采用 CLASS330 物流方案的样机。这样，国产切段式甘蔗收割机将同时并存 4 种技术路线：①CASE7000/8000 类，国产机代表厂家有广西云马缘泰、广西壮族自治区农业机械研究院和中信贵州现代农装；②日本文明 HC—50NN 类，国产机代表厂家有广州科里亚；③CLASS 330 类，国产机代表厂家有中国农业机械化科学研究院；④华南农业大学自主研发的“短物流路径”类，国产机代表厂家是华南农业大学。

具有自动整秆蔗种喂入机构和匀量控制系统的实时切种式甘蔗种植机研制成功，单芽段种植机已投入市场。新型的自走式中耕机样机研制成功，有带进一步改进。

### （五）产后加工研究进展

在蔗糖加工领域，主要集中在糖汁加工利用的生产技术方面。广西大学将超效射流技术用于糖厂混合汁提纯分离的生产试验过程中，该技术可防止结垢、降低糖汁混浊度、保证成品糖质量、减少糖汁中 $P_2O_5$ 残留量等；广州甘蔗糖业研究所、华南理工大学、广西大学、广西永鑫华糖集团等研发制糖生产过程节能与清洁生产关键技术及示范，提高澄清效率，提高糖分回收，节能减排。

在拓宽蔗糖产品领域，主要集中在制糖副产品的开发，开展蔗渣、蔗叶为畜禽饲料、生物材料、活性炭材料、堆肥、面膜，水凝胶、保健品、木塑建材、生态绿色涂料等相关高值化产品的研发，但仍有部分工艺尚未成熟，应继续挖掘，并将其转化为工业化生产，形成规模效应，带动蔗糖业健康持续发展。

（甘蔗产业技术体系首席科学家
陈如凯提供）

# 2014年度甜菜产业技术发展报告

（国家甜菜产业技术体系）

随着人民生活水平的不断提高，我国已经成为全球第二大食糖消费国，年消费量约占世界消费总量的10%左右。甜菜和甘蔗一直是世界上最重要的糖料作物，长期以来世界甜菜糖产量约在食糖总产量的35%左右，目前虽然我国甜菜糖产量占食糖总产量不到10%，但却是我国食糖有效供给的必要补充，对于保障我国食糖安全起着重要作用。

随着需求日益增长，食糖消费逐渐进入新一轮增长期。近年全球食糖产量的波动和糖价起伏不断，我国甜菜产业的发展也随之相应的波动，相比而言，我国食糖价格走势与全球食糖价格走势基本一致，而我国甜菜产业发展与我国糖价走势又趋于一致，这说明目前我国甜菜产业发展基本遵循了全球农产品价格走势的基本规律，也是我国经济发展和全球经济一体化的必然结果。

## 一、国际甜菜生产及贸易概况

2014/2015年榨季全球食糖产量预计将达到18 290万吨，食糖消费量预计为18 240万吨，全球食糖剩余量仍将维持在350万吨，比3年前减少70%左右。

2013/2014年制糖期国际食糖月度均价为16.9美分，低于上制糖期的18美分/磅，跌幅6%，是近5年来的最低水平。

## 二、国内甜菜生产及贸易概况

2013/2014年制糖期全国产糖1 331.8万吨，同比增加26万吨，增幅为2%。其中，甘蔗糖产量为1 257.17万吨，占总产量94.4%；甜菜糖产量为74.63万吨，占总量的5.6%。甜菜主产区糖产量分别是，新疆44.91万吨，黑龙江2.99万吨，内蒙古17万吨，河北5.63万吨，其他4.1万吨。

2013/2014年制糖期全国食糖消费量1 450万吨，较上个制糖期同比增加3.9%。2014年国家安排了中央贴息的地方临时储备300万吨，不过此收储并非以前的国家收储，实质是给糖厂提供优惠的贴息贷款以缓解资金压力，预期不会对供需产生实质影响。2013/2014年制糖期全国制糖工业企业累计平均销售价格为4 866元/吨，较上个制糖期下跌11.7%，累计亏损约为100亿元。2013/2014年制糖期企业亏损是普遍的现象，只有个别华北区甜菜制糖企业亏损较少略有盈余。

2014年度全国甜菜种植表现为下降趋势，2014年度播种面积约为245万亩，同比2013年有所下降，其中：东北产区播种面积约为25万亩；华北产区播种面积为100万亩；西北产区播种面积约为120万亩。

2014/2 015榨季我国食糖产量预计将小幅增产，产量预估在1 100万吨左右。其中甘蔗糖1 029万吨，甜菜糖71万吨。到目前甜菜糖生产已全部结束，其中黑龙江产糖3万吨，内蒙古产糖20万吨，新疆产糖45万吨。2014/2 015榨季消费量预计将达到1 580万吨。

据海关总署2015年1月份公布的数据显示，我国2014年1～12月份累计进口食糖为348.6万吨，较2014年减少23.31%；我国2014年1～12月份累计出口食糖4.62万吨，同比减少3.25%。12月份出口食糖0.466 2万吨。近年甜菜糖占总食糖产量的比例基本维持在10%之内，在全国食糖进出口贸易中比重很轻。

## 三、甜菜产业技术研发进展

### （一）世界甜菜产业技术研发进展

欧美等国的甜菜育种水平明显领先于我国。这些国家显著的特点，一是甜菜科研机构品种选育的基础性工作坚实，分工合理。例如美国从国家层面主要做种质资源收集与保存，评价与创新和高效育种技术研究等方面的工作。而具体品种选育与推广由企业负责。二是种质资源拥有的数量特别多，研究的深度和广度明显优于我国同行。三是科研设施完善、设备先进、条件优良。四是研发经费充足。五是种子加工分级及丸粒化包衣种子处理技术先进，促进了品种种性的充分发挥。

近些年，欧美日等主要发达国家利用现代农业生物技术与传统育种技术结合方面也取得了良好成效。借助分子辅助技术在品种抗病虫、含糖率、根产量、耐低温等方面都有显著的提升。在单倍体育种技术、转基因育种技术等方面都有新的突破。选育出的遗传单胚种品种产质量性状及抗性等方面也有了显著的提高。

特别国外近些年在种子加工上广泛使用EPD技术、3D技术和醒芽技术，大大提高了种子成品率，明显提高了成品种子质量，进一步促进了品种种性的充分发挥。种子包衣和精量点播两项技术，保障了甜菜出苗期苗齐苗壮，为甜菜实现优质高产，提供了一个十分重要的基础。为此很多国家现都颁布了专门条例，明确规定种子必须包衣才能出售使用。

欧美日等国外甜菜主产国，甜菜种植中广泛推进机械化作业，充分发挥其雄厚装备制造技术优势，围绕甜菜耕作、栽培、管理等环节对机具的需求，研发出大量先进适用的机具，使耕、种、管、收等全部实现机械化。大量新机具的研制与使用有效提高了作业精度和生产效率，降低了劳动生产成本。从种子加工分级及丸粒化包衣、种子精量点播、生育期间管理到起收全程实现机械化作业。机具农艺先进性和良种种性优势互相结合，有效节约了生产成本，保持了甜菜长期优质高产。

### （二）中国甜菜产业技术研发进展

近年来我国甜菜随着纸筒育苗及机械化作业的推进，生产中使用品种95%以上均为单粒丸粒化品种，且均属从国外引进，我国甜菜自主品种多数是多粒品种，单粒种较少，虽然近年陆续有自育的单粒新品种审定，但由于种子加工技术的制约，推广面积一直不是很大。另外，生物技术在甜菜育种上应用，虽在国内各大甜菜科研单位已经开展，但就研究深度广度和商业化程度还落后国外。我国甜菜栽培和耕作技术整体现状，和国外发达国家差距很大，主要差别在于，由于我国农业整体装备技术落后，甜菜产业装备技术也不例外，从耕、翻、耙、整地、播种、病虫害防治到收获，都缺乏相应成熟的专门机具，不仅限制了先进栽培和耕作技术效果有效发挥，而且不能切实做到良种良法结合，品种优良种性在生产上发挥受到制约。

甜菜产业技术体系启动以来，紧紧围绕甜菜产业发展需求，进行了共性技术和关键技术研究、集成与示范；针对甜菜产业甜菜生产中机械化作业程度低、农民劳动强度大、劳动生产率低，甜菜生产中单产较低、种植甜菜的比较效益差；良种与良法脱节，有效的增产、增糖技术运用不到位，一些节水灌溉、平衡施肥，高产、高糖、高效综合配套栽培模式的研究应用不够，施肥不合理，甜菜品质下降，甜菜含糖率降低，优良品种的普及和一些高产高效实用的栽培技术，病虫草害综合防控技术研发滞后，尤其是一些冷凉干旱地区高产高效的综合栽培技术和与机械化作业相配套的农艺技术研发滞后的问题。相继有针对性地开展了相应的技术研发与示范推广，并对适宜甜菜机械化作业的农机具进行了选型和筛选，并取得了良好的社会效果。2011—2014 年度体系针对不同甜菜产区分别集成、熟化甜菜高产高效模式化栽培综合技术 12 套（东北区 4 套、华北区 4 套、西北区 4 套）。2011—2013 年在西北、华北和东北 10 个综合试验站的 20 多个县市、50 多个乡镇团场。通过对高产、高效集成模式的示范与推广，有效地提高了示范区甜菜的单产和含糖。与此同时，近几年先后育成遗传单粒种 12 个，引进国外通过品种筛选试验确定适应不同甜菜产区种植的品种推荐了各地区应用，减少了品种使用的盲目性，提高了单位面积块根产量、含糖率与抗病性。

## 四、甜菜产业发展中存在的问题和解决措施

整体来看，由于我国甜菜产业多年来在人力、物力及财力整体投入不足，使得我国甜菜产业无论是科研积累还是企业科技转化水平明显落后于欧美等发达国家，近几年中央不断加强农业科技的研发投入，特别是农业部现代农业产业技术体系启动以来，使得甜菜产业在必需的研发经费上有了相对持续稳定的投入，甜菜产业技术体系全体研究人员上下一心、齐心协力，坚信在农业部相关司局的支持下，甜菜体系各位专家以产业发展为导向，在各位专家的共同努力下，与欧美发达国家的差距将会逐步缩小，为我国甜菜产业的持续发展提供强有力的技术支撑。

要想实现这一目标，今后我国甜菜产业发展中就应充分认识制约甜菜产业发展的关键问题，并着重加强和解决好这方面的问题。

（1）随着甜菜规模化种植程度不断提高，机械化作业的推广以及高产高效栽培技术、病虫草害防控技术、节水措施的实施，甜菜单产水平在显著提高的同时，甜菜块根含糖率逐年下降，这一问题近年特别突出，

今后必须加强综合技术研究，通过高产高效栽培技术，合理施肥技术，病虫草的有效防控技术和品种选用等措施在提高单产的同时，来实现甜菜块根含糖率少下降或不下降。

（2）研发推广国产品种是促进甜菜产业发展的根本之路。甜菜生产中机械化精量播种和纸筒育苗移栽技术的大量推广普及，这方面播种要求甜菜种子必须是丸粒化包衣的种子，种子的发芽率至少要达到95%，但目前我国在种子加工技术和设备方面与国外品种还有一定差距，虽然通过最近几年全国各育种单位的共同努力，已先后育成各类品种10多个，但由于国内没有种子加工清选、分级、处理技术与设备和丸粒化包衣技术，国产自育单胚品种无法形成合格的商品化种子，严重制约了自育品种的推广应用。因此要加快甜菜种子加工分级与丸粒化包衣技术的研发，从而推进国内自育品种的推广应用。

（3）加快实现甜菜规模化生产，集约化经营。我国甜菜产区主要集中在黑龙江、新疆、内蒙古、河北4个省区，其中除了黑龙江农垦、新疆生产建设兵团两个地方土地集约化程度比较高外，其他地区多数农民种植甜菜还是以户为单位，分散经营。这种传统的生产方式，严重影响了先进科学技术成果的推广转化，极大限制了劳动生产率和土地产出率的提高。因此，当前加快甜菜产业发展步伐，必须尽快实现甜菜产业规模化生产，集约化经营。大力倡导和扶持农民建立合作组织，结合农村中土地经营权流转，倡导制糖企业与农民联合、农民间相互联合。要以科学的态度，坚持市场的观念，进行优势区域的规划，确定甜菜优势区域，形成稳定连片规模化种植，使甜菜生产提高到集约化经营水平，走专业化生产的路子。政府与企业应在资金上给予支持。提升科学种植甜菜的水平，降低成本，提高效益。

（4）国家或者省（区）财政实施对甜菜实行补贴政策。经过改革开放几十年发展，我国持续不断地出台一系列鼓励支持发展农业的政策，强农惠农的投入逐年加大，政策和投入在推动我国农业稳定发展的过程起到了巨大的作用。农业补贴是国家稳定农业，调节国民经济的重要措施，是保证农业发展或促进某些农产品生产的重要保障。当今世界许多国家和地区，尤其是发达国家和地区都采取了农业补贴，这已成为国际通用做法。加快推进甜菜种植的目标价格补偿机制是促进甜菜产业发展的有效措施。

（甜菜产业技术体系首席科学家
白晨提供）

# 2014年度蚕桑产业技术发展报告

（国家蚕桑产业技术体系）

## 一、国际茧丝生产与贸易概况

目前世界上形成了以中国为主并包括印度、乌兹别克斯坦、巴西、泰国的国际蚕丝业生产格局，预计2014年世界桑蚕茧生产量为83万吨，其中中国约占79%，印度约占15%，乌兹别克斯坦、巴西、泰国和越南等其他国家约占6%。

由于欧美金融危机影响长期持续，2014年国际丝绸消费市场低迷。据中国纺织品进出口商会统计，2014年，中国真丝绸商品出口总额为30.79亿美元，同比下降12.19%。其中，丝类商品出口13 384.6吨，同比下降10.52%，平均单价45.93美元/千克，同比上涨2.55%，出口总额6.14亿美元，同比下降8.24%；坯绸出口11 694.26万米，同比下降7.38%，平均单价5.28美元/米，同比上升2.95%，出口总额6.17亿美元，同比下降4.65%；丝绸服装出口9.08亿件（套），同比下降71.4%，出口额10.25亿美元，同比下降21.6%；丝绸制成品出口19.15万条（件、套），同比下降55.63%，出口金额15.57亿美元，同比下降16.83%。我国真丝绸商品出口额排名前五位的国家和地区依次为：美国、意大利、印度、日本和巴基斯坦，对该五市场出口额合计占对全球出口总额的50.53%。出口额排名前五位的省市依次为浙江、江苏、广东、上海、四川，市场占比分别为39.30%、12.89%、11.52%、8.03%、6.08%。

## 二、国内蚕桑生产与茧丝绸贸易概况

2014年我国蚕桑生产规模基本稳定。全国桑园面积1 250万亩，桑蚕发种量1 631万张，同比减少18.2万张，减少1.1%；桑蚕茧产量65.08万吨，同比增加0.12%；柞蚕茧产量8.18万吨，同比减少4.97%；全国桑蚕鲜茧加权均价为每50千克1 835元，下降8.71%；全国生产桑蚕种1 458万张。全国桑蚕总收入达到238.9亿元，同比降低8.58%。全国放养柞蚕面积1 157万亩，同比减少6.05%；柞蚕鲜茧加权均价为每50千克1 881元，提高12.71%。蚕茧总产值30.8亿元，同比增加7.11%。

2014年我国蚕桑生产格局基本稳定。江苏、浙江桑园面积分别减少9万亩和5万亩，广西、四川、云南、湖南分别增加10万亩、5万亩、4.4万亩、1.3万亩，其他大部分蚕区桑园面积基本稳定。东部地区桑园面积和蚕茧产量全国占比下降到25%左右，而西部地区桑园面积和蚕茧产量全国占比上升到65%左右，以广西为主的西部地区作为我国最大蚕桑生产区的地位得到进一步巩固。

目前国内丝绸制品的贸易量已经占到我国丝绸贸易总量的1/3左右。我国茧丝绸产业产品日趋多元化，已经从传统的丝绸织物向艺术产品、医疗、食品和化妆品领域渗透，蚕丝被、桑叶茶、桑枝食用菌、桑皮纤维、桑果汁、桑果酒、食品级蚕蛹、雄蛾酒、蚕蛹油、蛹虫草、蚕沙枕、缫丝废水提炼丝胶等产品已经逐步为消费者认可。

## 三、国际蚕桑产业技术研发进展

进入21世纪以来，国际蚕业科技研究发生了很大的变化。尤其是随着国际家蚕基因组计划的实施，家蚕为核心的基础研究不断取得重要进展，蚕业科学研究出现加快发展的良好态势。目前，蚕业基础研究主要由中国、日本、美国和印度的学者开展。

日本蚕业科技综合研发能力仍居强势。进入21世纪以来，日本采用产官学结合模式推进产业创新，以获取家蚕有用基因及相关知识产权为目标，以转基因技术为手段，重点研发蚕丝新品质新用途，生产新型蚕丝、生物材料和药用蛋白，建立新兴产业。近年来，以家蚕SNP标记连锁图谱为基础的定位克隆研究取得重要进展，近年克隆鉴定了*nsd*-*2*、*ch*、*so*、*ow*、*od*、*lem*、*w*-*3*、*w*-*2*、*Vg*、*Bt cry1Ab*毒素抗性、二眠蚕等重要基因。东京大学Katsuma研究小组在2014年5月14日的《自然》(*Nature*)杂志上报告，一种叫做Fem的长度29nt的piRNA分子在家蚕雌性性别决定中起关键作用。位于Z染色体上Masculinizer (*Masc*) 基因通过在全Z染色体上抑制基因表达，在胚胎时期控制剂量补偿和雄性化，而Fem piRNA剪切分解Masculinizer的mRNA，导致胚胎执行了生成雌性组织的遗传程序。家蚕是首个发现的通过RNA决定性别的生物，该发现也解决了困扰蚕业科学界的世纪难题。

从2000年日本Tamura首次报道了家蚕转基因技术以来，先后育成了茧丝中含有绿色萤光蛋白、红色萤光蛋白的彩色茧丝、含有胶原蛋白的茧丝等家蚕转基因系统，育成了含蜘蛛丝基因片段的转基因家蚕系统，已进入公司开发阶段。

印度1987年超过日本成为世界第二产丝国，印度蚕业主产地集中在南方卡纳塔克、安得拉、泰米尔纳德3个邦，加上西孟加拉邦占印度蚕茧总量的98%。印度建立了较为完整的蚕桑产业研发体系机构，中央丝绸委员会下设9个中央蚕丝研发单位，11个地区蚕桑研究站，9个地区柞蚕研究站，42个蚕桑研究推广中心，12个柞蚕研究推广中心，3个国家蚕种管理机构。印度蚕业属西热带蚕业，以桑树高产育种和蚕病防治研究为重点，近年来印度与日本合作培育的二化白茧蚕品种已经在北部蚕区逐步得到推广应用。

近年来国际上利用家蚕丝素蛋白、丝胶蛋白研发各种生物材料的研究已经形成热点。

## 四、国内蚕桑产业技术研发进展

### (一) 蚕桑遗传育种

我国已经建立了世界最大蚕桑种质资源保存机构，保存了约3 000份桑种质资源、

1 000份家蚕种质资源、300份家蚕遗传突变资源、100份柞蚕种质资源、50份蓖麻蚕种质资源。我国已建立了完善的家蚕实用品种的选育、繁育和质检制度，全面实现了家蚕品种的良种化。

近年育成的强桑1号新桑品种普遍表现较高的生产性能。我国高产优质多丝量蚕品种的水平已经达世界最高水平，近年来利用原创发现的NPV抗性主基因，已经培育多个具有抗NPV特点的蚕品种，2014年抗NPV蚕品种已经在生产性示范中应用达到6万张以上，这一重大突破对于有效控制主要蚕病NPV的危害、实现轻简化养蚕技术的应用提供重要技术支撑。在雄蚕品种的选育及其实用化方面，利用高孵化率雌蚕无性克隆系与平衡致死系杂交，育成的低制种成本雄蚕新品种，基本克服了雄蚕品种繁育率低的缺陷，可缫制高等级生丝，已经开始推广并产业化，我国处于国际领先水平。

### （二）栽桑养蚕技术

研究开发了适应主要产区生态条件和养蚕布局的快速、低干、密植丰产桑树栽培体系，长江流域和珠江流域亩桑产茧量提高到每亩100～125千克和150～200千克。

近年来积极推行计算机控制高密度催青、小蚕电气化加温补湿、小蚕少回育与商品化共育、大蚕条桑育、方格蔟上蔟等优质高效饲养技术，机械化伐条、切桑技术研发与应用取得进展，养蚕的劳动生产率得到提高。

### （三）蚕桑病虫害防控技术

建立了以消毒为主的蚕病综合防治技术体系和以母蛾检验为主的微粒子病防治技术体系，蚕病损失率已经下降到12%左右。近年来，在主要病毒病与微粒子病的高效检测技术方面取得了良好的进展，蚕种生产中利用药物防控微粒子病的生产性试验取得重要进展。

在桑树病虫害防控技术方面，桑葚菌核病的绿色防控技术取得了一定的进展，我国对桑疫病、桑青枯病和桑花叶病等主要病害的防治技术仍有待加强。

### （四）设施与设备技术研究进展

近年来在桑收获和剪伐设备、催青装备、蚕室温湿度调控设备、小蚕饲养机械设备的研发取得重要进展，但是桑园的管理与桑叶收获、大蚕期饲养及上蔟采茧等劳动强度大而集中的作业工序未能建立高效的机械化作业技术，已经成为影响蚕桑产业稳定的重大技术难题。

### （五）蚕桑资源利用技术

近年来在蚕沙的无害资源化利用、蚕蛹的高效资源化利用、桑葚利用等方面取得了重要进展。我国蚕桑资源在食品、保健品、医药等方面开始得到开发利用。包括蚕沙叶绿素、蚕蛹虫草、蚕蛹油、桑果汁、桑果酒、桑枝食用菌等一大批产品实现了产业化，已经出现一批蚕桑综合利用规模化企业。同时，随着生态桑产业的快速发展和蚕桑生态休闲农业的开发利用，促进和丰富了生态文明建设的多元化发展。

（蚕桑产业技术体系首席科学家鲁成提供）

# 2014年度茶叶产业技术发展报告

（国家茶叶产业技术体系）

## 一、国际茶叶生产与贸易概况

### （一）国际茶叶生产

2014年全球茶叶产量略有上涨，总产量可达510万吨，同比上涨1.5%。其中，中国茶叶产量达209.2万吨，与2013年同比增长8.7%，占全球总产量比重的41%；印度茶叶产量118.5万吨，同比下降1.3%；斯里兰卡总产量约为33.2万吨，同比减少0.5万吨，下降1.48%；肯尼亚全年茶叶产量可达44万吨，同比上涨2.27%；印度尼西亚为13.8万吨，同比下跌1.43%；越南的茶叶产量近21万吨，其中绿茶产量可达12万吨。

### （二）国际茶叶贸易

2014年全球茶叶贸易整体呈下降趋势，贸易量和贸易额均出现不同程度的下滑，个别产茶大国茶叶出口下降明显。1～10月期间，印度出口茶叶17.8万吨，同比下降0.57%，出口金额5.52亿美元，同比下跌4.86%；肯尼亚出口量42万吨，同比增长1.5%，出口额达9.2亿美元，同比下降6.1%；斯里兰卡出口量达25万余吨，同比增长9%，出口额约13亿美元，同比增长20%。2014年全球茶叶进口也出现了一定程度的下降。1～9月，俄罗斯进口量和进口额分别为12.49万吨和4.57亿美元，分别同比下降2.97%和5.04%；美国进口量与进口额分别为9.36万吨和3.33亿美元，同比下降4.36%和5.62%。1～11月英国的进口量为11.88万吨，进口额为3.35亿美元，分别同比下降5%和6%。

### （三）国际茶叶消费与价格

全球茶叶消费持续上涨，估计2014年全球茶叶消费量将突破500万吨，同比上涨4%。消费依然以红茶为主，比重达总消费量的60%以上。全年国际茶叶平均拍卖价格为2.72美元/千克，同比下降4.9%。4个季度平均拍卖价格分别为2.62美元/千克、2.64美元/千克、2.85美元/千克和2.5美元/千克。

## 二、国内茶叶生产与贸易概况

### （一）国内茶叶生产

2014年全国茶园总面积估计可达4 080万亩，同比增长10%，采摘面积3 129万亩，同比增长12%；其中，贵州省茶园总面积同比增长超过40%，广西、江西、陕西增长率为18%左右，四川、湖北、广东、重庆、河南同比增长5%，福建、云南、浙江、安徽等主产省面积趋于稳定。干毛茶总产量可达210多万吨，同比增长10%；贵州产量同比增长近1倍，云南、河南产量增幅分别为19%与15%，四川、湖北、湖南、安徽茶叶总产量增幅均在10%左右。农业总产值1 270亿元，同比增长15%。

### （二）国内茶叶贸易

2014年茶叶出口30.1万吨，同比下降7.5%，金额约12.7亿美元，同比上升2.21%。其中，绿茶出口24.9万吨，同比下降5.8%；红茶出口2.8万吨，同比下降15.6%；乌龙茶出口1.5万吨，同比下降9.7%；花茶出口0.6万吨，同比下降15.7%；普洱茶出口0.34万吨，同比下降25%。在茶叶出口市场中，位居前五名的是摩洛哥、乌兹别克斯坦、多哥、日本和美国。46%的产区销量与2013年持平，38%的产区销量有所增长，16%的产区销量下降，85%的产区高端茶销售量下降20%～30%。阿里平台茶叶电商销售额估计为100亿元，同比增长18%。批发市场出货速度明显下降，个别市场出现积压。

### （三）国内茶叶消费与价格

2014年国内直接消费量受宏观经济等因素综合影响趋于平稳，茶饮料与深加工产品市场区域饱和，导致对原料茶需求有所放缓。估计国内干毛茶总消费量在137万吨左右。全年干毛茶平均价格58元/千克，同比增长1%。54%的产区名优绿茶价格出现下降，下降幅度较大的产区包括山东、贵州、湖北、陕西、江苏、河南等；大宗绿茶价格整体仍呈上升趋势；云南、福建、湖北等传统红茶产区红茶价格基本稳定，新发展红茶产区红茶价格下降10%左右；乌龙茶价格基本与2013年持平；普洱茶价格上升16.4%，广西、湖北、四川产黑茶价格分别上升6%、20%与12%，湖南产黑茶价格基本与2013年持平。高端礼品茶平均价比2013年下降30%～40%。

## 三、国际茶叶产业技术研发进展

### （一）遗传育种

育种材料的早期鉴定仍然是茶树育种研究的核心领域。意大利和瑞士学者将超高压液相色谱（UHPLC）应用到茶叶的化学成分的快速测定，并与正交胶束电动毛细管色谱（MEKC）结合，可以在3分钟准确、快速定性和定量鉴定茶汤中的6种儿茶素类和咖啡因。韩国与美国合作开发了近红外反射光谱（NIRS）技术，可以快速鉴定茶叶儿茶素类和咖啡因等品质化学成分，其检测结果与HPLC检测结果存在高度相关性。伊朗研究者开发了分散液—液相微萃取（DLLME）结合气相色谱—氮磷检测（GC—NPD）技术测定茶叶咖啡因，检出限为0.02微克/毫升，定量检测下限0.05微克/毫升。日本学者用吸附柱结合溶剂辅助香气蒸发（SAFE）技术研究不同品种和不同茶类的香气，鉴定出58个挥发性成分峰，香气稀释（FD）因子41～47。在所有供试品种中，4-羟基-2，5-二甲基-3（2H）-呋喃酮等7种香气成分具有很高的FD因子，其中（E）-异丁子香酚是一种之前未曾报道的高FD因子的香气成分。斯里兰卡研究者分析了35份茶树育种资源的生化指标，结合主成分分析，认为鲜叶的发酵速率、总多酚类、总儿茶素类和色素含量与品种的品质特性相关，可以作为杂交亲本选配的依据。

分子生物学技术在茶树资源和品种鉴定的应用取得进展。日本学者用23个SSR标记从788份茶树资源中筛选出192份作为世界茶树核心种质。南非和马拉维研究者用60对RAPD引物开发了与茶树品种红茶品质、抗高温、抗低温、抗旱、抗芽枯病和高产等性状相关的分子标记，开展分子育种研究。

## （二）栽培技术

日本仍然较为关注氮肥施用的环境效应，研究了氮肥种类改变在茶园氮素环境效应上的作用，他们研究表明施用石灰氮（又名氰氨化钙，$CaCN_2$，既是肥料又是杀虫剂）能够使土壤中反硝化速率降低，$N_2O$的排放较传统施肥减少36%～51%。肯尼亚研究了氮磷钾配施一定比例的牛粪能显著在提高茶叶产量和品质。茶树营养生理方面，伊朗学者对茶树铝和硼的相互作用进行了研究，其研究表明在缺硼茶苗上添加铝能使得茶苗恢复长势，增加净光合速率，超氧化物歧化酶和过氧化物酶活性增加，过氧化氢含量下降，丙二醛含量下降，硝酸还原酶活性和游离氨基酸含量增加，亚硝酸盐减少。

## （三）病虫害防治技术

在种群发生种类上，日本近年报道了一种豆黄褐鳃角金龟甲（*Heptophylla picea* Motschulsky）在日本发生有日趋严重之势。印度报道在阿萨姆和北孟加尔茶区发生一种金鸡纳叉带尺蠖（*Hyposidra talaca* Walker），危害程度逐年严重，已上升成为主要害虫。

在有害生物的绿色防控技术上，日本采用简朴的农业防治技术达到了防治的要求，如利用茶树桑盾蚧初孵若虫对水敏感的生物学特性，采取在桑盾蚧第一代卵初孵期喷清水进行防治，92%的卵可出现褐化而不能孵化，成本低，效果好，已在生产中推广应用。日本根据农民的实践经验推广在茶园中喷施米糠，每公顷用米糠800千克加水稀释后喷施可抑制桑盾蚧和黑刺粉虱的发生，其机理是促进真菌的繁殖，从而抑制害虫的生长。印度选用木霉菌（*Trichoderma atrovoride*）防治茶树胴枯病（*Phomopsistheae*），但尚未达到大面积防治的程度。

在化学防治方面，拟除虫菊酯类农药在世界产茶国使用最为普遍，有机磷农药在各国茶园中的应用由于其毒性问题已逐渐减少。2014年各国推出的新农药品种，杀虫剂有：噻虫嗪（印度），氟啶脲、环虫酰肼、丁醚脲、呋虫胺、醚菊酯、甲氧虫酰肼、烯啶虫胺、甲基丙硫磷、氟硅菊酯、多杀菌素、虫酰肼、氟苯脲、四溴菊酯（日本），多杀菌素（肯尼亚），氟啶脲（斯里兰卡）；杀螨剂有：联苯肼酯、四螨嗪、乙螨唑、苯丁锡、弥拜菌素、嘧霉胺、吡螨胺（日本），噻螨酮、唑螨酯（印度）；除草剂有：双丙氨磷（日本）。杀菌剂有：嘧菌酯、苯醚甲环唑、唑菌腈、氟啶胺、亚胺唑、双胍辛胺、双胍辛胺乙酸盐、异菌脲、醚菌酯、肼菌唑、硅氟唑、戊唑醇、四氟咪唑、肟菌酯、氟菌唑（日本），联苯三唑醇、丙环唑、戊唑醇（斯里兰卡），己唑醇（印度）。

茶叶产品中的农药残留问题仍然是国际

上关注的食品安全问题，也是茶叶出口中遇到的一个瓶颈。欧盟和日本的茶叶中的农残 MRL 标准数最多，分别已有 1 135 个和 874 个。其他 CCPR，美国、印度、加拿大等国家和组织也各自制订有相应的农残 MRL 标准。欧盟报道了新烟碱类农药（吡虫啉、啶虫脒）对人体健康的负面影响和对生态环境的负面作用。2013 年末由欧盟食品安全的权威单位（EFSA Panel Plant Protection Products and their Residues，PPR）署名发表的论文报道了吡虫啉和啶虫脒对实验动物的脑有毒性，并已提出对吡虫啉、噻虫胺和噻虫嗪 3 种新烟碱类农药现先在欧盟停止使用 3 年的决定，同时还提出目前所制订的 ARfD 已不足以保护其神经毒性对人体影响的意见，这就更加加深了在茶产业中停止使用吡虫啉和啶虫脒的必要。

### （四）加工技术

印度采用发生炉煤气作为燃料，研究分析了阿萨姆红茶的干燥工艺技术，发现采用经过改进的 Page 模型结合 Lewis 模型可以较好地预测红茶干燥过程动力学过程；此外他们还分析了干燥过程中的相关能耗等问题。日本研究发现鲜叶低温（15℃）贮青后加工的绿茶比常规温度贮青的绿茶具有更高的香气成分含量，香气品质明显提高，并从中鉴定出了 12 种关键致香成分，其中吲哚、茉莉内酮、茉莉酮、香豆素等成分对茶叶的花香、果香和甜香具有较大贡献。斯里兰卡分析了采摘季节和栽培方式对发酵茶（红茶）以及不发酵茶（绿茶）中酚性成分的影响，发现采摘季节和栽培方式都对发酵茶以及不发酵中酚性成分的含量均产生重要影响，统计分析表明二者之间存在显著性差异（$P<0.05$）。

意大利将电子鼻和毛细血管电泳技术应用于长期储存的绿茶样品的质量控制，研究发现采用电子鼻技术能够将“陈化”与“未陈化”的绿茶样品加以正确的区分，同时发现在绿茶的储藏过程中，儿茶素成分不会发生明显的差向异构化作用。

新加坡采用 LC 技术，对 7 个即饮绿茶中的 39 个非挥发性成分进行定性定量分析，分析了即饮绿茶饮料（RTD）中的主要非挥发性成分及其对滋味的影响，并通过滋味重建试验和化合物消减试验发现，EGCG、咖啡碱和 L-谷氨酸是即饮绿茶中的主要呈味成分。

## 四、国内茶叶产业技术研发进展

### （一）遗传育种

古茶树资源保护和开发是我国茶树品种资源研究的新课题。研究者对云南曼糯古茶山及代表性古茶树生存状况的实地调查，结合文献资料进行分析，把保护与开发当地古茶山作为发展农村旅游产业的途径。在云南昌宁发现了 42 个群落 15 万株古茶树，通过研究古茶树群落寄附生生物种间联结关系，提出土壤改良和茶树改造措施，开发了恢复古茶树景观效果的栽培技术。广西调查了凌云白毫野生茶树种群。广东韶关罗坑自然保护区发现了 1 000 株以上千年野生古茶树，为了保护高香茶树育种资源，潮州建立资源圃，开发了古茶树育苗技术，对凤凰山 10 种不同香型的名优古茶树开展了保护。秦巴山区对古茶树采取了专人实地管护、加强茶树和土壤改造、开发繁育技术等措施抢救保护古茶树。贵州省对晴隆县发现的茶树资源进行了调查，探明了资源的生态环境与基本特征，铜仁市在沿河县、印江县、德江县、石阡县海拔800～1 100米的高寒山区发现了共有5 087株野生茶树。

现代生物技术在茶树资源研究得到广泛应用，研究了SNaPshot技术进行茶树SNPs分型的可行性，证明SNaPshot技术对茶树SNPs的分型准确性高、重复性好，可以用于茶树遗传多样性分析以及茶树遗传图谱构建等方面的研究。筛选出可用于鉴别浙江省茶树品种的核心鉴定SSR引物和标准品种，并应用于未知茶苗身份鉴定。研究了TCS1、TIDH和sAMS等关键酶基因表达对茶树可可碱与咖啡因比例关系的影响。采用高通量测序技术鉴定了冷应答miRNA，研究茶树耐寒分子机理。

茶树资源鉴定利用和新品种选育取得了新进展。系统鉴定了我国代表性茶树种质嘌呤生物碱，对福建省培育的茶树品种生育期、生化成分、遗传多样性分析进行了系统分析。研究了秋季新梢越冬过程过氧化氢酶（CAT）、过氧化物酶（POD）、超氧化物歧化酶（SOD）和多酚氧化酶（PPO）等抗性酶的活力与茶树品种抗性之间的关系；湖北对从地方茶树资源中鉴定出EGCG含量均在9.0%以上的品种有鄂茶7号、五峰310、五峰602和宣恩65等。10个茶树新品种通过了全国茶树品种鉴定，分别是：中茶111、黔茶8号、安庆8902、巴渝特早、山坡绿、苏茶120、花秋1号、天府28号、湘妃翠、鸿雁13号。

### （二）栽培技术

在茶园土壤方面，增加了对茶园土壤环境与安全质量的研究，在茶园土壤重金属及土壤酸化的监测评价与防控方面开展了较多的研究，同时继续开展茶园土壤理化性状与肥力提升技术研究，探讨土壤理化性状对肥力的影响及调控措施，逐步重视土壤生物多样性对茶园土壤微生态环境的影响。栽培与茶树生理领域，开展了光温对茶树代谢的影响研究以及机械施肥对茶树养分和品质的影响等相关研究，明确了氮肥适量施用能促进茶树菌根发育和养分吸收，探索了土壤中$N_2O$排放、$NO_3$—N淋溶的机理，对氮肥合理用量以及平衡施肥、有机无机配施对茶树产量和品质的影响进行了田间比较结果分析，明确了遮阴和黑暗处理对茶树代谢的影响。茶树种植模式领域，国内开展了较多茶树与其他作物间作套种模式研究，如茶与枣树、茶与花生、茶与牧草、茶树与林—茶—草立体生态茶园间作等新间作模式下茶叶产量、茶园土壤肥力以及节本增效作用的比较，同时就香樟—茶、野花椒—茶、沉香—茶模式下茶园病虫害情况进行了比较，从旱冬瓜、洋紫荆、云南樟3种树间种覆荫对茶叶品质的影响分析并推断出适宜云南大叶种茶的间种覆荫树类型。

茶园机械的相关研究主要集中于采茶机械，总体取得了较为丰硕的成果。例如，智能采茶机设计完成，田间试验取得成功；叶刚等设计了新型的空气动力驱动的悬浮式采茶机；Hu Yongguang申请的发明专利—茶园防霜风机的控制方法及装置获得授权；以机器视觉为核心的智能采茶技术研究增多；高地隙茶园管理机入选为国家农机推广补贴目录等。这些研究成果极大地推动了我国茶园机械化的进程。

### （三）病虫害防治技术

重庆报道在茶树上危害的一种新叶螨

(*Eotetranychus kankitus* Ehara)。

小叶绿蝉是中国茶产业上的第一号害虫。在发生种类上曾几经变迁。在 20 世纪 60 年代前，在我国一直沿用 *Empoasca flavescens* Fabr. 这个古老的学名。60 年代后期，农业部曾组织对其种类进行鉴定。根据 11 个省（陕西、西藏、四川、江西、河南、山东和台湾未提供标本）提供的标本，安徽农业大学葛钟麟教授提出茶树上的小叶绿蝉应命名为假眼小绿叶蝉（*Empoasca vitis* Gothe）（=*E. pirisuga* Matsumura）。从这个时候起，我国的茶树上的小叶绿蝉学名就改为假眼小绿叶蝉（*Empoasca vitis*）。2014 年西北农业大学秦道正教授等对我国陕西、福建等 8 个省茶区的叶蝉种类进行了详细的形态学研究，认为我国陕西和福建茶区中的小绿叶蝉不是 *E. vitis*（假眼小绿叶蝉），而是与日本相同的 *E. onukii*（小贯叶蝉）。2014 年中国农业科学院茶叶研究所用分子生物学方法进行的我国内地和台湾小绿叶蝉的分子生物学研究结果认为，所检测的结果和日本的小贯叶蝉相似，而不是假眼小绿叶蝉。这些结果对我国 70 年代安徽农业大学葛钟麟等认为的我国茶区中的小绿叶蝉是假眼小绿叶蝉的观点提出质疑。从目前已发表的结果来看似乎尚难以最后定论，进一步的研究仍在进行中。

中国农业科学院茶叶研究所对诱虫黄板的产品标准化进行研究，提出了规范化的数字化色板，2013—2014 年推广数量达数百万块，效果与市场上生产的同类非规范化的产品比较，对叶蝉的诱集效果提高 25.0%～79.6%，叶蝉和天敌的比值有明显增加。中国农业科学院南京农业机械化研究所研究出吸虫机在茶园中应用，对叶蝉、螨类等小型害虫有一定防效，风力越大，控制效果越好，当风速达 30 米/秒时，处理后 1 天的假眼小绿叶蝉校正虫口减退率达 76.25%，处理后 7 天校正虫口减退率为 61.49%。

国家茶叶产业技术体系连续 4 年分析了我国各茶区的茶叶和茶产品中吡虫啉和啶虫脒两种农药的残留水平，并对上述两种水溶性农药的替代农药品种进行试验，已筛选出溴虫腈、茚虫威、唑虫酰胺、阿立卡 4 种低水溶性农药，在 35 万亩茶园面积上示范推广，效果显著优于吡虫啉、啶虫脒，每亩年防治成本低于上述水溶性农药，在使用技术上也简易可行。

国家茶叶产业技术体系根据全国 16 个监测点提供的 2009—2013 年（39 条）叶蝉田间调查数据和气象资料，应用“专家经验”验证了假眼小绿叶蝉第 1 峰，预测准确率达到 71.8%，华南茶区预测准确率 88.89%，江南茶区准确率达 85.71%，西南茶区预测准确率达 68.75%，江北茶区达 42.86%。

在农药的使用上，我国提出的应以茶汤中的农药残留含量作为制定茶叶中 MRL 标准的观点，已被国际 MRL 标准制定机构和其他国家采用，根据上述观点已成功地修改了 5 项国际标准和制定了一项国际标准，用此制定的茶叶中 MRL 标准可将原标准放宽 100 倍。

### （四）加工技术

绿茶加工：围绕着鲜叶摊放、杀青、揉捻（做形）和干燥等关键技术开展了一系列的研究。研究发现，茶树离体春梢萎凋失水速率存在明显的品种差异，不同茶树品种新稍失水快慢与采摘嫩度无明显相关性；架式储青设备的最佳储青厚度为 0.4～0.5 厘米，储青量约为传统储青的 2～3 倍。杀青技术方面，远红外茶叶杀青机在名优绿茶加工中的应用，具有杀青均匀、连续化作业、节能环保和有效降低苦涩味等特点；汽热—滚筒联合杀青有利于提高绿茶品质。另外，针对杀青机滚筒内壁容易黏附鲜叶的难题，研制了杀青机鲜叶防粘吹落器；为减少滚筒式杀青机中螺旋导叶板设计的盲目性，提出分段设计导叶板结构可以有效提高绿茶的杀青品质。揉捻做形方面，发明了小叶颗粒绿茶、清花香条型优质绿茶、团形绿茶等的加工方法。干燥技术方面，研究了微波真空干燥、微波—热风联合干燥对绿茶品质的影响。

红茶加工：开展了不同茶树品种红茶适制性的研究，如福云 6 号、金观音、金萱、福鼎大白茶、黔湄 601、黔湄 502、黔湄 809、黔湄 419、湄潭苔茶等。中国农业科学院茶叶研究所研究发现茉莉酸甲酯诱导后茶鲜叶制成的红茶中香气品质明显提高，化学分析表明其成茶香气成分中萜烯醇类、萜烯类含量明显提高。华中农业大学分析了萎凋温度、湿度及风速对红茶品质的影响，提出红茶萎凋适宜的温度不应低于 25°C，最适宜在 30～35℃；湿度不超过 75%，以 55%～65%最佳；萎凋风速不应高于 4.89 米/秒，以 2～4 米/秒为宜。杭州市茶叶研究所研究提出了一种扁形红茶的加工方法。中国农业科学院茶叶研究所开展了工夫红茶可视化连续自动化加工关键技术及设备的研制。

乌龙茶加工：福建分析比较了不同烘焙温度对颗粒型乌龙茶感官品质、主要理化成分及挥发性成分的影响，发现低温烘焙（80℃）茶样的感官审评得分最高，且香气和滋味最好。汕头开展了不同品种（系）凤凰单丛成品茶的香型分类与鉴定研究，他们依据香型相似率大于或等于 95%可以进行归类的标准，将 17 种凤凰单丛成品茶的香型归结为黄栀香、杏仁香、蜜兰香、芝兰香、玉兰香和香型名称未定的锯朵仔、贡香共 7 个类型；通过分析同一香型不同凤凰单丛茶的香气组分差异，可以发现不同香型的单丛茶之间既存在共性成分的含量差异，又具有个性组分的差异。

黑茶加工：普洱茶、茯砖茶、四川边茶、六堡茶等黑茶的香气成分成为国内多个研究单位的研究热点。清洁化加工方面，提出了湖北老青茶晒干的专用晒场；一些黑茶加工新装备如黑茶自动控制渥堆设备、连续化黑茶压制生产线、茶饼茶砖自动压制生产线等的发明专利被公开。

另外，值得关注的是，一些先进的分析技术手段，例如近红外光谱技术和高光谱图像技术等，已较为成熟的应用于茶叶品质分析、等级判别以及产地判别分析等方面，目前已有较多的相关研究报道，在一定程度上展现出了较大的应用潜力。

（茶叶产业技术体系首席科学家杨亚军提供）

# 2014年度食用菌产业技术发展报告

（国家食用菌产业技术体系）

## 一、国际食用菌生产与贸易概况

在成本提升与需求拉动的双重作用下，世界食用菌产业发展依然保持着渐进演化态势。在生产方面呈现出由西方向东方转移的趋势，在消费市场方面则保持了全方位拓展的格局。在部分发达国家，基于技术进步和传统消费习惯，食用菌生产及效益保持平稳。如据美国农业部统计，2013—2014年度的全美食用菌产销量达到40.82万吨，销售总额达到11.20亿美元，较2012—2013年度均保持了1%的小幅增加。从全球分布看，世界食用菌生产向少数国家或地区集中的趋势更加明显，尤其是在中国，其产量突破了3 160万吨，占据了世界的75%以上。同时日本、韩国、越南和印度的食用菌产量也保持了稳定或小幅增长，如2012年与2011年相比，日本增长了2.19%，韩国增长了4.89%，越南增长了4.75%，印度增长了0.99%。在生产方式上，工厂化食用菌不再为发达国家所独占，一些发展中国家如朝鲜、印度等的工厂化模式推进速度明显，其中朝鲜已在全国各地建设了多个具有较大产能的蘑菇工厂，实现了生产种植的工厂化发展。

在贸易方面，世界食用菌产业贸易规模继续扩大。据联合国统计数据，2013年全球食用菌进出口贸易总额实现162.44亿美元，其中出口额95.74亿美元，进口额66.70亿美元，较2012年分别增长30.63%和10.93%。在产品形态上，基本形成了以食用菌罐头为主，干鲜制品为辅的贸易格局；在空间分布上，出口贸易集中度相对较高，波兰、荷兰、爱尔兰、中国4个国家仍然是主要的出口国，其中中国与荷兰在食用菌罐头出口中占据绝对主导地位。英国、德国、俄罗斯、美国依然是主要的食用菌进口国，其他国家也越来越多地参与到食用菌贸易之中。如韩国在2000—2012年，仅鲜香菇消费量就由17 513吨增加到26 206吨，进口量也由59吨增加到5 774吨，呈现出较大幅度增长。一些较小的发展中国家，如地处南美的巴拉圭，在2014年度也有了食用菌的贸易，进出口产品486.42吨，合计104.52万美元。反映了食用菌产业发展及产品消费在传统国家与新兴国家中均显现出良好发展势头。

## 二、国内食用菌生产与贸易概况

从食用菌产业发展趋势看，仍然呈现出

较大的量值增长。据中国食用菌协会统计，2013年全国食用菌总产量达3 169.68万吨，产值2 017.90亿元，分别较2012年增长12.1%和13.8%。从品类看，天麻、茯苓、北虫草等药用菌增幅较大，香菇、平菇、黑木耳、金针菇、双孢蘑菇、毛木耳等大宗品种增长平稳，滑子菇、鸡腿菇、白灵菇、秀珍菇、灰树花等珍稀品类的产量减多增少。在生产方式上，园区化、规模化、规范化、标准化和集约化发展态势明显，工厂化生产逐步趋于理性回归，从前几年的过热过快发展到理性规划并规模适度。截至2014年9月，全国食用菌工厂化生产企业为729家（含在建、新建企业42家），比2013年减少21家；日总产量6 133.96吨，较2013年减少25.28吨。从产量的空间分布看，2013年产量超过百万吨有14个省份，较2012年新增了2个省；但辽宁、天津、北京、河北和吉林5个省市出现不同程度减产。从产品价格看，市场变化趋势总体平稳，但双孢蘑菇和香菇的价格优势较为明显。

在贸易领域，大陆地区的食用菌出口势头良好。据海关数据显示，2014年共计出口食药用菌51.47万吨（干鲜混计），创汇28.33亿美元，较2013年分别增长0.46%和5.14%。其中出口在1亿美元以上的品种有干香菇、干木耳和小白蘑菇罐头。出口市场分布在全球126个国家和地区，出口量占亚洲各国及地区出口总量的80%以上。从市场分布看，出口市场的空间区域相对集中，其中面向东盟、日本、中国香港、欧盟、韩国和俄罗斯的出口金额保持在0.5亿美元以上。尤其是日本、韩国、越南、马来西亚、俄罗斯、德国、荷兰、意大利以及北美的美国等仍然是我国食用菌出口的主要目的地。以鲜香菇为例，2014年我国对外出口的数量为2.17万吨，较2013年增长3.8%。其中出口韩国的数量占到了总出口量的40.4%，紧随其后的美国、日本和马来西亚，则分别占18.8%、13.1%和11.5%。反映了亚洲是主要的出口市场集中区。在其他产品出口的市场分布上，也大多呈现出这种格局。在进口方面，数量相对有限但数额有所增长，2014年中国大陆进口食用菌2 102.09吨，进口额975.99万美元，分别较2013年增长3.37%和18.56%。所进口产品主要是醋或醋酸以外方法制作或保藏的蘑菇及块菌、暂时保藏的伞菌属蘑菇及蘑菇菌丝，其进口量分别占进口总量的44.75%、22.88%和15.88%。进口主要来自于韩国、日本及我国台湾地区。

## 三、国际食用菌产业技术研发进展

国际食用菌产业技术研发进展主要体现在以下几个方面。

**1. 食用菌食药用价值的开发** 食用菌的食用和药用价值开发一直是国际研究的热点，如香菇抗肿瘤活性的研究就长期受到持续高度的关注，不断有新的研究单位进行动物试验。灵芝多糖的功能开发发现，它能够有效抑制胞内钙离子累积，刺激海马神经元，具有抗癫痫的作用，已被应用于相关药物的研发之中。在平菇降血糖作用的研究中，发现了Ⅱ型糖尿病患者在食用了冻干平菇之后，其餐后血清中的葡萄糖含量明显降低，而胰岛素含量有所升高，说明了平菇具有对糖尿病病人的食疗功能。木耳提取物则有望作为一种新的保健食品，发挥抗氧化、降血脂的作用。这些药用功能的发现和研究进展，为食用菌精深加工产业发展提供了重要的技术研发方向。

**2. 工厂化栽培技术研发水平继续提升** 当前国内外实现工厂化生产的食用菌主要有双孢蘑菇、金针菇、杏鲍菇、斑玉蕈、灰树花、滑子菇等，其中工厂化生产历史最长、工艺技术最成熟的是双孢蘑菇，其次是金针菇、杏鲍菇。此外，平菇、香菇工厂化技术也正在逐步推进，有望实现技术可行性和经济有效性的统一。欧洲的双孢蘑菇生产大多采取分段模式，即栽培料和覆土材料由大型专业公司制作，生产栽培管理环节交由众多的家庭菇厂，实现了大公司资本技术优势与家庭菇场劳动效率优势的有机结合，也推动了菌种制作、培养料发酵、覆土、栽培出菇等各个环节的专业化、规模化和标准化。在技术研发上，主要集中在覆土的药剂处理、覆土材料对双孢蘑菇品质的影响和不同覆土模式对菌丝生长和产量生成的作用机理等方面。近几年来，日本、韩国、荷兰等经济技术先进国家或地区的食用菌传统栽培方式已逐步衰落并趋于淘汰，工厂化生产方式成为主流，其中日本的食用菌工厂化产品占有率高达 80%，韩国、我国台湾地区也高达 60%。在木腐菌尤其是金针菇生产方面，随着适合工厂化生产菌种和相关机械设备的研发，其生产自动化的发展也突飞猛进。在栽培技术方面，日本和韩国的工厂化生产水平已非常接近，通过机械化自动化作业以及专业化标准化管理，同时采用针对温、气、湿、水、肥等食用菌主要生长因子的综合信息自动化控制，大大推动了从拌料、装瓶、灭菌、采收等工序以及后续挖瓶和洗瓶的全程机械化生产，实现了食用菌生产从传统产业发展成为最环保最高效的现代农业产业。

**3. 病虫害防控技术研究全面展开** 在病虫害发生机理方面，从松茸担子、赤松根部及周围的土壤中分离得到了木霉新种 *Trichoderma songyi*。蘑菇子实体内生细菌 *Ewingella americana* 容易引发菌柄内部腐烂以及褐斑病发生。泛菌 *Pantoea* sp. PPE7 中 *wzc* 基因对胞外多糖具有调控作用，纯化的 GST-Wzc 则对络氨酸的磷酸化具有影响作用。眼蕈蚊科中植眼蕈蚊属（*Phytosciara*）和迟眼蕈蚊属（*Bradysia*）幼虫的取食路径从腐烂的植物叶子到正在生长的植物叶片均有所涵盖，反映了对食用生长的潜在危害。在病害快速检测方面，采用顶空固态微萃取结合气质联用（HS—SPME—GC—MS），对真菌病害特异挥发性物质进行检测，以快速判别食用菌培养料被污染的病原菌及所处的生理状态。在生物防治方面，*Pseudomonas* sp. HC1 具有抑制黄斑病的功能。在试管对峙中，蘑菇褐斑病菌 *Pseudomonas tolaasii* 被 δ-变形菌 *Bdellovibrio bacteriovorus* 所捕捉，使菌落数量大幅降低。利用昆虫病原线虫如斯氏线虫（*Steinernema feltiae*）、小卷蛾线虫（*S. carpocapsae*）和杀虫剂（如除虫脲、杀铃脲）可有效控制厉眼蕈蚊，但对蚤蝇无明显效果。

**4. 食用菌保鲜与加工技术研发在多个领域快速推进** 在加工方面，从最初的工艺研究向加工技术对食用菌营养与功能成分、质构特性、风味物质影响等方面深入。应用高新技术如核磁共振仪、流变仪、电子仿生设备等来解析食用菌加工过程中对产品水分迁移、流变特性、结构品质、营养成分影响等方面的研究。在产品研发上，基本明确了食用菌多糖类、免疫蛋白类、多酚类、生物碱类、萜类、植物甾醇、膳食纤维等功能成分的生理代谢、营养功能以及作用机理，研发了具有抗肿瘤、抗衰老、耐缺氧、促进脂质代谢、保肝降酶、智力发育、免疫调节等作用的一系列功能食品。围绕功能因子，构建食用菌功能成分指纹图谱，从细胞和分子水平上探究和挖掘功能成分对细胞通路作用机制的研究，也成为重要的研究进展。在保鲜技术领域，将化学技术与气调包装技术结合使用，成功解决了鲜切食用菌的保鲜技术难题，综合运用辐照、超声处理、高压惰性气体、植物精油保鲜剂等物理处理并结合包装保鲜技术，在食用菌长时保鲜方面也取得了明显效果。

## 四、国内食用菌产业技术研发进展

国内食用菌产业技术研发进展主要体现在以下几个方面。

**1. 菌种技术的系统化工作**（包括可利用种质、育种技术、新品种选育等）**取得显著进展** 在可利用种质资源方面：收集入库了一批新的种质资源，使国家食用菌标准菌株库的可利用信息标注清晰的食用菌种质资源保藏量达到了 8 000 余株，包括标准菌株、野生种质、国外引进栽培种质、国内栽培种质四大类。平菇、香菇、双孢蘑菇、黑木耳、毛木耳、金针菇六大主栽种类的核心种质群体已经建立，并作为育种材料开展了新品种的选育工作。在育种技术上：基本建立了主要栽培种类的育种筛选模型，形成了丰产性、抗性（耐高温性、抗病性）、出菇周期、商品形态等主要性状的鉴定与预测技术方法，大大加快了育种进程。经过近几年的努力，已成功选育、认定并推广应用了一批新的品种，使我国食用菌栽培品种逐渐形成区域性、季节性与市场需求相衔接的配套体系。同时，专有型品种的选育工作也伴随着食用菌产业升级和生产方式转变而逐步展开，适合加工的金针菇品种和适合工厂化生产的香菇、平菇品种的选育工作开始深入，成效也正在显现出来。在菌种生产技术方面：传统的“长白了就用”的菌种生产方法在规模化、工业化生产推动下而受到挑战，菌种质量意识开始建立并逐步强化，尤其是由中国农业科学院率先提出的“菌株维护”理念并在北京选点和开展持续性的菌株维护工作效果明显，经过 3 年实践，将工厂化栽培杏鲍菇菌株单产从每袋 350 克提高到 430 克，继而又提高到 451 克，显示出较高的菌种生产的技术经济效益。

**2. 栽培技术研发获得新突破** 食用菌栽培技术包括与栽培环节相关联的生产机械、设施设备、栽培管理和基质创新等多个方面。

在机械与设施设备方面，借鉴国外技术经验，结合国内生产实际，以替代人工接种为目的的菌袋接种机被研发并在实际生产中开始推广。在栽培设施上，开发出 S 形行走式的可移动床面，节约了空间，提高了效率，方便了采收。夏季栽培水帘的研发和使用，成为食用菌栽培技术的一大进步，大大改善了食用菌生产环境，降温增湿效果显著，菇棚温度降低 6～8℃，同时由于湿度增加使得食用菌的生长速率和产品品质得以提高。

在农业设施化栽培和专业化生产上，各种栽培技术不断创新、措施不断完善。如生产设施中的棚架设计、室内空间规划和覆盖材料筛选以及防雨、透气、增湿、降温等技术运用的科学化明显增强，原料粉碎、拌料装袋、菌棒制作、发菌催芽、搬送运输等生产链条的专业化、标准化技术水平不断提高，低温发菌、集中催芽等技术理念获得认同并得到广泛应用。以黑木耳的“集中催芽、小孔出耳”技术为例，经过理念提出、技术跟进和示范推广，已在主产区获得大面积推广，单片耳率达到 80%以上，单产最高达到 70～80 克/袋（干重），多数达到 40 克/袋（干重）以上，较以前的 30 克/袋增长了 33.3%。香菇、木耳等主要栽培种类的菌棒专业生产厂也在不断增多，规模化的标准生产园建设水平以及精准化的栽培技术体系完善程度（品种—区域—季节—病虫害防控—基质—管理—采收—储运）进一步提高，使食用菌栽培环境与生产条件有了明显改善。诸如此类的诸多技术突破和推广应用，对实现食用菌栽培产量增加、品质改善和效益提升起到了重要的助推作用。

此外，栽培基质多样化和科学利用基质研究也有新的突破。通过对不同培养料栽培平菇的研究发现，在合理配方结构下，废棉、大豆秸对产量有较好的促进作用，而棉仁粉的使用则能够有效提高平菇产量，增幅达到 15%以上。棉柴、大豆秸、玉米芯、桑枝条等农林废弃物的基质化开发和产业化利用技术已经成熟。优化栽培基质和实现科学配制，对节约资源投入和提高产品产量亦有明显效果。

**3. 工厂化生产技术出现积极变化** 随着劳动力成本上升以及菇农老龄化现象加重，传统栽培模式在逐渐衰退，设施化、规模化、标准化的食用菌合作社及企业逐渐增多，通过改善资本有机构来推进产业升级逐步得到认同。主要表现在工厂化技术的发展与波动调整方面。

一是栽培技术水平不断提高，通过菌种纯化、配方优化和管理措施完善，杏鲍菇产量最高达到 440～450 克/袋，较过去提高了 14%左右；多数企业的单产平均水平达到了 360～400 克/袋，与几年前 250～350 克/袋的水平相比，产量增加效果显著。金针菇产量也从过去的每瓶 380 克上升到 430～530 克，最低增幅达到了 13.2%以上。二是新的生产理论与技术，尤其是香菇工厂化理论、技术受到关注，创新研制的“基于二次培养的新型香菇工厂化模式”有望推展。三是各具优势的半工厂化和设施化的生产方式并行发展，技术环节趋同并相互交叉融合现象明显。四是受国内严格的森林采伐制度和国际市场贸易政策调整的影响，双孢蘑菇、鸡腿菇等草腐菌在未来工厂化生产中的比重会有所加大，此外，鹿茸菇、绣球菌等一些新的品类也开始进入到工厂化栽培种类之中。

**4. 病虫害防控技术研究全面推进** 病原物及病害鉴定方面，从被木霉污染的平菇子实体或栽培料中先后分离获得了 37 株木霉，并对其致病性进行了验证。轮枝菌（*Cladobotryum protrusum*）引致鸡腿菇子实体蛛网病和深绿木霉引发香菇菌丝绿霉病也被研究发现。生物防治上，发现了托拉斯假单胞菌弱毒菌株对平菇细菌性黄斑病具有诱导抗病作用和弱致病性。病害化学防控研究上，以多菌灵、日本甲托、杀毒矾、多菌灵-2 为供试试剂，研究发现 4 种药剂对青霉菌菌丝和孢子都有不同程度的抑制作用，但对不同食用菌菌丝的抑制作用依药剂种类及浓度不同而异。室内条件下挥发性化合物苯并噻唑对韭菜迟眼蕈蚊成虫具有较强的引诱作用和较好的毒杀效果。

**5. 食用菌加工与保鲜技术研发领域进一步拓展** 在加工方式上已由传统的干制、盐渍、罐藏等产地初加工逐步发展到食用菌多元化加工方式并存，并针对不同食用菌的加工特性，开发了一系列有利于提高食用菌附加值的精深加工产品，如方便调料、速溶汤料等方便食品，油炸脆片、即食食品等休闲食品，食用菌蛋糕、饼干、软糖等糕点食品和灵芝酒、灵芝茶等特色饮品，作为药品或辅助药品原料的食用菌多糖类、蛋白类、黄酮类等功能成分也被开发出来。此外，食用菌功能成分制备从传统的热水浸提技术逐渐向超声波辅助提取、酶法辅助提取、膜分离、超临界流体萃取和动态逆流提取技术发展，使功能成分的得率、纯度和生物活性得到显著提升。在保鲜技术方面，食用菌包装保鲜技术逐渐趋向标准化、智能化和多元化，传统的冷藏保鲜和气调保鲜在广泛应用的同时，高效智能化的包装保鲜材料在调节气体通透性、水蒸气吸附性、杀菌性等方面所具有的优势推动了包装材料的多样化发展。

**6. 资源综合化利用技术研究引向深入**

近几年我国食用菌菌渣资源化利用技术研发进展较快，特别是工厂化食用菌菌渣，由于其养分较高、来源与质量稳定以及收集方便等优势，使综合利用率大幅提高。在菌渣二次种菇和肥料化利用方面，分别制定了菌渣再利用种菇的技术规程和菌渣堆肥处理技术操作规程，构建了“农业废弃物—食用菌—菌渣—种菇基质—堆肥—种植业”和“农业废弃物—食用菌—菌渣—有机肥—种植业”循环利用模式。在基质化和垫料化利用方面，确立了菌渣用作不同作物栽培基质的适宜配方与生产工艺，制定了食用菌菌渣基质化发酵技术规程和菌渣垫料堆肥处理技术规程，构建了“农业废弃物—食用菌—菌渣—栽培基质—种植业”和“农业废弃物—食用菌—菌渣—养殖垫料—有机肥—还田”循环利用模式。其他一些循环利用模式也是目前研究的热点，如“农业废弃物—食用菌—菌渣—生态修复材料—环境保护”“农业废弃物—食用菌—菌渣—生物活性酶/功能性组分”等。

（食用菌产业技术体系首席科学家
张金霞提供）

# 2014年度大宗蔬菜产业技术发展报告

（国家大宗蔬菜产业技术体系）

## 一、国际蔬菜生产及贸易概况

### （一）国际蔬菜生产

据FAO数据估算，2013年世界蔬菜收获面积约为5 823万公顷，较2012年增长约2.3%；总产量约为11.35亿吨，较2012年增长约2.3%。蔬菜产量排名前五的国家仍为中国、印度、美国、土耳其和伊朗，分别占全球总产量的约51.13%、10.65%、3.01%、2.49%和2.08%；蔬菜收获面积排名前五的国家为中国、印度、尼日利亚、土耳其和美国，分别占全球收获总面积的约41.69%、14.85%、3.25%、1.91%和1.80%。

### （二）国际蔬菜贸易

**1. 贸易总量** 据联合国统计署数据，2013年世界蔬菜进出口贸易总量约为1.7亿吨，进出口总额约为1 800亿美元。其中，出口量约为8 400万吨，出口额约为910亿美元；进口量约为9 100万吨，进口额约为880亿美元。

**2. 贸易结构及流向** 2013年鲜冷冻蔬菜、加工保藏蔬菜、干蔬菜三大类蔬菜出口额占世界蔬菜总出口额的比重分别达到54%、34%和8%。2013年世界蔬菜出口额排名前十位的国家依次为荷兰、中国、西班牙、美国、墨西哥、比利时、意大利、法国、加拿大、德国；世界蔬菜进口额排名前十位的国家依次为美国、德国、英国、法国、荷兰、日本、俄罗斯、加拿大、比利时和意大利。

## 二、国内蔬菜生产及贸易概况

### （一）国内蔬菜生产

根据农业部蔬菜生产信息监测网对各省市上报的数据统计分析，2014年我国蔬菜播种面积约3.19亿亩，比2013年约增加1.9%；总产量约7.58亿吨，比2013年约增加3.1%，蔬菜产业规模持续稳定增长。蔬菜市场价格全年保持低位运行，根据农业部580个县定点监测的数据分析，2014年4月到12月产地蔬菜价格比2013年平均低8.2%，仅年初和12月份出现同比略高，全年鲜菜市场价格有9个月较2013年同期有明显下降。

### （二）国内蔬菜贸易

**1. 贸易总额** 2014年我国蔬菜进出口贸易继续保持增长。其中，蔬菜出口额达到125.0亿美元，同比增长7.9%；进口额为

5.1亿美元，同比增长21.7%；贸易顺差119.9亿美元，同比增长7.3%。

**2. 贸易结构及流向** 2014年我国鲜冷冻蔬菜出口额达到52.6亿美元，约占出口总额的42%；加工保藏蔬菜出口额达到45.1亿美元，约占出口总额的36%；干蔬菜出口额达到27.1亿美元，约占出口总额的22%。主要出口的蔬菜品种是大蒜、干香菇、番茄酱罐头、生姜、洋葱等，主要集中在东北亚市场、东盟市场、欧盟市场、北美市场和俄罗斯市场。

## 三、国际蔬菜产业技术研发进展

### （一）遗传改良与品种选育

**1. 国际种业界关注中国种业市场** 5月，国际种子联盟（ISF）主持在中国北京召开世界种子大会，60个国家和地区的国际种业代表参会。11月，亚洲种子协会在中国澳门召开亚洲种子大会。国外种子企业通过独资、合资设立研发机构或通过品种授权使用等方式进入中国种业呈加速趋势。外商在中国设立的35家农作物种子企业中，经营蔬菜的达28家，培育的设施果菜、胡萝卜、洋葱、菠菜等品种已占很大份额。

**2. 蔬菜育种分工明确** 发达国家的商业化育种以种子企业为主，公司之间育种的作物有分工，甚至同一作物针对不同地区还有分工，先正达、利马格兰公司的十字花科蔬菜作物育种优势明显，孟山都公司的玉米育种力量雄厚。同一种蔬菜作物的育种团队，在种质资源鉴定、优良亲本系筛选、杂交组合配制、新品种示范推广各育种环节进行流水作业，规避了个别员工对品种和资源的完全控制。

**3. 育种目标多样化** 育种目标须同时满足生产者和消费者的需求；既要满足种植者需求的高产、抗病虫害、一致性、抗非生物胁迫的目标，又满足消费者需求的品质、商品外观、保质耐储、风味、营养等目标。重视多功能品种选育，包括含有丰富的生物活性物质、促进健康；抗4～6种病害逆境、有利安全生产；耐贮运性好、有利于规模化基地生产和周年供应的目标。重视种质资源的多样性和可利用性。重视适应不同气候及低成本品种的选育。重视种子生产和种子质量检测的品种选育。

**4. 分子育种发展较快** 国外蔬菜育种公司一方面组建分子育种研究团队，一方面建设的高通量的分子育种技术平台。即使“东西方”这样规模不算大的公司，也投入数百万美元构建了DOUGLAS基因分析系统。

### （二）栽培与生产技术

**1. 欧美国家开始重视嫁接技术的研发和应用** 近年由于禁止使用溴甲烷土壤消毒方法，对嫁接砧木品种选择、砧穗亲和性、嫁接方法等研究逐渐增多。Mohamed等以西瓜品种为接穗，南瓜品种为砧木，分别通过舌接、插接、侧接方法进行嫁接，发现与插接法和侧接法相比，舌接法显著提高了株高、侧茎数、雄花数、单株果实重。Miceli等用野生茄子为砧木，进行砧木断根、顶端45°斜切方法与接穗贴接，有效解决了砧木发芽不齐、生长缓慢导致嫁接时间不匹配问题，同时断根嫁接苗定植后缓苗时间缩短。

**2. 栽培营养液自动灌溉技术研发取得新进展** 通过构建实时监测的植物生理模型和远程介导的传感装置实现营养液供给自动

化，进而完成植物终端的实时监控。

**3. 重视菜田土壤微生物多样性研究** 土壤理化性质、施肥、连作等都会引起土壤微生物群落结构变异。对有机番茄农场土壤理化性质和微生物指示脂肪酸甲酯的冗余分析（RDA）可解释 29.3%的微生物群落结构变异。高强度蔬菜种植条件下施用高量堆肥比低量堆肥和不施肥，0～10 厘米土壤革兰氏阳性菌、放线菌、真菌 18∶1ω9 和丛枝菌根真菌的标记磷脂脂肪酸单体（PLFAS）数量显著增加。耶鲁农场田间试验表明，施用牛粪较施用化肥土壤含有更多的β-内酰胺耐受细菌。连作黄瓜根际土壤的活跃细菌群落丰度受种植茬数影响显著。

**4. 菜田氮素损失阻控研究仍为重点。** 结合开放通路红外光谱逆分散技术和反向拉格朗日随机扩散模型开展的菜地氮排放研究认为 OP-FTIR/WindTrax 可以量化菜田土壤气体氮损失；露地黄瓜—白菜轮作体系中使用 DCD（双氰胺硝化抑制剂）可减少 $N_2O$ 的排放量，露地花椰菜种植中使用 DMPP（3，4-二甲基吡唑磷酸盐硝化抑制剂）可减少 $N_2O$ 的排放量；蔬菜作物使用硝化抑制剂（DCD、DMPP）平均提高氮肥利用率；露地菜田（卷心菜、菠菜）上使用 DCD 可以抑制土壤 $NH_4^+$—N 转化为 $NO_3$—N；种植 10 年的温室中采用还原土壤消毒法（淹水条件），可提高土壤对 $NH_4^+$—N 的生物固定，$NO_3$—N 的累积量减少，NO 和 $N_2O$ 的排放量降低；露地叶菜类蔬菜土壤 $N_2O$ 的排放量比果菜类土壤高，湿润的夏季土壤 $N_2O$ 的挥发量减少。

**5. 有机肥高效施用研究受到广泛关注** 有机无机肥配施较单施化肥提高温室番茄土壤微生物量碳和脱氢酶活性，实现增产目的。露地花椰菜种植中发现，与采用有机无机肥料配合施用相比，单施有机肥或化肥处理均减产；全部施用有机肥会导致蔬菜减产，但可增加果实干物质量和土壤养分含量。塑料大棚蔬菜土壤施用堆肥和木屑显著增加土壤脱氢酶、磷酸酶和β-葡萄糖苷酶活性及碳固定；露地莴苣种植中施用蔬菜废弃物堆制的有机肥，可有效提高植株干物质量；选择适当的有机肥（腐殖酸和蚯蚓粪）可提高产量。

## （三）设施蔬菜技术

**1. 韩国温室面积不断增加，提出新的无土栽培节水灌溉技术** 温室面积达 59 160 公顷，其中 84.5%种植蔬菜，产量占种植产量的 36%。从 2009 年起有 25～30 家企业从事植物工厂，规格一般为 100～300 米$^2$。无土栽培中注重水和肥料的管理，依据测量蒸腾和排水来进行无土栽培水分管理的技术，依据基质内含水量和排水数量、作物的蒸发量和光照强度及作物预期产量来确定灌溉水量，利用蒸腾模型 $ET=a\times[1-exp(-k\times LAI)]\times RAD+b\times LAI\times VPD$ 设计蒸腾作用测量和灌溉控制系统，利用计算机控制无土栽培营养液的控制系统。

**2. 日本设施农业生产中应用环境检测系统信息平台**（UECS） 主要应用于植物工厂的环境控制中，由 LAN 接连，Web Cam、无线网络路由器，温度、湿度、光照和二氧化碳检测传感器节点组成。传感器所取得的数据实时传送到伺服器，来控制植物工厂内的设备，实现植物工厂的环境精准监控。利用 LED 补光技术，提高了叶用生菜产量，缩短生产周期。截至 2014 年，全日本有 30 多个地区使用 UECS 系统。为进一步促进

UECS的发展，开始从事减低硬件开发成本技术方面研究。

### （四）病虫害防治

**1. 木霉菌生防产品广泛应用于生产** 木霉菌被用作生物杀虫剂、生物肥料、生长促进剂、自然抗性激发物质等，具有保护植物、促进植物营养生长的功效，并能在不同农业生产条件下保持一定的病原菌种群，作为土壤改良剂具有提高土壤储存营养、促进分解和生物降解的能力。从地理分布多寡上看，木霉菌产品依次分布在亚洲、欧洲、中南美洲和北美洲。以控制土壤真菌病害（如丝核菌、腐霉菌引起的）以及少量叶片病原菌（如链格孢菌）为主要目的的木霉菌产品为主，仅有少量具有促进植物生长的作用。

**2. 害虫遗传防治第三代技术发展迅猛，未来有望大规模推广** 革命性的新型基因组编辑技术CRISPR（成簇的、规律间隔的短回文重复序列）被用于昆虫的遗传改造和害虫的遗传防控，引发害虫遗传防治第三代技术迅猛发展。美国科学家Luke Alphey博士及其所在的Oxitec公司、美国农业部是这一技术革命的领跑者。试验表明，通过遗传操纵技术已成功获得携带显性致死基因的雄性蚊虫，可高效地找到野生雌虫并交配授精，导致野生雌虫产下不能发育的雌性后代和仍然携带显性致死基因的雄性后代，通过几代交配，可显著降低野生蚊子种群数量。英国和美国科学家用于蔬菜重大害虫小菜蛾的遗传防控研究，计划2015年进行大田释放试验。已在构思将该技术用于对斜纹夜蛾等其他重要蔬菜害虫遗传防治的研究。

### （五）采后处理与加工技术

**1. 脉冲强光（激光）杀菌技术被广泛应用** 该技术是最新一代冷杀菌技术，无污染、杀菌快（纳秒级）、能效高，现已广泛应用于各种食品包装杀菌，并开始在蔬菜表面减菌进行应用研究。

**2. 可降解塑料技术的研发标志果蔬加工业废弃物利用进入新阶段** 欧盟利用果菜汁加工业排放的大量废水，研发出廉价、符合欧盟绿色标准的可降解塑料技术及生产工艺。

## 四、国内蔬菜产业技术研发进展

### （一）遗传改良与品种选育

**1. 种业创新受到国家的重视** 农业部、科技部、财政部联合下发《“关于开展种业科研成果机构与科研人员权益比例试点工作”的通知》〔农种发（2014）4号〕。要求建立和完善种业科研成果权益分享机制，激发科研人员育种创新活力，保护科研机构与科研人员合法权益，规范种业科研成果交易，提高成果转化率，提高种业科技创新能力。袁隆平、傅廷栋、谢华安等十余名院士专家向政府建议，将包括蔬菜在内的八大农作物杂种优势育种列为国家重点科技专项，得到习近平总书记的重要批示，农业部正组织相关专家撰写项目建议书。科技部已将包括蔬菜等七大主要农作物育种列为“十三五”的重点科技专项，组织专家撰写项目实施方案并征求意见。

**2. 育种目标发生明显变化** 传统的优质、丰产、多抗目标之外，增加了多样化、小型化、耐贮运、适于机械化生产等育种目标。近年来，开展正规育种研究的蔬菜已达30余种，且同一种蔬菜出现不同的类型。如大白菜，就有适于不同季节栽培、熟性、栽培方式、包球方式等几十种类型。小型化趋势明显，小型白菜——娃娃菜、迷你黄瓜、樱桃番茄、小型圆球甘蓝广受市场欢迎。为适应农村蔬菜规模化生产基地的建立，育成推广一批耐裂、耐储运的番茄、辣椒、甘蓝等品种。适于机械化收获的干椒、加工番茄品种已育成并推广。

**3. 分子育种继续取得重要进展** 国内科研教学单位分子标记研究越来越向实用化发展，开发出许多有实际应用价值的分子标记，如番茄中开发出抗TY病毒、叶霉病等20余种常用标记，黄瓜开发出苦味、抗黑星病、枯萎病等十余个常用标记，大白菜开发出抗根肿病、紫色分子等标记，甘蓝开发出抗枯萎病、显性雄性不育、无蜡粉亮绿性状等标记，大大提高了育种效率。

**4. 育成一批可替代国外进口种子的新品种并大面积推广** 浙江农业科学院、中国农业科学院蔬菜花卉研究所、华中农业大学、东北农业大学等育成的抗Ty番茄已得到大面积推广，其中浙江农业科学院育成的抗Ty番茄新品种浙粉702、浙红502等已推广近100万亩，北京农林科学院育成的娃娃菜已推广50万亩，华盛种苗公司育成的西葫芦已推广15万亩，春白萝卜已推广100万亩，山东农业科学院和内蒙古农业科学院育成的洋葱、中国农业科学院蔬菜花卉研究所育成的胡萝卜、菠菜等蔬菜新品种也正在大面积推广。

**5. 民族种子企业得到进一步发展，国产种子质量日益提高** 据中国种子协会蔬菜分会统计，2014年营业额达到5 000万元以上的蔬菜种子企业已有十余家，部分营业收入已达到或接近1亿元。由于制种技术的提高和管理更为规范，加上气候条件较好等原因，大白菜、甘蓝、黄瓜等蔬菜种子均获得丰收，且质量高于往年。

## （二）栽培与生产技术

**1. 设施栽培主要作物的逆境伤害和适应机制、缓解途径和机理研究取得进展** 初步探明外源多胺（Spd、Put）对黄瓜幼苗盐胁迫［NaCl、Ca（$NO_3$）$_2$］伤害的缓解作用及生理和分子生物学机制。

**2. 系列化功能型育苗基质研发、嫁接育苗技术、新型育苗方式等方面取得进展** 有效利用各种有机废弃物发酵合成功能型有机育苗基质，研发推广了主要蔬菜作物专用育苗基质和标准化育苗技术；对蔬菜嫁接砧木进行资源评价，嫁接育苗新技术正在逐步推广应用。广西、海南、浙江、山东等地广泛推广黄瓜等瓜类蔬菜嫁接育苗。提出了优化番茄嫁接穗/砧胚轴生长的肥料和烯效唑复合施用技术。插接、靠接、楔接、楔贴接4种嫁接方法对薄皮甜瓜嫁接成活率影响的研究表明，楔接法对薄皮甜瓜嫁接成活率最高，产量最高。

**3. 新型栽培技术不断涌现** 叶菜基质穴盘省工栽培技术用于生产的效果良好。确立了基于农户的小规模栽培基质发酵技术的完整工艺流程和最佳工艺参数。研究了加气灌溉、灌水频率等对植株生长量及果实产量、品质的影响；发现城市餐厨垃圾厌氧消化做成的叶面肥，可促进番茄植株生长，提高品质；利用红光、红蓝混合夜间延时补光能分别促进前期和后期黄瓜幼苗的生长；喷施叶绿酸铁可增强黄瓜幼苗对亚适温的适应性；施用植物源药肥提高土壤微生物数量和土壤酶活性；地膜和秸秆不同组合覆盖处理在结果期均明显提高根际土壤细菌细胞数量和有机质、全钾、碱解氮含量；研究发现充分湿润栽培对作物吸收量较大的养分离子具有较好的保留作用；把干燥的绿薄荷和鼠尾草等芳香植物按不同比例添加到土壤中，可改善土壤性状量。通过开发基于 Zigbee 无线传输的温室作物信息采集系统与灌溉执行终端，构建了温室智能灌溉远程控制平台。多地高山蔬菜生产中开始尝试大众菜和精细菜合理搭配生产模式，形成多套栽培茬口及模式、生态栽培技术；开展高山野生阳荷笋软化栽培和营养成分研究。

**4. 克服连作障碍技术不断发展** 筛选出多种蔬菜作物病害的拮抗菌株；发现大蒜、积肥和含微生物菌剂的生物有机肥、生物炭及部分作物残茬等植物源活性物质可抑制病原菌。深化研究轮作、间套作、伴生、填闲等作物多样性种植体系技术在克服连作障碍中具有的重要作用。

**5. 土壤肥料研究主要集中在菜田土壤重金属污染控制、土壤微生物学特性动态变化、土壤氮/磷损失阻控等方面** 土壤重金属修复生物原位钝化技术（BISIPC）取得突破；改良剂与能源植物联合、土壤生物与植物联合、乳酸菌将成为重金属污染土壤修复研究的热门发展方向之一；采用各种堆肥技术和手段对粪肥中抗生素残留的去除的应用前景广阔；重金属在土壤—蔬菜系统中累积、迁移规律的研究获突破；菜田土壤 Cd 污染控制研究引起重视；沸石与羟基磷灰石组配改良剂能有效降低土壤中交换态重金属的含量及蔬菜可食部分吸收量。发现包括大棚菜地微生物群落整体代谢活性、多样性和均匀度，设施菜地细菌和 *nir*K 型反硝化细菌、氨氧化细菌丰度，连作黄瓜或番茄土壤微生物量碳、微生物量碳/氮比例和细菌优势菌群、真菌优势菌群数量等菜田土壤微生物数量、活性和群落结构多样性规律，以及秸秆还田、沼渣基施、硝态氮肥比例、铵态氮肥比例对菜田土壤微生物的影响。菜田土壤氮、磷损失阻控研究方面，发现不同种植模式、不同地区的 $N_2O$ 排放、土壤水分、温度、降雨量与硝态氮淋失量之间的相关关系，及对产量、果实品质等的影响。

### （三）设施蔬菜技术

**1. 设施及设备技术研究与应用取得进展** 将日光温室北墙处设置黑色集热幕墙、水蓄热的主动蓄放热系统与地源热泵相结合的“组装式太阳能双效温室”，可滑动的日光温室岩棉彩钢板保温系统，低成本的水循环蓄热系统“日光温室水帘系统”“日光温室水墙系统”，利用北墙弧形集热幕、水循环蓄热系统代替后墙集热和蓄热作用的、高保温性的三折式新型日光温室，低成本、可高效利用太阳能的“屋架组合管网太阳能集热日光温室”等增温效果明显，部分还具有防雨、防雪、防风、防火能力。室外多曲面槽式太阳能空气集热器集热、带竖向空气通道的太阳能相变墙体蓄热的日光温室试验取得进展。研发成功主动采光蓄热日光温室新结构，包括可变倾角温室、蓄热墙体温室、太阳能温室、地源热泵温室和相变材料温室。研发跨度 10～12 米、内外加保温被的大跨度保温性双层大棚并推广。

**2. 物联网、光伏发电等技术在日光温室中的应用逐渐增多** 物联网将从使用传感器测试植物环境到测试植物生命信息，再到测试成熟度、营养组分、形态、有害物残留、产品包装标识等，开展农业物联网技术和装备的系统引进和自主研发，加强植物生长过程数字化监测手段、模型研究，突破农业物联网的核心技术和关键技术。光伏发电技术应用于温室，建立了室内种菜、屋顶发电的新模式。大面积的连栋温室屋面安装太阳能电池板，形成大功率的发电场，以做到并网输送，室内栽培花卉、耐弱光蔬菜或食用菌类。

**3. 日光温室设计方案模拟与评价的计算机软件研发成功** 日光温室设计方案热环境评价系统（RGWS-RHJPJ V1.0）软件是日光温室环境模拟与辅助设计工具软件研发方面的创新成果，具有较高通用性，适用于不同地区、不同气象条件，以及目前主要的日光温室形式，可有效地改变过去设计建造时主要依据有限经验，缺乏理论指导和科学方法的现状，对于日光温室设计方法和工程理论的发展具有重要意义。

**4. 推广应用一批设施新品种、新技术** 沈阳农业大学研制的番茄袋培复合营养基质及其制备与肥水管理方法主要包括番茄袋培营养基质的制备技术、番茄袋培水肥一体化管理技术和番茄袋培生产管理技术等方面。陕西将蔬菜新品种引进试验示范、新型棚体及多膜覆盖技术、秸秆生物反应堆技术、水肥一体化技术、病虫害及质量安全综合控制技术进行统一集成，效果显著。宁夏设施标准化建设、集约化育苗、测土配方施肥、滴灌水肥一体化、秸秆生物反应堆提质增效技术的应用推广，大大提高了产业科技含量。新疆推广应用优良品种与集中育苗、蔬菜高效栽培技术、水肥高效调控、设施病虫害无害化控制等技术，推动设施园艺快速发展。

### （四）病虫害防控技术

**1. 病毒发生种类正在出现的新变化** 有抗原的病毒病发生频率减少，没有抗原的病毒病发生频率上升。如 TMV、ToMV 等病毒的检出率显著减少，而 CMV、BBWV 等病毒的检出率显著升高。2013 年之前番茄上的主要病毒是 TYLCV，之后的主要病毒为番茄褪绿病毒（ToCV）。

**2. 烟粉虱研究取得新进展** 浙江大学与以色列 Murad Ghanim 实验室合作研究，首次发现一些不能被某种烟粉虱传播的病毒，虽可以进入烟粉虱的唾液腺，但不能随唾液一起分泌出来。这些病毒能进入烟粉虱唾液腺的边缘区域，而不能进入唾液腺中间区域沿唾管分布的细胞，首次证明这些细胞对病毒的特异性传播非常关键，这为定位烟粉虱体内与传毒相关的蛋白、研发干扰烟粉虱传毒的技术奠定了基础，成果发表在病毒学领域国际权威期刊 *Journal of Virology* 上。浙江大学与中国科学院微生物研究所合作，发现中国番茄黄化曲叶病毒 TYLCCNV 的卫星编码的致病蛋白 βC1 直接与烟草、拟南芥体内茉莉酸代谢途径中的关键转录因子 MYC2 互作，从而阻碍了茉莉酸代谢途径对下游萜类物质合成相关基因的启动，压抑了植物的抗虫性，同时证明 MYC2 是植物中病毒侵染的一个保守位点。论文发表在植物学领域国际权威期刊 *Plant Cell* 上。

**3. 重要病原菌效应因子研究进展显著** 基于基因组学和生物信息学技术，解析了辣椒疫霉、大豆疫霉、致病疫霉等多个卵菌种菌基因组中含若干效应蛋白，它们隶属胞质效应蛋白或质外体效应蛋白。目前已克隆了卵菌的多个效应基因，探索了其侵染机制，并开展了效应蛋白结构生物学研究。找到了宿主体内多个与效应蛋白互作的靶标分子（如 PI3P、MAPKKKε 等），解析了几个效应蛋白三维结构（如 AVR3a4、PexRD2 等），尝试基于三维结构，深入研究其转运宿主细胞机制及致病机制。

**4. 农作物病虫害绿色控制与综合解决方案示范效果显著** 据农业部统计，2014 年在全国 31 个省区组织开展蔬菜等 10 种作物病虫害统防统治与绿色防控融合推进试点工作，建立示范区 538 个，示范面积 920 万亩，辐射带动 7 160 万亩。从试点效果看，一是集成一批技术模式，二是农药减量控害显著，三是节本增效显著，四是示范带动效应显著。农业部力争到 2020 年全国统防统治与绿色防控融合推进覆盖率达 30%以上。

### （五）采后处理与加工技术

**1. 应用物理的、化学的、生物的以及综合控制的方法，对蔬菜进行采前及采后处理，在延缓蔬菜采后衰老，维持品质方面有了新的进展** 利用热处理、间歇变温处理提高番茄、青椒的品质及采后耐冷性；高压电场能够有效抑制黄瓜、番茄采后的衰老；微波处理可以提高蒲菜、慈姑贮藏期生理及品质；外源一氧化氮熏蒸处理提高芥蓝、番茄的采后品质；茶树精油、薰衣草精油、玫瑰果精油控制果蔬采后病害；利用绿光、红光、蓝光 LED 灯照射能够抑制青花菜采后黄化；乙醇新型固体缓释剂处理番茄可以提高番茄品质；基于高光谱图像技术、利用反射和半透射高光谱图像、核磁共振技术等，应用于番茄的早期冷害无损检测。

**2. 国产化、高效节能加工装备得到推广** 国产化鲜切蔬菜自动计量包装装备开始推广，应用效果良好；随着多省市限制 20 吨以下锅炉的使用，中小型热泵干燥装备在宁夏等地开始应用，标志高效节能方式开始在脱水蔬菜产业中应用。

（大宗蔬菜产业技术体系首席科学家杜永臣提供）

# 2014年度西甜瓜产业技术发展报告

（国家西甜瓜产业技术体系）

## 一、国际西甜瓜生产与贸易概况

**1. 国际西甜瓜生产概况** 2013年世界西瓜种植面积达到3 472 997公顷，产量达105 372 341吨；甜瓜种植面积达到1 339 006公顷，产量达31 925 787吨。全球西瓜和甜瓜的平均人年消费量分别为14.88千克和4.51千克。

**2. 国际西甜瓜贸易概况** 世界西瓜进出口贸易总体增长，贸易价格逐年增高。总体来看，1 961—2011年，世界西瓜贸易量呈现波动中不断上升的趋势。1961—2011年，世界西瓜进口量年均增速为7.13%；出口量年均增速为5.89%。2008年以后贸易额增幅远大于贸易量的增长，从而可以看出西瓜的贸易平均价格在逐渐升高。

世界甜瓜贸易地区主要分布在美洲和欧洲。亚洲无论是贸易总量还是进出口贸易量方面跟欧美相比都相对偏小。

## 二、国内西甜瓜生产与贸易概况

**1. 国内西甜瓜生产概况** 根据《2013中国农业统计资料》，2013年全国西瓜播种面积182.82万公顷，总产量7 294.4万吨，每公顷产量39.90吨，比2012年播种面积增加2.67万公顷，总产量增加223.1万吨，增幅3.16%，每公顷单产提高0.65吨。

2014年全国甜瓜播种面积42.31万公顷，总产量1 433.7万吨，每公顷产量33.89吨，比2013年播种面积增加1.27万公顷，总产量增加102.1万吨，增幅为7.7%，高于2013年的4.15%，每公顷单产提高0.28吨。

由于栽培技术的进步，西甜瓜单产水平不断提高，2013年实现了西甜瓜的播种面积、总产量和单产三项全面增长。由于种植结构的调整，近年来全国甜瓜种植面积保持较为明显的增长趋势，甜瓜产量增幅较大。

**2. 国内西甜瓜贸易概况** 2013年我国西瓜进出口总趋势为净进口，西瓜出口数量增加、进口数量减少。2013年1～9月出口数量4.39万吨，出口金额2 247.82万美元；进口数量22.22万吨，进口金额4 825.54万美元，西瓜出口国家和地区主要是中国香港（78.9%）、越南（9%）；进口国家主要为越南（77%）和缅甸（23%）。

2013年甜瓜进出口总体趋势为净出口，甜瓜进口数量有所减少。2013年1～9月出口数量4.62万吨，出口金额5 581.78万美元；进口数量2.75万吨，进口金额220.12

万美元。甜瓜出口国家（地区）主要是中国香港（33.1%）、越南（29%）、马来西亚（21.8%）；进口国家（地区）主要为缅甸。

## 三、国际西甜瓜产业技术研发进展

**1. 国际西甜瓜育种技术研发进展** 基于公布的西甜瓜全基因组数据，2014年度国外学者对西瓜起源及进化、甜瓜和栽培黄瓜以及野生黄瓜材料的进化、重要基因或基因家族的定位与挖掘、转录组测序数据的拼接，基因的功能注释等方面进行了有益的探索。

在起源进化方面，发现西瓜属植物存在7个种，栽培西瓜起源于西非；甜瓜、栽培黄瓜以及野生黄瓜材料存在大量异位、倒位以及重组位点；这些结果揭示了西瓜、甜瓜起源的历史，也为我们今后更加充分利用近缘种提供了依据。

在基因定位与挖掘方面，对甜瓜果实性状、枯萎病抗病基因进行了QTL分析，得到了13个SBP-box蛋白编码序列，找到了聚半乳糖醛酸酶基因家族基因，对于明确葫芦科作物组织分化调控机理以及这些基因是如何在基因组内和种间进化有一定参考价值。

在基因功能解析方面，发现铁离子与铜离子的吸收有显著的协同作用，NAC转录因子*CcNAC1*和*CcNAC2*在西瓜光信号传导过程中起重要作用，并且能与生长素等植物激素信号相互作用，在西瓜耐旱反应中起到作用。甜瓜泛素连接酶基因*CmUBC*，与甜瓜耐水分胁迫密切相关。

**2. 国际西甜瓜栽培技术研发进展** 随着西甜瓜生产规模化、集约化发展，西甜瓜嫁接栽培机理研究成为研究热点。国外学者对嫁接机理、果实形成机理、最佳肥水处理比例等进行了分析。

嫁接机理方面，番茄红素、瓜氨酸、总糖和可溶性糖含量在嫁接西瓜中均延迟到达顶峰；嫁接和非嫁接西瓜果实挥发物质不同，砧穗组合影响西瓜生长、产量和品质。

肥水管理技术方面，认为有机肥能够提高西瓜的品质，其中以牛粪最佳。50%比例生活废水进行灌溉对甜瓜生长无不良影响，该结果有益于解决半干旱地区甜瓜生产中的缺水问题。

同时，探索了利用葫芦花粉对西瓜雌花进行授粉而生产无籽西瓜的新途径，这种单性结实的方式有别于传统三倍体西瓜的生产，果重、果皮厚、果肉颜色及白利度均与一般无籽西瓜无差异，为解析西瓜果实形成、发育提供了新思路。

**3. 国际西甜瓜病虫害技术研发进展** 针对枯萎病、蔓枯病、白粉病和果根腐病等重要真菌病害，围绕抗病育种与抗性机制、病菌致病性与抗药性、病害防控技术等方面开展研究。

针对瓜类细菌性果斑病（BFB），主要集中于致病机理，侵染循环，防治等方面。

针对病毒病害，主要集中于检测和鉴定、抗性基因克隆、病毒致病性及传播方式等方面。

针对西甜瓜害虫，涉及烟粉虱、病毒与寄主植物之间的互作、抗药性、生物学特性及其综合防治技术研究等。

**4. 国际西甜瓜采后处理加工技术研发进展** 国外学者对西甜瓜采后加工处理的仪器设备、果实成熟过程风味物质检测等方面进行研究。

## 四、国内西甜瓜产业技术研发进展

**1. 国内西甜瓜育种技术研发进展** 2014 年度，国内学者在基因组图谱构建、转录组学数据分析、重要基因定位特别是瓤色基因定位、育种基础理论等方面取得了一定的成绩。

在基因组图谱构建方面，主要集中于利用现有基因组数据进行全基因组范围的图谱构建以及连锁不平衡分析。在这方面我国已经在国际上取得了一定地位。

在转录组学研究方面，找到了一些同 K 离子吸收与利用密切相关的基因。还发现西瓜中 *ClYLS8* 和 *ClPP2A* 基因可以当做很好的内参基因，而甜瓜中比较好的内参基因是 *CmRPL* 基因和 *CmADP*。

2014 年，我国在西瓜、甜瓜果肉颜色决定基因定位的研究领域都取得了重要进展。发现番茄红素 β 环化酶和八氢番茄红素脱氢酶基因的高表达以及 β-胡萝卜素裂解酶基因表达的下调可能决定了橙色甜瓜果实中 β-胡萝卜素的高积累量。探讨了红瓤、黄瓤无籽西瓜果实在不同发育时期番茄红素的积累差异，以及番茄红素合成关键酶基因的表达差异。确定西瓜红色果肉性状为单隐形基因控制，其决定基因为番茄红素 β 环化酶基因。

在育种基础理论方面，主要集中在抗逆（病）性评价、数量性状的分析及相关自根砧的评价上。2014 年，育种成绩斐然。搜集到 2014 年度，部分省市自治区审（鉴）的西甜瓜品种达 52 个。

**2. 国内西甜瓜栽培技术研发进展** 2014 年度，国内学者对砧木的选育及筛选、适宜的嫁接方法、不同砧木嫁接对接穗抗病性及生长发育的影响、种传病害的防控和环境参数的设计进行了研究。

针对西甜瓜连作障碍和非生物胁迫，比较了采用轮作、间作、嫁接，药剂防治、生物防治以及采用抗病品种等方法的影响。集成建立了以轮作、土壤消毒、嫁接育苗和药剂防治等措施为主的西甜瓜枯萎病等土传病害的综合防治技术，有效指导了我国西甜瓜连作障碍的综合防治。

研究了滴灌条件下 N、K 肥不同配比的施用对大棚西瓜品质及产量影响的试验，发现适宜的水分胁迫不仅能改善果实品质及维持甚至提高产量，也能提高水分利用效率。西瓜在不同时期对氮磷钾的分配和吸收比例不同，西瓜对氮、磷、钾三要素的吸收，以钾最多，氮次之，磷最少。上述养分吸收利用规律及对产量品质的影响，为制订科学施肥方案提供理论依据。

**3. 国内西甜瓜病虫害技术研发进展** 国内学者在真菌病害病原菌鉴定与遗传多样性、品种抗性及互作机制、连作障碍机制与防治技术、栽培防病技术、生防和诱抗防病技术、化学防治技术等方面进行了研究。

瓜类细菌性果斑病的发生严重制约着瓜类产业的发展，近几年在国家专项技术项目的扶持下，技术人员通过不懈的努力，在瓜类细菌性果斑病的病菌检测、传播、致病性、耐药性、室内及田间防治等方面的研究中取得了骄人成绩。

在病毒病研究方面，从哈密瓜上分离到瓜类褪绿黄化病毒，并进行了 *CP* 基因的原核表达和抗血清制备。对受瓜类褪绿黄化病毒侵染的甜瓜茎叶酵母双杂交cDNA文库构建，这些都为抗病机制的研究奠定了基础。特别是构建成功黄瓜绿斑驳花叶病毒的侵染性克隆，为基因工程疫苗研制和瓜类基因功能研究奠定基础。

对西甜瓜害虫的防治研究集中在发生危害与鉴别、生物防治及综合防治技术等方面。

**4. 采后处理加工与综合利用** 近年来，砧木嫁接和近红外光谱技术对西瓜内部品质进行快速无损检测研究飞速发展。国内学者进行了嫁接作业性能实测，嫁接苗的成活率可达91%。发现不同部位采集光谱信息对最终的检测模型精度有影响，瓜脐部位为西瓜内部品质检测装置的较优采集部位。

（西甜瓜产业体系首席科学家
许勇提供）

# 2014年度柑橘产业技术发展报告

（国家柑橘产业技术体系）

## 一、国际柑橘生产与贸易概况

### （一）国际柑橘生产概况

2013年世界柑橘种植面积和产量分别为1.3亿亩和1.3亿吨。2012年世界柑橘类水果总产量排在前五位的国家依次为：中国、巴西、美国、印度和墨西哥，甜橙最主要的产地位于巴西，中国是世界宽皮橘的主要产地。

### （二）国际柑橘贸易概况

2013年的世界柑橘鲜果类产品进口、出口额分别为131.67亿美元和123.51亿美元，同2012年相比分别增长21.33%和15.90%。进口总量和出口总量分别为1 368.93万吨和1 507.53万吨，与2012年相比分别增长16.94%和12.34%。甜橙的出口额和出口量最大，其次是宽皮橘，柠檬、酸橙、葡萄柚、柚以及其他柑橘属水果的出口比例相对较少。

2013年世界柑橘鲜果的主要消费地区分别为中国、欧盟、巴西、墨西哥和美国，这5个地区柑橘鲜果的消费分别占世界总消费的31.97%、11.48%、6.79%、5.12%和3.76%，美国和欧盟是橙汁的最主要消费地区。

## 二、国内柑橘生产与贸易概况

### （一）国内柑橘生产概况

2013年我国柑橘种植面积和总产量分别为3 542.59万亩和3 320.90万吨，与2012年相比分别增长了2.39%和4.83%。平均单产从2008年的11.44吨/公顷增加到2013年的14.06吨/公顷，增长了22.92%。2013年我国9个柑橘主产区的柑橘种植面积和总产量分别为3 382.8万亩和3 214万吨，占全国的95.49%和96.78%，同2012年比分别增长了4.66%和6.67%。

### （二）国内柑橘贸易概况

2013年中国柑橘鲜果进出口总额13.22亿美元，进出口贸易总量达117万吨。其中，鲜果出口总量为104.14万吨，金额达115 595.9万美元，出口平均价格为1 110美元/吨；柑橘鲜果进口总量达12.86万吨，进口额为16 615.24万美元，进口平均价格为1 292美元/吨。我国柑橘类鲜果出口主要集中在与我国近邻的国家或地区，出口到马来西亚、泰国、俄罗斯、越南和菲律宾这5个国家的金额占我国出口总额比例的69.59%。

## 三、国际柑橘产业技术研发进展

### （一）遗传育种

**1. 柑橘新品种选育以芽变选种和杂交育种为主** 其中，2014年报道的利用芽变选种获得的品种有贡柑的无核芽变Huami、满头红的优质芽变华红橘一号、温州蜜柑的高黄酮含量突变体Shinheungri、克里曼丁的自然晚熟突变体Tardivo、甜橙的自然早花突变体x11等。

**2. 柑橘新型砧木品种的选育得到加强** 目前在柑橘生产上广泛应用的砧木品种，存在不同程度上的耐/抗逆境性差、与接穗亲和性低或对果实品质的影响一般等问题，因此加强柑橘新型砧木的选育具有重要意义。有研究者通过杂交育种获得了12个砧木杂种群体，通过嫁接Pera甜橙发现，与原有砧木品种相比，以杂种苗作砧木的Pera甜橙表现出较强的抗枯萎病能力。

**3. 果实无籽、缩短童期等研究仍是人们关注的焦点** 有研究发现异花授粉的柑橘在授粉后很难发生种子败育现象，但是在花后14天或授粉后7天，用马来酰肼处理，可明显降低种子数目及重量。另有研究表明在开花期间施加一定剂量的GA和硫酸铜，可大幅提高无核果实数目且单果种子数明显降低。最近研究找到了8个候选的与童期相关的关键转录因子，此外还发现一个可以促进柑橘开花的基因，超表达该基因可以缩短童期。关于柑橘果实及花的发育过程研究也取得了最新进展，包括柑橘AP2/ERF成员中有参与果实发育成熟的调控因子，过氧化氢含量以及$GA_3$都可以影响花的发育等。

**4. 基因组学与生物信息学的地位越来越重要** 柑橘基因组测序的完成使分子标记的开发更为快捷有效。生物信息学及测序技术的发展对植物分子机理的研究提供了很大的帮助。

### （二）栽培与耕作

**1. 重视省力化、机械化、智能化技术的研发与推广** 近几年，由于世界柑橘产业面临劳动力短缺、劳动力成本上升等问题，因此加快了省力化、机械化、智能化技术的研究与推广。

**2. 加强推行水肥一体化精准农业** 根据柑橘对水肥需求特点，水肥一体化精准农业受到重视，推行“先进柑橘生产系统ACPS（Advanced citrus production systems)”，通过控制生长过程中水和营养、限制根系以及水肥混合灌溉、精准平衡施肥等技术的应用来满足植株最适需求。

**3. 注重开发防治重大病虫害及抵御自然灾害的综合新技术** 受黄龙病影响，提高栽培密度和早期产量成为疫区柑橘栽培的主要措施；美国2014年由于冻害影响，柑橘产业遭受损失，推动了利用灌溉等技术进行防冻的研究。

### （三）病虫害防控

**1. 柑橘黄龙病等主要病害取得一定进展** 鉴定了黄龙病菌中一种介导细菌响应渗透压的转录因子，并设计了小分子药物靶向来调控该转录因子，为黄龙病防控提供了一种新的策略；在橙汁中混入低于12.5%来自黄龙病病树的橙汁时，不会对其风味产生明显影响；在古巴发生的柑橘枝干腐烂病的主要病原为一种嗜蓝孢孔菌（*Fomitiporia* maxonii）；建立的柑橘叶斑病毒载体为研究柑橘基因功能提供了新的手段。

**2. 柑橘木虱、橘小实蝇等重要虫害研究进展迅速** 柑橘木虱取食表达异型翅原基基因的大翼莱檬后，其翅膀发育受到抑制，成虫死亡率提高；发现Rubidoux枳对柑橘木虱的产卵行为具有趋避作用；通过使用有机硅作为佐剂，可大幅减少农药的用量；完成了对橘小实蝇*hexamerin*基因的克隆表达，建立了橘小实蝇的转录组，对其功能进行了注释。

### （四）采后处理与加工

**1. 建立了较完善的柑橘汁加工技术体系，注重加工技术的革新** 国外柑橘产业发达的国家，如美国、西班牙等建立了较完善的柑橘汁加工技术体系，注重环保节能降耗；根据原料种类，采取不同的加工方法，研究柑橘品种和榨汁性能之间的关系，通过现代食品工程技术对原有柑橘汁生产工艺的改进，尽可能保存柑橘汁的色、香、味及其营养物质；创新柑橘汁脱苦技术。

**2. 重视柑橘全果利用率的提高，研发高附加值的产品** 重视柑橘加工废物的综合利用；研制出具有一定商品价值的柑橘加工系列产品，使柑橘果实的加工利用率提高到90%以上；研究从副产品中连续提取高附加值系列产品，以应用于食品、化工、保健品和化妆品等的技术，研发精制技术及利用分子修饰转化为医药先导化合物的技术。

### （五）果园机械

重视果园喷雾系统、采收机械及病害检测系统的研发研制了一种能适用于不同种植密度的柑橘园风送式喷雾机、一套喷嘴液滴沉积测试系统用于研究果园风送喷雾器的喷药沉积效果；设计了一套计算机系统用于对采摘平台上的柑橘进行预分级和一种流量传感器用于测量通过两种不同的水平和倾斜传送机的柑橘质量；研究了基于“扩展频谱角映射（ESAM）”方法检测柑橘黄龙病系统。

## 四、国内柑橘产业技术研发进展

### （一）遗传育种

**1. 基本实现一年9个月鲜橙供应目标** 通过品种搭配、利用不同的生态区及留树保鲜技术，基本上能达到一年9个月即自9月下旬至翌年6月下旬有鲜橙果实上市。

**2. 部分柑橘品种培育进展良好** 在晚熟脐橙、温州蜜柑及椪柑早熟品种的培育上取得了显著进展，完成了长叶香橙、桂橘一号、少核年橘、粤丰早橘、红肉蜜柚等品种的审认定工作。

**3. 重视杂交育种工作** 加大杂交育种包括倍性育种的投入，配置了多个杂交组合，创造了一大批杂交材料；杂种的早期鉴定技术比较成熟，但特异性状的早期鉴定还未见大的突破。

**4. 柑橘资源的发掘与评价进展迅速** 在全国范围内新收集到宜昌橙、枸橼、佛手、柠檬、莱檬、黎檬等多个野生柑橘资源；从多个柑橘实生群体中获得多倍体，包括椪柑、本地早橘、日辉橘、早金甜橙、枳、早实枳、枳橙等；构建了柚杂交群体的高密度遗传图谱；创制了山金柑自交与杂交群体；特异性状如香气、苦味的评价及其调控机理研究有一定进展。

## （二）栽培与耕作

**1. 柑橘平衡施肥和省力化施肥应用效果显著** 重庆、湖北、江西、福建、湖南等产区在叶片营养诊断和配方施肥方面取得成效，缺素矫正技术日趋成熟；研发的柑橘专用镁肥、柑橘皮渣发酵专用肥、柑橘专用有机无机复混肥已在江西、重庆、四川等地推广应用，年应用量超过 5 000 吨；一些肥料生产企业与技术部门合作，开始生产和推广针对性较强的多元配方肥料，取得较好效果。

**2. 黄龙病疫区重视矮密早等栽培技术** 受黄龙病影响，疫区栽培模式发生变化，矮密早栽培、抹芽（杀芽）控梢等栽培技术受到重视。

**3. 延迟采收和留树保鲜技术发展较快** 柑橘延迟采收和果实留树越冬栽培在四川、重庆、广西、湖北三峡库区等地的面积扩大，推广面积超过 60 万亩；晚熟柑橘或晚采柑橘发展较快。

**4. 果园省力化栽培的研究和应用得到加强** 果园季节性自然生草栽培、肥料撒施、大枝修剪、果园滴灌等技术在许多产区得到应用；密改稀、大冠改小冠、隔年交替结果、起垄栽培、地面铺膜、控水控肥和完熟采收等技术的应用面积扩大，其中温州蜜柑隔年交替结果技术推广面积扩大至 2 万亩以上。

## （三）病虫害防控

**1. 重视柑橘黄龙病、黄化脉明病、绿霉病等病害的研究** 基于超变异串联重复区域对中国黄龙病菌种群结构进行分析；首次在柑橘中发现噬菌体颗粒，同时发现黄龙病菌在原噬菌体区域存在大片段序列插入/缺失现象；发现了黄龙病的一种新寄主——芸香科的蠔壳刺（*Atalantia citroides*）；对柑橘黄化脉明病的发生流行和不同品种的抗性进行了研究；热水处理有助于提高璞膜毕赤酵母（*Pichia membranaefaciens*）对柑橘青、绿霉病的防治效果；喷施辛醛能提高果品在贮藏期的品质，并预防柑橘绿霉病；筛选到溃疡病抗性显著提高株系；对柑橘脉突病毒进行测序；筛选出防治黑点病的有效新型杀菌剂。

**2. 橘小实蝇、柑橘红蜘蛛等虫害研究均有一定进展** 在橘小实蝇中发现了胰岛素信号途径的 6 个组分；运用广义转录组学在橘小实蝇的脂肪体中发现了与肽聚糖识别等有关的新基因，并对部分基因进行了定量分析；明确了橘小实蝇兰尼碱受体基因的结构特点，及其在不同虫态中的表达量；钴-60 处理可有效清除果实表面的柑橘红蜘蛛，并延长保鲜时间；筛选出对八节黄蓟马成虫和若虫均有较强杀虫效果的植物提取物。

## （四）采后处理与加工

**1. 形成旨在延长柑橘果实贮藏寿命与货架期的实用技术** 包括改进柑橘贮藏的设施或简易设施、贮藏过程中的技术处理、改进柑橘果实包装和运输方法等，完成了咪酰胺等柑橘常用杀菌剂浓度的快速检测技术；由我国开发的两种柑橘果蜡已基本实现产业化。

**2. 开展柑橘汁加工工艺技术与装备研究** 尤其是关键性的工业化加工技术、柑橘汁调整技术、工业化脱酸与脱苦技术等；开展加工适应性评价、生物酶法液化、二次榨汁工艺、酶法脱苦、柑橘全果制汁技术、全果粉加工技术等研究；开发出单次剥皮率80%以上的柑橘剥皮设备样机。

**3. 重视柑橘高附加值产品与加工废弃物综合利用的开发** 开展连续提取柑橘精油、果胶、橙皮苷等工艺，开发了多种瓯柑精油护肤用品；对果肉加工利用、囊胞利用技术、柑橘汁加工副产物的综合利用开展系统研究工作。

### （五）果园机械

**1. 注重果园运输系统的研发** 研制了一种果园钢索牵引悬挂式货运系统、一种山地果园牵引式双轨运输机断绳制动装置和一种山地果园轨道运输机限位及控制装置。

**2. 果园喷雾系统研究进展迅速** 研究了一种履带自走式果园定向风送喷雾机、一种以履带式的果园定向仿形弥雾机、一种新型果园风送式喷雾机传动系统、一种果树柔性对靶喷雾机构和一种果园双摆弥雾施药系统；研究了水分环境对果实品质的影响、柑橘树盐胁迫条件下的生理生化反应、果园环境监测及养分监测、基于语义技术的柑橘水肥管理决策系统、果园低功耗无线滴灌控制装置和自动提水无线控制系统，形成一套山地果园管道喷药装置配套农艺技术的操作和管理方案。

**3. 重视柑橘树体营养元素、病虫害等检测技术与设备研究** 开展了基于高光谱图像技术的柑橘树叶片含氮量、叶片光合色素含量等营养元素含量检测技术，以及快速无损检测柑橘黄龙病、红蜘蛛、全爪螨虫等果树病虫害的方法与设备的研究；设计了柑橘树冠层叶面积指数检测系统。

（柑橘产业技术体系首席科学家邓秀新提供）

## 一、国际苹果生产与贸易状况

**1. 苹果生产** 2014年，世界苹果产业继续在波动中上升，实现了产销双增长。据美国农业部报告预测，2013/2014产季，预计世界苹果总产为6 809.91万吨，比2012/2013产季增长0.36%。2013/2014产季产量超过100万吨的世界苹果主产国和地区有中国、欧盟27国、美国、土耳其、印度、俄罗斯、智利、巴西和乌克兰，其总产量占世界产量的93.01%。

**2. 苹果贸易** 预计2013/2014产季世界鲜食苹果出口总量为561.2万吨，比2012/2013年度减少0.51%。其出口量超过10万吨的国家和地区依次为欧盟27国、中国、美国、智利、南非、新西兰、塞尔维亚和阿根廷，他们的出口量分别占全球苹果出口量的27.53%、16.93%、15.15%、14.97%、6.77%、5.70%、2.67%和2.58%。

2013/2014年度，预计世界鲜苹果进口总量为487.40万吨，比2012/2013产季减少4.9%。而进口量在10万吨以上国家和地区依次为俄罗斯（108.5万吨）、欧盟（77.5万吨）、墨西哥（23.0万吨）、加拿大（22.5万吨）、美国（21.5万吨）、印度（17.5万吨）、阿联酋（17.0万吨）、中国台湾（16.0万吨）、泰国（15.0万吨）、印度尼西亚（14.3万吨）。

## 二、国内苹果生产与贸易概况

**1. 苹果生产** 2014年，中国苹果种植面积预计为231.20万公顷，比2013年增长2.62%；其中，环渤海湾优势区种植面积90.32万公顷，黄土高原优势区苹果面积为120.92万公顷。甘肃、陕西2014年新建果园面积分别为2.10万公顷和1.10万公顷，产业布局持续向高海拔地区扩展。

2014年由于受花期霜冻、冰雹、阴雨、干旱等自然灾害的影响，体系经济研究室预计2014年全国苹果总产量为2 752.83万吨，同比2013年减产13.16%。其中，环渤海湾优势区产量为1 069.95万吨，与2013年相比减少17.54%；黄土高原优势区产量为1 459.88万吨，与2013年相比产量减少11.78%。同时，果品质量、优果率、商品果率均有所下降，其中优果率比正常年份下降15%～20%，但由于价格上升，果农收入仍较上年增加。

**2. 苹果贸易** 2014年鲜果出口量预计为90万吨，比2013年有所降低；出口单价上涨5%～8%。2014年度，预计浓缩汁的总出口量为45万吨左右，较上榨季减少约16%。2014/2 015榨季中国苹果浓缩汁对美报价为1 532.4美元/吨，与上个榨季相比平均价格下降22%。2014年国内鲜苹果市场价格大幅上涨，全国苹果均价上涨0.5～2.0元/千克。

## 三、国际苹果产业技术研究进展

**1. 苹果资源创新与遗传改良** 2014年国外共释放苹果新品种22个，其中美国9个，意大利5个。美国保存苹果种质资源7 209份、法国3 300份、英国2 207份、俄罗斯2 460余份、日本2 000份、印度750份、新西兰500余份。保存方式主要采取田间保存和枝芽超低温保存。

欧洲国家联合苹果育种项目已进展到第八框架——果树育种组学，对上百个苹果品种进行了重测序，利用家谱分析法整合遗传型和表型的信息，将标记—位点—性状相关性直接用于育种。美国从1945年开始，针对黑星病抗性品种，启动了“PRI联合苹果育种计划”，目前该计划已进行到第六代，RosBREED育种项目也已进行到第二个五年计划。加拿大生物技术公司通过转基因技术，开发出了抗褐变Arc-tic品牌系列苹果新品种，包括转基因的澳洲青萍、富士和嘎拉苹果，目前该品种已进入区试阶段。

分子标记辅助选择和转基因等新技术逐渐被用于苹果育种研究中。德国果树研究中心利用RNA干扰技术，可使含有早花基因的杂交苗当年便可开花结果，再将早花基因植株建立快捷回交育种程序，将控制目标性状基因（如抗性基因、品质基因等）转移到目标品种中，最终目标品种筛除早花基因，实现育成品种“非转基因化”。澳大利亚、新西兰及日本在苹果上克隆了数个有功能的MYB转录因子基因，这些基因通过遗传转化嘎拉，已创造出富含花青素的新品种；开发出的SNP标记，可区分红肉和非红肉苹果品种。分子标记在苹果抗黑星病、火疫病、白粉病育种和资源发掘利用上应用最为普遍，显著提高了多基因抗性品种的育种效率。

**2. 栽培技术** 美国“NC－140”项目研究了23种砧木在8个地区10年的表现，报道指出与M9矮化程度相当的有G16、G41、G935、CG5 179、JM1和B10，且田间生产效能高，其中G41和G935的成活率及效能优于M9，未来有可能替代M9；与M26矮化程度相当的有J-TE-H、G210、JM7、JM8、PiAu51－11，未来J-TE-H和G210可能替代M26；矮化程度大于M26的有PiAu51－4、PiAu56－83、PiAu36－2、JM2、JM4、JM5和JM10，这些砧木生产效能低于M26EMLA，不适宜现代化的商业果园。

Foster等克隆了苹果MdFT基因家族，该基因家族在M9作砧木时表达量高于M793，引起早花和新梢早停长，且在生物和非生物胁迫下该基因表达量升高，认为M9致矮可能受JA和ABA的信号调节。

美国华盛顿州立大学Manoj Karkee用一种基于光学的计算飞行时间的3D模型（ToF 3D）摄影机应用于构建苹果树的3D骨架，在重建的模型中确定拟定高纺锤树形的修剪枝，具有省时高效的特点，为高纺锤树形的自动修剪提供基础。

**3. 土壤与肥水管理** G. Neilsen等研究

指出肥水一体灌溉管理应与根际范围内养分的需求量、需求时期和养分有效保留期相一致，以保证根系对养分的有效利用；同时表明灌溉施肥不仅节省肥料，对花量、产量、光合、叶片发育及果实发育等均有积极效应。Chenafi 等提出依据午间茎水势和土壤水势来评价嘎拉苹果的调亏灌溉。Yasin Osroosh 使用土壤、植物或气象为基础的方法来决定苹果树的水分需求和灌溉制度。Easmin 指出化感物质是再植病的一个重要原因，发现草酸、酒石酸和琥珀酸具有化感抑制作用。

**4. 病虫害研究** 造成欧洲苹果树腐烂病的病菌 *Neonectria ditissima* 在西北欧的德国北部再次被关注。Huang 等筛选苹果树腐烂病菌 T-DNA 插入表型或致病突变体。Wang 等发现腐烂病病菌产生了大量的有毒化合物。铜杀菌剂对于控制德国北部的对于腐烂病敏感度较高的品种的腐烂病是不可或缺的。

近年来一些新的病害被发现。Velho 等首次报道由 *Colletotrichum karstii* 引起的苹果炭疽叶枯病在巴西圣卡塔琳娜州发生，主要症状表现为叶片上出现坏死斑，发病初期产生红褐色小斑点，7～10 天后发展成 1～10 毫米的坏死斑。星裂壳孢果腐和球壳孢腐烂病是 2005 年报道发生在华盛顿州的一种储藏期病害。这两种病原菌是典型的低温型真菌，具有采前侵染、采后发病的特点。目前主要分布在欧洲、印度和美国太平洋地区西北岸的华盛顿州、俄勒冈州。

**5. 采后处理与加工** 采用薄膜或涂膜保鲜、精油浸蘸、紫外线照射等方法来延缓采后苹果成熟衰老的进程；生物拮抗菌、化学药剂处理防治采后病害，乙烯拮抗剂 1-MCP 处理来抑制乙烯的生成。Alemayehu 等利用 CFD（computational fluid dynamics）建立商业冷库的模型，模拟 1-MCP 处理苹果，分析空气循环、库体形状、箱子材料的影响。

## 四、国内苹果产业技术研发进展

**1. 资源创新与遗传改良** 我国苹果种植资源主要以田间保存为主。截至 2014 年，国家果树种质苹果圃（兴城）收集、保存苹果属植物 1 403 份资源，公主岭保存寒地苹果资源 383 余份，新疆轮台保存当地特色苹果资源 154 份；云南昆明保存苹果属砧木资源 112 份，合计 2 052 份。

闫娟娟等观察了新疆野苹果 28 个种下类型叶片的解剖结构，显示小黄酸野苹果抗寒、抗旱能力较强。陈学森等研究新疆红肉苹果的 5 个杂交组合均出现了红—绵肉及红—脆肉等株系的分离现象，从杂种 $F_1$ 代群体中能够选育出类黄酮含量高的功能型红肉脆肉优良株系。马锋旺等从蜜脆×楸子为杂交组合结果的杂交苗中新筛选出 1 个优质抗逆新种质；还获得富平楸子编码半胱氨酸蛋白酶抑制剂基因 MpCYS4 的 M26 转基因株系 8 个，转 ATG3-2 基因株系 2 个。屠煦童等获得了抗轮纹病转 MhRAR1 6 个株系和转 MhSGT 3 个株系。

目前从事苹果新品种选育研究的单位有 22 家单位，保存苹果杂种实生苗 35 万余株在育种材料方面，主要杂交亲本为富士、嘎拉、秦冠、金冠、寒富、蜜脆、粉红女士等。审定新品种 6 个，分别为双阳红、瑞阳、瑞雪、华瑞、岳艳和岳冠。

**2. 栽培技术** 矮砧密植集约栽培是研

究的重点，特别是旱地砧穗组合及肥水管理模式的研发；大苗的繁育技术研究和砧木的无性系繁殖技术研发备受关注。肖祖飞等认为失去童性是使苹果砧木绿枝扦插不易生根的重要因子，通过茎段继代培养返童可使苹果砧木易生根。

周克友等研究断根处理后，植株山梨醇、蔗糖和可溶性总糖含量显著增加，同时导致了植株碳水化合物代谢相关酶活性增强。阮班录等为了使矮化树形成与中心干有一定级差的侧生中庸偏弱、基部不光秃、成花良好的结果枝组，拉枝后将背上芽全部扭除或将侧芽全部采用刻芽处理是最理想的方法。杨伟伟等运用三维数字化仪可以准确地评价果树的总光截获率和各枝类的光截获率，能在果树上进行推广应用。薛晓敏等研究花后 2 次喷施 7.5 毫克/千克萘乙酸对幼果的疏除效应，张秀美等研究 6 种化学疏除剂对岳帅苹果的疏除效应，陈军等研发一些果园便携式化学疏花设备。

**3. 土、肥、水管理** 江才伦等研究认为覆盖和生草有利于缓和土壤温度变化，具有低温期增温和高温期降温双重效应；中耕和清耕不利于土壤温度的稳定和产量、品质的提高，尤以中耕为甚。李发林等发现自然生草和人工生草处理均可极显著降低果园氮和磷的含量及流失量。

施肥枪等简易肥水一体化施肥技术，将肥料溶解于水配成水溶液，可缩短肥料的吸收进程，减少肥料挥发、淋溶以及被土壤固定的机会，提高肥料利用率。安贵阳等研究认为肥水膜一体化是旱地果园简单易行的肥水高效利用模式之一。程立平等表明旱季生草地块对水分补偿作用明显。许泽华等认为交替控灌不但节约时间，并且显著的节省了水资源。

**4. 病虫害研究** 曹克强等认为田间腐烂病的发生主要通过剪锯口或其他伤口侵入造成发病，而通过皮孔侵染的概率非常低，分生孢子侵染温度范围为 5～30℃，最适为 19.69℃；孙广宇等研究认为苹果树体 K 含量与腐烂病的发生程度呈极显著的负相关关系，从控制腐烂病角度认为，苹果叶片钾含量至少应该大于 9 毫克/克（11～15 毫克/克较好），氮钾比小于 2.5，磷钾比小于 0.25。

肖洲烨等发现葡萄座腔菌的有性生殖在我国苹果主产区果园中发生普遍，子囊孢子不仅是葡萄座腔菌的一种越冬方式，也可以成为引起苹果轮纹病发生的初侵染源。

李丽丽等建立了利用免疫捕获 RT-PCR（IC-RT-PCR）技术检测苹果茎痘病毒 ASPV 的技术，对栽培苹果、海棠、杏、毛樱桃样品中 ASPV 的检测皆有效；同时，通过设计基于外壳蛋白基因的引物，开发了针对苹果茎沟病毒（ASGV）的一步法 RT-LAMP 技术，在 53 个苹果样品中成功检测到了 ASGV，该方法检测灵敏度优于 RT-PCR。利用苹果褪绿叶斑病毒 MS 分离物基因组近全长序列，并对采集自中国 13 个省市 40 个品种的 327 个苹果样品进行了检测，结果表明 ACSLV 在这些地区的发生率为 69.7%。

**5. 采后处理与加工** 徐艳艳等以红富士苹果为材料研究发现通过梯度降温，冰温贮藏几乎不会导致苹果失水，极高地保持了果实的原有品质；并且苹果冰点温度与其含水量呈极显著正相关，与可溶性固形物、可溶性糖含量呈显著性负相关。王晓飞等发现油腻化过程果皮蜡质颗粒出现融合，并且自果梗部—赤道部—果萼部依次发生，但是通过1-MCP处理可以有效抑制和延迟苹果果皮油腻化的发生。

苹果多酚提取主要集中在纯化工艺优化、多酚稳定性、体外抗氧化作用、对实验动物血脂的控制作用等方面；多糖提取主要集中在苹果膳食纤维的微观结构、压片成型、改性、脱色技术及应用，以及可溶性膳食纤维功能研究等方面。

（苹果产业技术体系首席科学家
韩明玉提供）

# 2014年度梨产业技术发展报告

（国家梨产业技术体系）

## 一、国际梨生产及贸易概况

### （一）国际梨生产概况

据联合国粮农组织统计（2015年2月6日），2013年世界梨收获面积、总产量和平均单产分别为176.70万公顷、2 520.38万吨和14.26吨/公顷（表1）。

从收获面积来看，2013年收获面积最大的10个国家依次是：中国、印度、土耳其、意大利、阿根廷、阿尔及利亚、西班牙及美国，其中，中国的收获面积为127万公顷，占全世界71.87%。相比2012年，土耳其的栽培面积超过了意大利。

**表1　近10年间世界梨生产情况**

| 年份 | 2001 | 2003 | 2005 | 2007 | 2009 | 2010 | 2011 | 2012 | 2013 |
|---|---|---|---|---|---|---|---|---|---|
| 收获面积（万公顷） | 155.6 | 156.9 | 163.2 | 157.9 | 157.0 | 152.7 | 161.4 | 162.3 | 176.7 |
| 总产量（万吨） | 1 645 | 1 758 | 1 937 | 2 090 | 2 248 | 2 264 | 2 390 | 2 358 | 2 520 |
| 单产（吨/公顷） | 10.57 | 11.20 | 11.87 | 13.23 | 14.32 | 14.82 | 14.80 | 14.53 | 14.26 |

数据来源：联合国粮农组织FAOSTAT数据库。

从生产能力来看，2013年产量排名前十位的国家是中国、美国、意大利、阿根廷、土耳其、西班牙、南非、印度、日本、韩国。2013年，全球平均单产为14.26吨/公顷，较2012年降低了近2%。美国单产保持在40.10吨/公顷，较2012年提高了10%以上，而中国产量为1 730万吨，单产仅13.67吨/公顷。

### （二）国际梨贸易概况

**1. 世界梨贸易概况**　世界梨贸易额和贸易量总体呈现增长趋势，但在2012年的经济衰退时期出现一定程度的下降（图1）。从贸易结构来看，鲜梨贸易量显著高于加工品。

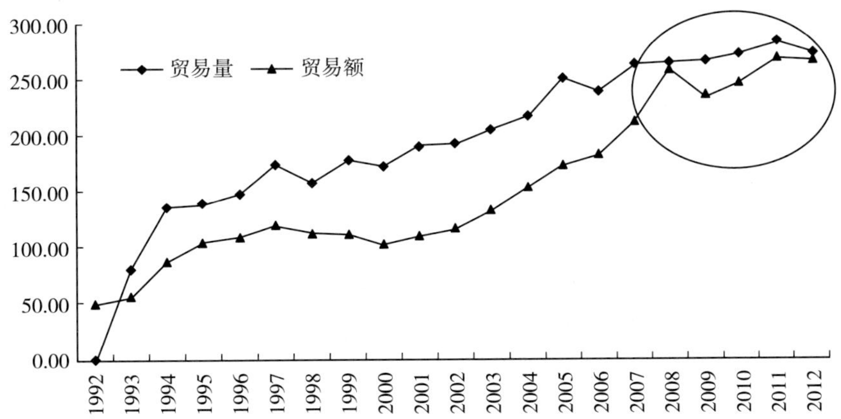


**图1　世界梨贸易额和贸易量**（1992—2012）（单位：万吨、千万美元）

数据来源：联合国粮农组织FAOSTAT数据库。

**2. 主要梨贸易国概况**　阿根廷、中国、意大利、美国和西班牙等国是世界梨出口大国（表2）。近10年来，中国梨出口年均增长达9%，对世界梨出口增长贡献30%。但由于我国梨产量规模巨大，我国梨出口量仅占总产量的1.6%～3.8%。

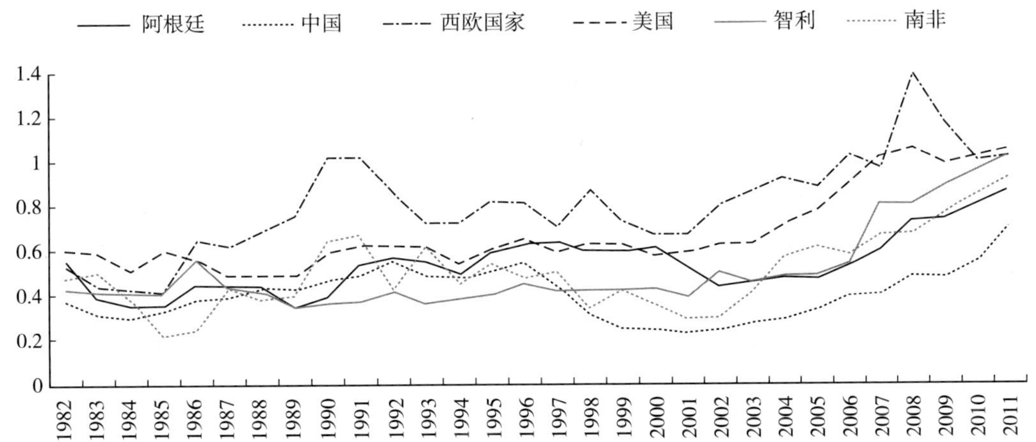


**图2　1982—2012年世界梨主要出口国与经济体出口单价变化趋势**（单位：美元/千克）

数据来源：联合国粮农组织FAOSTAT数据库。

**表2　出口大国梨出口变化趋势**（万吨）

| | 2000—2002 | 2010—2012 | 变化量 | 变化率（%） | | 2000—2002 | 2010—2012 | 变化量 | 变化率（%） |
|---|---|---|---|---|---|---|---|---|---|
| 中　国 | 19.76 | 47.20 | 27.44 | 138.85 | 智　利 | 10.89 | 12.88 | 1.98 | 18.21 |
| 荷　兰 | 17.73 | 36.22 | 18.49 | 104.28 | 意大利 | 18.54 | 19.35 | 0.81 | 4.35 |
| 阿根廷 | 30.32 | 43.32 | 13.00 | 42.90 | 美　国 | 18.59 | 18.66 | 0.07 | 0.39 |
| 比利时 | 16.78 | 28.89 | 12.10 | 72.12 | 法　国 | 4.85 | 3.46 | −1.38 | −28.51 |
| 南　非 | 12.38 | 20.81 | 8.43 | 68.06 | 西班牙 | 15.84 | 13.81 | −2.03 | −12.80 |

数据来源：数据来源于UNCOMTRADE。

西欧国家和美国梨出口单价一直处于较高水平，南半球的智利、阿根廷和南非出口单价处于中间水平，而中国梨出口单价处于较低水平，但 2009 年以来有快速上升的趋势（图 2）。

欧盟、俄罗斯、墨西哥、巴西和美国等是世界主要梨果进口国（地区）。印尼、东盟、俄罗斯、巴西等国家（地区）进口比重增长明显，欧盟国家进口比重呈下降趋势，但仍处于较高水平（表 3 和图 3）。

美国进口单价一直保持在较高水平；2011 年，世界主要梨进口国家的进口从单价高至低分别为：美国、西欧国家、俄罗斯、巴西、墨西哥、东盟国家（图 4）。

**表 3　世界梨主要进口国进口量变化**

（单位：万吨）

| | 2000—2002 | 2010—2012 | 变化量 | 变化率（%） |
|---|---|---|---|---|
| 东　盟 | 7.46 | 21.18 | 13.72 | 183.91 |
| 巴　西 | 10.40 | 20.58 | 10.18 | 97.96 |
| 印　尼 | 3.95 | 12.54 | 8.59 | 217.25 |
| 荷　兰 | 10.53 | 17.94 | 7.42 | 70.46 |
| 法　国 | 12.27 | 19.18 | 6.91 | 56.38 |
| 英　国 | 13.93 | 15.07 | 1.14 | 8.17 |
| 美　国 | 9.34 | 10.09 | 0.75 | 7.98 |
| 意大利 | 11.34 | 11.35 | 0.01 | 0.08 |
| 墨西哥 | 8.94 | 7.07 | −1.87 | −20.88 |
| 德　国 | 20.44 | 18.44 | −2.00 | −9.81 |

数据来源：数据来源于 UNCOMTRADE。

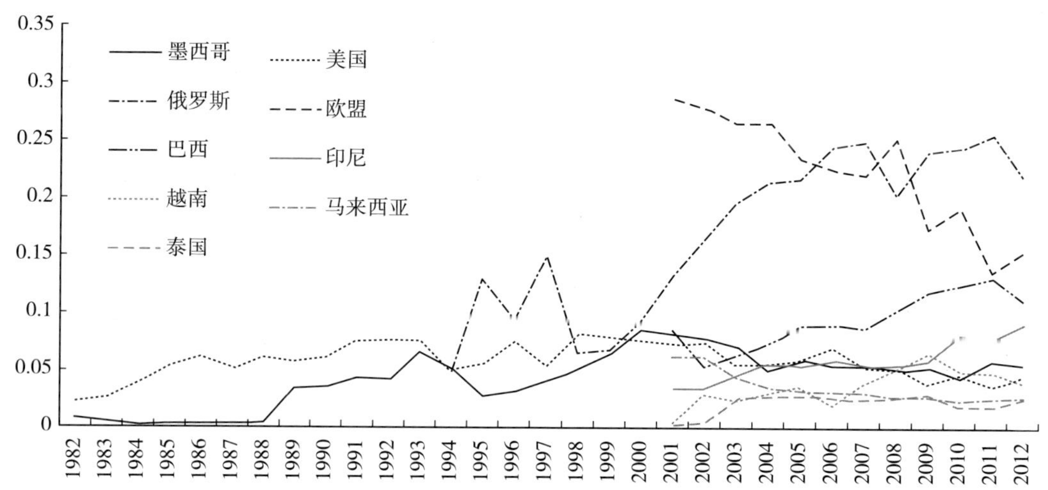


**图 3　世界梨主要进口国与经济体进口量份额变化趋势**（单位：美元/千克）

数据来源：联合国粮农组织 FAOSTAT 数据库

## 二、国内梨产业与贸易概况

### （一）国内梨生产概况

**1. 产量总体维持在常年平均水平**　2014 年，我国的梨产量约为 1 750 万吨，总体维持在平稳增产的状态。总体上看，全国大部分地区梨产量稳定，仅个别地区有所变化，如河南、湖北、福建等产区增产约 10%，甘肃省天水、静宁、景泰等梨主产区因低温霜冻灾害，减产 15%左右；贵州地区的雹灾导致梨产量降低 5%～10%，商品果率降低 30%左右；四川省丰水梨因为花期连续 1 周下雨，导致授粉不良，座果率低，产量下降约 5%。

**2. 栽培面积基本稳定**　据联合国粮农组

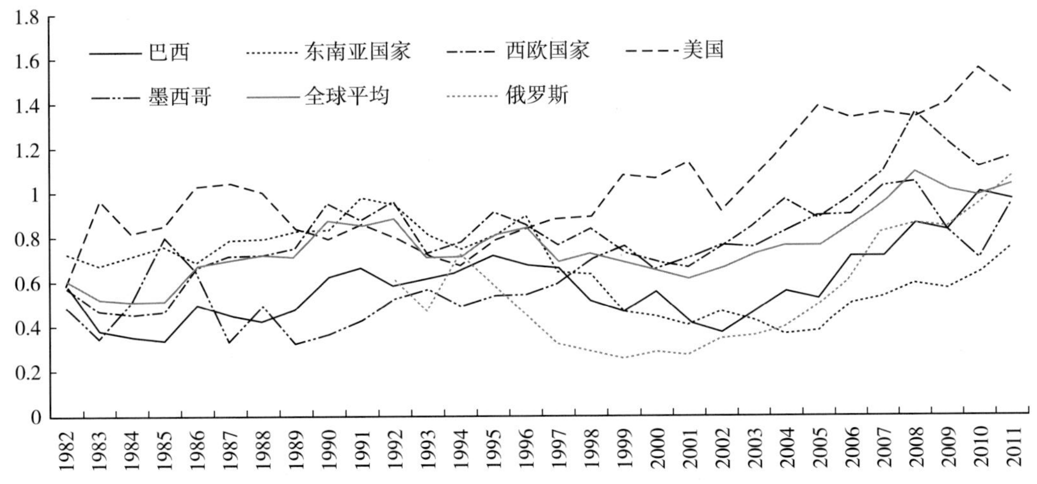


**图 4　世界梨主要进口国与经济体进口单价变化趋势**（单位：美元/千克）

数据来源：联合国粮农组织 FAOSTAT 数据库。

织统计（2015 年 2 月 6 日），2013 年中国的梨收获面积为 127 万公顷。2014 年，我国大部分梨产区栽培面积维持稳定，极个别地区面积有所调整，如，云南红皮梨发展迅速，栽培面积增加 5%；新疆地区由于受到冻害的影响，栽培面积略有减少。

**3. 单产总体持平**　2014 年全国梨单产总体与往年持平，但约 30%梨产区由于梨园管理水平提高、新品种新技术的引用，单产提高 5%～10%，而 30%的梨产区则因为冻害、雹灾、干旱、病虫危害等原因导致单产下降。

## （二）国内梨贸易概况

**1. 我国梨国内销售概况**　由于生产成本提高，2014 年我国国内梨果的销售价格总体上涨 10%左右。如河北晋州刚下树的黄冠一级果价格为 6 元/千克，比 2013 年上涨 20%。此外，山西、河南地区梨果价格分别较去年上涨 7%和 15%左右。陕西、四川、江苏、新疆、湖北等地梨果价格普遍上涨 10%左右。

**2. 我国梨出口贸易概况**　《World Pear Review》数据显示，自 2010 年以来，我国梨出口量总体呈现缓慢下降趋势，2013 年出口量约为 45 万吨。特别是随着我国劳动力成本、物质与服务成本、土地成本的持续增加，预计 2014 年我国梨出口量仍将有所下降，主要出口市场仍为东盟、北美、俄罗斯、荷兰等（表 4）。

**表 4　中国梨果出口市场分布**

（单位：%）

| 年份 | 东盟 | 美国 | 俄罗斯 | 加拿大 | 德国 | 日本 | 中国香港 | 英国 | 西班牙 | 希腊 | 法国 | 荷兰 |
|---|---|---|---|---|---|---|---|---|---|---|---|---|
| 1995 | 53.47 | 0.12 | 11.05 | 1.34 | 5.25 | 2.56 | 24.12 | 0.32 | — | — | 0.15 | 0.26 |
| 1996 | 70.92 | 0.00 | 6.00 | 1.18 | 1.95 | 0.41 | 13.03 | 0.31 | — | — | 0.46 | 0.40 |
| 1997 | 68.49 | 0.47 | 7.80 | 0.86 | 1.89 | 0.35 | 13.47 | 0.26 | — | — | 0.14 | 0.85 |
| 1998 | 64.47 | 1.08 | 9.48 | 2.46 | 1.03 | 0.31 | 14.81 | 1.54 | — | — | 0.43 | 1.67 |

（续）

| 年份 | 东盟 | 美国 | 俄罗斯 | 加拿大 | 德国 | 日本 | 中国香港 | 英国 | 西班牙 | 希腊 | 法国 | 荷兰 |
|---|---|---|---|---|---|---|---|---|---|---|---|---|
| 1999 | 62.11 | 5.63 | 4.83 | 4.14 | 0.63 | 0.67 | 10.40 | 1.78 | —— | —— | 0.24 | 1.29 |
| 2000 | 59.20 | 9.15 | 4.73 | 8.40 | 0.16 | 0.70 | 8.75 | 1.45 | —— | —— | —— | 1.65 |
| 2001 | 55.95 | 8.53 | 6.45 | 7.41 | 0.25 | 0.49 | 7.39 | 1.72 | —— | 0.74 | —— | 4.19 |
| 2002 | 49.69 | 9.63 | 9.36 | 8.96 | 1.44 | 0.50 | 4.40 | 1.31 | —— | 1.89 | —— | 5.06 |
| 2003 | 44.85 | 9.86 | 12.60 | 7.88 | 2.41 | 0.35 | 5.94 | 1.05 | —— | 1.14 | —— | 3.92 |
| 2004 | 54.08 | 5.30 | 9.24 | 3.51 | 2.84 | 0.68 | 6.08 | 0.86 | 0.79 | 0.56 | —— | 3.49 |
| 2005 | 50.78 | 4.75 | 10.11 | 7.70 | 1.73 | 1.12 | 6.37 | 0.84 | 0.47 | 1.08 | —— | 3.31 |
| 2006 | 46.89 | 11.63 | 10.59 | 7.70 | 1.03 | 1.15 | 4.41 | 0.48 | 0.49 | 0.65 | —— | 3.91 |
| 2007 | 42.09 | 16.84 | 7.43 | 6.06 | 2.51 | 1.59 | 4.16 | 0.64 | 0.74 | 1.39 | 0.40 | 3.93 |
| 2008 | 48.60 | 12.57 | 6.97 | 4.93 | 2.49 | 0.56 | 3.19 | 0.80 | 1.01 | 1.26 | 0.55 | 4.67 |
| 2009 | 48.25 | 11.50 | 5.81 | 4.80 | 2.86 | 0.58 | 2.92 | 1.01 | 1.21 | 0.47 | 0.62 | 2.97 |
| 2010 | 56.54 | 9.95 | 5.18 | 4.36 | 1.79 | 0.87 | 2.53 | 0.87 | 0.71 | 0.00 | 0.76 | 2.56 |
| 2011 | 62.13 | 8.16 | 4.19 | 4.11 | 1.74 | 0.97 | 2.71 | 0.85 | 1.07 | 1.15 | 0.31 | 2.16 |
| 2012 | 63.88 | 7.84 | 4.27 | 3.78 | 1.06 | 1.03 | 4.18 | 0.68 | 0.54 | 0.63 | 0.29 | 2.41 |
| 2013 | 61.94 | 11.40 | 4.10 | 3.73 | 1.76 | 0.87 | 4.45 | 0.59 | 0.73 | 0.41 | 0.48 | 2.09 |
| 平均 | 56.02 | 7.60 | 7.38 | 4.91 | 1.83 | 0.83 | 7.54 | 0.91 | 0.41 | 0.60 | 0.25 | 2.67 |

数据来源：农业部。

**3. 我国梨进口贸易概况** 2010 年以来，我国梨进口量呈现快速增长（图 5），到 2013 年达到 3 824 吨，进口额达到 702 万美元。2013 年我国梨进口单位价格为 1 837 美元/吨，比同期出口单位价格（964 美元/吨）高出 90%。

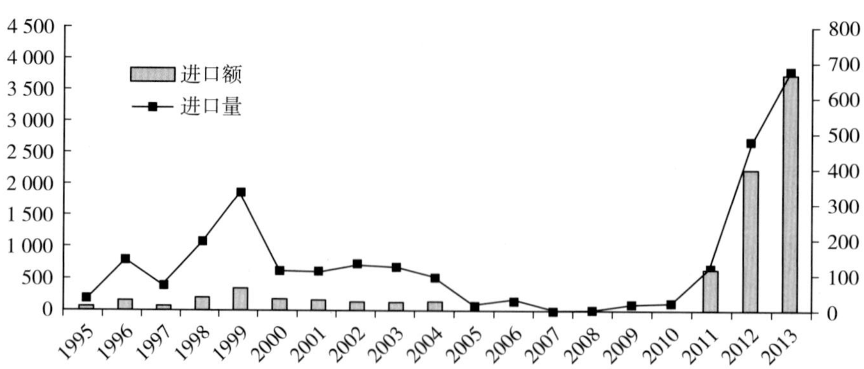


**图 5　1995—2013 我国梨进口量和进口额**（单位：吨，万美元）

数据来源：农业部。

## 三、国际梨产业技术研发进展

### （一）国际梨栽培技术研发进展

**1. 栽培模式及栽培技术** （1）矮化密植栽培模式。矮化密植栽培已成为国外西洋梨栽培的主要方式，其便于机械化的实施，能有效提高单位面积产量和果实品质。西洋梨矮化密植基本上采用矮化砧，欧洲90%以上的梨园采用榅桲砧木，美国、南非主要采用梨属矮化砧。部分梨园每年还进行2次环割，以控制新梢旺盛生长、促进花芽分化和坐果，根据比利时国家果树研究中心对矮化密植栽培模式7种树形的评价，推测出随着树龄的增大，较有发展前景的树形可能是灌丛纺锤形、V形和Tienen树篱形。

（2）高标准化建园。建园时不仅注重土壤改良，而且根据当地条件和生产水平，选择矮化带分枝的优质大苗定植，大多为营养钵苗木。意大利等许多发达国家都开展规模化无病毒梨苗的繁育，向生产上提供大量的优质商品苗。

（3）严格的质量控制体系。近年来，世界各国从优良品种选择、减少农药使用、生物防控和土壤肥力的研究，进一步拓展到提高生产效率、减少生产能耗和温室气体排放等领域。国外大农场形式的生产方式易于推行标准化和规范化的栽培技术，并在生产中严格按照Global GAP规范进行，有利于控制果品生产质量。同时，梨果生产的可追溯体系在发达国家得到普遍应用。

**2. 花果管理** 随着人们生态保护意识以及对绿色产品的需求意识的增强，对人畜及访花昆虫等无毒无害，对环境无污染，同时对主栽品种疏除效果好的新型疏花疏果剂逐渐出现，主要包括：丙基双氢茉莉酮酸酯、吲熟酯、NSK-905、2-甲基-4-氯丁酸乙酯、钙化合物、草藻灭、植物油等。Eco-Huang是韩国研制的一种新型无公害化学疏花剂，目前可用于绿色苹果和有机苹果的生产。

**3. 肥水管理** P. Wójcik研究发现，在夏季叶面喷施氯化钙有助于提高梨果的耐贮性，但在果实采前一周喷施氯化钙，叶面容易出现灼伤和落叶，且浓度25千克/公顷以上最为严重。喷施氯化钙对梨产量、单果重、果锈，果皮颜色，果实硬度，可溶性固形物，可滴定酸含量无影响，但Stefan Reuscher研究提出，钙、硼是欧洲梨GLaF上发生corky spot disorder的关键因素。

Brunella Morandi研究认为，梨树缺水时期木质部较韧皮部质流降低较多（分别下降55%和14%）是果实干物质比例及可溶性固形物增加的主要因素。在梨树生长季的大部分时间，木质部质流对果实的生长贡献达到85%以上。白天叶片气体交换量和果实导管流的调节表明，直到花后95天时，早上叶片是强大的“水库”，而下午则开始向果实中输入水分。Yufei Wang提出，根系修剪会同时减少树体水分和养分吸收，减弱营养生长和生殖生长，补充灌溉只能部分提高树体水势，但不能增加养分吸收。

**4. 梨园机械化** 梨园机械化农机产品正向着高效、精准、高端发展。美国约翰迪尔、凯斯纽荷兰、德国克郎斯、丹麦哈迪、法国雷诺、英国麦赛福格森等大型跨国企业代表了世界农机先进水平。高地隙自走式拖拉机、链轨式拖拉机，精准施药植保机械、多功能采摘平台、立式修剪机、注入式施肥装置、树下智能除草机等先进果园机械装备的研发与应用，将人均管理果园面积提高至8公顷（美国）和4公顷（欧洲）。

### （二）国际梨遗传育种技术研发进展

**1. 育种目标** 欧美国家主要以果形、风味、后熟期、抗病性为梨育种目标；韩国的育种目标是培育“极早熟（7月份成熟）、大果型、抗病”梨品种；日本的育种目标是培育“大果型、高糖度、抗病、省力化”的梨品种。

**2. 育种成绩** 美国农业部、俄勒冈州立大学，密歇根州立大学和克莱门森大学联合发布了一个早熟、高产的新品种‘Gem’。Bell等从不同育种计划中选出了16个种间回交杂交种作为选育抗欧洲黄木虱病西洋梨新品种的理想亲本。

**3. 生物技术发展** 新西兰植物和食品研究所利用SNP芯片和GBS技术，对5个分离群体进行SNP分析，获得1 888个单核苷酸多态性；利用1 190个SNPs和16个多态性SSR标记对59个梨砧木和品种的多态性进行了比较分析。利用东方梨和西洋梨种间杂交获得的两个分离群体中进行了22个表型相QTL分析。对‘Bartlett’进行基因组测序，使用重测序技术开发829 823个SNP位点，有1 219个蛋白为西洋梨所特有。

**4. 遗传规律研究** 南非农业研究委员会研究报道，‘Williams Bon Chretien’红色芽变‘Bon Rouge’与绿皮品种‘Packham’s Triumph’杂交，红∶绿以1∶1的比例分离，表现了这一性状简单的孟德尔遗传。韩国水原国家园艺与草药科学研究所采用13个品种的15个杂交组合的4 035棵种苗研究了主要果实形状的遗传，包括亲本品种的年差异、广义的性状遗传力、通过中亲值计算具有商业认可性状的种苗频率。

### （三）国际梨病虫害防控技术研发进展

**1. 梨病害防控技术的研发** 中国、韩国、德国、希腊、美国和伊朗学者基本明确梨轮纹病、干腐病、‘砀山酥梨’幼果果皮黑点及成熟果实腐烂、‘新高’梨表皮斑点病、‘Conference’和‘Concorde’梨褐斑、希腊梨斑点病、梨枝干溃疡病，以及伊朗中部和北部地区的梨衰退病的主要致病菌。中国台湾学者对台湾砂梨品种‘衡山’上分离得到叶缘焦枯病菌菌株PLS229进行了全基因组测序。

南非学者明确了扩展青霉、壳青霉在西洋梨上的侵染性差异。中国学者研究发现，果实表皮角质层蜡质能有效抑制链格孢菌丝生长和分生孢子萌发；用每亩100～1 000克/毫升的γ-氨基丁酸处理果实，可诱发梨果增强对扩展青霉的抵抗力，且不影响果实品质。

中国学者发明了利用多重RT-PCR同时鉴定梨果实中苹果茎痘病毒、苹果褪绿叶斑病毒和苹果茎沟病毒的方法，并首次开展了苹果褪绿叶斑病毒侵染梨的不同分离物的全基因比较性研究。巴西学者采用非放射性探针杂交法同时检测了苹果茎沟病毒、苹果褪绿叶斑病毒、苹果茎痘病毒和苹果花叶病毒。

**2. 梨虫害防控技术的研发** 匈牙利学者研发出利用梨酯加醋酸捕获苹果蠹蛾的方法，比传统性信息素捕获更有优势。土耳其学者研究表明，昆虫病原真菌F52菌株的可乳化制剂对梨木虱有一定的控制作用。美国学者利用种间杂交培育出抗梨木虱的梨新品种。以色列发现2个对梨木虱具有天然抗性的当地梨品种。

### （四）国际梨贮藏加工技术研发进展

在梨果贮藏保鲜方面，目前国际梨采后领域研究的品种主要包括‘Conference’‘Abate Fetel’及‘D’Anjou’等，研究内容仍主要集中在温度、乙烯和环境气体成分对西洋梨后熟软化及贮藏品质的影响和作用机理；对氯化钙、醋酸、壳聚糖及UV处理等技术对梨果实保鲜和贮藏生理病害的防控也开展了系统研究。利用近红外光谱技术检测梨果干物质含量和可溶性固形物含量，利用近红外光谱成像技术无损检测梨果实物理损伤等也取得一定进展。

在加工方面，梨汁与梨罐头依然是国际上梨的主流加工产品，并多以西洋梨的加工为主。紫外杀菌、高压杀菌、辐照杀菌技术、超声波协同臭氧杀菌技术等冷杀菌技术将是未来果汁生产的重要技术，微波、超高压预处理杀菌技术进入研发阶段。罐头加工继续朝着“绿色、健康”的方向发展，开发出无糖、无添加剂型等产品。鲜切梨的防褐变保鲜技术研究也逐渐受到重视。目前国外先进国家果品工业的皮渣副产物已实现了全利用，并开发出多种新产品。

## 四、国内梨产业技术研发进展

### （一）国内梨栽培技术研发进展

**1. 省力高效现代栽培模式** 形成了完整的梨省力高效现代栽培模式及配套技术体系。主要技术包括：大砧嫁接建园，多位重刻芽技术培养圆柱形树形，“前期种植黑麦、后期自然生草、秋季施用有机肥”的土壤管理模式，水肥耦合技术等。“梨省力高效现代栽培模式与技术”成果2014年获中华农业科技奖，该模式已在全国13个省市推广应用。

**2. 土肥水管理** 河北农业大学的研究显示，高羊茅覆盖对土壤有机质、速效钾、土壤全量养分的增加效果最明显，紫花苜蓿覆盖对土壤碱解氮和速效磷含量的增加作用最为明显。南京农业大学研究表明，行间种植三叶草与覆膜处理下，梨树根长、根表面积、根体积均高于清耕对照。

肥水管理方面，确立了根据树体特征、生长发育时期及气候条件等因素合理开展梨园施肥和灌溉的技术，并确定了梨树施肥的最佳区域范围为水平方向距主干30～90厘米，垂直深度20～60厘米土层。

**3. 花果管理** 南京农业大学研究明确了低温对梨花器官冻害、抗氧化系统及授粉受精的影响。进一步明确了不同地区不同授粉方式的对花粉生长的影响，以及蜜蜂对不同品种梨花的访花偏好性。开发形成“梨树授粉品种自动配置专家系统”。

**4. 梨园机械化** 国家梨产业技术体系果园设施与机具岗位联合南通黄海药械有限公司研发的3WGF系列果园风送喷雾机已在全国推广1 200余台，节本增效显著；此外，研制出分别适宜标准化果园、老果园使用的不同型号、不同系列产品，并已逐步实现专业化、系列化生产。江苏省农业科学院、南京农业机械化研究所与盐海拖拉机有限公司联合研制的双螺旋开沟施肥复式作业一体机，能极大提高颗粒肥深施、中耕追肥等环节的工作效率。

## （二）国内梨遗传育种技术研究进展

**1. 新品种选育** 国内梨育种以抗逆性、果实品质、成熟期、果皮颜色、抗病性等为主要目标。2014年全国范围公开发表育成新品种10个，其中红皮梨品种3个，早熟品种4个，中晚熟品种2个，观赏型品种1个，大多数为中大果型品种，石细胞无或很少，果心小，肉质细，品质优良。品种名为：‘蜜梨香’‘白玉蜜’‘金晶’‘中梨4号’‘金珠沙梨’‘徽源白’‘华幸’‘珍宝香’‘玉晶’‘克里弗兰’。

**2. 生物技术发展** 安萌萌等利用荧光AFLP标记对黑龙江省野生秋子梨群体遗传结构进行研究。江南等鉴定了‘丽江黄酸梨’等27个未知S基因型的梨品种。常耀军等利用cpSSR标记对辽宁省梨属植物多样性进行分析。徐非凡等鉴定了甘肃地方梨品种的自交不亲和基因型基因型。王永博等用AFLP技术找到与梨黑星病连锁的AFLP标记。周贺等从褐色砂梨品种‘黄花’色泽形成期的果皮转录组数据开发SNP分子标记，筛选到1178个可能与果皮色泽形成相关的SNP标记。王宏等分离和克隆杜梨与盐胁迫响应相关的ABA受体蛋白基因*PbPYL4*。周鹏等从‘早酥’梨及其红色芽变基因组中克隆*Ty1-copia*反转录转座子逆转录酶序列。

**3. 遗传规律研究** 南京农业大学采用简化基因组测序技术（RADseq）开发SNPs、SSRs标记，并建立了梨的高密度连锁图谱。基于该连锁图和两年的果实表型，共发现了11个性状的32个潜在的QTLs，包括果柄长度（LFP），单果重（SFW），可溶性固形物含量（SSC），横向直径（TD），纵向直径（VD），萼片状态（CS），果肉颜色（FC），果汁含量（JC），种子数目（NS），果皮颜色（SC）以及果皮光滑度（SS），并将它们定位于遗传图谱中。

南京农业大学采用AFLP、SSR和SRAP标记，以及自交不亲和的S位点，建立了欧亚杂交种‘八月红’和中国梨‘砀山酥梨’两个亲本的连锁图谱。基于连续两年（2007年和2008年）的6个果实性状的表型数据（果重、果实直径、果实长度、可溶性固形物、果形指数、成熟期），共发现了19个QTLs，并将其定位于亲本连锁图谱的不同连锁群中。其中，*Pfi-8-1*、*Pfm-8-1*、*Pfw-7-1*和*Pfw-8-1*分别与果形指数、果实成熟期和单果重相关，被认为是主要的基因。

## （三）国内梨病虫害防控技术研发进展

**1. 梨病害防控技术的研发** 华中农业大学研究发现，梨腐烂病菌存在致病性分化，但与其培养表型无明显相关性；11种梨种质资源共211份材料对腐烂病的抗性测试结果显示，不同梨种质资源对病菌的侵入和扩展的抵抗、同一种质资源对病菌侵入与扩展的抵抗均存在差异。安徽农业大学研究发现，梨树不同类型种质腐烂病发病程度与枝条韧皮部总酚含量呈显著正相关关系，内源SA和JA可能参与抗病梨树种质资源对腐烂病的抵御过程。福建省农业科学院和山西农业大学分别证实葡萄胶孢炭疽菌和欧李褐腐病菌对梨有侵染性。新疆农业大学研究明确了‘库尔勒香梨’黑斑病菌的最适生长条件，为建立该病菌常规生物学检测方法提供理论依据。江苏省农业科学院研究证实喷施生防菌 sf628 可以在分子水平上调控梨叶片基因 *PAL* 和 *CAT* 的表达量，使相应 PAL 和 CAT 活性增加，从而提高梨抗病性。河北省农林科学院研究显示，40%氟硅唑乳油与 80%代森锰锌可湿性粉剂，以质量比 1∶25 进行桶混，750～1 200 倍稀释对梨黑星病的防治效果均在 85%以上，可在田间推广使用。

**2. 梨虫害防控技术的研发** 安徽农业大学研究发现，越冬代成虫的发生高峰期虫量是影响全年发生危害程度的重要因素。山东省果树研究所研究明确了梨木虱的第一代卵在梨树上的聚集习性及适宜的抽样方法和抽样数量。华南农业大学描述了一种准确、迅速鉴别香梨优斑螟蛹和成虫性别的方法。中国农业大学研究了北京地区不同害虫管理措施梨园的天敌群落结构。

山西省农业科学院研究显示，有机硅表面活性剂 Silwet408 与 200 克/升氯苯甲酰胺悬浮剂混用对防治梨小食心虫卵具有明显的增效作用。中国农业科学院果树研究所试验结果显示，35%氯苯甲酰胺水分散粒剂是防治梨木虱的有效药剂，可作为轮换药剂使用，其适宜的使用浓度为 7 000～21 000 倍液。

### （四）国内梨贮藏加工技术研发进展

在梨果贮藏保鲜方面，国内梨贮藏技术的研究对象主要包括‘库尔勒香梨’‘砀山酥梨’‘鸭梨’‘黄冠’‘南果梨’‘南红梨’‘京白梨’‘苹果梨’‘翠冠’及‘Red Clapp Favorite’等品种，研究内容包括低温和近冰温贮藏对梨果贮藏和货架品质的影响，1－MCP应用技术及气调参数等研究。同时目前国内研究更注重不同处理技术的结合和集成，如光温处理，1－MCP、壳聚糖及氯化钙的集成应用等。开展了利用声波震动原理无损检测梨果实质地研究，以及 γ-氨基丁酸、广谱抗菌解淀粉芽孢杆菌 NCPSJ7 等对梨采后青霉病发生的影响等研究。

在梨果加工方面，旭海果汁有限公司、绿诺果品有限公司、河北壹州食品有限公司等大型梨果加工企业拥有榨汁、浓缩、无菌灌装等现代化生产线，并在生产中应用了无硫护色技术、超滤和树脂工艺等国内、甚至世界领先的果汁生产技术。梨干、梨脯、梨茶以及梨醋、梨酒等发酵产品呈现发展势头。在果酒加工领域，电渗析降酸法、新型降酸酵母研制、双效发酵生物降酸法等降酸技术得到更加深入的研究，用以提高果酒的柔和度及品质。在发酵方法上，采用多菌种固定化载体发酵，高效发酵菌株的筛选逐渐受到重视。果醋产品将细化为果醋调味品、果醋饮料等。皮渣等梨果加工副产物的综合利用及产业化开发刚刚起步，对其中所含多酚、果胶、多糖、膳食纤维、香气物质加以提取利用，有利于提高产品的附加值，具有广阔的前景。

（梨产业技术体系首席科学家
张绍铃提供）

# 2014年度葡萄产业技术发展报告

（国家葡萄产业技术体系）

## 一、国际葡萄生产与贸易概况

### （一）国际葡萄生产概况（FAO）

2013年，世界葡萄园收获面积为7 155 186.59公顷，世界葡萄总产量为77 181 121.92吨，单产为10 786.738千克/公顷。葡萄总产量比2012年增加15%，葡萄收获面积和单产比2012年均有增加。

从葡萄种植的区域分布和收获量来看，欧洲是葡萄种植面积和产量最大的地区。2013年，欧洲的葡萄产量占世界的37.7%，比重比2012年上升2.7%，而葡萄园收获面积占世界葡萄园收获面积的49.7%，比重比2012年略有下降；其次是亚洲，产量约占世界总量的32.4%，比重与2012年基本持平；收获面积占世界收获面积的28.6%，比2012年增加了1.6%；其余为美洲、非洲和大洋洲。2013年世界葡萄产量最大的前五国依次为中国、意大利、美国、西班牙和法国，而葡萄园收获面积最大的前五国依次为西班牙、法国、中国、意大利和土耳其；葡萄园单产最高的国家是印度，达到21 042.37千克/公顷，其次是美国、巴西、中国和智利。

### （二）国际葡萄及加工品贸易概况（联合国贸易统计数据库）

2013年，全球鲜食葡萄贸易进口量、出口量及进、出口额均有所增加。2013年世界贸易进口量为387.3万吨，比2012年增加了6.42%；进口额822 181万美元，比2012年增加了11.3%。出口量399.2万吨，比2012年增加了11.5%；出口额749 707万美元，比2012年增加了13.9%。鲜食葡萄主要进口国有美国、荷兰、德国和英国等，主要出口国有智利、美国、意大利和荷兰等。

全球葡萄酒进出口额保持增长态势。2013年，葡萄酒进、出口量分别为911 063万升和948 767万升，比2012年增加22.29%和8.93%；进、出口额分别为2 865 910万美元和2 858 933万美元，分别比2012年增加6.03%和5.94%。美国、英国、德国、加拿大和中国为较大的葡萄酒进口国，而西班牙、意大利、法国、智利和澳大利亚是较大的出口国。

2013年的世界葡萄干贸易呈现增加趋势。其中，进、出口总量分别为76.1万吨和64.5万吨，分别比2012年增加了8.54%和5.9%；进、出口额分别为17.73

亿美元和15.84亿美元，分别比2012年增加了6.4%和3.6%。英国、德国、荷兰和日本是主要的葡萄干进口国，土耳其、美国、智利、中国和南非为主要的葡萄干出口国。

2013年，世界葡萄汁的贸易量仍表现为下降趋势。其中，葡萄汁进、出口量分别为70.69万吨和74.93万吨，分别比2012年降低了3.57%和9.32%；进、出口额分别为11.20亿美元和11.51亿美元，比2012年增加7.8%和7.5%。主要葡萄汁的进口国为美国、日本、德国和加拿大，而西班牙、意大利和阿根廷是较大的出口国。

## 二、国内葡萄生产与贸易概况

### （一）国内葡萄生产概况（中国农业统计资料）

截至2013年年底，我国葡萄栽培总面积为71.46万公顷，葡萄栽培总面积位居世界第三位，产量达1 155.0万吨，自2010年后已跃居世界葡萄产量的第一位。

我国葡萄种植的发展速度较快，目前已是第六大水果，产量仅次于苹果、柑橘、梨、桃和香蕉。从全国生产布局来看，新疆葡萄种植一直居首位，面积和产量分别占全国的20.3%和19.4%，比重略有下降，其次是河北、陕西、山东和辽宁，以上5个产区的栽培面积和产量约占全国的48.0%和53.3%，仍居主导地位，但栽培面积比重均呈现下降趋势。

### （二）国内葡萄及加工产品贸易概况（中国海关统计资讯网）

2014年，我国鲜食葡萄进口量大于出口量。进出口量分别为21.10万吨和12.59万吨，比2013年分别增加了13.92%和19.71%；进出口额分别为60 261万美元和35 876万美元，比2013年分别增长了17.15%和33.46%。2014年，出口单价为2.85美元/千克，比2013年上升0.3美元/千克，进口葡萄单价基本不变，出口单价基本与进口单价持平。

我国主要出口市场是泰国、越南、印度尼西亚、马来西亚、俄罗斯；进口国有智利、秘鲁、美国、南非等。

我国葡萄酒贸易以进口为主，进口量略有增长，仍为世界前五的主要葡萄酒进口国；葡萄酒出口量和出口额均有显著增长。2014年，葡萄酒的进口量为37 018.4万升，进口额为143 545.4万美元，比2013年分别增加了0.56%和3.72%；出口量为352.8万升，出口额为13 022.6万美元，比2013年增加了93.79%和250.81%，主要是中国内地对香港的出口增加幅度较大，出口量从2013年的96.7万升增加到270万升；2014年，进口葡萄酒单价有小幅下降，降低4.25%，出口单价大幅上升，增加81.03%。进口葡萄酒主要来自法国、澳大利亚、智利、西班牙、意大利、美国。

中国的葡萄干国际贸易一直保持贸易顺差，但2014年出口量和出口额均出现大幅下降。2014年，葡萄干出口量为3.02万吨，比2013年下降了16.05%；出口金额7 434.4万美元，比2013年下降了10.93%。而进口量为2.26万吨，比2013年增加了12.55%；进口金额为3 795.2万美元，比2013年增加了0.19%。葡萄干出口价格有所增加，进口价格有所下降。美国、乌兹别克斯坦、土耳其为主要进口国，日本、英国、澳大利亚为主要出口国。2013 年，中国葡萄干出口量居世界第四，仅次于土耳其、美国、智利等国。

中国的葡萄汁的贸易量和贸易额都比较少。2014 年，中国葡萄汁的进口量为 1.29 万吨，进口额为 2 762.4 万美元，进口贸易量比 2013 年有所增加；出口葡萄汁 0.05 万吨，比 2013 年下降了 74.23%，出口额 166.7 万美元，比 2013 年下降了 57.57%；贸易存在明显的贸易逆差。西班牙、以色列、美国、阿根廷是我国葡萄汁的主要进口国。

## 三、国际葡萄产业技术研发进展

### （一）育种技术

2014 年，在种质资源方面开展的主要工作有遗传多样性和种质资源抗性鉴定评价研究，结果表明 SSR 标记结合基于反转录转座子的标记是一种评估本地葡萄遗传多样性有效的方法。在基础研究方面主要开展了功能基因挖掘和抗病分子机制研究，完成了华东葡萄接种白粉病的转录组分析，得到了抗白粉病的相关候选基因，筛选出了能够响应白粉病的 *WRKY* 基因，研究了 *SWEET* 基因抗白粉病功能，*VvAMP2* 基因在花器官特异性表达，是一种防卫素，能够抑制葡萄灰霉菌生长，*RKY33* 被证明参与葡萄抗霜霉菌途径，瞬时转化 *VvWRKY33* 可以提高植株的抗病性。在育种技术方面主要开展了分子辅助育种、转基因技术、胚挽救育种、多倍体诱导等。采用 SSR 标记建立了父母本的连锁图谱，并进行了花青素的 QTL 定位分析，结果表明 A8 - QTL2 和 A14 - QTL 影响浆果表皮中花青素的含量。定位了瑞津特葡萄的后代抗霜霉病和白粉病的主效基因，定位了控制葡萄开花时间的 QTL 位点。利用体细胞胚胎建立了 Manicure Finger 的葡萄再生体系，VaCPK20 的转基因系通过提高 VaSTS7 的表达增加了白藜芦醇的积累。葡萄基因型的类别对于胚挽救效率的影响已经广泛的研究。采用安磺灵和秋水仙素处理葡萄品种的芽尖和体细胞胚，采用数学模型优化同源多倍体诱导过程取得进展。在品种选育方面，巴西农业科学院培育了 3 个适合在热带和亚热带气候下生长的品种，澳大利亚选育出 Millennium Muscat、Magic seedless、Mystic seedless，西班牙选育出 Itumtwelve，南非选育出 Stargrape2，美国公布了专利品种 IFG Twelve、Sugrafortytwo，以及新品种 Ga. 5 - 1 - 45、JPD - 001、Hall、Arandell、Aromella，韩国发表了 1 个三倍体品种和 Big Dela、Hongju Seedless 和 Red Dream，日本公布了マスカット、ジパング、志太乃輝、Ponta（ポンタ）、Mondoburie（モンドブリエ）。

### （二）栽培技术

国外葡萄生产先进国家基本实行“优质健康苗木认证生产体系”进行苗木生产，有效控制了各级资源的安全性、保障了苗木繁育的经济性和规范性和有效溯源；葡萄生产先进国家建立起了省工省力、适于机械化作业的整形修剪技术体系，基本实现了整形修剪的全程机械化作业；建立起了精细的花果管理技术体系和严格的果品质量追溯体系；推行生草制，多根据叶与土壤分析平衡施肥，精准施肥和生态配方施肥开始研究，广泛应用根域局部干燥及调亏灌溉等节水技术，智能灌溉开始应用；葡萄生产机械化程度高，基本实现标准化、信息化和全程机械化，正向自动化和智能化方向发展；世界设施栽培果树以葡萄为主，荷兰和意大利的鲜食葡萄几乎都是设施生产的，物联网技术的研究与应用是设施葡萄的亮点，处于起步阶段。

### （三）病虫害防空技术

国外病虫害防控技术研发主要集中在以下几个方面：

基本情况调查：葡萄有害生物种类、入侵种类及重要种类的生物多样性等调查。

防控技术及方法：包含生物防控、植物源农药，也包括化学农药；有遗传多样性、生物多样性的利用，也有利用化学生态学的生态调控；有具体技术和方法，也有根据监测动态和规律延伸出来的防控策略变革。

检测监测和预警技术：主要包括葡萄病毒病害的分子检测检测技术、重要病虫害的监测预警技术，如利用标记回收技术追踪了葡萄带叶蝉成虫扩散规律（意大利）、欧洲葡萄卷蛾的预测模型（西班牙）、病毒病的检测技术等。

灾变规律与致害机制：有害生物的灾变规律、致害机制、与葡萄或品种间的互作关系，比如枝干病害致病因子及机制、葡萄病毒与寄主互作、AGVd变异体间的亲缘关系、欧洲葡萄卷蛾幼虫种间食物竞争关系和成虫适合度等。

有害生物与食品安全保障：有害生物种类本身及其危害后的产生生物毒素的微生物、防控措施对食品安全的影响等，如葡萄果实表面微生物群系对酿酒微生物、致病微生物及产生的毒素对葡萄酒安全性的影响（法国）。

### （四）商品化处理和加工技术

在贮藏保鲜方面，国外采后鲜食葡萄仍以冷链流通贮藏保鲜为主，注重果实采前质量管理、冷链物流和采后保鲜材料应用相结合。研究内容主要涉及入贮前果实生物学特性与质地分析关系、营养物质与果实质地关系、预冷与果实品质的关系、$SO_2$类保鲜剂替代保鲜技术研究等内容。

葡萄酒酿造中的质量控制依旧是关注的核心，比较筛选适合特定葡萄品种的发酵用酵母、原料成熟度和陈酿及瓶储氧管理对葡萄酒风味质量的影响是本年度该领域国内外的几个热点研究问题。葡萄与葡萄酒化学组分鉴别的研究持续，新的风味物质的发现和已有风味物质的准确快速定量一直是葡萄酒化学研究的核心问题之一。

酿酒微生物方面主要集中在新方法在酿酒酵母相关研究中的应用，如用衰减全反射光谱技术监测葡萄酒发酵过程中的酿酒酵母、不同酵母之间的相互作用对葡萄酒质量的影响、非酿酒酵母的研究利用等几个方面。

## 四、国内葡萄产业技术研发进展

### （一）育种技术

在葡萄种质资源方面，遗传多样性研究内容较多，主要进展是证明了毛葡萄种类具有丰富的遗传多样性，为野生资源的发掘利用奠定基础。在功能基因方面，对亚历山大葡萄果实中萜类物质的种类和含量进行了测定，并分析果实发育过程中单萜类物质的积累与相关基因表达的关系，结果表明单萜合成途径中多个关键酶基因后期表达上调，导致成熟过程中单萜化合物含量上升 2～8 倍，DXS3 与单萜总量的积累具有显著的相关性。

在品种选育方面，国内选育葡萄新品种 15 个，引进登记新品种 11 个。其中桂葡 3 号、桂葡 4 号、桂葡 5 号、新雅、火洲紫玉和皖峰 6 个葡萄品种获得了当地品种委员会的审定或认定。共有 7 个葡萄新品种申请了植物新品种权保护，授权品种权 3 个。获得与葡萄育种方法或抗性鉴定有关的专利 9 项。在育种方法方面，开展了多倍体育种、胚挽救育种等。在功能基因研究方面，克隆了 *VpPAP1*、*VvIPK2*、*VpSTART*、*CBF1*、*VvTIAR-like* 基因，并进行了表达分析。在分子辅助育种方面，开展工作较少，缺少从科学到应用的过程。

## （二）栽培技术

我国主要开展了无病毒品种和砧木培育、嫁接苗木繁育、抗性砧木与品种的区划等研究，处于起步阶段，距离“优质健康苗木认证生产体系”的建立尚有很大距离；制定出了适合我国不同生态区域省工省力的简化修剪技术规程，但整修修剪的机械化作业研究方面仅处于起步阶段；制定出了适合不同生态区域的花果管理技术规程，但果品质量追溯体系的建立与推广仅处于起步阶段；制定出了根域限制栽培和机械化越冬防寒技术规程，大多依据经验进行土肥水管理，缺乏科学依据，土肥水高效利用技术的研究仅处于起步阶段；葡萄生产管理的机械化程度低，葡萄园机械化生产技术的研究与推广仅处于起步阶段；制定出适于不同生态区域的避雨栽培、促早栽培和延迟栽培技术规程，刚刚开始开展物联网技术的研究。

## （三）病虫害防空技术

国内病虫害防控技术研发主要集中在以下 4 个方面。

**1. 葡萄病虫害防控方法与技术** 评价了哈茨木霉菌、烯酰吗啉等药剂对葡萄霜霉防效；研究了利用架形、避雨栽培对葡萄霜霉病等的防控；研究和评价了复合种植防控葡萄根瘤蚜；对葡萄溃疡病、酸腐病等防控药剂进行了筛选，研发了综合防控技术；白粉病、炭疽病、绿盲蝽、葡萄叶蝉等重要病虫害病防控药剂进行了试验和评价；探索了色板对绿盲蝽和叶蝉的诱集效果；利用频振式杀虫灯诱集透翅蛾和叶蝉等。

**2. 葡萄病虫害流行与监测** 对田间霜霉病孢子囊捕捉技术及孢子囊时间动态等相关性进行了研究；对我国葡萄炭疽病病原菌种类及种内遗传分化进行分析；研究了我国葡萄霜霉病的遗传多样性；测定了葡萄溃疡病菌的全基因组序列，并分析了枝干病害上的 *Pestalotiopsis* 和 *Diaporthe* 属病原菌。

**3. 检测技术** 建立了 LAMP 等两种葡萄霜霉病的检测技术；研发了葡萄病毒 RT-PCR、高通量测序等多种病毒病分子检测技术；研发了通过直接诱导丛生芽快繁及热处理与茎尖培养相结合诱导脱毒技术。

**4. 葡萄病虫害综合防控技术体系建立** 基本形成了我国重要葡萄产区的主栽品种的病虫害防控技术体系；初步完成了我国主栽品种的脱毒苗原种圃建设。

### （四）国内商品化处理和加工技术

在贮藏保鲜方面，我国鲜食葡萄的中长期贮藏保鲜技术仍以“低温保鲜库＋保鲜剂＋保鲜膜”的技术方式为主，方便、多功能、多组合的保鲜剂及保鲜膜是近年研究的重点。葡萄酒加工重在冷浸渍等新的工艺技术的探索和酿造工艺技术方案的完善；在本土特色原料如刺葡萄、毛葡萄的加工方面有新的进展。在优良葡萄酒酿酒酵母的筛选与分离、酿酒酵母高产乙醇及高乙醇耐受性方面的研究增多并取得了一定进展。

（葡萄产业技术体系首席科学家
段长青提供）

# 2014年度桃产业技术发展报告

（国家桃产业技术体系）

## 一、国际桃生产及贸易概况

### （一）国际桃生产概况

根据全球贸易图测（GTA）最新数据统计，2014年，世界桃总产量达到1 993.5万吨，出口量预计在55.5万吨左右。世界桃主产国及地区主要是中国、美国和欧洲国家，其中中国桃产量约1 300万吨，增长率13%左右。美国2014年度桃产量下降为91万吨，比2013年度下降4.31%，比2011年度下降26.43%，原因是加利福尼亚州面积和产量都下降（加利福尼亚产量约占美国总产量的75%）。欧盟产量上升，达到400万吨左右，增长率高于10%。

### （二）世界桃贸易状况

根据全球贸易图测（GTA）数据统计，欧盟2013年度出口总额约为43 100万美元，主要出口国家是俄罗斯（但比2012年下降16%），乌克兰是欧盟鲜桃第二出口地，但2013年度出口量减少50%。智利是欧盟鲜桃进口来源第一大国，在欧洲淡季，超过一半的鲜桃进口于南半球。其2013年进口价值约为8 800万美元，由于欧洲增产，预计2014年度进口量将缩小。受产量下降影响，美国出口量继续下降，约为8.5万吨，下降15%。

## 二、国内桃生产及贸易概况

### （一）国内桃生产状况

根据国家桃产业技术体系2014年的调查分析，目前我国桃面积为1 300万亩左右，产量1 350万吨左右，约占世界桃总产量的61%，产量和面积均居世界首位。山东、河北、河南、湖北、四川、安徽、辽宁、甘肃、浙江、江苏、云南、湖南等地区面积继续扩大，上海、福建、陕西、北京等地区面积基本稳定，总体上我国桃生产面积呈继续增加态势，早熟桃晚熟桃增加速度高于中熟桃，早熟桃可能在近几年出现过剩。受面积扩大以及天气条件有利的影响，2014年多数产区产量增加，仅有山东、北京、广西等地的局部地区出现产量下降情况。从各主产区的简单平均值来看，桃生产成本约为4 139.25元，总收入为每亩9 573.96元，净收益为5 434.70元。与2012年（桃产业技术体系于2012年做了桃成本效益分析）相比，2014年平均价格比2012年低3.68%，但每亩产量比2012年（1 966.96千克）增加6.91%，效益比2012年增加

355.48元，基本与2012年持平。

### （二）国内桃贸易状况

我国鲜桃在国际贸易中所占份额较小。2014年，我国鲜桃出口量约为5万吨左右，出口额为5 600万美元左右。出口对象为俄罗斯、哈萨克斯坦、越南、日本、泰国、新加坡等国家和我国香港地区。2014年我国无鲜桃进口，对外鲜桃贸易为净出口。加工品方面，我国加工桃产量占鲜食桃产量的2%左右。与鲜食桃对外贸易相比，随着农产品深加工技术的发展，近年来桃加工品（桃罐头、桃汁、制干、果脯蜜饯等）的对外贸易较活跃，产品以桃罐头为主。2013年我国桃罐头出口量达到15.60万吨，出口额18 000万美元，约为2003年的1.84倍。进口量1.23万吨，进口额1 520.63万美元，出口量约为进口量的12.68倍。

## 三、国际桃产业技术研发进展

### （一）遗传育种研究

在种质资源评价方面：Forcada等（2014）利用94份能够代表传统的西班牙品种以及全球广泛栽培的桃和油桃品种资源，对其树体性状和果实经济性状进行了鉴定评价。Dario等（2014）对佛罗里达大学的195份种质资源的遗传多样性、群体结构等进行了研究，并对这些标记的性状辅助选择能力进行了初步评价。为了进一步评价山桃对桃绿蚜的抗性，Cabrera-Brandt等（2014）对山桃‘P1 908’对桃绿蚜种内的不同变异株系的抗性进行了接种评价。Yazbek等（2014）对桃、扁桃及其近缘种进行了17个形态学性状鉴定和6个叶绿体基因和1个核基因的测序，通过聚类分析发现栽培桃和栽培扁桃具有很近的亲缘关系，而并非姊妹种。

在生物技术研究方面：土耳其Suleyman Demirel大学与美国Clemson大学在2014年开展了桃砧木品种Guardian® 的叶片再生体系构建研究，对桃再生体系建立进行了再次探索。质量性状或QTL（数量性状基因座）的定位仍然是桃研究的热点，Frett等（2014）利用‘Zin Dai’×‘Crimson Lady’的$F_2$群体（$ZC^2$），开展了遗传连锁图谱构建和QTL定位研究。分子标记辅助育种（MAS）技术仍得到广泛应用，Frett等（2014）在定位果面着色主效QTL位点的基础上，将*PprMYB10*上游的标记SNP_IGA_341 962转换为CAPS_341 962，该标记在$ZC^2$群体中进行果面着色鉴定具有一定价值。在关键基因的表达研究方面，Rahim等（2014）利用黄肉桃果皮花色苷积累最多、近核果肉较多、而中果皮最少特征，对6个类似*MYB10*和3个类似*bHLH*的转录因子在不同部位的表达进行了鉴定。耐贮运桃肉质stonyhard将逐渐成为研究热点之一，Takashi（2014）对stonyhard肉质类型的遗传和乙烯处理stonyhard基因型后果肉的变软研究进展进行了综述。在基于已知序列信息的桃全基因组SSR标记的开发方面，Chen等（2014）进行了李属植物EST（表达序列标签）序列的SSR（简单重复序列）标记开发研究。

根据查阅到的资料，2014年国外发表桃品种64个。按国家分：美国44个，日本6个，智利3个，法国2个，韩国1个，巴西3个，意大利5个；按类型分：桃33个，油桃24个，蟠桃4个，油蟠桃1个，种间杂种 2 个；按用途分：鲜食 64 个，加工 0 个；按肉质分：不溶质 3 个，溶质 61 个；按肉色分：白肉 30 个，黄肉 34 个。

### （二）栽培技术

在整形修剪研究方面，埃及开罗大学农学院果树研究所开展了“疏枝和短截修剪方式对桃叶果比，产量和果实品质影响”的研究（Samira 等，2014）。法国国立农业研究所和美国加州大学戴维斯分校合作开展了“桃树干和根系中碳水化合物储备和利用的季节性变化与模型构建”的研究（Silva 等，2014）。美国加州大学戴维斯分校的科研人员利用幼年态扁桃树构建了修剪强度影响新梢生长结构的预测模型（Negrón C 等，2014）。

2014 年度国际上关于桃花果管理方面的研究较少，主要集中于负载量和开花冷热需求量等方面。阿根廷的 Maulión 等（2014）利用 7 年时间研究了 63 个油桃和 118 个桃基因型打破休眠和开花的冷热需求量，发现桃的开花时间与低温需求量呈正相关，从而可以调节花期。Swaef 等（2014）研究表明，桃树体负载量对树体日生长率（daily growth rate，DGR）有重要影响，这种影响是由茎韧皮部的膨压变化引起的。

### （三）病虫害防治技术

2014 年国际上桃树病害研究较多的主要是桃褐腐病以及其他真菌、植原体和根结线虫病害，其研究主要集中于病原鉴定、分类及抗药性，病害物理和生物防治及其机制、病害发生规律，化学防治和抗病基因鉴定等方面。May-De Mio 等（2014）评估了亚磷酸盐、粉红聚端孢（*Trichothecium roseum*，TR）以及亚磷酸盐与 TR 组合相对于石硫合剂（LS）对巴西亚热带地区桃品种（‘Granada’和‘Chimarrita’）高接种压力下对桃褐腐病（*M. fructicola*）的控制作用。Pacheco 等（2014）分析了桃抗褐腐病（*M. fructigena*）基因的 QTL，使用 63 个 SSRs（简单重复序列）和 26 个 SNP（单核苷酸多态性）标记分析了 C（Contender，抗病材料）× EL（Elegant Lady，感病材料）杂交 $F_1$ 代群体的基因型并构建连锁图谱。

国际上桃树主要害虫发生种类仍以梨小食心虫为主，蚜虫和叶螨等小型害虫发生较为普遍和严重，其相关研究也仍受到重视。其他害虫主要有桃潜叶蛾、叶螨、实蝇类、蓟马和茶翅蝽等。其中实蝇类在多个国家和地区危害严重，相关的研究也相应增多，与桃实蝇有在世界范围内不断扩张危害的趋势相一致。在瑞士，梨小重新发生危害，有文章介绍了瑞士梨小食心虫的生物学信息（包括寄主范围、化蛹、形态学和生活史）、危害现状和经济损失及防治方法。并提出了要密切监测主要寄主（桃）和其他果树的受害情况；建议应用交配干扰技术和批准使用的病毒制剂进行防治（Kehrli 等，2014）。

### （四）产后处理技术

Scattino 等（2014）发现 UV-B 处理对调节 20℃贮藏桃果实的酚类化合物和苯丙烷类化合物合成基因的表达方面具有基因型依赖性。UV-B 照射后，20℃贮藏的‘Big Top’和‘Suncrest’桃酚类物质增加，‘Babygold7’桃酚类物质下降，苯丙烷类化合物合成基因表达呈相应的变化趋势。Lee（2014）研究发现冷敏感的桃（‘Mibaekdo'）果实用30%$CO_2$处理能显著减少冷藏期间和随后货架期间的冷害和软化，抑制了抗氧化活性和总酚的降低。高$CO_2$处理的桃果实具有较高的抗氧化活性、总酚及抗坏血酸含量，可保护冷胁迫细胞的自由基伤害。Campbell等（2014）发现未去皮的桃果实罐头制品在20℃贮藏6个月后，较去皮的制品含更高的酚和类胡萝卜素。

## 四、国内桃产业技术研发进展

### （一）遗传育种研究

在桃种质资源评价方面，严娟等（2014）优化了桃酚类物质分析的高效液相色谱法（HPLC），并测定和比较了红、黄、白色类型桃果肉酚类物质组分。王召元等（2014）利用抗寒的野生资源及品种（'杨家坟沟子毛桃''三块石毛桃''王家庄毛桃''大久保'和'北京晚蜜'），抗寒性中等的品种（'春雪'和'庆丰'），抗寒性较差的品种（'中华寿桃'和'金奥'），进行了枝条组织结构与抗寒性的关系研究。Cao等（2014）通过二代测序的方法研究了桃驯化的遗传基础，以及人类对其遗传演化的影响。在遗传连锁图谱构建和QTL定位方面，桃黄肉基因受单位点（Y）控制，白肉对黄肉为显性。在关键基因表达研究方面，为了研究红肉桃花色苷积累的分子机理，Jiao等（2014）利用2个红肉桃品种和1个白肉桃品种，对花色苷代谢的9个结构基因在6个发育阶段的中果皮表达进行了研究。Cao等（2014）研究证实β-氨基己糖苷酶（β-hex）参与调节桃果实软化进程。

根据查阅到的2014发表的文章、有关试验站以及育种者提供的信息，通过审定、认定、鉴定的桃品种增加了38个；其中，2003年1个，2005年1个，2006年1个，2007年3个，2009年1个，2011年1个，2012年5个，2013年13个，2014年13个；鲜食桃35个，观赏桃2个，砧木1个；食用桃肉色以白肉为主（90.3%），黄肉桃3个，红肉桃2个。

### （二）栽培技术

在整形修剪技术方面，陈海江等对不同高产优质省力化树形树体结构进行解析，通过测定不同树形树冠光分布特性进行树体结构评价，进而提出树体结构参数。在近几年研究结果基础上，总结优化了与品种类型相适应的长梢（长放或疏放）修剪技术。总结了主干形、三主枝开心形、无侧枝Y字形、有侧枝Y字形、四主枝开心形、四挺身树形的丰产优质桃园树体结构参数指标。总结提出包括减少了骨干枝（主、侧枝）数量，各级枝头单轴延伸，疏剪过密枝组及枝组小型化，保持骨干枝上枝组间距和势力均衡，多留结果枝分散营养等高光效树体改造技术。

国内花果管理的研究多集中于芽的休眠及成花、花粉保存、果实套袋、可溶性固形物含量预测等方面。在果实套袋方面，马瑞娟等（2014a）研究了白、黄色单层果袋对鲜食黄肉桃'金陵黄露'果实品质的影响，发现白色单层袋可降低果皮类胡萝卜素积累，改善果实红色色泽，黄色单层袋使果实红色色泽减少，黄色色泽呈现，光洁度增加。

在桃园土肥水管理技术方面，彭福田等开展了桃园行间生草、有机物料覆盖，生物有机肥应用等土壤培肥技术的研究，进行了果园施肥技术与肥料袋控缓释技术的研究，组装配套形成了桃园土壤肥力提升与桃树高效肥水管理的技术体系。

### （三）病虫害防治技术

国内桃病害研究主要集中在各大农业院校、各省市农科院、各级农业推广中心、植保站、林业站等单位。相比苹果、梨等产业，桃树病害研究深度和广度都有待加强。莫熙礼等（2014）采用生长速率法测定了不同浓度的花椒提取物对桃褐腐病菌的抑制效果，结果表明不同浓度的花椒提取物对褐腐病菌菌丝的生长表现出较强的抑制效果。习惠珍等（2014）通过田间试验研究表明60%唑醚代森联（百泰）1 500 倍对雪桃缩叶病防治效果最好，达到 88.5%，其次是70%丙森锌 800 倍（安泰生）防治效果也达到 79.2%，接近 80%，在生产上可作为防治雪桃缩叶病的主要药剂使用。

2014 年桃园主要害虫种类变化不大，但发生危害程度上有一定差异。蚜虫和梨小食心虫仍然是重要的研究和防控对象，而橘小实蝇、绿盲蝽等小型害虫的研究与 2013 年持平。杨小凡等（2014）研究了颜色对梨小食心虫产卵选择性的影响，表明寄主颜色在梨小食心虫产卵场所选择中具有重要作用。贾慧等（2014）建立了快速、准确、灵敏的蚜虫带毒检测方法，能快速、准确地对介体蚜虫的带毒情况进行检测。张小兵等（2014）研究了不同施药方式下吡虫啉对棉田绿盲蝽种群动态，表明棉田吡虫啉颗粒剂穴施及液体制剂灌根施药是控制绿盲蝽为害的有效施药手段。潘志萍等（2014）研究了球孢白僵菌两种施用方式对侵染桔小实蝇的影响及田间的防治效果，结果表明施用2 500倍 40%毒死蜱效果最好，其次是喷施球孢白僵菌孢子悬浮液。

### （四）产后处理技术

高慧等（2014）研究发现 1 毫摩尔/升乙酰水杨酸处理可显著降低‘华光’油桃果实 5℃冷藏后货架期的冷害指数，抑制硬度和可滴定酸含量的下降，抑制果实过氧化氢和呼吸速率的升高。周慧娟等（2014）研究发现从 5 月 27 日（盛花期后第 55 天）起每隔 5 天对整个树体（树冠及果实）喷施浓度为 0.10%的 $Ca(NO_3)_2$，共计喷施 5 次，可增加‘沪油 018’果实 0℃冷藏的耐贮性。曹雪慧等（2014）发现 4 克/升抗坏血酸与15 克/升壳聚糖溶液浸渍涂膜、4 克/升迷迭香与 15 克/升壳聚糖溶液浸渍涂膜两组处理对‘大久保’桃常温贮藏具有协同增效作用。

（桃产业技术体系首席科学家
姜全提供）

# 2014年度香蕉产业技术发展报告

（国家香蕉产业技术体系）

## 一、国际香蕉生产与贸易概况

### （一）香蕉生产

**1. 面积、产量与生产趋势**　香蕉被联合国粮农组织（下简称“FAO”）认定为仅次于水稻、小麦、玉米之后的第四大粮食作物，是一些发展中国家农民的主要食粮。全球有约130个国家种植香蕉，主要分布在亚洲、拉美和非洲的发展中国家。近50年来，世界香蕉收获面积总体上呈波浪式上升趋势，同期内，世界香蕉产量总体上也呈平稳上升趋势，与世界香蕉面积变化趋势基本保持一致。据FAO统计，从1962年到2012年，世界香蕉收获面积从205.58万公顷上升到495.33万公顷，增长2.41倍多，年均增长率1.77%；世界香蕉产量从2 192.18万吨上升到10 199.27万吨，增长4.65倍，年均增长率3.12%；预计2013年世界香蕉收获面积略有下滑，大约为485万公顷，产量接近1亿吨。

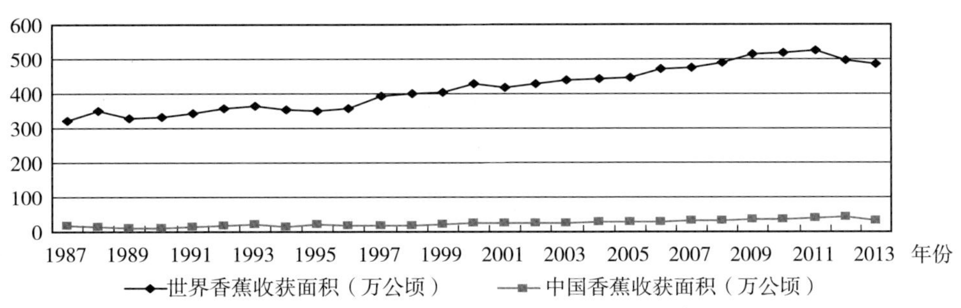


**图1　1987—2013年中国与世界香蕉收获面积**

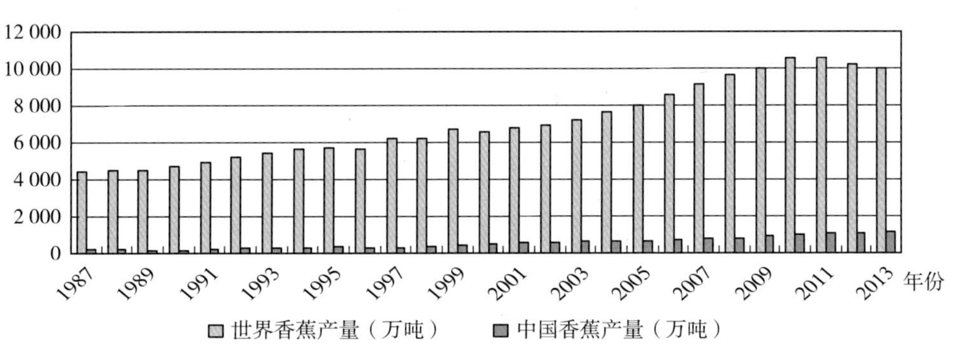


**图2　1987—2013年中国与世界香蕉产量**

### （二）香蕉贸易

**1. 继续保持全球农产品贸易前四强的地位** FAO最新数据显示，2010年全球香蕉出口量1 745.79万吨，进出口贸易额达117.13亿美元，在农产品贸易中仅次于小麦、玉米和大豆。2011年全球香蕉出口量1 891.88万吨，进出口贸易额达130.69亿美元。受全球经济复苏的影响，2012—2013年全球香蕉年出口量和进出口金额预计在2011年的基础上略有增长，出口量预计突破1 900万吨，进出口额达到200亿美元。2013年，美国、比利时、俄罗斯占据全球香蕉进口的前三名。2013年，厄瓜多尔、菲律宾、哥斯达黎加占据全球香蕉出口的前三名。

**2. 国际香蕉市场继续呈现垄断局面** 2012—2013年全球最大的三家农业跨国公司（Dole Food、Chiquita、Del Monte公司）香蕉贸易额约占全球贸易总量的65%。

## 二、国内香蕉生产与贸易概况

### （一）香蕉生产

**1. 面积和产量** 据FAO统计，2012年，中国香蕉收获面积为41.28万公顷，仅占世界香蕉收获面积的8.33%，总产量却占据了世界香蕉总产量的10.63%，为1 084.53万吨。而据调查，2013年较2012年，2014年较2013年，中国香蕉无论其收获面积还是总产量，总体上有不同程度的下滑，下滑幅度约为5%左右；但各产区表现不尽相同，其中，传统的香蕉主产区广东、海南及福建，下滑较为明显，而新兴的香蕉主产区广西及云南，却不滑反增。然而，无论五大香蕉主产区还是全国，香蕉单产均呈现不同程度的增长，2013年较2012年增长幅度约在1.3%左右（表1）。

表1 2013—2014年全国香蕉的基本生产情况

| 区域 | 播种面积（万亩） | | 收获面积（万亩） | | 农户数量（万户） | | 亩产（吨） | | 年产量（万吨） | | 年产值（亿元） | |
|---|---|---|---|---|---|---|---|---|---|---|---|---|
| | 2013 | 2014 | 2013 | 2014 | 2013 | 2014 | 2013 | 2014 | 2013 | 2014 | 2013 | 2014 |
| 海南 | 56 | 60 | 45 | 50 | 7.4 | 7.1 | 2 690 | 1.83 | 121.1 | 110 | 35.1 | 33 |
| 广东 | 130 | 130 | 114 | 112 | 18.4 | 17.9 | 2 380 | 2.04 | 271.3 | 265 | 76.0 | 75 |
| 广西 | 148 | 160 | 130 | 150 | 21.0 | 22.2 | 2 760 | 2.38 | 358.8 | 380 | 96.9 | 130 |
| 云南 | 150 | 170 | 136 | 160 | 20.9 | 22.6 | 2 750 | 2.29 | 374.0 | 390 | 101.0 | 118 |
| 福建 | 35 | 35 | 30 | 30 | 4.8 | 4.5 | 2 260 | 1.89 | 67.8 | 66 | 18.3 | 18 |
| 全国 | 540 | 555 | 459 | 502 | 74.9 | 74.3 | 2 510 | 2.18 | 1 142.8 | 1 211 | 321.7 | 374 |

注：(1) 全国除海南、广东、广西、云南及福建等为香蕉主产区外，重庆、贵州、四川等地也有零星的种植，因规模较小，没有单独列出；(2) 台湾地区的数据没有包括在全国的统计里；(3) 数据来源于国家香蕉产业技术体系固定观测点及调研统计分析整理所得。

**2. 生产布局** 2014年，广东、海南和福建等香蕉产区面积小幅减少，产量基本持平，略有减少；云南和广西两个产蕉区逐年表现出明显竞争优势，面积基本保持稳定。云南高原香蕉产业带和桂西北山地香蕉产业带具备生产高品质香蕉的天然优势，将不断发展成为新兴香蕉特色品牌产业带，在未来中国香蕉产业发展中拥有明显的优势地位。

## （二）香蕉贸易

**1. 出口贸易** 据UN comtrade（联合国商品贸易统计数据库最新数据）显示，中国香蕉出口净重从1992年的3 245吨上升到2012年的7 888.25吨；贸易值从57.11万美元上升到581.90万美元（表2、表3）。

**表2 1992—2012年中国香蕉出口情况**

| 年份 | 报告国 | 交易国 | 贸易额（美元） | 净重（千克） | 贸易量（吨） |
|---|---|---|---|---|---|
| 1992 | 中国 | 世界 | 571 098 | 3 244 999 | 3 245.00 |
| 1993 | 中国 | 世界 | 700 945 | 3 469 700 | 3 469.70 |
| 1994 | 中国 | 世界 | 2 039 519 | 6 223 933 | 6 223.93 |
| 1995 | 中国 | 世界 | 2 217 150 | 5 898 713 | 5 898.71 |
| 1996 | 中国 | 世界 | 1 547 099 | 5 162 568 | 5 162.57 |
| 1997 | 中国 | 世界 | 5 364 277 | 14 748 267 | 14 748.27 |
| 1998 | 中国 | 世界 | 5 594 183 | 16 659 675 | 16 659.68 |
| 1999 | 中国 | 世界 | 4 383 837 | 12 360 408 | 12 360.41 |
| 2000 | 中国 | 世界 | 2 695 830 | 7 628 195 | 7 628.20 |
| 2001 | 中国 | 世界 | 4 519 790 | 13 621 520 | 13 621.52 |
| 2002 | 中国 | 世界 | 5 524 833 | 14 911 478 | 14 911.48 |
| 2003 | 中国 | 世界 | 6 804 329 | 19 859 173 | 19 859.17 |
| 2004 | 中国 | 世界 | 6 460 307 | 23 422 196 | 23 422.20 |
| 2005 | 中国 | 世界 | 7 492 196 | 23 550 152 | 23 550.15 |
| 2006 | 中国 | 世界 | 7 228 364 | 22 807 893 | 22 807.89 |
| 2007 | 中国 | 世界 | 6 779 031 | 20 878 462 | 20 878.46 |
| 2008 | 中国 | 世界 | 6 841 582 | 15 077 933 | 15 077.93 |
| 2009 | 中国 | 世界 | 6 665 472 | 13 171 313 | 13 171.31 |
| 2010 | 中国 | 世界 | 6 243 401 | 8 574 161 | 8 574.16 |
| 2011 | 中国 | 世界 | 6 967 714 | 10 240 872 | 10 240.87 |
| 2012 | 中国 | 世界 | 5 818 992 | 7 888 249 | 7 888.25 |

**表3 1992—2012年中国对世界其他国家香蕉出口情况**

| 年份 | 报告国 | 交易国 | 贸易额（美元） | 净重（千克） | 贸易量（吨） |
|---|---|---|---|---|---|
| 2012 | 中国 | 世界 | 5 818 992 | 7 888 249 | 7 888.25 |
| 2012 | 中国 | 美国 | 1 588 011 | 183 800 | 183.80 |
| 2012 | 中国 | 中国香港 | 1 099 091 | 2 851 000 | 2 851.00 |
| 2012 | 中国 | 俄罗斯 | 873 016 | 1 300 707 | 1 300.71 |
| 2012 | 中国 | 日本 | 753 327 | 630 248 | 630.25 |

（续）

| 年份 | 报告国 | 交易国 | 贸易额（美元） | 净重（千克） | 贸易量（吨） |
|---|---|---|---|---|---|
| 2012 | 中国 | 蒙古 | 626 166 | 2 052 600 | 2 052.60 |
| 2012 | 中国 | 印度尼西亚 | 291 194 | 115 805 | 115.80 |
| 2012 | 中国 | 中国澳门 | 210 839 | 594 343 | 594.34 |
| 2012 | 中国 | 朝鲜 | 105 711 | 115 808 | 115.81 |
| 2012 | 中国 | 英国 | 86 090 | 3 728 | 3.73 |
| 2012 | 中国 | 泰国 | 59 404 | 7 318 | 7.32 |
| 2012 | 中国 | 菲律宾 | 40 393 | 2 550 | 2.55 |
| 2012 | 中国 | 吉尔吉斯斯坦 | 16 996 | 24 280 | 24.28 |
| 2012 | 中国 | 墨西哥 | 16 347 | 599 | 0.60 |
| 2012 | 中国 | 德国 | 13 769 | 1 178 | 1.18 |
| 2012 | 中国 | 巴西 | 8 360 | 1 100 | 1.10 |
| 2012 | 中国 | 南非 | 7 344 | 360 | 0.36 |
| 2012 | 中国 | 西班牙 | 6 960 | 600 | 0.60 |
| 2012 | 中国 | 埃及 | 5 000 | 500 | 0.50 |
| 2012 | 中国 | 马来西亚 | 4 056 | 308 | 0.31 |

**2. 进口贸易** 据 UN comtrade（联合国商品贸易统计数据库最新数据）显示，中国香蕉进口净重从 1992 年的 20 474.65 吨上升到 2012 年 626 038.90 吨；进口额从 530.09 万美元上升到 36 585.75 万美元（表 4、表 5）。

**表 4 1992—2012 年中国香蕉进口情况**

| 年份 | 报告国 | 交易国 | 贸易额（美元） | 净重（千克） | 贸易量（吨） |
|---|---|---|---|---|---|
| 1992 | 中国 | 世界 | 5 300 925 | 20 474 653 | 20 474.65 |
| 1993 | 中国 | 世界 | 7 738 954 | 29 575 730 | 29 575.73 |
| 1994 | 中国 | 世界 | 19 111 846 | 93 066 724 | 93 066.72 |
| 1995 | 中国 | 世界 | 41 980 725 | 159 794 621 | 159 794.62 |
| 1996 | 中国 | 世界 | 140 852 435 | 512 778 251 | 512 778.25 |
| 1997 | 中国 | 世界 | 145 704 900 | 546 938 369 | 546 938.37 |
| 1998 | 中国 | 世界 | 163 123 616 | 539 093 312 | 539 093.31 |
| 1999 | 中国 | 世界 | 140 505 799 | 431 736 481 | 431 736.48 |
| 2000 | 中国 | 世界 | 169 263 064 | 593 476 281 | 593 476.28 |
| 2001 | 中国 | 世界 | 98 247 599 | 413 965 142 | 413 965.14 |
| 2002 | 中国 | 世界 | 75 260 727 | 347 807 372 | 347 807.37 |
| 2003 | 中国 | 世界 | 93 422 067 | 421 246 386 | 421 246.39 |
| 2004 | 中国 | 世界 | 93 454 817 | 380 933 162 | 380 933.16 |

（续）

| 年份 | 报告国 | 交易国 | 贸易额（美元） | 净重（千克） | 贸易量（吨） |
|---|---|---|---|---|---|
| 2005 | 中国 | 世界 | 99 675 327 | 355 697 863 | 355 697.86 |
| 2006 | 中国 | 世界 | 116 248 254 | 387 827 884 | 387 827.88 |
| 2007 | 中国 | 世界 | 111 226 099 | 331 882 996 | 331 883.00 |
| 2008 | 中国 | 世界 | 138 548 516 | 362 325 410 | 362 325.41 |
| 2009 | 中国 | 世界 | 179 015 787 | 491 338 590 | 491 338.59 |
| 2010 | 中国 | 世界 | 246 818 672 | 665 229 621 | 665 229.62 |
| 2011 | 中国 | 世界 | 401 728 003 | 818 674 659 | 818 674.66 |
| 2012 | 中国 | 世界 | 365 857 532 | 626 038 896 | 626 038.87 |

**表 5　1992—2012 年中国对世界其他国家香蕉进口情况**

| 年份 | 报告国 | 交易国 | 贸易额（美元） | 净重（千克） | 贸易量（吨） |
|---|---|---|---|---|---|
| 2012 | 中国 | 世界 | 365 857 532 | 626 038 896 | 626 038.90 |
| 2012 | 中国 | 菲律宾 | 299 236 787 | 496 446 020 | 496 446.02 |
| 2012 | 中国 | 厄瓜多尔 | 30 963 931 | 47 747 428 | 47 747.43 |
| 2012 | 中国 | 泰国 | 21 702 589 | 22 517 473 | 22 517.47 |
| 2012 | 中国 | 缅甸 | 8 122 924 | 44 422 512 | 44 422.51 |
| 2012 | 中国 | 哥斯达黎加 | 2 969 664 | 4 718 104 | 4 718.10 |
| 2012 | 中国 | 越南 | 1 997 639 | 9 302 796 | 9 302.80 |
| 2012 | 中国 | 其他亚洲国家 | 746 944 | 704 285 | 704.28 |
| 2012 | 中国 | 印度尼西亚 | 116 349 | 180 180 | 180.18 |
| 2012 | 中国 | 英国 | 661 | 72 | 0.072 |
| 2012 | 中国 | 马来西亚 | 44 | 26 | 0.026 |

**3. 进出口对象**　2014 年我国香蕉主要出口我国的香港和澳门特区，以及俄罗斯、日本、蒙古、印度尼西亚等国家；2014 年我国香蕉进口国有菲律宾、厄瓜多尔、泰国、缅甸、老挝、哥斯达黎加、越南等国家，从国家海关总署的数据来分析，其中55%来自菲律宾、9%来自拉美的厄瓜多尔；然而，近几年来，随着我国与东盟国家边贸的进一步开放，尤其是 2014 年，估计从老挝、缅甸、越南、柬埔寨等四国进口的数量占 70%以上，此部分的数据没有在国家海关总署的统计数据里。

## 三、国际香蕉产业技术研发进展

**1. 种质资源评价与品种选育**　目前，世界各香蕉研究机构主要采用以下 3 种方法选育香蕉新品种。

（1）常规育种，常用的两种常规杂交育种方法，用通过改良的二倍体作为父本与三倍体母本杂交成为四倍体。洪都拉斯的FHIA机构用这两种方法得到很多抗枯萎病的品种和抗性育种材料，如Goldfinger（FHIA－01）和Bananza（FHIA－18）均为四倍体AAAB类型。

（2）突变体育种，用$^{60}$Co辐射育种和化学诱变剂〔甲基磺酸乙脂（EMS）、叠氮钠（NaN3）、硫酸二乙酯（DES）〕诱导抗枯萎病的突变体材料。在澳大利亚，已经用这种方法从香牙焦品种Dwarf Parfitt得到一批抗枯萎病4号热带生理小种（Foc TR4）且农艺性状优良的突变体。另外用体细胞变异性育种方法也得到较好的结果，台湾香蕉研究所采用这种策略，成功选育出宝岛蕉等。

（3）分子育种，通过基因克隆、转基因等分子技术获得高抗、优质新品种。在转基因培育香蕉抗病品种上，目前国内外进展较多，如乌干达学者发表的通过转入Hrap和Pflp的基因植株获得抗细菌性枯萎病抗性（Nature Biotechnology，2014，32（9）：868－870），印度学者报道过量表达矮牵牛花的防御素基因Sm-AMP-D1，香蕉的MusaBAG1能大幅度提高香蕉枯萎病抗性〔（Plant Cell，Tissue and Organ Culture，2014，119（2）：247－255；AoB plants，2014，6）〕，此外印度学者在转基因香蕉中利用内含子发夹结构RNA（ihpRNA）介导的、针对Foc真菌基因（velvet和镰刀菌转录因子1）siRNA干扰技术，发现能够有效地抵抗香蕉枯萎病的侵染（Plant Biotechnology，2014，12（5）：541－553）等。

**2. 种苗生产** 我国香蕉种苗繁育与组培苗产业技术一直处于国际领先水平，建立了世界规模最大的香蕉组培苗生产基地，全国每年可生产组培苗约2亿株，主要品种为桂蕉6号、巴西蕉、金粉1号等。这不但满足了国内生产的需求，使传统的吸芽苗在国内已经基本淘汰，每年还有部分组培苗出口东南亚。但在印度等亚太香蕉种植区域，多年留吸芽不换种及进行吸芽转移繁殖的方式仍然处于主导地位。

**3. 土壤肥料** 2014年，国外香蕉土壤肥料的研究内容集中在香蕉养分缺乏及养分综合管理、香蕉连作及添加有机质等方式对土壤质量的影响等方面。总体而言，建立蕉园高效养分管理模式及提高土壤质量仍是目前乃至今后香蕉土壤肥料研究方向的焦点问题。

**4. 栽培管理** 国外很多研究学者开始重视将有效防治枯萎病的技术与标准化栽培技术有机结合，构建土壤、植株病原菌的微生态平衡体系；欧美的Dole、Chiquita、Del monte和Fyffes等跨国香蕉企业多数蕉园采用电脑自动控制，根据土壤的养分和水分情况，以及香蕉的生长情况确定灌水方案；澳大利亚香蕉的生产技术模式比较独特，从蕉园规划、种植方式、水肥管理、果实护理到采收包装都体现较高的机械化水平，特别是特制的采收拖卡和集中包装系统，与我国的香蕉生产实际比较接近，很值得我们认真研究和引进吸收。

**5. 枯萎病防控** 通过检索，截至2014年12月31日，在国外各种数据库中发现有关香蕉枯萎病文献27种，比2012年文献量（29种）基本持平。就枯萎病文献研究来看，主要集中于病害在新国家或区域报道、病原菌生防菌鉴定和应用、病菌检测、病菌对抗感品种致病和感病机理，以及防控技术的研究等。需要关注的方面：

有多篇文献涉及转基因研究，包括转化抗真菌转录因子基因（velvet and Fusarium transcription factor 1）(Ghag，et al.，2014，PLANT BIOTECHNOLOGY JOURNAL，12：541－553)、转化来源于香蕉的过敏性坏死基因（MusaDAD1，MusaBAG1 and MusaBI1）(Ghag，et al，2014，AOB Plants，6)、一种来源于杂草防御素基因〔(defensin (Sm-AMP-D1) of common chickweed Stellaria media〕（Ghag，et al. 2014，PLANT CELL TISSUE AND ORGAN CULTURE，119：247－255)。据这些文献报道，所获得的转基因香蕉具有对枯萎病的高度抗性。

**6. 采后保鲜技术** 2014年有关香蕉采后保鲜的英文论文100多篇，中文论文10多篇，并从其中获得了一些有应有价值的技术和研究成果。2014年度有关香蕉采后保鲜技术与基础研究理论的代表性成果主要有：①无损伤检测技术：印度学者详细分析了果皮颜色变化值包括L、a和b等与果肉硬度/强度等质地指标值得相关性，结果发现反映果皮颜色变化的a值跟质地指标相关性最高，这为判断香蕉果实成熟度的无损伤检测提供了依据。②保鲜技术：泰国学者发表论文，报道了一种新的1－MCP使用技术，把1－MCP做成水溶性的微囊包处理香蕉，比采用1－MCP熏蒸效果更好。该项技术对于简单、方便应用1－MCP延缓香蕉果实成熟提供了参考，值得在生产上推广应用；巴西学者以Prata和Nanicão香蕉果实为材料，发现不同低温贮藏条件后，主要是影响类胡萝卜素组分含量，而对果实色泽没有影响。③成熟衰老和逆境响应的分子生物学研究：印度学者采用数字基因表达谱，以Dwarf Cavendish香蕉果实为材料，对比分析了成熟前和成熟后两个时期的差异表达基因。结果发现，乙烯合成、信号转导、细胞壁降解相关基因以及香气合成基因表达差异最为显著，此外还有转录因子等。论文还发现一些新的成熟相关基因。论文研究结果丰富了对香蕉果实成熟调控网络的认识；法国学者研究了蕉指脱落过程中乙烯信号和MADS-box相关基因表达，结果发现MaERS1/3、MaCTR1、MaEIL3/4、MaEIL5和MaMADS4跟蕉指脱落关系密切；法国学者基于香蕉基因组数据，系统分析了香蕉果实的10个与乙烯合成和信号转导相关的基因家族的Whole-genome duplications，结果发现其中EIN3/EIL家族在进化过程中进行了扩展，并且与降解它的EBF密切相关，它们之间的相互作用，确保了EIN3蛋白水平被精准控制，从而保证成熟过程中乙烯合成和信号的正确调控。

## 四、国内香蕉产业技术研发进展

**1. 品种选育** 国内新品种选育与推广工作主要集中在国家香蕉产业技术体系内，2014年体系已审定的“巴西蕉1号”和“桂蕉6号”两品种继续保持国内当家品种的地位，两品种栽培面积占国内香蕉栽培品种的95%以上，同时新的抗（耐）病枯萎病品种不断涌现，其中“宝岛蕉”“南天黄”“中蕉3号”等品种陆续通过品种审定，目前已在枯萎病发病区大面积试种、田间性状表现较佳。

**2. 种苗生产** 瓶改袋技术和暗培养技术的应用，使我国香蕉组培苗生产效率大大提高；病毒病检测体系的建立，确保香蕉组培苗高效脱毒。通过种芽遴选、培养基配方调控、继代代数限制、变异芽和变异苗筛除等技术的研发与应用，攻克了组培苗容易发生变异的技术难题，实现了连续继代培养10代，组培苗变异率低于1%，既保证规模化生产，又确保种苗质量。制定香蕉组培苗质量标准，实现香蕉组培苗标准化生产。2014年，我国组培苗生产量继续保持2亿株左右。香蕉体系种苗生产与良种选育岗位年生产、推广香蕉组培苗1.2亿株，约占全国市场的60%，另有2 000万株组培苗出口到缅甸和老挝等东盟多国。

**3. 土壤肥料** 从2014年发表的文章来看，我国香蕉土壤肥料的研究内容主要是控释配方肥、滴灌施肥在蕉园的应用效果，碱性肥料及生物有机肥对香蕉枯萎病的防治效果及机理探讨及大苗移栽等新栽培模式对香蕉生长及品质的影响等方面。

**4. 栽培管理** 围绕抗枯萎病栽培的综合管理措施已成为主要的研究方向，体系联合攻关取得阶段性成果，表现为枯萎病综合防控技术方案的确定，形成了以种苗检测与无病种苗生产、土壤消毒、配方施肥技术、水肥一体化技术、有机肥施用技术、拮抗菌发酵液施用技术、后期果实养护与栽培管理技术为主要方法的技术体系。2014—2015年体系重点在广东、广西、云南、海南等省区的综合试验站进行枯萎病综合防控试验示范，计划在全国布置综合防控示范点100个，以期尽快在全产蕉区推广有机肥+生物菌肥为主要技术手段的综合防控栽培模式。

**5. 枯萎病防控** 国内是枯萎病研究的主要研究力量，在枯萎病防控和机理研究上大多为中国学者所发表。从国内文献看，至2014年12月31日，共有枯萎病菌相关文献51种，主要涉及基因克隆和序列分析，内生菌筛选和应用、品种抗性测定，以及微生物种群和防控技术的研究。对国内文献进行分析，有几个研究结果值得关注：①采取土壤淹水及添加有机物料的方法，显著降低了土壤中$SO_4^{2-}$和$NO_3^-$的浓度，以及$NH_4^+$的浓度，对于土壤中可培养细菌数量无显著影响，但显著降低了土壤中可培养放线菌和真菌的数量，包括FOC的数量；②碱性肥料以及其他肥料与其混合使用在改良蕉园土壤酸性的同时，能够防控香蕉枯萎病及其改善营养效果；③香蕉连作后，土壤中真菌和尖孢镰刀菌数量显著增加，分别为连作前的16.53和1.92倍，辣椒和茄子轮作显著提高了土壤中的放线菌/真菌和细菌/真菌值，且均显著增加了土壤中具有拮抗香蕉枯萎病病原菌功能的芽孢杆菌和假单胞菌的数量。④利用合适浓度的氨水对高发枯萎病香蕉园的土壤熏蒸，能够有效改良土壤微生物区系和降低枯萎病的发生。⑤水稻轮作联合稻秆的添加能有效降低土壤中FOC的数量和下茬香蕉枯萎病的发病率。

**6. 采后保鲜技术** 在保鲜技术方面，中国学者发现连续高压静电场处理香蕉果实乙烯释放高峰和呼吸高峰提前3天出现，从而促进香蕉果实成熟，并且－150千伏/米处理组的催熟效果好于－100千伏/米处理组；中国学者发现茶树油粕水粗提物处理香蕉果实后，可显著抑制活体接种果实炭疽病病斑的扩展，而同浓度的茶皂素没有明显抑制效果。进一步发现，茶树油粕水粗提物对香蕉炭疽病菌的离体和活体控制效果显著优于茶皂素，说明粗提物中含有除茶皂素之外的抑菌活性组分，且起主要的抑菌作用，为香蕉炭疽病的生物防治措施提供了参考；在成熟衰老和逆境响应的分子生物学研究方面，本体系学者采用酵母单、双杂（$Y_2H$）、双分子荧光互补（BiFC）等蛋白质—蛋白质和DNA-蛋白质互作技术，分别阐明了香蕉果实LBD、BSD和NAC等转录因子参与对果实成熟和逆境响应的转录调控机制；NO处理提高了香蕉低温贮藏期间（特别是贮藏前期）果皮脯氨酸含量、总的抗氧化能力、SOD酶活性、抗超氧阴离子活性、CAT酶活性和LOX酶活性，降低了$H_2O_2$含量，提高了香蕉果实抗冷能力，减轻了香蕉冷害，NO处理明显提高了低温贮藏期间香蕉果皮EIL家族、ERS家族和ACO基因的表达水平，降低了ACS基因的表达水平。上述研究结果加深了对香蕉果实成熟和诱导抗性调控机制的认识，为改进采后香蕉果实贮藏保鲜技术提供了理论基础，引起了国内外同行的广泛关注。

（香蕉产业技术体系首席科学家
张锡炎提供）

# 2014年度荔枝龙眼产业技术发展报告

(国家荔枝龙眼产业技术体系)

## 一、国际荔枝龙眼生产与贸易概况

2014年是国际荔枝“小年”。印度荔枝面积7.5万公顷，一般年产量48万吨，2014年成花坐果量仅一半、产量约25万吨；澳大利亚荔枝面积在0.20万～0.25万公顷，最高年产量0.40万吨，该年产量仅0.19万吨；南非最高年产量1万吨，2014年度大约为0.7万吨。其他国家和地区的荔枝产量数据无资料。泰国荔枝种植面积14.76万公顷，收获面积13.68万公顷，2012年产量6.59万吨，2014年产量略有下降。泰国2014年荔枝出口量8 138吨。台湾地区荔枝面积11 388公顷，2013年产量93 230吨，近年荔枝产量有缓慢降低趋势。

国外龙眼主产泰国和越南，产量减少。泰国龙眼种植面积106.47万公顷，收获面积101.33万公顷，历史最高产量为2012年85.35万吨，2014年产量减少。反映在出口量上，2014年泰国龙眼出口量31.00万吨，比2012年的45.56万吨和2013年的41.34万吨有较大幅度下降。

根据体系监测，东盟特别是越南荔枝在我国入市时间持续提早，供应期延长，销售区域拓展，逐步深入内地市场，品种持续增加，包括白蜡、桂味、糯米糍、红花等，市场份额进一步提升。

## 二、国内荔枝龙眼生产与贸易概况

### (一) 产业概况

估算2014年全国荔枝面积57.40万公顷，产量231.08万吨，为历史最高，总产值约为130亿元；全国龙眼面积37.33万公顷，产量182.09万吨，也为历史最高，总产值约为100亿元。2014年全国荔枝产期自5月1日至8月31日共122天；龙眼产期自6月26日至11月4日共131天。

形成了海南、粤西、粤中、桂东南等荔枝优势生态区，这些区域荔枝投入和管理水平较高，效益好。但粤中、东部与闽南和桂南地区因主栽‘黑叶’和‘怀枝’等低值品种，果农管理意愿较差，荔枝产业较为低迷。四川合江近年新植荔枝达到约0.67万公顷，云南屏边县新植‘妃子笑’荔枝0.1万公顷。

### (二) 贸易概况

据中国海关信息网的数据，2014年我

国出口鲜荔枝1.21万吨，价值3 053.28万美元。2014年1～9月我国出口荔枝罐头2.50万吨，价值2 966.80万美元；出口荔枝干12 587吨，价值5.55万美元。折合出口鲜荔枝量7.48万吨，占国内总产量的3.23%。进口鲜荔枝2.46万吨。

2014年1～9月我国出口鲜龙眼约0.16万吨，价值0.03亿美元；出口龙眼干、肉0.01万吨，价值0.01亿美元；出口龙眼罐头0.05万吨，价值0.01亿美元。折合出口鲜龙眼量0.43万吨，占国内总产量的0.23%。进口鲜龙眼24.44万吨。

估算2014年我国荔枝总加工原料消耗量超过15万吨，比2013年增加20%以上；龙眼总加工原料消耗量约为26万吨，比2013年略有增加。

荔枝销售的电子商务发展迅速。一是垂直型电商网站深度介入荔枝销售，实现荔枝从田间到餐桌的全链配送。二是产地政府整合当地资源集体网上推介销售荔枝。三是荔枝果农自行在如中国水果交易网、中国水果网、中国荔枝网等的行业网站，或在淘宝、京东、一号店等商超型网站销售荔枝。荔枝“包园”销售比例也不断提升。

## 三、国际荔枝龙眼产业技术研发进展

**1. 成花与坐果分子生理** Heller等从龙眼中分离了3个*FT*同源基因（*DlFT1*、*DlFT2*和*DlFT3*，在拟南芥上过量表达*DlFT2*和*DlFT3*可促进开花，但过量表达*DlFT1*导致延迟开花；他们发现氯酸钾处理反而抑制龙眼*DlFT2*和*DlFT3*的表达。

**2. 栽培与养分管理** Kumar等指出‘Shahi’荔枝自交和杂交对产量的影响很大，蜜蜂的授粉在保证坐果率和产量方面作用很大，推荐的放蜂密度是每公顷5～10个蜂箱。

Pires和Yamanishi报道，环割结合多效唑处理‘Bengal’荔枝比单个技术能明显提高产量，主干环割加每米树冠（直径）1 000毫克活性多效唑提高产量达5～6倍。

Goncalves等报道指出在‘Bengal’2克，4克和6克大小的时候进行20毫克/升，40毫克/升，60毫克/升3-5-6TPA处理可显著提高果实的大小和坐果率，其中40～60毫克/升在果实2克大小的时候效果最好。

Mandal和Mitra研究指出在印度15个荔枝品种中果皮钙含量与裂果和日灼无显著的相关性，在易裂果的品种中果皮的皲裂片的密度较高。Mandal和Mitra的另一篇研究报道了在花穗1厘米，花后15天和21天或28天喷施50～100毫克/升$GA_3$可推迟果实成熟期6～7天。

**3. 病虫害防控及抗病性** Kumar等在印度荔枝主要产区Bihar省进行荔枝病害的调查，鉴定了一种引起叶片和嫩梢枯死的炭疽病（*Colletotrichum gloeosporioides*和*Gloeosporium* sp.），该病发病率在28.1%～66.3%。

Serrato-Diaz等报道了在波多黎各由*Lasiodiplodia theobromae*引起的龙眼花穗和果实腐烂病，该病害于2009年在泰国曾经报道引起果实腐烂。

Steyn等报道，在南非荔枝发生一种严重的梢枯病（die-back），发现在病害的早期使用药剂可以获得明显的防治效果。

**4. 采后生物学与保鲜加工** Barman等使用NO供体SNP（0.5毫摩尔/升、1.0

毫摩尔/升和2.0毫摩尔/升）处理荔枝，常温贮藏8天，均可显著抑制褐变。Kaushik等研究了高压处理对去皮荔枝低温贮藏和货架的影响，发现高压处理可延长荔枝货架时间到32天，而对照只有12天。

## 四、国内荔枝龙眼产业技术研发进展

### （一）技术应用

荔枝高接换种技术应用集中在广东茂名、湛江和广西玉林、钦州等主产区。体系试验站覆盖区域高接换种荔枝园面积2014年新增7.64万亩，累计达62.87万亩；龙眼高接换种技术集中在福建漳州、宁德，四川泸州等晚熟地区。体系试验站覆盖区域高接换种龙眼园面积2014年新增0.47万亩，累计11.16万亩。

主要产区果农运用间伐、回缩修剪技术的自觉性不断提高。体系覆盖区域已应用间伐技术的荔枝园面积2014年新增9.75万亩，累计达140.69万亩；体系覆盖区域已应用间伐技术的龙眼园面积2014年新增6.37万亩，累计81.60万亩。一半以上的果园采用随机间伐方式。

荔枝回缩修剪技术应用主要集中在广东湛江、茂名，广西钦州、玉林，海南海口等产区，体系覆盖区域应用回缩修剪技术的荔枝园面积2014年新增25.82万亩，累计达101.38万亩。龙眼回缩技术应用主要集中在广东湛江、茂名，广西钦州、玉林和福建漳州等产区，体系覆盖区域应用回缩修剪技术的龙眼园面积2014年新增10.71万亩，累计73.80万亩。

2014年体系试验站覆盖区域荔枝园新增安装灌溉设施1.35万亩，其中水肥一体化0.42万亩；龙眼园新安装灌溉设施0.80万亩，其中水肥一体化0.19万亩。

国家荔枝龙眼产业技术体系建设的示范园70个，面积达12 173亩，根据试验示范基地建设实施方案指引进行基地建设工作，绝大多数示范园成花良好，产量优势明显。2014年全国荔枝平均单产为268.3千克/亩，而示范园为552.05千克/亩，为平均单产的2.05倍；2014年全国龙眼平均单产为325.1千克/亩，示范园为441.1千克/亩，为平均单产的1.35倍。

### （二）研发进展

**1. 育种与分子生物学** 2014年报道审定荔枝品种有‘庙种荔’和‘桂早荔’2个。‘庙种荔’既具有‘糯米糍’的优良品质，又具有‘怀枝’的丰产稳产及抗裂果特性，对炭疽病和霜疫霉病的抗病性较好，对低温与旱涝的耐受力较强，比‘糯米糍’迟熟7～10天，具有较好的发展前景。

‘桂早荔’表现早熟、品质优良和高产，平均单果质量26.7克，可食率67.2%，可溶性固形物含量19.0%，果实成熟期为5月底，果实品质和丰产稳产性状优于当地主栽的荔枝早熟品种‘三月红’，适宜在广西荔枝产区推广种植。

韦阳连等采用空间序列代替时间变化法，首次对谢鞋山野生荔枝资源的种群结构和分布格局作较为系统的分析，为广东仅存的野生荔枝资源的合理保护和科学繁育提供理论依据。

王丽敏等以‘安良’‘桂味’荔枝为试材，采用联苯胺—过氧化氢法及荧光显微镜检测雌蕊柱头的可授性，并观察了荔枝花粉在柱头的萌发过程，结果表明可以通过柱头的表观形态来判断可授状态，为荔枝杂交育种的授粉时期提供参考。

桑庆亮等以‘下番枝’幼胚来源的荔枝EC作为受体材料，采用基因枪轰击法将外源*GUS*基因转入荔枝，经50毫克/升潮霉素筛选得到荔枝抗性愈伤组织，通过体胚发生途径获得再生植株，经GUS染色检测获得了稳定表达GUS蛋白的细胞系和植株。

孙清明等利用EST—SSR标记对两个人工杂交群体$F_1$代进行真假杂种鉴定，发现分别采用4对引物组合即可实现对两个杂交群体$F_1$代单株100%的鉴定，认为EST—SSR标记适合荔枝真假杂种鉴定，两个$F_1$作图群体的创建为荔枝遗传连锁图谱构建奠定基础。

**2. 成花与坐果分子生理** Chen等在诱导期用100毫克/升$GA_3$喷施‘妃子笑’荔枝，结果表明，处理提高了带叶花穗比例，缩短了花穗长度，提高了坐果率和产量，简化了‘妃子笑’荔枝的花穗管理。Yang等提出了根据末次梢叶片的碳素水平判断反季节龙眼树体催花能否成功的一个判定标准。

Yang等以盆栽‘桂味’‘妃子笑’‘糯米糍’与‘淮枝’为材料，研究发现深绿色叶片叶绿素、可溶性总糖、蔗糖、果糖和葡萄糖含量含量在‘白点’出现后会降低；‘淮枝’叶片中的*LcFT*基因呈快速增长趋势。

Zhang等对‘妃子笑’荔枝花发端前后两种状态的顶芽进行转录组测序分析，指出激素参与了荔枝的成花转变过程。Lu等以百草枯作为活性氧诱导剂，利用高通量测序技术，发现部分差异表达基因显著富集到激素信号转导通路上。Jia等利用高通量测序技术在‘四季蜜’龙眼和‘立冬本’龙眼中筛选出107条开花相关基因，比较推测同源基因*SVP*、*GI*、*FKF*1和*ELF*4可能与‘四季蜜’龙眼多次开花特性有关，其中*ELF* 4可能是关键基因。

魏永赞等研究了脱落酸和吡效隆对荔枝果皮着色的影响，发现ABA通过上调*LcUFGT*基因促进了荔枝果皮花色素苷的积累，加速了着色进程，而CPPU通过抑制*LcUFGT*基因的表达减缓了荔枝果皮花色素苷的合成，从而延缓荔枝果实着色。

**3. 栽培与养分管理** 罗剑斌等报道了‘紫娘喜’荔枝褐腐病，认为土壤pH低于5.0和缺硼是可能诱因。彭智平等根据土壤养分测定结果制定施肥措施，进行液体肥料和固体肥料对比试验，显示灌溉施用液体肥料后产量增加43.8%，可溶糖含量提高7.2%，固形物含量提高13.1%，具有显著的节肥增收效应。

**4. 病虫害防控及抗病性** 张新春等对采自全国6省18个市地的108个荔枝品种的162份病害样本进行分离鉴定，得到255个病原真菌菌株，涉及19个种，其中8种首次在荔枝报道。

张荣等报道，树盘下覆地膜处理比未覆地膜处理，落地小花、小果的霜疫霉感病率极显著地降低。说明覆地膜可以隔离树盘下初侵染源对落地小花、小果的侵染，间接证明了荔枝园霜疫霉初侵染源萌发的关键物候期为开花期到第二次生理落果期。凌金锋等报道了一种适于分离荔枝霜疫霉的选择性培养基。王思威等建立了嘧菌酯在荔枝上的残留分析方法。

Li等研究发现温度对蛀蒂虫羽化历期

和羽化率有明显影响，各温度下的性比均约为1∶1。张辉等发现荔枝蛀蒂虫成虫羽化高峰期在化蛹后7～8天，3日龄雄蛾对3日龄雌蛾在22：30～0：30时对性腺粗提物具有明显的选择趋性。徐淑等发现用哒螨灵亚致死剂量*LC10*和*LC20*对荔枝叶螨处理后，荔枝叶螨$F_0$代产卵量分别减少了32.31%和47.62%，且*LC20*处理后的雌螨产卵期和寿命都明显缩短。

**5. 采后生物学与保鲜加工** 陈子健等发现‘石硖’龙眼采后果肉的生理变化主要集中在自溶果肉部分，推测APX、CAT、MDH、COD、PPD和POD酶几种酶与龙眼果肉自溶有密切关系。

赵云峰等指出热处理可显著抑制龙眼果实果肉自溶指数的上升，保持较高的果皮叶绿素、类胡萝卜素、花色素苷、类黄酮和总酚含量。Zhang（2015）用5克/升苹果多酚处理‘桂味’荔枝果实，发现苹果多酚可有效地降低果皮褐变和延缓果皮颜色下降。曾轩等研究低温下紫外UV-C处理与生防菌CF－3对‘黑叶’荔枝采后保鲜效果及生理的影响，试验显著抑制荔枝的霉促褐变，在贮藏期为21天时，好果率达84.44%。杨松夏对泡沫箱加冰、冷藏和气调3种运输方式进行了试验。指出4天以上的荔枝运输选择气调运输方式为宜。

张钟和邱银娥以荔枝干为原料，采用纤维素酶提取技术从荔枝干中提取多糖，得到纤维素酶提取荔枝干肉多糖的最佳工艺参数。

**6. 其他** 王慰祖等研发了一种荔枝去梗机，该去梗机用近果振动的方法达到荔枝果与梗分离的目的。

庄丽娟等运用时序趋势和弹性模型对中泰荔枝龙眼零关税贸易效应进行实证研究。结果表明，“零关税”实施以来，一定程度上刺激了中国荔枝龙眼产业的发展，但泰国荔枝龙眼大量涌入中国市场，对广西荔枝龙眼产业的发展造成较大冲击。提出提升荔枝龙眼产业的出口竞争力并保持可持续发展，需加大财政对特色农业发展的支持力度，调整荔枝龙眼品种结构和熟期结构，制定和实施荔枝龙眼的标准化生产体系，建立和完善荔枝龙眼的政策性保险体系。

齐文娥分析了我国主要荔枝品种的生产规模发展状况，计算出荔枝产业综合平均每亩产量和产值。结果表明，我国荔枝品种资源丰富，但主要荔枝品种单产和产值偏低，且年度波动幅度较大。3年平均亩产最大的是‘白糖罂’（4 044.30元），其他依次为‘桂味’‘糯米糍’‘妃子笑’‘白蜡’，‘鸡嘴荔’等，而‘三月红’‘黑叶’‘怀枝’、和‘双肩玉荷包’产值较低。

（荔枝龙眼产业技术体系首席科学家 陈厚彬提供）

# 2014年天然橡胶产业技术发展报告

（国家天然橡胶产业技术体系）

## 一、国际天然橡胶生产及贸易概况

### （一）世界天然橡胶生产情况

**1. 世界总产量略有增长** 根据预报数据初步统计，2014全球橡胶种植面积约1 394万公顷，天然橡胶产量为1 232万吨，面积和产量同比分别增长2.2%和0.4%。亚洲国家的橡胶种植面积和干胶产量分别为1 258万公顷和1 143万吨，分别占全球的90%和93%。其中，天然橡胶生产国协会（ANRPC）成员国总产量达1 083.59万吨，约占全球产量的88%，比2013年减少33.5万吨，减产3%。其中泰国、印度尼西亚和马来西亚和越南的产量分别为429万吨、321万吨、70万吨和109万吨，共占全球产量的75%。

2014年越南天然橡胶产量继续保持增长，稳居世界第三大产胶国地位。而印度、马来西亚受胶价持续低迷影响天然橡胶减产明显，分列世界产胶国的第五、第六位。2014年中国天然橡胶产量为88.5万吨，比2013年略有增加，仍是第四大产胶国（以上数据均为预估数）。

初步统计，2014年非洲全年天然橡胶产量约为65万吨，占全球天然橡胶产量的5.3%。主要产胶国科特迪瓦、喀麦隆、利比里亚、尼日利亚的天然橡胶产量分别为31万吨、12万吨、7.8万吨和6.5万吨。

南美洲的天然橡胶产量约为23.6万吨。其中巴西、危地马拉的天然橡胶产量分别为12.7万吨和8.7万吨。

**2. 植胶和割胶面积继续增加** 据初步统计，2014年ANRPC成员国橡胶树种植面积为1 125万公顷，比2013年增加17.2万公顷，增长1.6%；割胶面积为795万公顷，比2013年增加27.9万公顷，增幅为3.6%。其中印度尼西亚、泰国和中国三国植胶和割胶面积位居世界前三位，植胶面积分别为360.6万公顷、295.2万公顷和115.2万公顷，占ANRPC的68.5%；割胶面积分别为284.1万公顷、242.5万公顷和71.5万公顷，占ANRPC的75.2%；马来西亚、越南和印度的植胶面积分别为107.1万公顷、97万公顷、79.3万公顷，割胶面积分别为61.2万公顷、59.8万公顷和43.8万公顷，分列世界第四、第五、第六位。从增长速度看，ANRPC成员国中，菲律宾、柬埔寨和斯里兰卡的植胶面积增长速度明显快于其他国家，分别为9.7%、7.6%和5.5%，其次为中国、印度和越南和印度尼西亚；割胶面积增长速度最快的 3 个国家分别为菲律宾、柬埔寨和越南，分别为 21.2%、13.6%、9.6%，其次为斯里兰卡、泰国、中国和印度，增长速度在 3%～6.5%。

**3. 单位面积产量略有减少** 据 ANRPC 初步统计，2014 年其成员国天然橡胶平均单位面积产量到达 1 363 千克/公顷，比 2013 年减少 93 千克/公顷，减少 6.4%。

但各成员国单位面积产量增减幅度不同。越南的单位面积产量增长最快，增幅为 11.5%，达到 1 742 千克/公顷，排名第一。柬埔寨和马来西亚的单位面积产量也有所增长，分别增长了 9.3%、7.1%。泰国、印度尼西亚、印度、斯里兰卡、菲律宾和中国的单位面积产量均比 2013 年有所下降，其中菲律宾、泰国、中国分别减少 15.2%、8.8%和 4.5%。印度、泰国和马来西亚的单位面积产量排位分居世界第二、第三、第四位，分别到达 1 653 千克/公顷、1 648 千克/公顷和 1 500 千克/公顷。

### （二）世界天然橡胶贸易情况

**1. 世界主要产胶国出口情况** 据 ANRPC 初步统计，2014 年各成员国出口天然橡胶共 883.8 万吨，比 2013 年减少 27.8 万吨，减少 3%。泰国、印度尼西亚、马来西亚和越南四大主要出口国出口量均有所下降，其中泰国的出口量从 2013 年的 366.4 万吨下降到 2014 年的 362.2 万吨，降幅 1.1%；印度尼西亚、马来西亚和越南的出口量依次为 270.15 万吨、125 万吨和 106 万吨，分别比 2013 年减少 3.6%、9.4%和 1.5%。四大主要出口国的出口量占 ANRPC 出口总量的 97.7%。此外，非洲最大产胶国科特迪瓦出口天然橡胶约为 29 万吨。

**2. 世界主要消费国进口情况** 2014 年全球经济呈现明显分化，美国经济增长强劲，欧洲、日本及新兴经济体经济增长疲弱，世界天然橡胶消费需求受此影响，主要消费国呈现出消费增减不一的局面。据初步估计，2014 年日本进口天然橡胶 69.1 万吨，同比减少 5%。中国进口天然橡胶 261.1 万吨（不含复合胶），同比增长 5.6%，增速比 2013 年减少了 8 个百分点。

**3. 天然橡胶价格持续下跌** 2014 年，受国际经济发展缓慢、天然橡胶消费需求不旺、原油等大宗商品价格不断下降、美国结束量化宽松政策等多方面因素影响，国际市场天然橡胶价格持续下降。其中，虽然有我国国家物资储备局收储和泰国收储的支撑，但仍未能扭转天然橡胶价格下跌的态势。2014 年国际市场 SMR20 年平均价格为每吨 1 718 美元，比 2013 年下降 31%；RSS3 年平均价格为 1 969美元/吨，比 2013 年下降 30%。

面对全球性胶价持续下滑，通过产业补贴政策稳定产业达成共识，其中胶工补贴成为应对胶价下跌的重要措施。各主要生产国协议将天然橡胶底价设置在 1 500 美元/吨。马来西亚政府对全国 26 万个橡胶小种植户因橡胶价格下跌而给予每户 500 马元的生活补贴。

## 二、国内天然橡胶生产及贸易概况

### （一）我国天然橡胶生产情况

**1. 植胶面积稳中略增** 在天然橡胶价格持续低迷的影响下，农户种植橡胶的积极性受到影响，扩大种植的速度明显下降。初步统计，截至2014年年底，我国橡胶种植面积为115.2万公顷，比2013年略有增加（表1）。

**表1 我国橡胶种植面积变化趋势**

| 年度 | 2009 | 2010 | 2011 | 2012 | 2013 | 2014 |
|---|---|---|---|---|---|---|
| 种植面积（万公顷） | 97.1 | 102 | 108 | 113 | 114.4 | 115.2 |
| 比上年增加（万公顷） | 3.3 | 5.4 | 5.7 | 4.9 | 1.4 | 0.8 |
| 增长速度（%） | 4.1 | 5.6 | 5.5 | 4.7 | 1.2 | 0.7 |

**2. 天然橡胶产量仍有所增加** 2014年虽受胶价持续低迷影响，部分胶园推迟割胶或休割、停割，但2003—2007年以来扩大种植并已开割的橡胶树进入高产期，抵消了休割、停割胶园的产量，因而全年天然橡胶产量并未减产。初步统计，2014年全国天然橡胶产量达到88.5万吨，比2013年增产约2万吨，增长2.3%。

### （二）我国天然橡胶贸易情况

**1. 天然橡胶进口量仍保持持续增长** 海关统计，2014年我国进口天然橡胶261.1万吨，比2013年增加13.74万吨，增长5.5%；复合橡胶进口160.3万吨，比2013年增加6.3万吨，增长4.1%。进口天然橡胶和复合橡胶共421.4万吨，比2013年增加20.4万吨，增长5.1%。

**2. 轮胎生产、出口拉动我国天然橡胶需求，消费继续增加** 统计数据显示，2014年我国生产轮胎11.14亿条，增长15.4%，增速比2013年增加7个百分点；2014年我国出口轮胎4.76亿条，共564.7万吨，分别比2013年增长8.2%和13.1%。在轮胎等下游产品生产和出口的拉动下，我国天然橡胶消费继续增加。

**3. 天然橡胶显性库存明显降低** 截至2014年12月底青岛保税区天然橡胶和复合橡胶库存共11.91万吨，比2013年底降低了54.4%。上海期货交易所天然橡胶库存为15.03万吨，同比减少了13.8%。两地显性库存合计比2013年同期明显降低，减少了38.4%。

**4. 国内天然橡胶价格继续低迷** 2014年，在全球天然橡胶产能快速上升的背景下，受世界经济发展缓慢、天然橡胶消费需求不旺，特别是原油等大宗商品价格持续走低等多方面因素影响，国内天然橡胶价格持续下降。根据全国三大天然橡胶产区市场日成交价格统计和平均，2014年国内SCR5（含全乳胶）天然橡胶全年平均价格为每吨1.47万元，比2013年下降27%。

## 三、国际天然橡胶技术发展动态

### （一）育种领域

马来西亚发布了2013年种植材料推荐书，其中RRIM 2007前3割年平均单位面积产量2 331千克/公顷。巴西研究人员采用AMMI模型分析，认为橡胶树育种试验中以开割第一年的产量进行早期选择可以有效缩短无性系产量鉴定的时间，以干胶产量及生势2个性状为选择依据可获得较大的遗传增益。印度尼西亚橡胶研究所 Irwan Suhendry 等提出的在有性系比区直接选 1%进行无性系跳级高比的方法，以及马来西亚橡胶研究所 Ramlin 等提出的区域性高比等方法也可以缩短育种周期。

橡胶树品种资源交流与共享取得突破。品种多边交换协议在 2014 年 IRRDB 年会上签署，包括我国在内 12 个国家的 52 个橡胶树优良品种参加了多边交换，赴秘鲁采集橡胶树野生种质资源项目也取得阶段性进展。

在橡胶树基因组研究方面，橡胶树线粒体基因组测序已完成，共组装 350 千碱基对线粒体全长序列并鉴定出与橡胶树雄性不育相关的新转录本 atp9。基于橡胶树叶绿体基因组开发出相关 SSR 分子标记，并对 66 份 Wickham 种质和 34 份野生种质进行分析，表明橡胶树共同祖先具有 H 和 G 的叶绿体型。

橡胶树植株再生与遗传转化研究有新进展。Karumamkandathil 在组培过程中用激素处理使愈伤组织多胚化并分别成苗，极大地保证了砧木品种的均一性。茉莉酸诱导橡胶树愈伤组织的乳管分化也取得进展。Lestari 对橡胶树 AtERF1 同源基因 *ERF-IXc4* 和 *ERF-IXc5* 过表达结果表明，阳性植株的生长速度和耐非生物胁迫能力均显著提高。

### （二）栽培领域

国外在抗风、抗寒方面鲜有报道，仅在抗旱方面有一定研究工作。Sophara 基于日潜在蒸腾、降水量、地点、最大可用土壤含水量和叶面积指数建立了干旱与不同蒸腾需求胶园的简单水分模型。Sangchanda 发现降水量与橡胶树生长存在正相关。Rekha 试图采用外植体技术转化渗透蛋白提高橡胶树的抗旱性。Ayutthaya 则发现死皮树在干旱条件下无法调控蒸腾作用。

胶园林下资源利用研究重点关注幼龄胶园和成龄胶园两个阶段。Haliru 等人研究了 1～5 龄胶园间作豆薯的效益，发现在头 5 年间作豆薯每公顷可获得毛收入和纯收入分别为 232.75 万奈拉（折合人民币 79 632 元）和 23.41 万奈拉（折合人民币 8 008 元），同时橡胶树茎围（17.85 厘米）明显大于单作橡胶树的茎围（16.73 厘米）。Dey 等人研究了 4 个橡胶无性系初产期头 4 年胶茶间作的产量，结果表明，RRIM600 干胶产量高达 1 573 千克/公顷，其次是 PB235、RRII105 和 GT1，年鲜茶叶产量为 887 千克/公顷，胶园土壤养分状况有所改善，但需要经过长期的试验研究才能获得准确的结论。

### （三）土肥领域

由其他原始植被向橡胶园的转换而引起土壤有机碳的变化研究是目前的热点问题。同时，橡胶园土壤有机碳研究领域在关于人工橡胶林调控碳循环方面的作用还存在很大的争议，有些研究认为橡胶林可以提高土壤的碳储量，而另外一些研究则认为橡胶林降低了土壤的碳储量，这种争议预计还会持续较长时间。

### （四）割胶领域

泰国对其高产品种 RRIT251 开展了割胶制度研究，RRIT251 平均产量达到 2 919 千克/公顷，比对照 RRIM 600 高 59%。通过 4 年研究，该品种采用 S/2 2d3 具有较高的产量，刺激效果不佳，会导致死皮和树皮开裂等。越南从2005年开始在GT1上进行气刺短线割胶技术研究，表明在中老龄GT1胶树上采用，提高产量的同时最大程度地提高了劳动生产率，建议在劳动力成本高、胶工短缺的情况下采用S/6；胶价好，胶工充裕时采用S/6、S/4同时与S/2配合使用。

自动化和机械化的割胶工具的研究是采胶领域近期研究的热点。马来西亚橡胶局N·艾哈迈德、K·阿布·马利克等人，在中国申请了“自动割胶机”发明专利。割胶机使用太阳能来提供旋转刀具动力进行割胶，割胶机被固定到树干上，割胶机的割胶头在树上向下移动以进行割胶，使用太阳能电池作为动力来源。

随着低频割胶技术的发展，防雨帽技术在印度、越南广泛使用。该项技术对增加年割胶刀数、减少割胶后雨水冲胶取得了良好的效果。并根据不同的植胶类型、不同的树体等设计出了不同材质、不同形状的防雨装置。

在死皮研究方面，巴西的Larissa等人验证了在死皮发生过程中，氰化物含量和黄色体破裂指数呈正相关，氰化作用会缩短排胶时间。Manassawe首次报道miRNA参与橡胶树死皮发生过程，结果表明HD-ZIP III、TIR1、ARF8对促进树皮再生有着重要作用，为进一步利用分子和生理的手段研究死皮提供借鉴。

## （五）病虫害防控领域

2014年度全世界橡胶树无重大病虫灾变事件，全世界记载的橡胶树病害有117种，其中，可造成严重经济损失的病害9种，包括白粉病、炭疽病、南美叶疫病、根病、季风性落叶病、死皮病（褐皮病）、棒孢霉落叶病、割面条溃疡病、寄生性植物。全世界已记录的害虫（螨）315种，其中，可造成严重经济损失的害虫3种，包括六点始叶螨、介壳虫和小蠹虫。

在病害防控方面，生物防控及病原菌—宿主互作的分子机制研究均有突破。印度K. L. Sajitha等筛选出橡胶树流胶病的生防菌。Setyawan对白根病菌的拮抗实验显示解淀粉芽孢杆菌有强烈的抑制作用，酶活分析表明其活性成分主要存在于胞外分泌物中，属于葡聚糖酶类和蛋白酶类。Putri发现用姜黄提取液处理橡胶树幼苗的根部可大大提高对白根病的抵抗力。斯里兰卡采用芽接大树换冠的办法，将感病的品系更换成抗性品系，从而解决了棒孢霉落叶病的防治问题。

## （六）初加工领域

在天然橡胶低碳、绿色加工技术的研发方面，泰国研究人员用羟甲基甘氨酸钠代替氨水开展天然胶乳无氨保存体系的研究，用$ZnSO_4$替代ZnO开展天然胶乳新型保存体系的研究。马来西亚Malaysian Rubber Board报道了用红外线干燥天然橡胶的技术。

在高端天然橡胶、专用天然橡胶的研发方面，专用天然橡胶研发主要集中制备脱蛋白橡胶上。日本Nagaoka University of Technology研究人员用表面活性剂SDS、尿素以及极性有机溶剂通过多次离心的方法制备脱蛋白天然橡胶；泰国Natural Rubber Focus Unit、National Metal and Materials Technology Center研究人员用EDTA—4Na制备脱蛋白无氨天然胶乳。泰国科研人员通过甲醛微交联的方法提高浓缩胶乳的制成率。

### （七）生态环境领域

天然橡胶种植及人为管理过程对生态环境产生的负面影响受到重视。大规模种植橡胶树已经导致某些地区出现土壤流失及山体滑坡（Fox et al.，2014）、土壤线虫类生物减少（Xiao et al.，2014）、群落植物多样性降低（Zomer et al.，2014）等生态环境问题。甚至有研究认为在非洲橡胶种植会影响鼠类的繁殖以及病毒向人类传播（Olugasa et al.，2014）。

土壤碳、碳密度、碳通量是天然橡胶林固碳功能研究的重点。土壤碳在整个橡胶林生态系统碳平衡中发挥着重要的作用，橡胶林土壤碳储量受橡胶树营养、年龄、胶乳产量影响（Promraksa and Smakgahn；2014），橡胶林土壤碳释放量低于原始森林和次森林但高于油棕林，这与土壤温度、湿度以及碳输入等因素有关（Mande et al.，2014）。此外，有专家提出没有研究可以支撑橡胶林整个生命周期可作为大的碳汇库，除非大规模种植橡胶树，但这要考虑生物多样性丧失、土壤侵蚀等重要环境问题（Song et al.，2014）。

### （八）产业经济领域

橡胶商业化对于增加产业经济效益具有重要意义（Ferry ET，HERNANI M. LAPID和PRESCILLA V. LEVISTE），并通过开发橡胶信息数据库，加强信息教育和交流来支持橡胶商业化发展。Kennedy等人研究了橡胶的效益，他们认为高度分散的橡胶工业和普遍缺乏的消费者意识导致橡胶生产过程的低水平，因此要对橡胶的生态和社会过程进行监管，以提高效益。

胶工短缺受到高度关注。Manila研究了橡胶种植园出现的胶工短缺问题和胶工质量问题，并提出可以通过提高胶园管理和完善配套设施的方法来解决问题，如建立动态工资制度、加强教育、建立综合医院等，以促进橡胶产业的继续发展。

橡胶生产国之间加强研究合作以应对挑战。Napawan Lekawipat 指出要促进IRRDB成员国之间在乳胶产量、橡胶木材、耐旱性、抗病性等多个方面的研究合作，应对不利外部环境，提高天然橡胶产业效益。Zairossani Mohd Nor研究了橡胶工业标准，他认为制定和实施橡胶工业标准是至关重要的，可以确保经济增长和市场准入，IRRDB通过推动橡胶工业开发标准的可持续性将可以促进将橡胶供应链的可持续发展。

## 四、国内天然橡胶技术发展最新进展

### （一）育种领域

品种选育工作持续性开展，近年来选育的胶木兼优品种热垦628、热垦525和热垦523在大多数试验示范区表现较优，胶木兼优品种应用面积逐渐扩大。

我国科研工作者在基因克隆方面成果显著。如围绕产量，克隆了橡胶树鲨烯合酶基因HbSQS、蔗糖合成酶基因HbSS、JAZ基因家族成员等，揭示了JAZ在转录水平发生可变剪接并证明JAZ可被MYC调控MYC，橡胶树的多酚氧化酶与胶乳凝集成正相关等，为后续从功能基因层面研究橡胶合成调控奠定了基础。利用原位 PCR 和荧光原位杂交技术，在染色体上物理定位了一批功能基因，采用优化的玻璃针随机粘取法，成功地分离出热研 7－33－97 的第 1 号、第 5 号、第 9 号染色单体。建立第 5 号染色体文库，随机测序结果表明与 RRIM600 全基因组片段的同源性大于 90%，与 EST 数据库中的多条表达序列标签同源性大于 90%。

开展了橡胶树再生体系及遗传转化体系优化研究，并转化了 *HbHMGR1*、*At-MYB118* 等基因，为鉴定基因功能和实施转基因手段改良橡胶树的农艺性状提供了良好平台。

## （二）栽培领域

橡胶树新型种植材料研究取得显著进展。由中国热带农业科学院橡胶研究所研发的“橡胶树小筒苗育苗技术研发与示范”通过农业部组织的成果鉴定，成果处国际领先水平。在砧穗互作方面，通过对干含、总固形物、硫醇、糖、无机磷、粗蛋白等的比较分析认为，与嫁接后橡胶树砧木与接穗之间的营养物质运输对橡胶树产量的影响相比，嫁接时优良砧木材料的选择更为重要。

对橡胶树抗风性的研究主要集中在风害评估和不同种质资源和品种的抗风性比较方面。刘少军等以 2005 年的台风“达维”为例，通过分析天然橡胶受损的程度与相关因子的分析，建立了相应的评估模型。张明洁等绘制了全岛台风灾害损失等级分布图，表明橡胶林台风灾害遥感监测具有一定的可行性。罗萍等对比抗氧化酶等的活性，发现湛试 327－13 均高于文昌 217。

在抗旱方面，邓光辉和黄学全提出针对干旱条件下的割胶策略，如选择适宜的割胶制度、严格控制割胶深度、实施短期休割等。赵玮等对蒸腾速率影响分析表明，干季影响为气温＞相对湿度＞光合有效辐射（PAR）＞土壤含水量，因为橡胶树可通过其发达的根系获取深层土壤水。安锋等研究明确了水通道蛋白在橡胶树韧皮部水分平衡中的作用。王立丰对抗旱处理后基因表达研究表明，干旱后 3～5 天为橡胶树幼苗启动自身干旱调节基因的关键时期。

在林下资源利用方面，除开展胶—茶、胶—蕉等间作外，开展了胶园全周期间作模式研究，与传统胶园相比，全周期种植模式主要影响土壤养分和微生物量碳的分布特征，其中土壤速效磷和速效钾含量亦相对较高，其他指标变化较小。

## （三）土肥领域

重新对植胶区土壤肥力进行评价是近期研究的热点。唐群锋等对海南省主要植胶区（花岗岩类多雨区）的地力状况进行的评价，发现该区土壤地力绝大部分处于中等水平，且土壤有机质、有效磷和速效钾含量都不高。

研究不同管理措施下胶园土壤变化，可为改良、培肥胶园土壤提供科学依据。目前该方面研究主要集中于橡胶树不同种植方式（单一种植橡胶树或橡胶树与其他作物间种）对土壤肥力或生态功能的影响。这些研究表明橡胶树与其他作物间种相对于单一种植橡胶树对土壤肥力和生态功能会有更好的影响作用。

橡胶园土壤精准化管理研究主要集中胶

园土壤属性的空间预测与制图以及胶园土壤养分管理分区方面。以多源环境因子（母质、高程、降雨和归一化植被指数）为辅助变量，利用随机森林加残差克里格法对海南儋州国营胶园土壤有机质含量进行预测与制图，经验证，所绘制的橡胶园土壤有机质空间分布图具有很高的精度，完全可以满足指导实际生产的需要。

### （四）割胶领域

自动化和机械化的割胶工具在我国不断发展。李乔申请了“一种用于橡胶树采胶的自动割胶机”专利，使用太阳能电池作为动力来源。周珉先发明的“电动割胶机”，该发明拟解决的技术问题是干涸在树皮上的老胶不会影响电动割胶作业。何焯亮等人发表了以电力驱动的“可调节式橡胶树割胶机的设计”。

气刺短线割胶技术已显示出其在提高割胶劳动生产率上的优势。仇键等发现PR107 气刺微割的增产效应与乙烯气体浓度并不成比例，采用高浓度（超过 60%）乙烯刺激割胶，会造成胶树生理亏缺，干含下降，产量不稳定；而采用低浓度（40%）的乙烯刺激割胶，胶树生理性状较平稳，胶乳干含稳定，且可获得较高的产量。

在死皮研究方面，蒋桂芝等结合作物栽培学、营养学和森林衰退病的基本理论，提出橡胶树死皮病是橡胶树群体在一定的割胶生产条件下营养失衡，导致整株或局部树皮组织衰退，局部或全部失去排胶功能的一种生理病害，而过度排胶，养分不能适时足量供给，是死皮病不同程度发生、发展的主要病因。叶德林等通过实地调查认为冬季低温割胶与橡胶树死皮增长有较大相关性，告诫植胶者引起高度重视。基因组学研究结果表明橡胶的生物合成、活性氧代谢及细胞凋亡途径可能是橡胶树死皮发生的关键调控途径。

### （五）病虫害防控领域

2014 年，我国局部胶园发生流胶病和尺蠖的严重危害，值得关注。

橡胶树种质的抗性评价和筛选取得重要进展。国内已经制定出一些病虫害抗性鉴定技术规程，并采用室内和大田自然发病相结合的方法，评价了国内主推橡胶品种和一些橡胶种质的白粉病、炭疽病和棒孢霉落叶病抗性。

在橡胶树白粉病菌的生物学研究方面，系统观察和描述了 *Oidium heveae* 萌发和侵染寄主的生活史，明确了 *Oidium heveae* 能在清水中萌发，确定了该病菌侵染寄主 5 个关键时期，提出在生产中肉眼可见白粉病症状前病原菌已经在寄主上生长 3 天以上，可为合理制定该病防治历期提供有力科学依据。

国内在橡胶树病原菌的致病分子生物学研究方面领先于国外。目前正在开展橡胶炭疽病菌和白粉病菌的基因组测序、主要致病相关基因的克隆和功能鉴定。基因组测序和信息学分析发现，*Oidium heveae* 基因组拼接大小为 59.6 兆碱基对，预测基因组大小为 123 兆碱基对，预测 *Oidium heveae* 基因组拥有基因 33 192 个，注释基因 4 457 个，涉及 275 个通道。通过病原菌发育与侵染寄主 4 个时段的转录组信息分析，筛选出2 169个橡胶白粉菌差异表达基因。

### （六）初加工领域

国内在天然橡胶低碳、绿色加工技术的研发方面已取得国际先进水平。中国热带农业科学院农产品加工研究所的科研人员成功研发出了对鲜胶乳、浓缩胶乳保存效果良好的新型无氨保存体系，通过与氨水复配，可进一步降低保存剂的使用成本，目前该技术已开始在生产上推广应用。天然橡胶干燥方面，中国热带农业科学院农产品加工研究所建成了一条微波干燥技术的示范生产线。此外，海南大学报道了射流凝固干燥天然橡胶的新方法。

开展天然橡胶加工废水、废气中有用物质的综合回收、利用将是以后发展的重要方向。中国热带农业科学院热带生物技术研究所研究用橡胶加工废水来养殖具有高经济价值的能源浮萍；中国热带农业科学院农产品加工研究所继续开展废水中高纯度白坚木皮醇分离、提取的研究工作。

高端天然橡胶、专用天然橡胶研发掀起一股热潮。2014 年 3 月空军航空橡胶科研生产和加工基地作为军用高标准特种橡胶的专供加工基地成立。“高性能特种工程天然橡胶加工关键技术研究与示范”项目将开展航空工业、汽车工业、轨道交通等领域高性能特种工程天然橡胶生产工艺、装备和标准的研究。海南橡胶集团研发成功了高弹减震天然橡胶的制备方法；启动“万吨级黏土母炼胶产业化”“辐射交联丁腈胶乳改性天然橡胶”等课题的研发。

绿色轮胎生产技术取得突破。北京化工大学弹性体中心和北京首创轮胎有限责任公司成功研制出了碳纳米管复合材料高性能节油轮胎，首次实现了碳纳米管在实用橡胶制品中的规模化应用。

### （七）生态环境领域

橡胶种植对生态环境影响日益重视。研究认为橡胶林物种多样性和土壤生态环境受人为影响较大，管理强度越大物种多样性越低，不同管理模式下橡胶林植物多样性特征不同。施肥会对橡胶林土壤呼吸、土壤养分及土壤微生物生物量碳产生影响。

橡胶林碳功能研究新技术应用得到发展。在 MODIS 遥感数据和橡胶普查数据的基础上，采用 CASA 模型和降尺度的方法，得到了海南岛天然林橡胶碳密度空间分布图（刘少军等，2014）；采用涡度相关技术对橡胶林的碳通量进行长期观测，获得的结果可为橡胶林生态系统碳估算提供参考（吴志祥等，2014）。

灾害性气候评估防范技术取得进步。台风是天然橡胶种植面临的严重自然灾害，从橡胶受灾构成要素出发，基于可拓模型建立了天然橡胶风害评估模型；并通过遥感数据分析及 GIS 技术平台开展台风登陆前的遥感监测，评估模型和相关技术用于天然橡胶生产的台风灾前预估和灾后评估，这极大地提高了天然橡胶防灾减灾的决策能力。

### （八）产业经济领域

日益重视天然橡胶产业发展趋势预测与分析。范奉怡在探讨了天然橡胶市场价格变化情况后分析天然橡胶市场前景，他认为天然橡胶在全球橡胶市场中的消费总量还会上升；许能锐等人分析了我国天然橡胶产业政策的演变及特点，他们认为我国天然橡胶产业政策将向自愿性产业政策、操作简洁化产业政策、世贸组织绿箱政策、信息化产业政策四大方向发展。李振宇基于 VAR 模型研究了天然橡胶期货和国际定价权，并提出促进中国天然橡胶期货市场的国际化，变封闭市场为开放市场，增强中国橡胶价格在资本市场的定价权。

关注现阶段天然橡胶产业发展面临的问题。丁韶鹏指出政策支持力度不足，对国际市场变化的反应略显迟缓和橡胶生产缓冲域构建政策不足是当前产业发展存在的问题。白虎指出目前国内低迷的胶价使胶农种植橡胶树的积极性下降，国内的橡胶加工厂经营环境进一步恶化。张德生利用随机前沿方法分析“产业化、集团化、股份化”背景下的海胶集团天然橡胶生产技术效率及其内部差异，得出了海南农垦天然橡胶发展重点向中西部转移战略的结论。

## 五、国内天然橡胶技术发展的主要问题及建议

### （一）大力开展采胶新技术与装备研究，提升产业效益和生命力

割胶生产是技术性的纯手工作业，劳动强度大、生产效率低，必须加快轻简生产技术研发，探索效率更高的采胶技术，研究出更科学的施药方法或新型刺激剂，积极探索采胶工具自动化，以适应社会发展对技术发展的要求。此外，割胶技术研究要与割胶生产管理模式相结合，加快建立割胶技术培训体系和能留得住的乡村技术员制度，提升产业效益和生命力。

### （二）加强资源鉴定创新，推动选育种发展

橡胶树种质资源安全是我国独立自主橡胶产业形成和发展的基本保障。随着全球气候变化极端天气现象增多，刺激割胶常规化以及对橡胶制品质量和品种的需要，橡胶树选育种需要从过去的生长、产量选择，扩大到抗风、抗寒、抗旱、抗病、耐刺激、胶乳特性等的选择，育种目标渐趋多元化，对种质资源的筛选提出了更高的要求。近年来我国橡胶树新品种培育进程明显减缓，其重要原因之一是优异资源深度鉴定不够，新品种选育种缺乏重要的基础材料。今后应开展保存种质资源持续性收集，并对其性状进行深度鉴定评价，挖掘和利用优异资源，推动橡胶树选育种工作不断向前发展。

### （三）加强木材改性利用，提升产业综合效益

橡胶木颜色淡雅，纹理美观，是天然橡胶生产重要的副产资源，我国因胶园更新年产原木近 200 万米$^3$，年产值超过 20 亿元。目前，因缺乏新技术和新工艺的研发，木材主要加工成为半成品或作为薪材，无法生产高品质和高附加值的锯材产品，部分厂家仍然使用危害环境的木材防腐药剂，导致我国植胶区橡胶木产业市场竞争力不强，橡胶木材资源没有产生应有的经济收益。今后有必要开展橡胶树木材热改性生产炭化木、有机无机复合改性增强橡胶木、原木短期保护防蓝变技术等材性改良产业化利用关键技术研发与集成示范，推动我国橡胶木加工产业向无害化、高值化发展，提高产业综合效益。

### （四）加强橡胶改性利用，拓展胶种应用范围

与合成胶相比，我国的天然胶胶种少，牌号单一，主要生产的标准胶面临产品附加

值不高、国际竞争力不强（易受进口胶的价格冲击）、无法适应汽车制造、轨道交通等重要工业领域对基础材料性能精细化与功能化要求等问题。今后有必要加强分子改性天然橡胶、增强型母炼天然橡胶、功能化浓缩天然胶乳等基础材料的精深加工技术研发，满足我国重点工业所需基础材料的需求，拓展国产胶的应用范围，提升天然橡胶的附加值，以原材料精深加工促进天然橡胶整个产业链的发展。

（天然橡胶产业技术体系首席科学家
黄华孙提供）

# 2014年度牧草产业技术发展报告

（国家牧草产业技术体系）

## 一、国际牧草生产与贸易概况

### （一）国际牧草生产

世界牧草收割面积波动下降，近两年有所上升；2 010起，美国的牧草收割面积和牧草产量逐年上升。1986年世界牧草收割面积最高，达1.03亿公顷，之后波动下降到2011年的9 257万公顷，2013年逐步回升到9 436万公顷[①]。2010年美国牧草收割面积2 234万公顷，牧草产量1.3亿吨；2014年美国牧草收割面积、牧草产量分别比2010年增加3.4%、7.6%。

2014年美国牧草价格稳中有降，月度间波动较大。2014年牧草平均价格178美元/吨，比2013年每吨下降5美元。美国牧草价格由2014年1月的162美元/吨，上升到2014年5月的202美元/吨，而后下降到2015年1月的152美元/吨[②]。

### （二）国际牧草贸易

国际草产品贸易量减价升，彰显了供给紧缺的市场状态。2013年国际牧草贸易量为898万吨，比2012年减少8.2%；贸易价格由300美元/吨上涨至307美元/吨，上涨2.3%。苜蓿粗粉及颗粒的贸易量由170.64万吨减少到126.00万吨，贸易价格由278美元/吨上涨到280美元/吨；其他干草的贸易量由807.99万吨减少到772.25万吨，贸易价格由305美元/吨上涨到311美元/吨。

国际牧草市场集中度非常高，美国是头号出口国，日本是头号进口国。美国、澳大利亚、西班牙、加拿大、意大利是主要出口国，该五国的出口量约占世界总出口量的90%。2013年美国出口量占世界总贸易量的51.28%。日本、韩国、中国、美国、沙特是主要进口国，该五国的进口量占世界总进口量的78%左右。2013年日本进口量占世界总进口量的37.55%[③]。

## 二、国内牧草生产与贸易概况

### （一）国内牧草生产

人工种草面积继续保持增长，牧草企业（基地）快速发展。2014年，甘肃苜蓿种植面积比2013年净增19万亩；黑龙江苜蓿新增种植面积19.8万亩；四川农区多花黑麦草、青贮玉米、高丹草分别比2013年增加

① 资料来源：FAO数据库。
② 资料来源：美国农业部。
③ 资料来源：comtrade数据为计算。

了75万亩、46万亩和12万亩；西藏全区牧草种植保留面积比2013年增加11.7%。奶企自建饲草基地进一步增加，专业化企业发展牧草基地明显加快。

牧草多种生产经营模式不断涌现，草产品价格基本稳定。逐步探索形成了"专业化的牧草生产加工企业""公司+基地+农户""草畜一体化""公司+专业合作组织+农户"和"农户种养结合"等多种生产经营模式。2014年，苜蓿干草价格在2 100～2 400元/吨。

### （二）国内牧草贸易

牧草出口量继续下降，出口主要目的地为韩国。2014年1～12月我国出口牧草产品0.79万吨（主要为苜蓿干草和苜蓿草粉及颗粒），比2013年同期减少6.3%，主要出口到韩国（63.7%）。其中苜蓿干草、苜蓿草粉及颗粒的出口量分别为0.17万吨、0.62万吨，分别比2013年同期增加17.7%、减少11.1%。

牧草进口量保持增加，进口主要来自美国。2014年1～12月我国进口牧草产品100.79万吨，比2013年同期增加26.0%，进口主要来自美国（74.4%）。其中苜蓿干草、燕麦草、苜蓿草粉及颗粒的进口量分别为88.45万吨、12.10万吨、0.25万吨，分别比2013年同期增加17.1%、182.5%、81.2%（图1）。

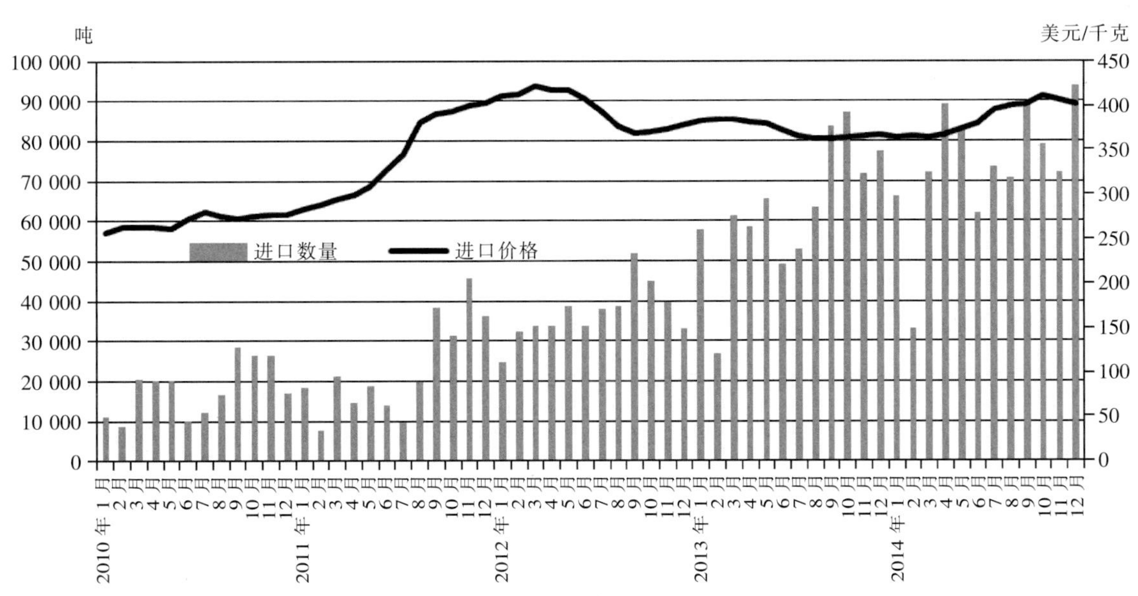


**图1 2010年1月份至2014年12月份我国苜蓿干草贸易情况**

资料来源：海关信息网。

## 三、国际牧草产业技术研发进展

### （一）牧草资源、牧草育种、种子生产

国际牧草种质资源考察由过去的普遍性收集演变为专业化的目标性收集。牧草分子遗传评价成为热点，全基因组关联分析、遗传作图等技术在牧草资源研究中的应用更为广泛。苜蓿分子育种主要集中在抗病性、抗寒性、耐铝性、持久性、生物量产量等方面，发现了大量新的QTL位点，涵盖范围

在234～794厘摩尔根。在杂交育种方面，Dairyland公司取得了较大进展，研发出名为msSunstra™的杂交苜蓿育种体系。柱花草遗传育种的研究主要集中在抗逆性方面（耐铝性、耐锰性、抗盐性）。此外，国际上已经开展了图像技术在种子检测中的应用，显著提高了牧草种子的检测效率。

## （二）牧草栽培及田间管理与草地稳产

欧洲、澳洲的草地畜牧业以发展集约化经营为主，大面积发展人工草地，进行放牧；美国将苜蓿种植列入五大作物，提供了充足的饲草资源；由于资源相对丰富，欧洲、澳洲和美国的草地畜牧业尚处有序开展阶段。

在全球气候变化的背景下，国际上耕作制度研究以“农作制度优化，丰粮节本减排”为前提，围绕以下几个方面开展研究。一是应对复杂多变环境下的农作制度设计与优化；二是基于节能减排的保护性农业、循环农业的理论与模式设计；三是集约型可持续草地农业系统研究；四是卫星地理定位、生物工程技术、系统模拟等先进手段及高效现代化机械在优化农作制度研究与实践中的应用。

多年生牧草和一年生作物进行穿插种植，通过冷季型C3植物与暖季型C4植物之间的相互关系，使粮食和牧草实现多年循环生产；使用植物蜡层指示剂法估测放牧家畜采食成分和采食量的新方法；利用影响作物生长的两大因素“水”和“肥”之间的有机联系，即协同效应、顺序加效应和拮抗效应，水肥对作物的耦合效应进行水肥及作物综合管理，以提高作物生产力和水肥利用效率。

## （三）病虫害防控技术

病害方面，关注牧草病害对全球变化的响应，尤其是锈病、白粉病、霜霉病等气传病害；关注植物与微生物的互作，尤其是信号传导；关注病害监测、预报及综合管理。虫害方面，国际上重视牧草虫害治理新理论、新技术研究，积极开展害虫监测预警、生态系统食物链作物—害虫—天敌通信机制、害虫功能基因组、害虫与寄主植物协同进化的研究工作。

## （四）牧草机械研发

目前，发达国家牧草机械化发展过程中，不断将新兴技术融入到传统机械化技术中，重视交叉领域综合机械的发展，强调经济效益、生态效益和社会效益的协调发展，其发展趋势主要体现在以下几个方面，机械技术与生物技术相结合，达到节约资源、循环利用的目的；产品的成套性和系列化发展，进一步满足国际市场需求；大功率、高效、复合式作业机型的研制，以减少对草地碾压次数，提高作业效率和拖拉机利用率；缩短收获周期，提高饲草质量，使机具在田间能够达到更高的作业生产率；扩大和提高机具的通用性和适应性，充分提高机具的利用率；大量采用电子、液压精确控制、GPS定位等现代技术，提高产品的科技含量，达到畜牧业装备的智能化和信息化。

## （五）牧草加工利用技术

近年来，国外学者主要致力研究苜蓿干草捆中霉菌毒素的产生机理和霉菌毒素对高水分打捆草捆的品质影响。苜蓿干草霉变后严重影响动物甚至人类的健康，因此在贮藏过程中的霉菌毒素的产生机理问题以及引起的霉菌中毒症已经成为世界性难题，极大地阻碍了苜蓿产业的健康发展，并对养殖业产生了很大影响，这一难题亟待解决。高水分的苜蓿打捆如果不采取防霉措施，营养物质会在霉菌的作用下大量被分解，干草的营养价值和饲用价值将会大幅度降低。近年来，国外研究者正在研究通过添加防霉剂以及提高干草捆的密度，在较高含水量下打捆，以得到高品质的苜蓿草捆。

## 四、国内牧草产业技术研发进展

### （一）牧草资源、牧草育种、种子生产

2014年，全国畜牧总站国家草种质资源库新增加草种质材料2 852余份，保存总量近2.9万份，从保存数量上，步入了国家牧草种质资源保存大国行列。全国完成抗性评价鉴定630余份，鉴定筛选出部分抗性强的资源材料，为种质资源的创新利用奠定了基础。根据国际发展趋势，即将开展牧草种质资源的品质评价。在苜蓿耐盐育种、产量育种及其分子生物学方面做了大量工作，雄性不育系杂交育种技术也取得了重大进展。利用SCoT、SRAP、AFLP、SSR、ISSR等分子标记技术，评价了野生牛鞭草、鸭茅、垂穗披碱草、老芒麦、黑麦草、菊苣、白三叶等的分子遗传多样性，为核心种质构建及育种提供宝贵信息。运用分子标记辅助育种，加快育种进程，构建了优质牧草种质与新品种的DNA指纹图谱。继分子育种之后，高通量的分子标记技术和测序技术等育种技术开始在个别草种上探索性应用。

### （二）牧草栽培及田间管理与草地稳产

目前我国北方地区已形成以紫花苜蓿为主的轮作体系，南方地区以多花黑麦草为主的轮作与复种体系已基本成熟，在农牧过渡带人工草地建设中混作应用越来越普遍，华东地区开始重视作物与牧草的轮作，间作研究与应用较少。

草田耕作的研究内容主要还是集中在耕作制度对牧草产量和质量、土壤水分保持以及土壤养分的影响。近年开始重视应用耕作制度有效控制和防除杂草等农业系统管理方面以及对碳和氮减排方面的研究。

针对天然草地改良，以植被重建和土壤改良为主，包括补播、切根、松土、施肥等方式。目前微生物肥料在草地改良中起到重要作用，可以大幅提高优质牧草比例和产量，此项技术正在逐步完善中。

### （三）病虫害防控技术

病害方面，关注防治措施对有害生物、牧草、家畜的综合影响；关注病害防控过程中草地有害生物病原微生物、害虫、杂草和啮齿类动物之间的相互关系；继续深入开展了我国天然草地、栽培草地病害种类调查；建立了病害快速检测技术，筛选、评价了苜蓿抗锈病、沙打旺抗黄矮病品种。虫害方面，集中在牧草抗虫性评价、牧草虫害成灾机理、害虫对化学农药抗性机制研究等重要理论问题。提出牧草虫害监测预警新技术；3S技术监测害虫发生动态、建立牧草害虫防治示范基地、生物农药创新技术及推广应用等方面取得了重大突破。

### （四）牧草机械研发

2014 年，我国牧草机械继续秉持统筹兼顾牧草产品经济效益和牧草生产生态环境保护的发展思路，大力发展优质草产品生产机械装备和草地改良机械，改善草场生态环境与提高农牧民经济收入齐头并举，在牧草机械化技术研发和推广示范等领域都取得了重大突破，结合中国苜蓿产区苜蓿生产实际特点，初步形成了苜蓿生产关键环节机械化技术体系，在原有研究基础上，重点突破苜蓿播种、改良促生、刈割压扁、打捆、加工和青贮等关键环节机械化技术，经过原始创新、集成配套、优化配置、性能试验、跟踪考核和示范推广，初步形成了适应我国苜蓿生产的苜蓿播种—苜蓿改良—牧草收割—山地青贮—牧草打捆的苜蓿生产关键环节机械化技术体系。

### （五）牧草加工利用技术

目前国内牧草收获加工利用机械化程度低，生产技术落后、种植规模零散，限制了大规模机械的利用。机械设备尤其是烘干设备跟不上，导致苜蓿无法及时收获储存。在饲草的供应与利用方面存在着种植结构和地域不平衡、饲草收获加工机械设备和加工贮存基础设施条件差、饲草资源利用率以及饲草加工利用技术有待进一步提高等问题。在干草调制方面主要围绕化学处理对豆科植物干燥的影响、雨淋过程中苜蓿干草微生物的产生机理两方面进行了研究。对牧草贮藏方面的研究较多，主要集中于防霉剂的研发和防霉剂防霉效果的研究。

（牧草产业技术体系首席科学家
张英俊提供）

# 2014年度生猪产业技术发展报告

（国家生猪产业技术体系）

## 一、国际生猪生产与贸易概况

**1. 生产概况** 2014年全球猪肉总产量达1.106亿吨，比2013年的1.089亿吨提高了1.6%。2014年其他主要生猪生产国猪肉产量变化幅度在1%左右波动。从最近的5年统计结果来看，全球猪肉总产量总体呈现出上升趋势，年均猪肉总量增长率为1.8%。2015年，全球猪肉产量预计比2014年猪肉产量增长1.1%，达1.118亿吨。

美国：2014年，美国猪肉产量为1 032.9万吨，较2013下降1.9%。预计2015年产肉量将增长5.1%，达1 085.8万吨，其增长贡献来源于饲养成本降低、屠宰体重提高和需求增加等利好因素的作用。

加拿大：最近几年，加拿大养猪业持续低迷，2014年猪肉产量与2013年基本持平，为183万吨，母猪存栏和仔猪产量都略有下降。较高的饲养成本及面临的金融困难，一些小的养殖户将通过减少投资以及降低屠宰体重等措施来降低饲养成本，预计2015年产肉量将增加1.6%达186万吨。

巴西：近年来巴西养猪业持续强势增长，由于国内需求强劲以及国际出口不断增加，2014年猪肉产量达到334.4万吨，增长2.0%。由于饲养成本较低、猪肉价格上涨和国内外对猪肉需求增加等利好因素的作用，预计2015年产肉量将持续增加4.5%，达349.4万吨。

欧盟：欧盟需求动力不足，欧盟27国猪肉产量持续下降，2014年猪肉产量为2 240万吨，较2013年变化不大。尽管有饲养成本下降和屠宰体重增加等利好因素的作用，但由于经济衰退而使人们更多地向价格低廉的禽肉市场消费，预计2 015猪肉产量与2014年产量基本持平。

**2. 贸易概况** 2014年，全球猪肉进口总量在连续两年下滑后出现回弹，增加了4%，达到720万吨。进口量最大的国家依旧是日本，进口总量为132万吨，其次为墨西哥的81.5万吨。全年进口增幅较大的国家是安哥拉和韩国，进口量分别为11.0万吨和44.0万吨，分别增加了25.0%和13.4%。受到一些国家对猪肉需求的不断增加，预测2015年全球猪肉进口量将提高1.2%，总量达632.3万吨，墨西哥进口量将提高3.1%达84.0万吨。

2014年，全球猪肉出口总量达693.6万吨，较2013年下降1.4%。出口量最大的是美国，出口了232.1万吨，其次是欧盟27国的215.0万吨，再次是加拿大的118.0

万吨。2015年全球猪肉出口总量将提高3.7%，总量达719.6万吨，其中美国出口猪肉总量将提高2.6%达238.1万吨，其出口国主要为日本、韩国和墨西哥。巴西出口猪肉总量将提高19.7%达70.0万吨，主要向中国香港、安哥拉等地区出口。

2014年全球进口活猪为490.1万头，较2013年减少了7.8%。不考虑欧盟内部的贸易，美国仍是全球进口活猪最多的国家，2014年进口活猪485.2万头，但下降了2.1%；其次是乌克兰为2万头。中国活猪进口量从2013年的2.4万头降低到0.3万头。预计2015年全球进口活猪量将下降1.2%至484.3万头。

2014年全球出口活猪为707.7万头，较2013年变化不大。不考虑欧盟内部的贸易，加拿大是世界上活猪出口量最大的国家，2014年出口活猪485.5万头，上升了2.2%，加拿大的活猪主要出口至美国；其次为中国的175万头和欧盟的45万头。预计2015年全球出口活猪数量将上升1.0%达714.5万头。

## 二、国内生猪生产与贸易概况

**1. 生产概况** 2014年猪肉供给量充足，全年生猪出栏量为7.35亿头，同比上升2.7%，猪肉产量5 671万吨，同比上升3.40%，年末生猪存栏量为46 583万头，同比下降1.7%。据农业部监测的数据，2014年规模以上定点屠宰企业生猪屠宰头数达到23 654万头，同比上升1.46%，能繁母猪存栏量持续下降，估计年末存栏量为4 600万头，同比下降10%以上。

广东温氏集团生猪出栏达到1 218万头，成为全球第二大生猪生产公司。

**2. 贸易概况** 2014年，鲜冷冻猪肉全年进口量达到56.43万吨，同比下降3.25%；冻猪杂碎进口81.44万吨，同比上升0.31%；全年进口种猪562 000千克，同比下降51.73%。2014年中国鲜冷冻猪肉出口9.15万吨，比2013年增长24.69%，全年平均出口价格为4 631美元/吨，同比增长4.3%。2014年10月份开始向俄罗斯出口猪肉，全年对俄罗斯的出口量达到3 599吨。

## 三、国际生猪产业技术研发进展

**1. 育种与繁殖技术** 2014年国际生猪产业在育种与繁殖领域技术研发的最主要集中在利用高密度SNP芯片、高通量测序信息对猪重要经济性状进行基因组选择（GS）。基因组选择是基于高密度全基因组标记或DNA序列的选择，此方法能够在提高育种值估计准确性的同时，通过早期选种缩短世代间隔，降低近交，加速遗传进展。基因组选择的实施需要有坚实的传统育种工作作为基础，然后采用高密度SNP芯片检测全基因组基因型，从而实现基因组选择。2008年美国Illumina公司Porcine SNP60基因芯片的问世为基因组选择在世界各国猪育种，尤其是在国际大型猪育种公司中的研发和应用提供了强大的技术力量，迄今为止Illumina公司已开发两款猪高密度SNP芯片，并得到广泛应用。另外，通过全基因组测序或基因型填充技术，基于全序列的基因组选择整合了更丰富的遗传信息，具有提高基因组选择准确性的潜力。

目前，PIC、DanBred、Hypor、Topigs

等公司均已启用基因组选择技术进行猪育种实践。2010年，丹麦丹育公司已正式宣布启动猪基因组选择研究，重点研究低遗传力、难以测定性状，如抗病性、饲料转化率、肉质性状等性状进行基因组选择，而且该公司也专门对公猪的膻味进行基因组选择研究，以期2018年能向消费者提供无膻味的公猪肉。2012年6月15日，Hypor公司报道已为客户提供用基因组选择培育的种猪。2012年6月，Topigs公司宣布在猪育种中全面开始使用基因组选择，以期提高种猪繁殖力，对公猪膻味、饲料转化率等性状进行选择，以期改善肉猪的肉质，提高种猪的竞争力。2014年8月起，PIC公司将基因组选择应用到所有杂交公猪品系中。

**2. 疫病综合防控技术**

（1）猪用疫苗。国际上猪用疫苗的研究与开发主要集中在猪繁殖与呼吸综合征（猪蓝耳病）、猪流行性腹泻、猪流感、猪支原体肺炎等危害生猪产业的重要疫病，投放到市场的大多是传统的疫苗，新型疫苗多数处于实验室研发阶段。

猪用病毒性疫苗是研究与开发的重点。主要涉及猪繁殖与呼吸综合征、猪流行性腹泻、猪流感、猪圆环病毒病。在猪繁殖与呼吸综合征，主要有重组全病毒活疫苗、GP5等病毒结构蛋白的基因工程亚单位疫苗、基因疫苗等，美国研制的PRRSV PLGA纳米佐剂灭活疫苗具有交叉免疫保护作用，PRRSV GP5基因糖基化位点突变体灭活疫苗可以诱导产生中和抗体和免疫保护作用。2013年美国暴发猪流行性腹泻，美国加快了对该病疫苗的研究，已研制出PEDV S1蛋白亚单位疫苗，2014年美国硕腾公司PEDV疫苗获得美国农业部条件性生产许可。欧、美多个国家研制出猪流感H1NI型和H3N2亚型单价或双价全病毒灭活疫苗，目前着手研制猪流感HA亚单位疫苗和腺病毒活载体疫苗。猪圆环病毒病疫苗有PCV1—PCV2嵌合体灭活疫苗、嵌合体活疫苗、腺病毒活载体疫苗和基因工程亚单位疫苗，已研制出酵母表达的优化密码子Cap可以实现分泌表达的抗原VLP颗粒，具有较好抗原，用腺病毒表达PCV2 Cap和支原体P97c融合蛋白，可以有效增强Cap免疫原性。此外，2014年美国轮状病毒疫苗获准生产。口蹄疫灭活疫苗仍是OIE唯一推荐的产品，使用细胞悬浮培养技术生产的口蹄疫灭活疫苗仍是国际上为养殖场推广的高品质疫苗。目前国际上生产口蹄疫疫苗的厂家有法国梅里亚集团、巴西Marial集团、阿根廷BiogenesisBAGO公司。

一些传统的猪用细菌性疫苗陆续上市，新型疫苗处于实验室研究阶段。实际应用的制品包括猪支原体肺炎全菌灭活疫苗、猪丹毒丝菌活疫苗、5种血清型钩端螺旋体（犬钩端螺旋体、伤寒型钩端螺旋体、哈德桥钩端螺旋体、黄疸出血群钩端螺旋体和波蒙那型钩端螺旋体）灭活疫苗、猪布氏杆菌病活疫苗、猪萎缩性鼻炎灭活疫苗以及副猪嗜血杆菌病弱毒活疫苗。处于实验室研发的有猪支原体肺炎重组抗原疫苗、猪沙门氏菌病基因缺失活疫苗、鼠伤寒沙门氏菌基因缺失活疫苗、肠炎沙门氏菌菌脱疫苗、猪链球菌病基因工程疫苗、以减毒沙门氏菌为载体的猪萎缩性鼻炎重组活疫苗、多杀性巴氏杆菌亚单位疫苗、大肠杆菌病DNA疫苗和活载体疫苗。

国际动物保健品公司重视和加大猪用疫苗新制品的研发和投入力度。勃林格殷格翰等国际动物保健品公司瞄准中国市场，加大投入，加快疫苗产品的研发，竞相成立研发中心以及在我国建设动物疫苗生产基地。

（2）猪用诊断试剂。相对于猪用疫苗和兽药市场，诊断试剂整体规模较小。发达国家对猪用诊断试剂研发队伍建设、资金投入、市场推广等方面具有优势。一些国际知名品牌公司如美国 IDEXX、韩国金诺、法国 LSI、荷兰 Biochek（百测）的商品化试剂盒，在我国养猪业大量推广应用，部分产品占据垄断地位。

（3）猪病控制技术。国际对猪病控制的新技术除了疫苗免疫、药物控制而外，重点仍是加强生物安全、疫病的诊断和监测、引种检疫、分点饲养、分胎次饲养、分批次生产以及新型猪舍的设计和建设在猪病控制中的作用。主要包括：一是加大饲料及添加剂的检测力度，防止猪流行性腹泻病毒（PEDV）的污染；二是继续推广使用空气过滤器，防止 PRRSV、PEDV 等病原通过空气传入。欧盟更是严防死守，防止 PEDV 出入欧洲。在美国，PED 的流行得到有效控制；三是重视疾病净化工作，美国于 2014 年 6 月正式启动了 PEDV 的净化工作，通过立法要求猪场及时报告疫情以便净化 PEDV；四是加强抗病育种的研究，美国已培育了一小群可抗猪繁殖与呼吸综合征病毒的猪群。

**3. 营养与饲料技术** 国外（尤其欧美发达国家）生猪饲养环境较好、饲养规模大、管理规范、猪场布局合理、优质饲料资源稳定、日粮类型较简单，饲养过程中猪的应激较少，健康水平较高，繁殖性能较高，生产中基本停用了饲用抗生素，因此，营养的主要目标是发挥猪的生产潜力。但营养与健康方面的研究仍然活跃，主要集中在营养与免疫、营养与微生物、霉菌毒素等方面，重点是通过体内外模式探索营养与免疫力、抗逆性和霉菌毒素的互作规律及机制，拓展营养原理，研究对象主要是针对仔猪。另外，对于营养与母猪繁殖性能的关系也进行了相应的研究，重点在于饲粮中营养物质或非营养性饲料对母猪繁殖性能及后代发育的影响。

2014 年，国外主要研究以营养手段［博落回、血浆蛋白粉、核苷酸（5′-肌苷酸单磷酸）、胰高血糖素样肽-2、酵母、植物提取物（辣椒油树脂、姜黄油树脂）、氧化锌、抗性淀粉、左旋咪唑、复合酶、溶菌酶、益生菌、脂肪酸、锌、精氨酸、腐殖酸和丁酸、纤维、L-蛋氨酸、多酚、海带多糖、岩藻多糖、乳糖或甜味剂、乳铁蛋白、苏氨酸、芽孢枯草杆菌等］实现调控肠道微生物菌群的技术，提高猪肠道健康，增强其免疫力。研究了营养［采食量、能量补充剂、蛋白质水平、油脂来源和脂肪酸组成、氨基酸补充方式、油脂来源及脂肪酸组成、纤维来源及组分、微量元素、维生素（维生素 E 和维生素 D）及添加剂如微生物制剂、植物提取物、酶制剂（植酸酶）、激素、抗生素、抗氧化剂等］对母猪繁殖性能、免疫功能及后代生长性能、肌肉发育、脂肪代谢的影响，为研究集成提高母猪生产效率的营养技术方案提供了一定的理论基础。此外，研究了霉菌毒素对动物健康和免疫功能的危害，并探讨了其在机体内的残留和对于动物机体的危害，为我们有效控制其对健康的影响做了很好的铺垫。

**4. 生产与环境控制技术**

（1）综合运用多项技术提高母猪生产效率。2014年，分胎次饲养、早期断奶、早期妊娠诊断、子宫深部输精技术等进一步推广应用，加强了主动淘汰，缩短产仔间隔，增加年产胎次，提高母畜年生产力，母猪年提供上市肥猪数已达到25头以上。丹麦提出的生产目标甚至高达每头母猪年生产30头断奶仔猪。同时，加强了对低出生体重仔猪应激管理、饲喂制度、饲养管理，福利玩具的开发与应用等方面的研究，为提高低出生体重仔猪的生产性能和福利健康水平提供指导。

（2）新型、环保、节能和福利养殖设备和健康养猪的空间环境构建及其配套技术不断进步。各设施设备公司正致力于通过新型材料结合动物福利需求来设计和开发出低成本、高效率、能满足动物福利的设施设备及相应的配套养殖技术；如基于物联网的WSN猪场养殖环境监控系统的设计；太阳能猪舍通风方式的研究；利用多因素动态环境控制系统进行舍内环境调控，结合温度、湿度、光照、空气流等因素，通过智能化的环境控制器和云计算机系统对不同生长阶段的猪只所需要的环境需求进行调控。研究改进装卸和运输猪的装置和设备，设计更有效保护猪免受气候、疾病和应激因素影响的设施。垂直通风技术和成套装备逐渐被应用。

（3）重视环境控制技术和福利养殖技术研究。通过开展环境温湿度、地板类型、有害气体排放等对生猪性能和健康的影响，并探讨了圈舍类型、养殖阶段对有害气体$NH_3$和$H_2S$的释放影响研究。生猪福利和行为研究：开展了采食欲望、混群时间和熟悉度、运输季节、运输设备、运输时间、运输温湿度及屠宰技术等对生猪行为和福利水平的影响，研究结果为母猪合理混群和饲养、生长育肥猪运输和屠宰设施设备的改善等提供依据。

（4）粪污处理新技术方面。国外有关猪场粪污处理利用的研究主要集中在粪污沼气发酵，欧洲以混合发酵为主，主要研究猪粪和其他原料（如污泥、稻草、餐厨废弃物）混合发酵制取沼气等，并对猪粪的营养利用率、猪粪营养再分配、电力生产生命周期评价较多。此外，热蒸汽爆破预处理提高猪粪发酵、利用壳聚糖和生物炭提高猪粪的固液分离技术也是最近国外关于猪场粪污处理的研究热点。东南亚国家开展了小规模养猪户的畜禽粪便管理与沼气发酵研究。在美国，有一些关于氧化塘处理猪场粪污方面的研究，厌氧消化液中氨氮的去除是研究热点。

欧美等发达国家主要是通过种养结合对猪场粪污进行农田利用，应用技术开发主要围绕农田利用及其他替代技术、但相关研究较少，重点针对农田利用配套粪污贮存过程的环境影响以及贮存过程中抗菌剂及其抗性基因变化、人工湿地和鸟粪石结晶等污水处理技术的有机物及重金属去除效果研究；启动养殖污水处理前沿技术研究，探索利用微藻净化猪场污水同时开发第三代生物燃料的热解转化机制及其工艺技术；在猪场粪便处理方面主要是对堆肥技术进行完善，研究堆肥过程中生物气溶胶排放，以及堆肥过程挥发含氮和含碳气体的减排技术。

**5. 加工技术**　猪肉生产加工以欧盟和美国为主。2014年这些国家的猪肉加工技术特点主要表现为：一是初加工技术成熟度高，重点关注宰前动物福利，如麻电或气体致昏、蒸汽烫毛、自动劈半和分级、减菌技术、快速冷却、雾化喷淋等得到广泛且规范的应用；宰前动物福利受到高度重视，产品损耗得到有效控制。二是深加工技术装备先进、工艺成熟，重点关注功能性添加成分的使用，如冻肉的恒温高湿解冻技术、盐水注射、真空滚揉、真空斩拌、烟熏等技术得到普遍应用，功能性成分（如植物提取物）添加效果成为关注的重点。三是产品追溯体系相对较为完善和普及，来源可追溯、去向可查询。四是节能减排技术装备和工艺的应用和推广日渐成熟，如欧姆加热、超高压杀菌、等离子场杀菌、真空冷却等技术开始在肉制品加工中得到应用。五是副产物综合利用技术备受重视，从可食性脏器中提取蛋白作为肉制品加工的配料，或酶解后生产功能性多肽产品。六是膳食营养与健康广受关注，一方面，从动物生产角度，通过品种改良或饲料调制，生产瘦肉型、$n-3$和$n-6$系列不饱和脂肪酸比例合理的猪肉，另一方面，从加工角度，通过改变加工技术参数（如热处理方式）减少脂肪和蛋白氧化、蛋白过度变性，降低营养成分的劣变；通过配方优化，降低肉制品中脂肪含量；此外从消费角度，通过控制肉（蛋白和脂肪）和碳水化合物食物的食入量，改善人体的健康状况，制订个性化的膳食方案。

**6. 产业经济技术** 环境问题长期困扰生猪产业，也是政府监管的难题。Azzam、Nene 和 Schoengold（2014）发展了存在环境监管的长期产业均衡的一个比较静态模型，该模型适用于美国的养猪业。与过去文献研究环境规制严格性对养猪场结构的影响不同，通过引入了环境法规并不适用于任何规模猪场的这一事实，并提供了明确将环保严格度与养猪产业结构结合的结构模型。证据表明，产业转换使大型养殖场拥有更大库存提高了环境严格度，而不是因为环境严格度本身。该研究结果有助于加深环境规制对具有较高技术变革度的产业结构影响的理解。对于同时关心环境质量和小型家庭农场保护的监管者而言，环境规制似乎并没有产生不利影响。

2014年，受市场低迷影响，生猪养殖及经营模式问题也受到国外学者的强烈关注。Brewin、Undi、Kulshreshtha、Wittenberg、Tenuta 和 Ominski（2014）研究评估农业企业单一化经营（尤其是与一体化经营时相比）的可持续性问题。单一化业务是唯一的生猪生产系统，或牧草为基础的生产系统或肉牛牧场，而一体化经营是一个生猪—牧草或生猪—肉牛生产系统。一体化的假设好处是从猪的设施可被应用到干草和肉牛生产所需的牧草土地上，从而提高了饲草产量和牛畜率的相对廉价的营养供给。通过分析500头母猪产仔这单一经营获得的净收入和从349公顷饲料生产系统及349公顷的牛生产系统的净收入进行对比分析。以10年平均价格计算，单企业的牛肉和饲料业务是不盈利，分别亏损2 838美元/年及34 169美元/年。与生猪经营企业整合一体化运营后，具有50 935美元/年（牛）和9 894美元/年（饲料）的额外利润。生猪与饲料一体化经营每年纯收入比把单一生猪经营把猪粪便作为垃圾处理时多2%。此外，猪肉—牛肉混合经营也会增加10%净收益。

Diamond 和 Thu（2014）关注了养猪生产风险问题。认为由于美国生猪养殖在1990年代几近崩溃，有大量学者预计生猪生产者最终将被困在合同契约中，最后的产业整合者将完全控制生产过程。这一预测的假设前提是生猪养殖户单独应对这些生产压力。他们基于 Carthage 管理系统的分析表明一种不同的生猪商品链路径。Carthage 管理系统将育肥猪场整合在一起形成从产仔到断奶阶段的有限责任公司，生猪生产的细微差别鼓励使用所谓有限合作的方式，深刻地改变了家庭农场有限责任。企业和个体养猪户都采用这种创新性的 LLC 结构以偏转生猪生产的风险。

国外开始有部分学者关注了养猪业与政治的关系。Chan 和 Babbitt（2014）以美国内布拉斯加州的生猪产业为研究对象，讨论了该州养猪业与新闻媒体报道之间的关联性。内布拉斯加州的生猪在过去 20 年的增长一直有争议，创造经济增长和实质性的危害农村环境和生活质量的新的机遇。由于新闻媒体在推动北卡罗来纳州的养猪业冲突的大规模政策的变化事件中起到了关键作用，本研究采用内容分析，探讨北卡罗来纳州的媒体报道与涉及该问题立法行动的关系。结果表明，内布拉斯加州在 1994—2009 年州新闻报道与生猪养殖产业立法关注间存在积极但微妙的关系。研究结果还表明当地政府在解决这一争议的重要性，并强调水资源问题在内布拉斯加州猪场经营方面的重要性。

另外，随着全球工业信息化、网络化程度的不断提升，一些高科技信息系统运用到养猪行业，并发挥着重要作用。Kang、Kim 和 Yoe（2014）研究 Android 系统对于降低韩国畜牧业因动物疫病传播造成较高死亡率的重要意义。他们发现韩国畜牧产业因动物疾病的传播，造成牲畜死亡率增长，进而增加畜牧农家的经济损失。他们认为动物疾病传播的主要原因是车辆运送家畜或饲料等缺乏系统的管理。该文提出了一种基于 Android 的解决这种问题的牲畜车辆管理系统。该系统通过收集和分析畜牧业相关车辆的移动路线和访问信息可以防止动物疾病的传播。它能监测因参观疫病暴发而有污染嫌疑的车辆移动路线。当一种疾病暴发沿家畜车辆的移动路线，它监视是否访问其他家畜农舍的车辆。此外，它通过报警服务提供该疾病的信息和初始预防措施给该疾病暴发地和周围农舍管理者的智能设备或计算机。通过 Android 系统提前提供信息监测和报警服务，防止牲畜疾病传播以减少禽畜农舍的经济损失。

## 四、国内生猪产业技术研发进展

**1. 育种与繁殖技术** 2014 年，在常规育种技术方面，重点仍放在性能测定、种猪遗传评估、遗传联系等关键技术环节的研究方面，通过对国家生猪核心育种场的督导，提升种猪育种效率。在新技术研究方面，主要集中在分子育种技术及全基因组选择理论与方法研究领域。

在基因组选择方法方面，研究者提出了一种基于最佳线性无偏预测的新策略（BLUP | GA）。该方法创新性地将大量 QTL 定位和全基因组关联分析（GWAS）的信息应用于 G 矩阵的构建，最终达到提高基因组选择准确性的目的。部分成果分别在 PLoS ONE 和 G3 期刊发表，并引起国内外同行的高度关注，当年被 *PLoS Genetics* 和 *PNAS* 等著名学术期刊的多次引用。在基因组选择的产业应用方面，继 2013 年 11 月 11 日中国首例采用全基因组选择技术选育的特级种公猪在广东温氏集团诞生后，该基因组选择技术在猪育种实践中进一步得到

推广，参考群体进一步扩大。

在分子育种领域，国内研究者撰写的学术论文（Adaptation and possible ancient interspecies introgression in pigs identified by whole-genome sequencing）《全基因组重测序揭示中国地方猪环境适应性遗传机理及古老种间杂交现象》于 2015 年 1 月发表于国际顶尖学术杂志 *Nature* 子刊 *Nature Genetics*，引起了国内外广泛关注；论文（A splice mutation in the PHKG1 gene causes high glycogen content and low meat quality in pig skeletal muscle）《影响猪肌肉糖原酵解潜能（酸度）的主效基因鉴别》于 2014 年 10 月发表于 *Plos genetics*。

**2. 疫病防控技术**

（1）猪用疫苗。近两年来，猪繁殖与呼吸综合征、猪流行性腹泻、猪伪狂犬病、口蹄疫等仍然是影响我国养猪业的重要疫病，新毒株的出现和流行以及疫病的复杂性极大地促进了研究机构和动物保健企业对疫苗制品研究与开发的热情和力度，申报注册和推向市场的新制品层出不穷。国内的疫苗生产企业通过与高校和科研单位的密切合作，加大投资力度，加快研发进展，打破多种进口疫苗的垄断局面。

猪用疫苗的研究与开发呈现一遍繁荣景象，新制品不断上市。2014 年农业部批准的新兽药证书中猪用疫苗 8 个，包括猪用口蹄疫疫苗 4 个、猪圆环病毒 2 型杆状病毒载体灭活疫苗（CP08 株）和猪圆环病毒 2 型基因工程亚单位疫苗、猪传染性胃肠炎—猪流行性腹泻—猪轮状病毒（G5 型）三联活疫苗、猪传染性胸膜肺炎灭活疫苗（血清 1 型 GZ 株+7 型 ZQ 株）以及猪支原体肺炎活疫苗（RM48 株）等。处于研发或申报注册阶段的疫苗包括口蹄疫空衣壳疫苗和多表位疫苗、PCV2 水溶性佐剂灭活疫苗、猪伪狂犬病新毒株基因缺失疫苗、PEDV 流行毒株活疫苗和灭活疫苗、高致病性猪繁殖与呼吸综合征疫苗、猪繁殖与呼吸综合征—猪瘟二联活疫苗、日本乙型脑炎、猪细小病毒灭活疫苗、猪传染性胃肠炎—流行性腹泻二联灭活疫苗等。一些新型的猪用细菌病疫苗大多处于实验室研究阶段。涉及的疫病主要有猪链球菌病、猪传染性胸膜肺炎等。尽管如此，我国猪用疫苗制品仍然存在“同质化”、技术含量不高、成熟度不够、质量不稳定、一种制品多家企业生产等现象。

国内疫苗生产企业升级改造，出现一些新建生物制品企业。2014 年对猪场来说是惨淡的一年，但低迷的行情没有阻止企业和科研单位投身生物制品行业的脚步。2014 年通过审核的新建疫苗生产线 12 条，并涌现一些新建生物制品生产企业。这些新生代企业的落成，必将促进我国猪用疫苗质量的全面提升。

（2）猪用诊断试剂。和发达国家相比，我国猪用诊断试剂发展起步较晚，企业规模普遍偏小，竞争力偏弱。随着我国养猪技术不断进步，特别是猪病净化工作的持续开展，猪用诊断试剂的需求也在快速增长。面对机遇，国内科研机构和企业正在积极研发具有自主知识产权的新产品，进口猪用诊断试剂的垄断优势正在被国内产品打破。在猪用诊断试剂领域，我国 2013 年、2014 年注册二类新兽药 1 个（猪口蹄疫 O 型抗体检测试纸条）、三类新兽药 2 个〔猪繁殖与呼吸综合征病毒 ELISA 抗体检测试剂盒、猪流感病毒（H1 亚型）ELISA 抗体检测试剂盒〕，目前正在申报临床试验的猪瘟、伪狂犬、蓝耳病等猪用诊断试剂10个。特别是国内研究机构研发的具有自主知识产权的猪病诊断、兽药残留胶体金快速检测试纸，作为一种新型诊断技术产品具有使用简便、快速、稳定性好和适合现场检测的特点，尤其适合基层现场检测使用。

（3）猪病控制技术。2014年，我国生猪价格持续低迷，加之养猪生产成本上涨等不利因素，我国大多数生猪养殖企业出现了严重亏损的情况，迫使他们从生产效益、疫病控制新方法方面寻求新的思路。主要包括：一是猪场生物安全理念有所提升，如公猪站推广使用空气过滤器，防止PRRSV的传播；加强了引种检疫，防止疫病传入；加强人员的生物安全意识的培训，保障环境安全；慎重添加血浆蛋白粉，防止PEDV污染和传播等。二是强化疫病的诊断方法轻简化、标准化研究以及在猪场的应用。三是加大疾病流行的监测力度，提升了对我国新发疾病出现的新规律及新特点的理解。四是积极、自觉地开展疾病净化，我国已启动重大猪病的净化工作，重点开展猪瘟、伪狂犬及高致病性蓝耳病的净化。五是猪舍新建和硬件条件的改善、加化分点饲养、分胎次饲养、分批次生产的理念。

**3. 营养与饲料技术** 虽然近年国内养猪水平不断提高，但是国内生猪生产环境、管理、营养水平依然较低，猪的健康水平较低，繁殖性能不高，疾病发生率高，药物使用量大，生产潜力不能有效发挥。影响猪健康水平和繁殖性能的主要因素包括气候环境不佳、饲料霉变氧化严重、管理应激突出、卫生条件差和病原微生物感染概率高。针对这些问题，国内开展了营养与免疫、营养与应激、营养与防霉抗氧化的研究，重点集中在母猪与健康水平最差的仔猪阶段。除此之外，针对国内玉米、豆粕等大宗原料的不足，开展了对于非常规饲料原料应用的相应技术开发。

国内学者研究了正常生理状态下或攻毒（如断奶应激、脂多糖、大肠杆菌、霉菌毒素侵染等）下，营养对仔猪生长性能、免疫功能、养分消化吸收、抗氧化能力、器官发育、肠道健康及肠道微生物结构区系等的影响，包括硒甲硫氨酸、精油、血浆蛋白粉、N-乙酰半胱氨酸、色氨酸、壳聚糖螯合锌、包被氧化锌、蛋氨酸羟基类似物、TAG、三丁酸甘油醛、阿拉伯木聚糖、蒙脱石、纤维寡糖、益生菌（植物乳杆菌、枯草芽孢杆菌及其复合菌）、中草药添加剂、单宁酸、丙氨酰—谷氨酰胺二肽、抗菌肽、酸化剂、脱氢醋酸钠、血浆和酵母提取物、葡萄糖氧化酶、低聚果糖、黄芪多糖、植物精油、酶制剂、氨基酸螯合铁、β-甘露聚糖酶、非淀粉多糖、霉菌毒素降解剂、精氨酸、天冬氨酸、刺五加、苯甲酸、果寡糖、乳酸锌、霉菌毒素吸附剂、木聚糖酶等，进一步建立了提高仔猪抗病力的营养技术。研究了营养[营养摄入（采食量）、能量水平、蛋白水平、脂肪酶和脂肪粉、氨基酸水平（精氨酸、色氨酸、赖氨酸）、纤维来源与水平、微量元素来源（无机、有机）及水平、维生素（单一、复合）及添加剂如植物提取物、复合中草药、微生态制剂（酵母产品、乳酸菌）、酶制剂、抗菌肽、有机酸、调味剂等]对母猪繁殖性能及后代生产性能的影响，为研究集成提高母猪生产效率的营养技术方案提供了一定的理论依据。在饲料安全方面，进一步探讨了霉菌毒素产生危害的机制，为进一步防控霉菌毒素的危害作了很好的铺垫；探讨了饲料中部分重金属元素、转基因饲料原料和三聚氰胺等对动物的危害和相关机制。在饲料中在非常规饲料原料开发方面，研究了生物饲料和酶制剂（木聚糖酶、角蛋白酶、植酸酶、壳聚糖酶、葡聚糖酶等）生物添加剂的生产工艺参数（如菌株筛选与鉴定、酶基因克隆、发酵参数、底物合理选择等），并探讨了微生物发酵非常规饲料原料的相关发酵条件，为研发新型生物蛋白饲料及生物添加剂新产品提供了新思路。

**4. 生产与环境控制技术**

（1）养殖企业更加重视先进生产工艺的应用和新式环境可控猪舍的建设，自动化水平进一步提高。主要体现在新式环境可控猪舍设计和建造，大量安装自动供料系统，对猪舍温控系统进行改造，大量使用自动化设备，实现养殖设施化。2014 年，湖北金林原种畜牧有限公司、浙江加华种猪有限公司、河南牧原食品有限公司、上海祥欣畜禽有限公司等国内生猪养殖企业新建造的环境自动化控制的猪舍陆续投产，生产效率显著提高。广西杨翔集团、上海祥欣畜牧公司在人工授精新技术应用上，建立投产了空气过滤公猪站，保障公猪健康；从粪污的收集方式来看，采用水泡粪工艺的猪场越来越多，由于后续完全利用或达标处理都比较困难，采用机械刮粪板的干清粪工艺逐渐成为新趋势。河南新大牧业开发出了猪舍环境自动监测系统并应用于生产。

生猪养殖上，武汉天种畜牧股份有限公司应用发酵工艺技术，开发出了豆渣等农副产品饲料资源利用新工艺技术。2014 年，武汉天种畜牧股份有限公司全场推广使用微生态制剂和新型发酵资料工艺技术，全场仔猪、母猪无腹泻病例发生，有效促进了猪群健康。

（2）生猪福利和健康水平逐渐受到养殖企业的重视。2014 年我国首部农场动物福利标准《农场动物福利要求——猪》出台，这是我国农场动物福利系列中的首部标准，该标准参考了国外先进的农场动物福利理念，填补了国内动物福利标准空白，适用于农场动物中猪的养殖、运输、屠宰及加工全过程的动物福利管理。

环境控制技术方面，主要开展了高温应激对母猪、公猪繁殖性能的影响，探讨了不同季节发酵床应用效果和粪便除臭的技术，高温应激环境下母猪的配种受胎率和产活仔率均显著低于 3～6 月份，并且公猪精液品质恢复的时间较长，个别甚至在高温结束的 1 个月方能完全恢复；在凉爽和寒冷的季节采用发酵床改善了生产性能，而夏季发酵床的高温环境对生长性能有明显的不利影响，并与体重密切相关；采用蚯蚓粪发酵或降低猪粪中色氨酸的含量及在饲粮中添加枯草芽孢杆菌有助于减少猪粪发酵液中的粪臭素浓度。

福利养猪技术方面，开展了福利设施设备、饮水温度等猪只健康水平、行为表现的影响，并研究开发了仔猪保温饮水设备；开展了乳酸菌、抗菌肽等功能性添加剂对生猪正常生理或应激环境下生产性能和健康水平的影响。

（3）粪污处理新技术不断涌现。根据产业发展的需要，研究提出了适合我国生猪养殖情况的猪场废弃物处理技术模式并对模式进行优化，初步形成了我国特色的生猪养殖粪污处理模式；开展膜生物反应器（MBR）、臭氧曝气、超声波协同 $H_2O_2$、微波辅助絮凝、反渗透技术、磷酸钙法回收磷等猪场污水处理技术以及人工浮床水培空心菜、灌溉对冬小麦、油菜和耐高氨氮浮萍生长等猪场污水利用技术研究，同时探讨猪场污水处理和利用技术对重金属和抗生素的去除效果；在猪粪处理方面的研究围绕堆肥展开，主要研究不同堆肥辅料、菌剂添加对猪粪堆肥的影响，猪粪堆肥的生物机制、堆肥过程中的氮排放及其减排、重金属和抗生素降解等；在死猪处理和利用方面，研究开发的猪粪与死猪一体化堆肥处理技术，经过改进和完善已开始生产应用，另外从台湾和外国引进的死亡动物处理机和死猪自然发酵方法，进行国产化生产和试用。

污水处理方面，沼气发酵仍然是主要的处理措施，沼液自然处理主要使用的是氧化塘，沼液好氧处理采用 SBR、A-O 工艺的较多，但是碍于运行成本等方面的原因，其运行效果也较差。而深度处理则采用膜分离技术、絮凝沉淀工艺和光催化氧化等，其运行费用较高，应用较少。

**5. 加工技术** 我国猪肉加工技术起步晚，但发展迅速，也存在着一些亟待完善之处，2014 年主要技术特点表现为：一是初加工尤其是冷却肉加工技术和装备水平大幅提升，产品的质量安全有明显改善，冷却肉在生鲜肉加工和消费比重大幅增长。但产业集中度较低，中小企业在保障冷却猪肉质量安全的成套工程化技术和装备严重不足，PSE 肉发生率较高、冷却干耗较大、产品货架期较短，仍是制约企业发展的重要因素。二是深加工技术装备水平得到大幅改进，但方便快捷的新型调理肉制品和菜肴类肉制品的原辅料控制、热加工、杀菌保鲜等技术仍较落后；传统干腌类和酱卤类肉制品的风味保持现代化工艺技术仍有待提升。三是产品可追溯体系尚未得到广泛的实施和应用，低成本、高效的编码技术有待突破。四是总体上，我国肉品加工企业仍然处于高能耗、高污染的生产状态，产能严重过剩，技术装备和工艺亟待换挡升级；五是副产物如血、骨等的高值化利用水平低，对环境的影响较大，心、肝、肺等可食性脏器经酱卤后直接食用或作为动物饲料加以利用，附加值难以实现。六是营养学及其人体健康的关系尚未引起重视。

**6. 产业经济技术** 2014 年，我国的生猪产业研究有别于以往围绕单个指标，更多地从整条生猪产业链的视角出发进行探讨，同时还重点关注了生猪产业的竞争力建设。

价格方面，王晶晶、钱小平和陈永福（2014）利用非线性门限误差修正模型对我国生猪产业链上下游间价格传递的非对称性进行了实证分析。结果表明，在制定生猪产业价格调控政策和产业政策时应充分考虑外销区生猪产业链价格传递的非对称性特征。安丽和郭军（2014）运用极值理论（EVT）对我国生猪市场价格进行了有效拟合，采用 VAR 方法度量了我国生猪市场价格风险，并根据拟合函数预测了我国生猪市场价格 10 年、20 年、50 年、100 年一遇情况下的风险损失。许彪、施亮和刘洋（2014）建立了五因素模型的猪价分析框架，得到结论是，受到劳动力成本、饲料成本上升的影响，生猪价格中长期上移。文中还预测了 2014 年及其后 15 个月的生猪价格趋势。

供求方面，梁剑宏和刘清泉（2014）运用随机前沿技术分析度量了生猪产业政策对我国生猪生产规模报酬与全要素生产率的影响。研究发现，我国生猪养殖整体上处于规模报酬递减阶段，散户和规模户全要素生产率增长呈现两极分化。分析结果表明，稳定要素价格、促进技术进步和完善生猪养殖社会化服务体系对提高生猪生产绩效更为重要。高阔（2014）构建了一般猪肉供应链网络均衡模型，网络中包含5层决策主体，综合各层决策者的均衡条件，定义了猪肉供应链网络系统的整体均衡条件，并给出经济解释。

此外，李炳莲和魏君英（2014）的研究认为，随着生猪生产成本构成更加多样化以及成本比重的变化，迫切需要对猪粮比价指标进行重构，建议将其修订为猪料（饲料）比价、猪本（成本）比价，使国家调控预案更具科学性和实效性。

针对生猪产业竞争力的建设，则主要从经营模式、产品质量以及环保控污3个方面出发进行研究。

经营模式方面，王晶晶和陈永福（2014）总结了美国生猪产业在结构、效率和组织形式等方面表现出规模化和纵向一体化的特点，并对纵向一体化的主要形式，即合约一体化进行详细分析与阐述。

产品质量方面，重点围绕的是可追溯概念。董银果和邱荷叶（2014）以追溯、透明和保证（TTA）体系作为质量安全的代理变量，研究中国出口猪肉的TTA可获得性水平。结果表明，中国出口猪肉TTA可获得性水平较低，尤其是追溯体系与透明度体系较弱。因此，加强中国生猪和猪肉的信息系统建设，构建产供加销垂直一体化的产业体系，探索中国特色的追溯与透明体系，并结合生产者的遵从能力和遵从利益，是提升中国猪肉质量安全水平和出口竞争力的发展方向。徐玲玲、刘晓琳和应瑞瑶（2014）运用网络层次分析法（ANP）构建评估模型，研究消费者对猪肉可追溯信息的偏好。评估结果显示，消费者偏好的8种猪肉信息依次为：兽药与使用情况、饲料与添加剂、饲养过程、养殖环境、疫苗、包装日期、质量认证与标志、检疫信息。

环保控污方面，王春蕾（2014）从大气、水源、土壤3个方面测算了规模化生猪养殖主要污染物及其对环境的影响，并提出了一系列生猪养殖场污染防控技术措施，以及生猪养殖场污染防控政策途径。

（生猪产业技术体系首席科学家
陈瑶生提供）

# 2014年度奶牛产业技术发展报告

(国家奶牛产业技术体系)

2014年，国内外学者在奶牛育种与繁殖、营养与饲料、疾病控制、环境控制、乳品安全与加工、经济贸易等研究领域开展了大量工作，取得了一些具有突破性的研究成果，对奶牛产业发展具有深远的影响。本文就2014年奶牛产业在以上研究领域的重要研究进行综述。

## 一、国际奶业生产与贸易概况

根据美国农业部最新数据，2014年全球鲜奶产量较2013年增长2.5%，增产速度较2013年有所提高。根据粮农组织数据，2014年全球乳品贸易（以生鲜乳当量折算）增长了4.8%，其中新西兰、欧盟、美国出口量占总出口量的65%，较2013年增长了6%～7%。从需求角度，2014年全年乳品进口也快速增长，中国、沙特、马来西亚、越南、泰国的进口增长均高于预期，中国的进口增速十分迅猛。此外，由于乳品价格的下跌，以非洲为主的发展中国家乳品消费呈现出快速增长。从国际乳品价格指数来看，2014年全年乳品实际价格指数为较2013年下降了7.9%，受到当前全球经济以及商品价格不振的拖累，2015年国际乳品价格形势仍然不容乐观。

从具体乳品的贸易情况来看，①全脂奶粉受到中国需求强劲的带动，进口快速增长，2014年全年中国全脂奶粉进口量92.34万吨，较2013年增长8.07%；其他发展中国家也从乳品价格下跌中增加了进口。从出口角度，新西兰、欧盟、澳大利亚的出口总量已经达到2013年全球总出口水平，而阿根廷则受到减产影响降低了全脂奶粉出口。②在黄油贸易中，俄罗斯受到卢布贬值、贸易制裁等因素影响导致贸易条件恶化，黄油进口量较2013年下降了10%，而中国仍然受到强劲需求的带动，黄油的进口量增长了39.2%。从出口角度，新西兰、欧盟、美国仍然是三大最主要的黄油出口地区，保持了相对稳定的出口态势。③脱脂奶粉从进口角度与全脂奶粉和黄油相类似的，中国显示出了强劲的进口需求，带动了需求的放大，在很大程度上中国的需求弥补了相关国家需求减少的市场空缺，使得世界脱脂奶粉贸易量整体仍然上升。从出口角度，美国、欧盟、新西兰、澳大利亚作为主要出口国（地区）的地位并未发生动摇。④全球奶酪市场由于缺乏强有力的需求支撑，加之最主要的奶酪进口国俄罗斯的贸易条件恶化，奶酪总进口水平有所下降。受此影响，除美国外，主要奶酪出口国都受到一定影响。综合2014年全球乳品市场变化，整体格局是供给宽松，价格下跌，贸易放大。

## 二、国内奶业生产与贸易概况

根据农业部数据统计，2014全年奶类产量预计达到3 890万吨，比2013年增长6.6%；另据国家统计局数据，2014年全国液态奶产量2 400.12万吨，下降0.91%；全国干乳制品产量251.70万吨，下降4.17%；全国奶粉产量150.85万吨，下降6.39%。

2014年，全国牛奶生产成本实际上仍然面临很强的上升压力，在国际乳品价格快速下跌的背景下，国内生鲜乳也进入了下跌轨道，并由此激化了生产问题，导致在2014年年末出现大范围的“倒奶”现象。2014年全国生鲜乳平均收购价为4.05元/千克，较2013年的平均价格3.61元上涨了12.5%。从国内鲜奶零售价来看，2014年全年平均价格为5.41元/千克，较2013年5.02元上涨了7.8%。

2014年我国各种乳制品进口情况如下：①液态奶进口量为32.89万吨，同比增加68.87%，显示出了非常强劲的增长；②奶粉进口量为92.34万吨，较2013年增长了8.07%，继续保持增长；③乳清进口量为40.47万吨，同比减少6.78%；④黄油进口量为8.04万吨，较2013年大幅增长了53.74%；⑤乳酪进口量为6.6万吨，较2013年增长了39.39%。从2014年的出口情况看，我国乳品出口呈现出一定的恢复，其中干乳制品出口1.35万吨，同比增加41.46%，奶粉出口量为0.81万吨，较2013年增长了144.87%。

总体来看，我国奶业不仅面临国际市场价格下跌的输入型压力，而且乳业本身也存在深层次的产业矛盾。具体而言，全球乳品价格快速下跌，国内生鲜乳收购价也呈现出对应的下跌，而国内消费者面临的消费价格却保持相对稳定，这种价格的非对称性本身就暴露出产业链存在着一些内在问题。就2015年的情况来看，全球经济的复苏并没有强劲的信号，而我国经济增速将进一步放缓，宏观经济走势偏弱的背景将对奶业产生一定的消极影响，加之奶业本所身面对的内忧外患的生存环境，使奶业生产面临着下行的巨大压力。

## 三、国际奶牛产业技术研发进展

### （一）繁殖与育种技术进展

**1. 利用基因组预测提高饲料转化效率遗传进展** 美国荷斯坦牛协会于2014年12月发布新版总性能指数（TPI）计算公式，维持了原有产量、体型及健康性状的权重，最大的改变在于将饲料转化率性状纳入育种规划中，并占有3%权重。饲料转化率为一段时间内采食量与产奶量的比值，改善饲料转化率在增加生产收益的同时也能减少温室气体的排放从而保护环境。饲料转化率与剩余采食量、干物质采食量等性状间具有高遗传相关，多个国家资源群体饲料转化率相关性状的基因组预测研究均表明，剩余采食量的准确性高于干物质采食量，分别为0.40～0.43和0.20～0.35。

**2. 高通量重测序技术将成为解析奶牛生产和健康性状的强有力工具** 随着生命科学的发展，基因组测序技术成为一种快捷和准确的生命探索工具。2014年澳大利亚遗传学家们对黑白花荷斯坦奶牛、娟珊牛及乳肉兼用牛弗莱维赫牛3个品种中232头公牛和2头母牛的基因组进行了测序，根据这些DNA序列定位了一些与骨骼畸形、产奶能力和毛发卷曲相关的关键基因，更为重要的是还定位了影响牛生育力的主要因素——胚胎死亡的关键基因。此次的研究发现使今后更加直接地选择健康的牛成为可能，从而增加了生产效率。

### （二）饲料与营养技术进展

**1. 碳水化合物营养** 国际对于碳水化合物的研究主要集中在粗饲料上。Jami等（2014）研究发现用5%氢氧化钠处理的玉米秸秆替代15%的小麦草后，泌乳奶牛瘤胃内纤维分解菌显著降低，乳酸菌显著增加，能量校正乳提高了1.3%，能量校正乳/采食量的比值提高5.34%。Schulze等（2014）的研究表明日粮中性洗涤纤维（NDF）含量越高，采食时间越长，反刍时间也越长，NDF消化率降低，粪中颗粒增加。如果日粮中＞19 mm的部分比例为72%时，奶牛出现明显的挑食行为，但比例为64%时，可以在不影响采食量和采食频率的基础上最大程度的减少挑食行为（Khan等，2014）。

Belanche等（2014）研究用红外光谱技术（FTIR）预测奶牛饲料NDF和干物质瘤胃降解率，粗饲料预测模型准确地预测了干物质和NDF的有效降解率，相关系数分别达到0.91和0.98，因此FTIR技术可以作为一种饲料营养价值评价的快速准确的方法。

**2. 蛋白质饲料资源开发利用** Chacher等（2014）证明每天补充20克甲酰谷氨酸可以优化血液氨基酸组成，促进代谢蛋白质利用，进而提高高产奶牛泌乳性能及其氮利用率。Arriola等（2014）研究表明，补充过瘤胃保护氨基酸（赖氨酸、蛋氨酸及亮氨酸）显著提高奶产量，并降低乳中尿素氮含量。Bahrami等（2014）研究表明降低日粮粗蛋白及过瘤胃蛋白分别到15.6%和4.6%，并保证赖氨酸和蛋氨酸的量及比例处于平衡状态下，对奶产量和乳成分无显著影响；而分别到16.4%和5.4%时，则提高了干物质采食量。

**3. 脂肪（脂肪酸）对奶牛生产性能及产品脂肪组成的调控作用** Faciola等（2014）研究证实，奶牛日粮中添加月桂酸对纤维的消化和瘤胃发酵有负面影响。Palin等（2014）研究表明，给饲喂含9.88%亚麻壳日粮的奶牛皱胃灌注亚麻油影响其乳腺组织的乳脂合成关键基因的表达，这有利于改善奶牛乳脂肪酸的组成。

饲草的类型和奶牛品种（Kholif等，2014）、日粮不同精粗比（Han R等，2014）和放牧（Lahlou等，2014）等均对乳脂成分有不同程度的影响。乳脂成分可以通过调整奶牛的日粮（添加大豆）（Vargas-Bello等，2014）和遗传育种（Tăbăran等，2014；Lopez-Villalobos等，2014；Bilal等，2014；Ibeagha-Awemu等，2014）等措施进行调控。

**4. 奶牛营养与环境** 添加20克/天N-氨甲酰谷氨酸（NGG）（Chacher等，2014）保证赖氨酸、蛋氨酸总量以及平衡的情况下，降低日粮粗蛋白，控制瘤胃非降解蛋白（RUP）比例以及降低NDF水平的同时增加淀粉比例等措施均可降低奶牛氮素排泄（Bahrami等，2014；Arriola等，2014；

Sinclair 等，2014）；此外，瘤胃素没有改变尿素的生成和循环（Recktenwald 等，2014）；氮素过量可引起奶牛中性粒细胞功能的改变（Raboisson 等，2014）等研究结果也为更深层次研究氮代谢机理提供了指导。

甲烷减排的研究主要集中在以下几个方面：改进 $SF_6$ 示踪法（Deighton 等，2014；Berends 等，2014）、运用生命周期评估法、微气象技术和纵向模型评估奶牛场温室气体排放（Mel 等，2014；Laubach 等，2014；Negussie 等，2014），基因选育对奶牛肠道甲烷减排影响的研究等（De haas 等，2014；Visker 等，2014；Fraser 等，2014；Lassen 等，2014）。基础研究方面，主要评价了甲烷排放和干物质采食量、生长速度的关系以及低淀粉日粮对甲烷排放的作用（Herd 等，2014；Pirondini 等，2014）。

### （三）重大疫病防控研究进展

**1. 奶牛结核病诊断及防控技术** 各国都在寻找快速有效的结核病诊断方法，减少其带来的经济损失。Sposito 等（2014）建立了多重 PCR，根据 IS6 110 位点可以非常有效地区分牛结核分枝杆菌和其他分枝杆菌。Sales 等（2014）用引物和分子标记技术建立了鉴别诊断结核分枝杆菌和牛分枝杆菌的 PCR 诊断技术；还建立了针对 PE-PGRS 20 基因的实时定量 PCR 可鉴别诊断牛分枝杆菌，敏感性和特异性均为 100%。埃及的 Sabry 等（2014）建立了 PCR 和 ELISA 两种快速诊断方法，可区分感染牛和卡介苗接种牛。

疫苗是结核病防控的有效手段之一。Parlane 等（2014）对结核病（BCG）疫苗对牛的保护进行了研究，发现接种疫苗的及再次接种疫苗的牛肺部及淋巴结的病变明显少于未接种疫苗的牛。另外，Parlane 等（2014）研制了含有 85A/ESAT-6 抗原的疫苗，能产生特异的 γ-干扰素、IL-17A、IL-6、TNF-a 和 IL-2，该疫苗单独使用或者与 BCG 疫苗一起使用，攻毒后与对照组相比可大大减少发病数量，用于控制牛结核将有非常好的应用前景。

**2. 布鲁氏菌病疫苗与免疫技术** Chand 等（2014）研究表明结膜接种 S19 疫苗可减少免疫剂量，并且流产减少，疫苗抗体也不会持续存在。Kim 等（2014）将流产布鲁氏菌的脂多糖进行了缺失而形成突变株，研究表明它可以替代布鲁氏菌病抗原并有助于减少交叉反应性。Saez 等（2014）证实 RB51 与 S19-RB51 疫苗联合使用，同时严格执行其他的根除措施，可有效降低牛群的死亡率。Vrushabhendrappa 等（2014）研究设计了一种可以在动物和人类中使用的安全有效的疫苗——重组亚单位疫苗。

**3. 奶牛口蹄疫流行病学及诊断** 2014 年，口蹄疫继续在亚洲、非洲地区呈地方性或暴发流行，全球共有 17 个国家报告发生口蹄疫。欧洲地区有俄罗斯发生口蹄疫，俄罗斯是以 O、A 血清型为主。亚洲地区主要是以 O 型和 A 型为主，同时也有 AsiaI 型。

Colling 等（2014）建立了澳大利亚本国的 3ABC ELISA 方法，该法敏感性和特异性分别为 91.5% 和 96.4%。Morioka 等（2014）建立了基于单克隆抗体的夹心直接 ELISA（MSD-ELISA），该法与传统的间接夹心 ELISA（IS-ELISA）相比，MSD-ELISA 在检测 RT-PCR 阳性样本时敏感性高 7 倍。Reid 等（2014）建立了一种特异性鉴别在中东地区流行的O、A和Asia-1型FMDV的定量RT-PCR方法，该法的建立弥补了应用FMDV通用定量RT-PCR检测阳性以及病毒分离与抗原ELISA检测阴性样本漏检的不足。

### （四）牛奶质量监控和乳制品加工技术进展

**1. 生鲜乳质量安全监测** 2014年在牛奶霉菌毒素和重金属检测方法上，已由传统的单一、灵敏度低的方法向通量和高灵敏度的方法发展。Huang等（2014）发现牛奶中霉菌毒素常呈共存现象，利用信号抑制增强效应（SSE）评估霉菌毒素的基质效应，该法可同步检测牛奶中多种霉菌毒素，准确性好、灵敏度高并且稳定性强。Shim等（2014）使用模拟辣根过氧化物酶（HRP）的DNA酶（HRP-DNAzyme）研发了化学发光竞争适配体实验检测黄曲霉毒素（AFB1）。电感耦合等离子体质谱（Inductivity coupled plasma mass spectrum，ICP-MS）广泛用于多元素检测，且样品前处理快捷、灵敏度高，已逐渐成为多元素检测的有效方法，Khan等（2014）使用ICP-MS检测了牛奶和酸奶中22种元素。

**2. 乳粉加工技术进展** 2014年科学家在乳粉加工方面进行了一系列相关的研究：Carpintero等（2014）进行了浓缩乳蛋白粉分散性的研究；Ma等（2014）采用二维液相色谱法分析了乳粉中的碳水化合物；Crowley等（2014）分析了蛋白质浓度对乳蛋白浓缩物物理特性及流动性的影响；McCarthy等（2014）采用超声波法研究了乳蛋白浓缩物的分散性；Woollard等（2014）利用带有火焰离子检测器的毛细管气相色谱法确定了婴儿配方粉和乳粉中肌醇的含量等。

## 四、国内奶牛产业技术研发进展

### （一）繁殖与育种技术进展

**1. 中国荷斯坦牛主要繁殖性状的GWAS研究进展** 2014年收集北京地区21个牛场2001—2011年10年间19 111头中国荷斯坦牛205 851条配妊时间记录，整理为6个繁殖性状（2个青年牛性状及4个经产牛性状）。采用多性状动物模型，获得18个父系半同胞家系2 172头母牛42 925 SNPs，将大群估计的EBV作为表型值，共得到达到全基因水平显著的39个SNPs和49个位置候选基因，多涉及神经兴奋性、免疫系统及繁殖疾病。初步筛选到*SNX29*、*ELMOD3*、*ZNF438*、*TNFSF11*、*FAM216B*、*KLHL4*等基因与繁殖障碍有关，通过提高繁殖性状表现优异的基因型频率有望提高奶牛的繁殖水平。

**2. 三河牛和新疆褐牛进行大群遗传参数估计** 兼用牛群适应当地气候、养殖条件，通过提供乳、肉产品使养殖者获得较高的养殖效益，在中国牛业中占据重要地位。2014年研究者进行了三河牛和新疆褐牛等兼用牛群体的性能测定、数据库建设、遗传评估体系建立和育种规划设计，分析探索了公牛、母牛的生长发育规律，分析了体重与体尺指标的相关性及不同时期各项体尺指标的生长情况，为今后的饲养管理及良种选育工作奠定了基础。

### （二）饲料与营养技术进展

**1. 碳水化合物营养** 粗饲料的开发研

究对于缓解中国当前奶牛饲料资源短缺具有重要意义。刘凯玉等（2014）研究发现氨化提高秸秆粗蛋白的含量，青贮、氨化和碱化都降低秸秆的NDF含量，水稻秸秆营养价值都得到提高。孙治国等（2014）用混合微生物发酵玉米加工副产物生产出高蛋白、风味良好的饲料。李君临等（2014）用黑麦草和水稻秸秆以7∶3混合后青贮效果良好。聂普等（2014）研究指出，随着粗饲料切割长度的增加，奶牛的干物质采食量显著降低，采食时间显著增长，日粮氮的摄入量有减少的趋势。

**2. 蛋白质与氨基酸营养** 汤明惠等（2014）研究甘氨酸对奶牛乳腺上皮细胞增殖与凋亡的影响，发现甘氨酸对细胞增殖具有低水平（1毫摩尔/升）促进、高水平（10～20毫摩尔/升）抑制的效果，对细胞凋亡有促进作用；甘氨酸能够促进乳腺上皮细胞向DNA合成期转化，促进细胞分裂。刘飞等（2014）研究表明，在我国北方典型饲粮条件下，补饲RPMet和RPLys提高了泌乳高峰期奶牛的生产性能，奶产量30千克/天的泌乳高峰期奶牛，建议RPMet和RPLys适宜补饲量分别为74千克/天和190千克/天。

**3. 脂肪及脂肪酸营养** 张娜等（2014）研究表明，脂肪酸合成关键基因ACC活性对于维持乳脂分泌至关重要。奶牛乳腺甲状腺激素应答蛋白（Thrsp）参与调控奶牛乳脂合成（刘智宇等，2014）。樊瑞锋等（2014）揭示了胰岛素抵抗（IR）与奶牛脂肪肝之间有重要的联系，IR可能是奶牛脂肪肝发病的中心环节。孙雨航等（2014）成功筛选出脂肪肝病奶牛尿液中的差异表达蛋白，并鉴定出其中4种与奶牛脂肪肝病存在密切关系的关键性调节因子。韩文龙等（2014）报道，添加过瘤胃脂肪对防治奶牛亚临床酮病起到了积极作用。

**4. 奶牛营养与环境** 养殖小区每生产1吨牛奶产生的氮素排放高于规模化养殖场，所以相对养殖小区，规模化奶牛场在高产稳产的同时，有较低的氮排放（马骁远等，2014）。奶牛精料中添加适宜水平的DDGS（25%）或使用含有羊草与苜蓿的混合日粮可降低奶牛的总氮排泄（孙国强等，2014；吴爽等，2014）。

以豆粕为蛋白质源的饲粮中的甲烷排放量最高，菜籽粕次之，棉籽粕最低（张晓明等，2014）；日粮中添加异丁酸可显著降低奶牛甲烷排放（张振威等，2014）。此外，体外培养法证实了半胱胺、延胡索酸二钠和植物蜕皮甾酮均对体外甲烷排放量有一定影响（崔振亮等，2014；牛文静等，2014；黄雅莉等，2014）。

### （三）重大疫病防控研究进展

**1. 奶牛结核病诊断技术研究** 目前牛结核病的防治没有特效的药物和疫苗，其诊断方法在该病的控制中起着关键的作用。王志亮等建立了分枝杆菌多重PCR方法，可区分牛、禽、人等多种分枝杆菌，可用Spoligotyping和VNTR分型技术对分离菌株进行基因分型；并与国外联合研发了牛结核病γ-干扰素诊断试剂盒，该试剂盒与国际通用的Prionics试剂盒比较，二者具有很好的符合率。2014年，王志亮等用牛结核病γ-干扰素诊断试剂盒，在河北、新疆、云南等11省区23个县、57个养殖场群共计2 096份样品进行了推广应用，诊断效果良好。吴位珩等（2014）根据GeneBank中的牛结核分枝杆菌IS6 110的基因片段，研制了用于检测牛结核病的PCR试剂盒，在不同牛场的应用试验表明PCR试剂盒在检测牛结核病不同标本中显示出快速、特异等优点，为今后牛结核病的检测工作提供了一条新途径。

**2. 布鲁氏菌流行病学、诊断及防控** 2014年国务院办公厅印发《国家中长期动物疫病防治规划（2012—2020年）》，将布鲁氏菌病列为优先防治和重点防范的动物疫病之一，并提出了防治考核标准，将布病的防治从国家角度上升到了人民健康层面。2014年1～9月份，全国共有19个省份有动物布鲁氏菌病发生，其中发病动物数量为16 608头，捕杀15 421头，发病动物均为绵羊和牛。石丽瑞等（2014）建立整套快速准确鉴定布鲁氏菌的实时定量荧光PCR检测体系。程婷婷等（2014）制备胶体金免疫层析试纸条，用于检测布鲁氏菌抗体。左玉柱等（2014）利用原核表达的BP26作为包被抗原，为布鲁氏菌病提供了一种简单的血清学诊断方法。

2014年，在布鲁氏菌病疫苗方面进行了大量的研究。陈鹏博等（2014）对布鲁氏菌强毒株16M和疫苗株M5－90诱导巨噬细胞凋亡线粒体途径主要相关因子Cyt C、AIF、Bcl－2、Bax、Apaf－1、Bcl－xl进行检测，为研究布鲁氏菌强弱毒株诱导巨噬细胞凋亡的机制提供参考。尤明强等（2014）研究表明无明胶冻干稳定剂对布氏菌活疫苗具有较好的保护作用。

**3. 奶牛口蹄疫诊断及防控技术研究** 2014年国内科研工作者在奶牛口蹄疫检测技术方面进行了大量研究。田纯见等（2014）利用T4噬菌体表面展示合成肽基因*HXT5*获得重组复合体，制备GICA口蹄疫抗体快速检测卡。朱玉婵等（2014）则采用胶体金为标记物制备了快速定量检测Asia型口蹄疫病毒（FMDV）免疫层析试纸条。胡骑等（2014）建立了检测O型FMDV的实时荧光定量PCR方法。李金海等（2014）建立了能够同时扩增O型、A型及Asia1型FMDV VP1全基因的套式RT-PCR方法，比FMDV多重RT-PCR商品试剂盒敏感约1 000倍。

国内疫苗研究也以亚单位疫苗的开发为主。高鹏等（2014）采用腺病毒表达系统，构建了含有O型口蹄疫病毒多基因的复制缺陷型重组腺病毒质粒pAd－P1，2A3C。项林盛等（2014）构建了含有O型口蹄疫病毒VP1基因的T细胞表位（21～40 aa）和B细胞表位（129～169 aa）的重组多肽TB60，能诱导机体产生特异性的体液免疫应答。

### （四）牛奶质量监控和乳制品加工技术进展

**1. 多种奶畜奶鉴定取得进步** 2014年度，各种奶畜奶鉴定研究取得了一定的进步。Yang等（2014）利用二维凝胶电泳结合质谱技术了建立奶牛、山羊、骆驼、牦牛和水牛奶蛋白质表达模式并鉴定奶畜奶的特征性物质。结果发现：蛋白质表达谱中奶牛奶α－乳白蛋白和β－乳球蛋白可用于检测山羊、骆驼、牦牛和水牛奶中掺假的奶牛奶；蛋白质表达谱中山羊奶的α－乳白蛋白和β－乳球蛋白可用于检测骆驼、牦牛和水牛奶中掺假的山羊奶；奶牛和山羊奶的aS1－酪蛋白可用于检测骆驼奶的掺假。此外，通过奶牛、山羊、牦牛和水牛奶中的β－乳球蛋白

和骆驼奶中的 α-乳白蛋白可以检测奶畜奶掺假的最低检出限为 0.5%。

**2. 新配方奶粉的开发** 2014 年吉林大学自主研发出了适合早产与低出生体重儿的配方奶粉，该款奶粉的配方能够达到早产与低出生体重儿的营养需要，具有较好的促进生长效果，其物理化学性质符合国家标准中的相应要求。王珏等（2014）对益生菌婴幼儿配方奶粉添加工艺进行了优化，确定了加速实验的最佳条件，筛选出理想菌株，并且优化了添加工艺。

（奶牛产业技术体系首席科学家
李胜利提供）

## 一、国际牛肉生产与贸易概况

**1. 国际牛肉产量** 2014年（截至2014年10月）全球牛肉折算胴体基础的总产量为5 959.8万吨，增产92.47万吨。产量超百万吨的国家（盟）是：美国（1 101.8万吨）、巴西（992.0万吨）、欧盟（27国，747.5万吨）、中国（572.5万吨）、印度（410.0万吨）、阿根廷（282.0万吨）、澳大利亚（251.0万吨）、墨西哥（176.0万吨）、巴基斯坦（167.5万吨）、俄罗斯（139.0万吨）、加拿大（105.0万吨）。

**2. 国际牛肉消费量** 2014年全球牛肉消费量5 783.4万吨，较2013年增长了13.8万吨。牛肉消费量超百万吨的国家（盟）是：美国（1 163.8万吨）、巴西（795.5万吨）、欧盟（27国，758.0万吨）、中国（697.4万吨）、阿根廷（263.0万吨）、俄罗斯（220.5万吨）、印度（225.0万吨）、墨西哥（181.5万吨）、巴基斯坦（161.6万吨）、日本（123.5万吨）。

**3. 国际牛肉贸易量** 2014年全球牛肉总贸易量1 765.1万吨，其中出口977.5万吨，进口787.6万吨。与2013年相比，牛肉总贸易量增加157.3万吨，出口量增加87.2万吨，进口量增加70.1万吨。

2014年牛肉出口量超过20万吨的国家（盟）是：巴西（203.0万吨）、印度（185.0万吨）、澳大利亚（177.5万吨）、美国（117.9万吨）、新西兰（57.0万吨）、乌拉圭（38.5万吨）、加拿大（36.5万吨）、巴拉圭（37.5万吨）、欧盟（27国，25.5万吨）、白俄罗斯（24.5万吨）。

牛肉进口量超过20万吨的国家（地区、盟）是：美国（121.8万吨）、俄罗斯（82.5万吨）、中国内地（46.0万吨）、日本（75.0万吨）、中国香港（65.0万吨）、韩国（41.0万吨）、欧盟（27国，36.0万吨）、智利（23.5万吨）、加拿大（28.0万吨）、委内瑞拉（32.5万吨）、埃及（24.0万吨）以上据USDA（World Markets and Trade，In selected countries）。

## 二、国内牛肉生产与贸易概况

**1. 国内肉牛生产与牛肉产量** 2014年屠宰肉牛约2 125万头，胴体产量约557.1万吨，净肉产量约469.1万吨。杂交牛胴体重平均304.1千克/头，中大体型本地黄牛胴体重平均261.5千克/头，南方本地小黄牛胴体重平均173.9千克，全国平均胴体重

246.5千克/头。牛肉产值约3 899.7亿元。2013年屠宰牦牛约283万头，胴体重平均122.6千克/头，胴体产量约34.6万吨，净肉产量29.0万吨，牦牛肉的产值约203.0亿元。

**2. 国内牛肉贸易** 2014年，牛肉进出口贸易量合计303 190.6吨，比2013年增加3 626.7吨，进出口贸易额合计13.40亿美元，贸易赤字12.24亿美元。2014年牛肉净进口量（296 754.6吨）是2013年（287 861.0吨）的1.03倍，比2013年增加了0.9万吨。

2014年进口牛肉296 754.6吨，进口额128 198.04万美元，进口均价4 320.0美元/吨。其中，冷鲜带骨牛肉396.7吨、259.2万美元，冷鲜去骨牛肉1 593.0吨、1 190.42万美元，冷冻带骨牛肉96 277.34吨、25 850.44万美元，冷冻去骨牛肉197 795.4吨、100 710.05万美元，冻整头及半头牛肉692.2吨、187.9万美元。

2014年出口牛肉6 435.99吨，出口额5 845.25万美元，出口均价9 082.13美元/吨。其中，冷鲜带骨牛肉无出口，冷鲜去骨牛肉42吨、59.54万美元，冷冻带骨牛肉17.8吨、7.30万美元，冷冻去骨牛肉6 376.19吨、5 778.41万美元。

2014年进口牛肉的省（市）共23个，年进口量合计（吨）超过1 000吨的有14个，分别是天津（113 841.8）、上海（52 246.9）、辽宁（47 717.3）、北京（16 866.7）、山东（16 025.5）、江苏（15 254.5）、广东（12 219.2）、黑龙江（4 939.9）、河北（4 294.5）、福建（3 624.5）、浙江（3 468.3）、安徽（2 706.4）、吉林（1 224.6）、广西（1 053.7）。

2014年出口牛肉的省（市）共7个，年出口量合计（吨）超过100吨的有4个，分别是湖南（5 270.6）、辽宁（517.2）、吉林（301.3）、河北（110.7）（据中国海关综合信息网http：//www.haiguan.info）。

## 三、国际肉牛产业技术研发进展

**1. 遗传育种与繁殖领域** 在肉牛业发达国家，市场化肉牛育种体系始终支撑着产业需求，并保持着肉牛育种的领先位置，育种的主要载体是品种协会，兼顾社会化、公益化和市场化，几乎没有哪一家公司来垄断某一牛种。品种协会组织数据收集、遗传评估及其结果发布，是推广育种技术的主体。性能测定体系进一步完善，肉质及胴体性状记录不断增加，肉质和胴体性状的遗传评估准确度增加。后裔测定仍是公牛选择的主要技术体系。2014年度的明显进步是肉牛全基因组选择技术的研究和应用：美国安格斯协会与安格斯牛遗传公司（AGI）推出了肉牛全基因组选择技术，率先在美国和加拿大安格斯种牛的选择上进行应用。具有基因组育种值包括产犊难易度、生长发育速度、胴体、眼肌面积、背膘厚等15个性状，在没有后裔成绩的情况下，初选公牛的育种值估计准确性达到0.51～0.73，极大加快了遗传进展。应中国肉牛市场需求，澳大利亚、南美多国均加大了对中国肉牛种质市场的推销力度，北美和欧洲多国也在极力推动向我国开放活牛出口市场。胚胎生物技术作为优秀种子公母牛的扩繁手段仍在广泛应用，胚胎和冷冻精液等遗传物质的交换仍然是全球肉牛优良基因传播和利用的主要手段。

**2. 饲料营养领域** 重视肉牛的阶段饲养与营养需要量研究，不断完善饲料原料快速评定技术和需要量预测模型。随着饲养集约化水平的提高、精准饲养的推广、农副产物饲料的广泛应用和TMR日粮饲喂，肉牛的硫营养与小肠真可消化氨基酸需要量得到重视。母牛围产期营养代谢、犊牛的培育与瘤胃营养调控仍为研究热点。重视不同生理阶段的营养调控，通过调控母体营养和胎儿的宫内发育，实施犊牛早期断奶、采用高脂高能代乳料提高犊牛抗应激能力，通过外源添加物（丁酸钠等）或采用早期补饲促进犊牛胃肠道发育。继续加大对酒糟、甘蔗副产物、糖蜜等非粮饲料资源的利用，不断开发新型饲料添加剂和精饲料的加工工艺。继续开展了不同瘤胃调控剂改善瘤胃健康、降低甲烷产量和氨态氮的研究，缓解育肥后期瘤胃酸中毒的新型添加剂不断涌现。在饲养管理和圈舍建设中研究动物福利与减少牛应激反应和内分泌害物质（如肾上腺激素）的分泌的关系。研究了肉牛品种、采食量、生长阶段、热应激及营养调控（日粮营养水平、添加维生素、过瘤胃脂肪酸、油料作物籽实等）对肌纤维发育和肉质之间的调控技术。基于上述研究基础和产业技术的集成，逐步形成了支撑欧盟和日本等国以家庭农场为主的适宜规模养殖模式，以澳大利亚、新西兰和巴西为代表的草地畜牧业模式，美国、加拿大等为代表的大规模育肥综合模式的肉牛生产体系。

**3. 疾病控制领域** 牛呼吸道疾病综合症仍是严重影响肉牛健康的主要疫病，主要病原是牛支原体、牛病毒性腹泻病毒、牛传染性鼻气管炎、副流感病毒3型、牛合胞体病毒、牛冠状病毒。诊断技术进展明显，以快速、多联、灵敏和简便为目标，建立了一系列新型诊断和早期预警的核酸检测与免疫学检测方法，例如，建立的多联实时荧光定量PCR方法可同时检测以上5种病毒，多联环介导等温核酸扩增技术同时检测牛病毒性腹泻病毒和施马伦贝格病毒，动物病毒芯片诊断法可同时检测100种以上病毒等，澳大利亚也建立了一种多重串联PCR技术进行鉴定东方泰勒虫的不同地方株；配子（一种特异性单链DNA）被用于建立检测牛病毒性腹泻病毒核酸和牛支原体血清抗体等多种超灵敏检测方法，运用微珠包被抗原建立的口蹄疫病毒3ABC抗体micro-ELISA只需用10微升样本、25分钟出结果，而传统ELISA至少需100微升样本，2小时以上才出结果。

重大疫病仍以口蹄疫为主，建立了一些用于口蹄疫急性感染的快检预警技术以及基于病毒非结构蛋白3A、3B的区分疫苗免疫与野毒感染技术的新技术。也有一些新技术应用于预防和治疗，如用纳米佐剂提高口蹄疫疫苗和副流感病毒3型疫苗的免疫效果，用牛肾细胞表达整合素促进了口蹄疫制苗病毒的增殖效果；虽然病毒病尚无特异性治疗方法，但已有报道在探索利用药物预防和治疗病毒病（口蹄疫、牛病毒性腹泻和牛传染性鼻气管炎等），如发现RNA适配子可抑制口蹄病病毒的增殖。

流行病学技术在牛病防控中的应用越来越广泛，利用计算机与网络科学建立了预测牛病全球性传播阈值的流行病学模型；除了分析疫病的流行率、疾病分布和传播规律、分析流行菌株和毒株的种型分布、毒力变异、耐药性变化外，柬埔寨等多个国家利用流行病学评价疾病控制策略（疫苗免疫控制口蹄疫）的成本—效益，以便为国家制定正确的防控策略提供依据。发达国家如美国已消灭了口蹄疫，但为了防范风险和主动应对，利用流行病学建模评估了在家畜密集的美国中部暴发口蹄疫、使用免疫控制策略进行防控所产生影响。加拿大等国也做了类似研究，通过建模分析了口蹄疫输入和传播的控制及其影响。

**4. 加工与品质控制领域** 牛胴体僵硬期温度干预仍是肉牛屠宰加工领域研究重点，西班牙、爱尔兰、法国等国家将生物标记、电动液压冲击波、超声波干预等技术实际应用到宰后成熟过程，pHu 和蛋白质结构变化情况成为宰后成熟嫩化机理研究的热点。肉牛分级分割技术继续完善，美国、丹麦、法国、德国以及澳大利亚均开发出相应的视觉图像分析（VIA）肉牛等级评价系统，欧盟建立了牛肉品质预测模型，日本进一步完善了胴体组成和分割肉预测模型。重视牛副产物安全性方面的研究与应用，采用二维关联能谱法（2D-COS）和近红外显微成像鉴定技术（NIRM）进行牛副产物的快速鉴别，并在南美和欧盟等国家牛副产物安全鉴定领域推广应用。美国、欧盟以及日本等国在牛肉制品安全方面，采用有机酸、蛋白酶、超高压、沸水及电解水的喷淋等多种干预控制技术，持续推进单增李斯特菌、沙门氏菌及大肠杆菌 O157 等病原菌的检测和防控技术研究。

**5. 设施与环境控制领域** 在畜舍环境控制方面，研究主要集中在环境因素与生长及氨气、甲烷等气体排放类型及排放量的评估，如不同粗蛋白质日粮对氨气和温室气体排放量的影响、喷淋系统对育肥牛围栏圈养土地表面温室气体排放的影响（美国）。在氨气排放量计算方面，通过饲料中的氨态氮含量、粪尿中氮排泄以及采食量和氮的利用率进行数学建模，计算出肉牛场的各类氨气排放量（加拿大）。在甲烷检测方面，利用甲烷监测探头 TinyMD5 和哈希算法能有效降低甲烷检测的能量消耗，并通过监测结果指导生产从而降低舍内甲烷气体浓度（韩国）。还有学者研究了黑色杂交育成母牛在炎热状态下的各环境指标对其体温调节的影响，发现鼻腔黏膜温度及直肠温度与环境温度和温湿指数呈正相关，与相对湿度，风速以及相对大气压呈负相关（美国）。

国外在废弃物利用方面，仍然以畜禽粪便的无害化处理和资源化利用、降低畜牧场粪便环境污染贡献率为主要研究方向。研究多集中在肉牛养殖数量与土地的有机结合，实施农牧良性生态循环。建立有害气体排放的模型，监测有害气体排放对环境的影响，实施达标排放。

**6. 产业经济领域** 2014 年度，国际肉牛产业经济研究领域开展了关于过度放牧下牛羊肉生产的问题、机会和挑战（新西兰）、对带有安全标签的牛肉的消费者偏好和愿意支付情况（加纳）、以牛肉为例分析媒体对消费者需求的影响（美国）、加工企业对牛肉属性的偏好（瑞士）、肉牛牧场生产的可持续与健康发展（巴西）、通过优化饮食和牧场管理，提高牛肉生产的可持续发展（美国）、肉牛养殖户对福利品质评估体系的态度和期望（奥地利、德国和意大利）、以市场为导向的肉牛可追溯性分析（巴西）、针对贸易政策变更对日本牛肉价格的影响进行了分析（日本）等方面的研究。

## 四、国内肉牛产业技术研发进展

**1. 遗传育种与繁殖领域** 产业技术体系的重点任务“我国肉牛业主导品种及主要杂交群体的分布及存栏量调查”已基本完成了现场调研和实验室分析工作，取得了突破性进展，可望2015年服务于我国肉牛改良工作。完成了高效杂交组合筛选试验，筛选出适合我国不同地区的6个优秀杂交组合。根据《全国肉牛遗传改良计划（2011—2025年）实施方案》，筛选出了10家肉牛核心育种场。

国家畜禽品种资源委员会鉴定认证了南方肉牛新品种——云岭牛，有望进一步促进南方的肉牛改良工作。初步完成了肉牛育种数据的传输网络建设，扩大了肉牛育种数据库。肉牛全基因组选择的参考群体屠宰测定数量进一步扩大，增加了500头和牛的测定数据，完成了相应的计算机程序，计划在2015年应用。初步建立了由甘南牦牛核心群、扩繁群、商品生产群组成的牦牛三级繁育技术体系。胚胎移植等生物技术仍然发挥着重要作用。国内持续从澳大利亚、新西兰等国大批进口母牛及胚胎，2014年我国进口西门塔尔牛、安格斯牛、利木赞胚胎约2 000枚，进口活体2.5万头左右。如何对进口群体进行选育提高将是下一步育种工作的重点任务之一。

**2. 饲料营养领域** 基于肉牛规模化标准化养殖水平的不断提高、牦牛季节性规模化饲养错峰出栏技术的逐渐推广，不断补充区域性非粮饲草料营养成分数据库和完善回归预测模型，饲养标准研究持续推进，促进肉牛、牦牛单产和饲料转化率提高。鉴于饲料原料价格上涨，促进了蒸汽压片、膨化、青贮、秸秆汽爆等饲草料加工贮藏技术普及，推动了酒糟、大豆秸、香蕉茎叶、甘蔗梢、柠条、稻草、木薯渣、番茄渣等低质非粮饲料的推广应用。瘤胃健康调控和环保减排仍是研究热点，新型添加剂（微生态制剂、植物提取物等）不断研发，形成了包括专用预混料、浓缩料和精补料的产业化生产，开发了适合于舍饲、放牧的多种类型舔块产品。犊牛价格上涨和牛源紧张，促进了本地母牛、引进优质母牛自繁自育体系建立，带动了犊牛定向培育、高附加值犊牛培育技术的推广应用，扩大了奶公犊和淘汰奶牛育肥生产。重视阶段饲养的营养调控与肉质的关系，促进了肉牛高档肥育、高附加值西餐红肉生产、普通育肥等肉质差异化生产的发展。牦牛基础营养研究和应用技术结合，通过营养调控启动牦牛“僵牛”后期补偿生长，并形成了牦牛放牧补饲、早期断奶补饲、季节性规模化饲养错峰出栏等主推技术。基于肉牛牦牛产业化技术的集成与应用，带动牧区、半农半牧区、农区不同养殖模式逐渐由规模数量型向质量效益型转变。

**3. 疾病控制领域** 全国发生5起A型口蹄疫、2起O型口蹄疫。实施了《兽医卫生信息化技术规范代码规范（试行）》等4个技术规范（农办医〔2014〕61号）。兽药二维码追溯体系全面启动，加强了病死畜禽无害化收集处理机制建设。截至2014年12月24日，新兽药共注册45个，其中一类1个，二类8个，三类26个，四类2个，五类8个，进口兽药注册产品56个。开展了规模化牛场主要疫病净化创建评估认证工作。

口蹄疫O型—A型—亚1型三价疫苗

在市场大量应用；开展了合成肽疫苗预防 A 型口蹄疫的研究；牛呼吸道疾病综合症仍然是严重影响我国肉牛健康的常发疫病；牛传染性鼻气管炎活疫苗（LNM 株）已申报新兽药注册证书；牛支原体弱毒活疫苗、牛副流感病毒 3 型灭活疫苗、牛多杀性巴氏杆菌 A 型灭活疫苗、牛病毒性腹泻/牛传染性鼻气管炎二价灭活疫苗研制成功。

牛病检测方法的发展和国际趋势类似，以多联、快速、灵敏、准确为目标，建立了一系列新方法。建立了牛呼吸道疾病综合征相关病毒（牛病毒性腹泻、牛副流感病毒 3 型、牛传染性鼻气管炎病毒和牛合胞体病毒）多重 PCR 检测方法，牛病毒性腹泻病毒一步反转录—环介导等温核酸扩增技术快速检测方法、牛病毒性腹泻病毒实时荧光定量 RT－PCR 方法、牛病毒性腹泻病毒内标双重 RT－PCR 检测方法；牛病毒性黏膜/腹泻病毒与牛传染性鼻气管炎病毒双重 PCR 检测方法；牛肠道病毒 RT－PCR 检测方法；牛流行热病毒一步法 RT－PCR 检测方法；建立了牛病毒性腹泻病毒 E2 蛋白抗体间接 ELISA 检测方法、牛病毒性腹泻病毒抗体间接 NS3－ELISA 检测方法、基于特异蛋白的牛巴氏杆菌抗体 ELISA 检测方法；建立了检测牛支原体血清抗体的酶联适配子法，建立了区分布鲁氏菌 S2 疫苗株免疫与牛种布鲁氏菌自然感染的鉴别诊断 ELISA，以及区分牛支原体疫苗免疫和自然感染的抗体亲和力法。建立了检测牛巴贝斯虫和双芽巴贝斯虫的双重 PCR 方法等，以巴贝斯虫 Rap-1 蛋白为基础建立了检测牛巴贝斯虫的间接 ELISA，应用受试者工作特征曲线（receiver operating characteristic curve，ROC 曲线）确定 ELISA 法检测泡型包虫病的诊断界值。

“肉牛专用运输车”进行了试用和推广。建立了“中澳兽医流行病学联合研究与培训中心”，开展了兽医现场流行病学培训和高校师资兽医流行病学培训。

**4. 加工与品质控制领域** 肉牛、牦牛宰后成熟改质技术方面，开展了中国黄牛胴体吊挂方式和僵硬期温度干预研究，提出了 12～18℃僵硬前温度控制＋盆骨吊挂成熟技术。利用 iTRAQ 等技术实现了 DFD 牛肉形成及牛肉嫩度形成机制的探索。完成了甘南牦牛、高原牦牛电刺激结合冷热剔骨成熟改质技术研究，开展牦牛主要分割肉适宜加工特性评价。完成了奶牛肉主要分割肉品质评定，提出了主要分割肉最佳烹调方式。牛肉制品加工方面，重点围绕低钠、低硝酸盐、低杂环胺新型肉制品生产技术的研发，开发了低钠凝胶类牛肉制品和以胡萝卜汁为硝酸盐替代物的牛肉干、脯制品。肉牛、牦牛等级评价技术方面，研发出了针对我国肉牛的近红外品质快速检测手段及图像识别技术，并根据我国牦牛年龄结构及胴体特征，建立了牦牛肉产量等级的预测和调控模型，确立了相关建模方法及模型应用领域。牛副产物综合开发利用方面，开发出了复合牛肝、蹄筋等副产物的牛肉干以及调味酱产品。采用超声波辅助萃取技术，改进了传统牛睾丸、牛肝中精蛋白、玻璃酸酶和 L－肉碱的提取工艺，研发出一套以牛胰脏为原料的天然牛肉嫩化剂提取工艺。牛肉保鲜及安全方面，继续开展冷鲜牛肉复合天然减菌剂的筛选及优化研究，实现了多重 PCR 技术对致病菌的快速检测，完成了单增李斯特菌酸耐受性的形成机制研究。

**5. 设施与环境控制领域** 在牛舍环境

控制方面，主要针对北方冬季和南方夏季牛舍环境控制进行研究。北方冬季牛舍的研究集中在通过检测舍内温湿度、风速、有害气体等环境指标来评价牛舍结构、饲养方式和现有环境控制措施对舍内环境状况的影响，并提出改进意见。南方夏季牛舍的研究集中在高温高湿条件下的降温措施方面，探究了湿帘冷风机—纤维风管系统和上置置换通风系统在肉牛舍进行局部降温的效果和运行规律。此外，关于牛舍建设方面还有一些科普文献。

在环境保护方面，国内的研究主要集中在降低肉牛场废弃物污染、减少 $CO_2$ 和 $CH_4$ 的排放、采用不同形式处理利用牛场废弃物、不同养殖方式下粪污农牧结合处理模式、牛场废弃物资源化功能微生物产品应用等方面。以牛粪为主配合化肥生产有机无机复合肥，进行诊断施用。对土壤中抗生素有效性的影响及相关因素的分析有了进一步研究。同时在南北方气候差异较大的情况下针对牛场废弃物发酵条件进行深入研究。

**6. 产业经济领域** 研究主要集中在产业发展、产业链建设、市场流通、质量安全管理、扶持政策与补贴等方面。产业发展方面的研究侧重于利用实地调研数据，分析全国、不同省份、不同市（县）肉牛产业的发展现状、存在问题、制约因素与发展对策，结合各地肉牛生产实际情况，对肉牛养殖最优规模及技术的分析。在养殖与发展模式方面，侧重于对肉牛养殖业及肉牛产业发展模式及趋势探讨，以及不同肉牛产业发展模式的比较分析。在牛肉市场流通领域，关于牛肉价格变化的原因及趋势判断以及牛肉供求失衡的研究成果较多。在肉牛产业经济效益方面，侧重于不同饲喂、管理模式、养殖方式下，肉牛经济效益的比较分析，提高肉牛生产效益的综合措施，以及肉牛产业链利益分配调查和改进空间的分析。在质量安全管理方面，对质量安全可追溯体系的构建、安全监管等方面进行了研究，分析了养殖户对质量安全的认知、态度及控制行为。在扶持政策与补贴方面，分析了国外肉牛补贴政策的特点、不同地区的财政资金在肉牛肉羊产业发展中的杠杆作用、政策扶持在肉牛产业发展过程中的必要性等方面的研究。

（肉牛牦牛产业技术体系首席科学家
曹兵海提供）

# 2014年度肉羊产业技术发展报告

（国家现代肉羊产业技术体系）

## 一、国际肉羊生产与贸易概况

**1. 中国作为世界第一肉羊生产大国的地位突出** 根据FAO相关估计，2013年，世界山羊存栏量为100 560.30万只，第一位中国为18 270.00万只，第二位印度为16 200.00万只；世界绵羊存栏量为117 283.32万只，中国占第一位为18 500.00万只，第二位澳大利亚为7 554.78万只。2012年，世界山羊出栏量为44 000.30万只，中国占第一位为14 179.00万只；世界绵羊出栏量为53 575.69万只，中国占第一位为134 196.30万只。2012年，世界山羊肉产量为530.03万吨，中国占第一位为190.00万吨；世界绵羊肉产量为847.03万吨，中国占第一位为208.00万吨。

**2. 中国是世界上第一羊肉进口大国** 我国的羊肉进口大幅增加，在成为世界第一大羊肉进口国的同时，出口下降迅速，贸易逆差不断扩大。2013年，全世界进口羊肉总量为118.05万吨，进口总金额达到55.75亿美元，其中中国进口总量占世界第一，羊肉进口量达到25.87万吨，进口金额为9.55亿美元；同年中国出口羊肉3 214吨，出口金额为3 134万美元。羊肉贸易表现为逆差，逆差数量为25.55万吨，金额为9.24亿美元。我国羊肉进口量和进口金额分别是出口量和出口金额的80.49倍和296.99倍。2013年与2012年相比，进口数量增长了108.63%，进口金额增长了127.38%；而同期的出口数量却下降了36.27%，出口金额下降26.28%。

我国羊肉的进口主要来自新西兰、澳大利亚和阿根廷，2013年来自这3个国家的进口数量分别为13.75万吨、11.18万吨和0.95万吨，分别占到当年我国进口总量的53.14%、43.20%和3.66%，说明我国的羊肉进口市场高度集中，也说明新西兰和澳大利亚的羊肉十分具有国际竞争力。相比2012年，澳大利亚羊肉进口量增长快于新西兰，中国从新西兰、澳大利亚进口羊肉数量分别增长94.21%、119.22%。我国羊肉的出口不仅数量少，而且比较分散，并且呈下降趋势，主要出口到中国香港及中东地区。

## 二、国内肉羊生产与贸易概况

**1. 2013年肉羊出栏量、存栏量及羊肉产量均有所增长，但2014年的肉羊生产情**

**况不容乐观** 根据国家统计局数据统计，2013年我国肉羊出栏量为27 586.8万只，比2012年的27 099.6万只增长了487.2万只，增长1.80%。2013年年底肉羊存栏总量为29 036.3万只，比2012年的28 504.1万只增长了532.2万只，增长了1.87%。其中，2013年绵羊存栏为15 001.7万只，比2012年的14 368.0万只增长了633.7万只，增长了4.41%；2013年山羊的存栏量为14 034.5万只，比2012年的14 136.1万只下降了101.6万只，下降了0.72%；2013年全国羊肉产量408.1万吨，比2012年的401万吨上升了7.1万吨，增加了1.77%。

另据来自农业部肉羊生产固定监测村61 160家养羊户的报告，截止2014年11月底，监测村养羊户数同比减少了1.45%；监测村肉羊存栏总量为358.62万只，同比减少了0.41%；能繁母羊存栏总量为216.81万只，同比增加了0.39%；肉羊能繁母羊比重为60.46%，同比增加了0.49个百分点；2014年1—11月肉羊累计出栏为205.51万只，比2013年同期增加3.50%。

受小反刍兽疫的影响，活羊的跨区域调动非常困难，主产区的羔羊和育肥羊的外地购买者减少，养羊户及时以合意价格出栏困难，每千克活羊价格比往年至少要低2～3元，并且对北方的影响要大于南方，对绵羊的影响要大于山羊。以异地育肥为主的场户、小区、专业村等饲养量大幅度下降，养殖数量大约只是往年的一半。

**2. 羊肉价格高位运行，但养羊收益大幅度下降** 2014年羊肉价格在2013年基础之上持续高位运行，一直居于猪肉、禽肉、牛肉等主要肉类价格之首。根据农业部定点监测数据，2013年1～12月，全国羊肉月平均价格从59.45元/千克上涨到65.60元/千克。进入2014年，羊肉价格从1月的67.07元/千克上涨至2月的67.43元/千克，创历史新高；3月开始羊肉价格出现持续小幅下降，至8月羊肉价格降至64.76元/千克；此后羊肉价格小幅波动，一直维持在64元/千克～65元/千克，整体来看仍处于历史高位。与2013年同期相比，2014年我国羊肉价格各月均高于2013年同期水平，但同比增长速度不断下降。

另据来自农业部肉羊生产固定监测村养羊户的数据，2014年11月份每只出栏绵羊平均活重为45.56千克，环比上升11.45%；平均出栏价格为21.49元/千克，环比下降5.10%，同比下降14.90%；每只45千克出栏绵羊平均总收入为975.72元，平均总成本为685.23元，平均纯收入为290.49元，环比下降26.49%，同比下降30.22%；绵羊出栏户亏损面为3.97%；2014年1～11月牧区半牧区和农区标准体重出栏绵羊平均纯收入分别为390.36元/45千克和209.97元/45千克，同比分别下降22.10%和22.66%。每只出栏山羊平均活重为37.79千克，环比下降4.04%，平均出栏价格为29.75元/千克，环比下降2.23%，同比下降8.10%；每只30千克出栏山羊平均总收入为895.21元，平均总成本为508.15元，平均纯收入为387.06元，环比下降3.64%，同比下降13.29%；山羊出栏户亏损面为2.71%；2014年1～11月牧区半牧区和农区标准体重出栏山羊平均纯收入分别为532.55元/30千克和366.35元/30千克，同比分别下降10.21%

和 7.16%。

## 三、国际肉羊产业技术研发进展

**1. 国际肉羊育种技术研发进展** 在肉羊产业发达国家，除了传统的遗传选育外，随着分子生物技术和基因组学等新兴学科的飞速发展，动物育种计划和动物分子遗传学研究取得了大量突破性成果，肉羊育种已从传统的育种方法朝着快速改变个体基因型的分子水平方向发展，分子育种已逐渐成为肉羊育种的趋势和主流。分子育种技术是以分子生物学为基础，遗传学为依据，在 DNA 分子水平上对家畜品种进行的改良，包括转基因技术、克隆技术、胚胎生物技术和分子遗传标记。国际上通过利用分子育种技术可有效地进行肉羊繁殖性状、生长发育性状、泌乳性能、肉质性状和抗病力的选育研究，特别是繁殖性状的研究依然是研究的热点与难点。此外，广泛应用于国外肉羊育种的成熟技术还包括体外授精技术、胚胎移植技术与性别控制技术等，其他如转基因技术，克隆技术因其成本及伦理学问题仅仅在基础研究中开展此类工作，而在肉羊育种实践中并未采纳。其中体外受精技术与胚胎移植技术应用最为广泛，可促进胚胎工厂化生产进程，有利于优良种畜后裔扩散。该技术的应用有利于充分挖掘优良母畜的繁殖潜力，加速良种家畜的繁殖和育种进程。

**2. 国际肉羊营养与饲料技术研发进展** 国外肉羊养殖发达的国家在营养需要量参数的研究上已日趋完善，因此主要研究热点包含以下几方面：①饲料资源的开发，饲料资源短缺是全球性问题，与国内情况类似，国外研究针对实际情况就地取材，研究对象来源广泛，包括籽实类（如橡子）、草本植物（如蓖麻子）、农副产物（如石榴皮）等，同时也通过不同处理方式来提高肉羊利用上述饲料资源的效果。②母体营养对于子代影响的研究，表观遗传学是当今动物营养学研究的热点，国外已开展相当数量的研究，主要包括研究母羊妊娠期不同营养素（如氨基酸、微量元素等）饲喂或添加水平对胎儿生长、免疫及相关基因表达的影响。③预测模型的建立，鉴于目前已取得的大量研究结果，国外近年来普遍出现通过荟萃分析（Meta-analysis）的方式对大数据进行汇总，通过充分挖掘数据从而结果得出新的规律，在肉羊方面主要包括甲烷排出量与饲料成分及动物生理状态的相关性，以及干物质采食量的预测分析等。④新技术的研究，即对传统操作流程进行改进，从而提高操作过程的简便性以及结果的准确性，主要研究集中在瘤胃食糜采样、瘤胃 pH 以及甲烷排放量测定等技术的创新上。

**3. 国际肉羊疾病防治技术研发进展** 截至 2014 年年底，国外公开发表与羊病相关的研究论文共 378 篇，其中绝大多数涉及细菌病（31.75%）、病毒病（32.4%）和寄生虫病（26.8%），普通病和其他病总计还不足 10%。在这些论文中有关基础性研究的占 81.4%，应用性研究的占 18.6%。基础性研究绝大部分是关于病原基因结构与功能、天然免疫、致病机理等方面的内容，而应用性研究大都涉及诊断方法、新型疫苗、药物临床治疗效果分析、动物福利和疫情监测预警分析等。当前国际上研究的热点主要集中在重要病毒病、羊源人兽共患病（如布氏杆菌病、瘙痒病、链球菌、衣原体、附红细胞体等）以及新发疫病（如小反刍兽疫病、施马伦贝格病等）。国际上应用研究多侧重于新型诊断技术（如基于生物传感器技术的早期快速病原学诊断方法、基于基因芯片的高通量病原学筛查技术以及感染与免疫鉴别诊断技术等）、基因工程疫苗（如标记疫苗、核酸疫苗、表位肽疫苗、活载体疫苗等）以及疫情监测预警技术体系的研究。基础性研究多涉及病原分子生物学、病原生态与流行病学、免疫与致病机理、跨种传播与感染嗜性的分子基础研究等方面。

**4. 国际肉羊屠宰与羊肉加工技术研发进展** 国际肉羊屠宰与羊肉加工技术研发呈现出以下几个趋势：①开展了蛋白质修饰技术对羊肉品质影响的研究，通过调控羊肉中蛋白质氧化、蛋白质磷酸化、蛋白质乙酰化等蛋白质修饰程度达到控制和改善羊肉品质的目的；②开展了脂肪酸等羊肉品质指标的近红外光谱在线预测技术研究，实现了肉中脂肪含量的在线无损检测；③将真空低温烹调技术应用于羊肉加工，研究了羊肉真空低温烹调过程中脂质氧化和美拉德反应形成挥发性风味物质的途径和影响；④通过开展羊的骨、血、内脏等副产物中功能性成分的提取纯化及生物活性研究，开发高附加值的羊副产物功能性产品。

## 四、国内肉羊产业技术研发进展

**1. 国内肉羊育种技术研发进展** 国内肉羊育种技术的研究重点与热点主要集在全基因组测序技术和分子育种技术两个方面。全基因组测序研究方面完成了我国63个绵羊品种体型外貌特征、肉用性状、繁殖性状等13个肉用相关性状全基因组遗传评价研究，完成绵羊全基因组DNA甲基化分析研究，从全基因组水平揭示了中国绵羊的起源、驯化过程、自然与人工选择历程，发现了控制绵羊骨骼发育、脂肪沉积、体型大小、繁殖、毛囊发育和毛色等重要性状基因。分子育种技术方面完成绵羊乏情期卵巢miRNAs表达图谱及其特征分析、绵羊常年发情关键基因和miRNA的筛选及功能验证、绵羊乏情期与发情季节间繁殖激素水平差异、ERα和kisspeptin在滩羊下丘脑弓状核（ARC）中的表达分析、山羊和绵羊*GDF9*基因*G7*、FecGE突变检测、阿勒泰绵羊脂肪沉积相关基因的多态性与表达研究；开展产羔数多基因聚合育种技术的研发；应用多物种miRNA芯片对绵羊卵巢组织miRNA进行表达分析；开展了Piwi家族成员对绵羊繁殖性能的影响研究。

**2. 国内肉羊营养与饲料技术研发进展** 国内肉羊营养与饲料技术研发进展呈现出以下几个特点：①肉羊营养需要量的研究是近几年我国肉羊营养研究的重点内容之一，到目前为止，我国目前已完成具有代表性的6种肉用羊育肥期维持和生长所需要的代谢能、净能和净蛋白质需要量参数，正在开展肉用羊矿物元素需要量以及肉用母羊不同生理阶段（妊娠期、泌乳期）对能量和蛋白质等主要营养素的需要量参数，这些参数都将是我国肉羊饲养标准的重要组成部分。②我国饲料资源丰富，合理开发利用既能够节约饲料资源，又能够节省饲养成本，研究的重点主要集中在草/木本植物（如大叶枸、沙棘等）、农副产物（如番茄渣、木薯渣、蚕豆皮、花生壳等），通过不同的处理方式（如青贮、微生物发酵等）方式，能够极大改善其可利用营养素含量，从而提高饲料利用效率，从总体来看，我国饲料资源的开发仍具有很大的潜力。③饲料添加剂的研究也是肉羊营养研究的重点，国内饲料添加剂的研发从数量和种类上较国外研究更为丰富，主要效果包括能够提高肉羊生产性能、调控瘤胃发酵、提高抗应激和抗药力以及改善肉品质上，研究对象按类别分主要包括多糖、多酚、抗生素等，近年来天然植物提取物（包括黄酮类、苷类等）和植物精油（包括大蒜油、肉桂油等）作为热点饲料添加剂被广泛研究。

**3. 国内肉羊疾病防治技术研发进展** 截至 2014 年年底，国内公开发表的有关羊病研究的文章共计 307 篇，其中涉及细菌病占 39.4%，病毒病占 26.5%，寄生虫病 26.8%，营养代谢病及其他占 7.3%。研究内容主要集中在布病、羊痘、羊口疮、羊支原体肺炎、绵羊肺腺瘤链球菌、衣原体、附红细胞体、梭菌病等方面。此外，蓝舌病、李氏杆菌、坏死杆菌、羊传染性结膜炎等也有报道。

2014 年，肉羊产业技术体系在羊病防治技术研究方面取得了如下进展：①在全国范围区开展了肉羊重要疾病（口蹄疫、小反刍兽、布病、梅迪维斯纳、山羊关节炎脑炎、肝包虫病、弓形虫、无浆体等）的流行病学调查工作；②制定了规模场、育肥场等不同养殖模式下的肉羊疫病综合防控技术规范（草案）；③山羊传染性胸膜肺炎灭活疫苗（M1601 株）、山羊传染性胸膜肺炎血凝诊断试剂的新兽药注册申报通过了复审；④完成了“山羊接触传染性胸膜肺炎诊断方法”、“无乳支原体 PCR 检测方法”和“口蹄疫诊断技术”国标的制（修）订工作；⑤利用抗 P32 蛋白的驼源 VHH 单域抗体、B2L 蛋白单抗改进了羊痘、羊口疮血清抗体检测 ELISA 方法的特异性和敏感性，并申获相关技术专利；⑥完成了羊痘、羊口疮病原核酸分子检测方法的研究，开展了其试剂盒的试制、推广和新兽药注册申报材料的撰写；⑦开展了小反刍兽疫（PPR）血清抗体定量检测的 ELISA 方法研究，建立了基于 F 基因、N 基因的小反刍兽疫病毒 Taqman 实时定量检测方法；⑧建立了基于 *bcsp31*、*Omp2* 基因的羊布鲁氏菌核酸分子检测方法，初步建立了羊氏杆菌病亚类抗体（IgG/IgM）定量检测的 ELISA 方法；⑨羊痘—羊口疮二联疫苗的研制申请了 3 项技术发明专利，向中国典型培养物保藏中心申获制苗毒株、细胞培养物的认定保藏号各 1 个，开展了羊口疮、羊痘疫苗不同免疫途径效果比较研究；⑩开展了羔羊尿结石、球虫感染防治技术的应用研究；⑪开展了羊场布病免疫、监测与净化防控模式的研究。

**4. 国内肉羊屠宰与羊肉加工技术研发进展** 国内肉羊屠宰与羊肉加工技术研发呈现以下几个趋势：①初步揭示了不同滴水损失羊肉样品的蛋白质磷酸化水平差异，开展了蛋白质磷酸化对羊肉滴水损失影响的研究；②研发了低温高湿变频解冻调控蛋白质氧化技术，开发了冷冻羊肉低温高湿变频解冻装置；③阐明了中红外—热风组合干燥羊肉干水分迁移规律，研发了风干羊肉中红外—热风组合干燥技术；④研发了风干羊肉人工模拟气候风干技术，提升风干羊肉工程化加工水平；⑤通过适度氧化羊骨油并添加到羊骨素调味料中，形成了氧化羊骨油强化羊骨素调味料风味新技术；⑥建立了羊肌原纤维蛋白中的肌球蛋白与羊血浆白蛋白热诱导凝胶形成模型，阐明了羊血浆蛋白改善凝胶特性的主要作用力及作用部位。

肉羊产业技术体系屠宰与加工研究室的代表性研究成果表现在：①开展了功能性脂肪酸形成与脂肪酸沉积调控风味机理研究，确证了可以调控羊脂肪沉积的部分关键基因，阐明了葡萄籽原花青（GSPE）对绵羊脂肪细胞增殖、脂肪酸合成、脂肪代谢相关酶基因表达的影响，开发了通过添加油脂提高日粮能量利用效率和CLA合成能力的新方法。②开展了肉羊宰后损耗控制机理、技术和装备研发，初步揭示了不同滴水损失样品的蛋白质磷酸化水平差异，研发了低温高湿变频解冻调控蛋白质氧化技术，形成了冰温调控糖酵解进程、延缓羊肉宰后成熟技术及羊肉冰温保鲜库，建立并推广了体系标准《冷鲜羊肉加工技术规范》。③开展了风干羊肉工程化加工理论、技术和装备研发，阐明了脉动真空腌制效果优于普通常压腌制的机理，明确了中红外—热风组合干燥风干羊肉水分迁移规律，研制了风干羊肉人工模拟气候风干装置，建立并推广了体系标准《风干羊肉加工技术规范》和农业行业标准《风干肉加工技术规范》。

（肉羊产业技术体系首席科学家旭日干提供）

# 一、国际绒毛用羊生产与贸易概况

## (一) 羊毛生产、贸易情况

**1. 2014年世界羊毛产量与2013年相比略有下降** 根据2014年第83届国际毛纺织组织(IWTO)年会公布的数据显示，2014年全球羊毛产量(净毛，下同)预计约为113.09万吨，与2013年相比，减少0.2%①；在羊毛生产国中，澳大利亚、中国②、新西兰、印度、阿根廷、英国、美国和巴西羊毛产量预计均减少，南非、乌拉圭和蒙古等国家羊毛产量预计会增加。澳大利亚2014/2015年度原毛产量33万吨，比2013/2014年度下降3.4%；新西兰羊2014/2015年度羊毛产量减少1.1%，降至12.5万吨；中国2014/2015年度羊毛产量减少约0.6%。在羊毛产量下降的同时，质量也发生了较大的变化，据AWTA公布的检测数据，近10年来，澳大利亚19.5微米以细的羊毛产量增加了250万千克，特别是17.5微米以细的羊毛增长明显，近10年来增加了60%，而19.5微米以粗的羊毛产量减少了1.51亿千克，跌幅45%，20.6～24.5微米的粗支羊毛减少了60%。

各国羊毛产量变化原因有所不同。澳大利亚受毛羊屠宰数量上升、北部大部分牧区(如昆士兰、新南威尔士北部等)干旱气候条件的影响，导致羊毛产量下滑；中国和阿根廷羊毛生产均受肉羊冲击较大，随着羊肉和羔羊价格的不断上升，生产者更注重羊肉生产，导致羊毛产量受到抑制；新西兰2014年干旱的气候条件致使羊毛产量下滑；南非羊毛产量增长的主要原因在于南非生产的羊毛都是非割尾羊毛，将南非原毛加工成毛条的费用较低，毛条制成率较高，国际市场上对南非羊毛的需求较为旺盛。

**2. 2014年世界羊毛贸易量较2013年预计会有所下降** 根据美国绵羊协会统计数据显示，2014年1～11月，在澳大利亚、新西兰、乌拉圭、阿根廷、南非和美国六大羊毛出口国中，除乌拉圭、阿根廷羊毛出口量同比分别上升5%和17%以外，澳大利亚、新西兰、南非和美国的羊毛出口量与2013年同期相比分别下降了4%、5%、13%和

---

① 数据来源于美国绵羊产业协会(ASI)出版的Wool Journal，2014年5月。

② 此处为预计数，国家绒毛用羊产业技术体系产业经济研究团队2014年7～8月赴内蒙古、青海、新疆和四川4省份8个县关于绒毛用羊生产形势调研数据表明，2014年调研旗县羊毛产量均为小幅增加。

19%。在羊毛进口国中，最大进口国中国从澳大利亚、乌拉圭、美国的进口量均有所下降，其中从美国的羊毛进口量同比下降幅度高达35%[①]；此外，意大利、德国、捷克和马来西亚等国的羊毛进口量也均呈现出下降趋势。

### （二）羊绒生产、贸易情况

**1. 2014年世界羊绒产量将保持稳定或同比小幅增长** 主要原因有两方面：一方面是世界最大的羊绒主产国中国的羊绒产量同比将略有上升。根据国家绒毛用羊产业技术体系团队调研数据显示，绒山羊调研旗县（鄂托克前旗、鄂托克旗、隰县、兴县）羊绒总产量为642.94吨[②]，较2013年增长了1.20%。另一方面，蒙古国羊绒产量同比将有所下降。2013年蒙古国多次暴发口蹄疫疫情，2014年年初疫情再次暴发，且一直持续数月，蒙古国对发病绒山羊进行扑杀并作无害处理，使得绒山羊存栏数量减少，进而导致羊绒产量有所下降。考虑到中国羊绒总产量占全球75%左右，而蒙古国羊绒产量所占比例相对较小，因此，判断2014年世界羊绒产量将保持稳定或同比小幅增长。

**2. 2014年世界羊绒贸易量预计会有所上升** 主要原因是世界经济继续复苏，羊绒国际市场需求回暖，良好的市场预期带动羊绒进口国采购积极性增加，如中国1～12月羊绒进口量与2013年同期相比上升了5.53%[③]。

### （三）毛、绒价格走势

**1. 2014年国际羊毛价格整体呈下降趋势** 澳大利亚和南非两大市场的羊毛价格在年初开拍后大体呈现出震荡下跌的走势，至4月份达到年度最低点时，与年初相比，分别下跌了8.97%和6.95%；5月份开始波动回升，但到12月底都没有回到年初的价格水平。新西兰羊毛价格整体呈小幅波动上升的趋势，12月细支杂交毛、粗支杂交毛价格环比分别下降1.33%、3.15%，而与1月份相比，分别上涨4.20%、1.80%。中国国毛条66S、64S的价格行情表现为连续小幅下降的趋势，12月份66S价格环比下降0.69%，64S价格环比上涨0.83%，与1月份相比，分别下跌了1.90%和6.58%。

**2. 2014年世界羊绒价格较2013年有所下跌** 从主产国收购价格来看，中国多地区羊绒收购价格同比均明显下降，如2014年内蒙古鄂托克前旗、鄂托克旗年羊绒收购价格同比降幅分别为9.09%和6.25%[④]，通辽市、鄂尔多斯市羊绒收购价格同比下降13.89%和11.76%[⑤]，阿拉善盟羊绒价格同比下降12.50%[⑥]。

## 二、国内绒毛用羊生产与贸易概况

### （一）国内绒毛用羊生产情况

**1. 2014年细毛羊存栏量下降，半细毛羊和绒山羊存栏量增加** 根据国家绒毛用羊产业技术体系团队对内蒙古、青海、新疆、

① 数据来源于美国绵羊产业协会（ASI）出版的Wool Journal，2014年12月。

② 数据来源于中国国家绒毛用羊产业技术体系产业经济研究团队2014年7～8月赴内蒙古和山西调研数据。

③ 数据来源于中华人民共和国海关总署。

④ 数据来源于2014年国家绒毛用羊产业经济研究团队的调研数据。

⑤ 数据来源于内蒙古自治区发改委价格监测中心2014年毛绒市场价格情况调查数据。

⑥ 数据来源于内蒙古统计局农产量调查队调查数据。

四川和山西 5 省区 12 个旗县的绒毛用羊生产形势调研数据，2014 年我国上述产区细毛羊存栏量同比减少 0.67%，而半细毛羊存栏量同比增长 6.90%，绒山羊存栏量同比增长 0.26%。

**2. 2014 年我国细羊毛、半细羊毛和羊绒产量均上升** 上述调研数据显示，2014 年调研旗县（德令哈市、乌兰县、乌审旗、新源县、巩留县）细羊毛总产量为 6 004.50 吨，较 2013 年上升 3.42%；半细毛羊调研县（布拖县、金阳县和昭觉县）半细羊毛总产量为 1 390 吨，较 2013 年增长 5.06%；绒山羊调研旗县（鄂托克前旗、鄂托克旗、隰县、兴县）羊绒总产量为 642.94 吨，较 2013 年增长了 1.20%。

### （二）国内毛、绒市场交易情况

**1. 2014 年国内羊毛、羊绒价格同比均下降** 2014 年南京羊毛市场综合报价指数为 71.79 元/千克（净毛价格），较 2013 年下降了 0.99%。年内综合报价指数由年初的 72.17 元/千克波动上升至 7 月的 72.60 元/千克，此后持续走低，年终收至 70.84 元/千克，与 2012 年末的 72.67 元/千克相比，下跌了 2.62%。山羊绒调研数据显示，2014 年调研旗县羊绒均价为 330 元/千克，较 2013 年下降了 2.51%。

**2. 2014 年我国羊毛进口量同比下降、羊绒进口量同比增加，羊毛出口量同比增加、羊绒出口量同比下降** 据中国海关统计，1～12 月份，我国羊毛累计进口量为 35.50 万吨，同比下降 4.05%；进口额为 24.01 亿美元，同比下降 13.05%。同期，羊毛累计出口 1.76 万吨，同比增加 12.74%；出口额为 0.88 亿美元，同比增加 3.67%。羊毛贸易逆差为 23.13 亿美元，同比缩小 13.58%。1～12 月份，我国累计进口羊绒 6 640.37 吨，同比增长 7.69%，进口额为 1.07 亿美元，同比增长 5.53%；羊绒累计出口量、出口额均为 0，同比均减少 100%。羊绒贸易逆差为 1.07 亿美元，同比扩大 6.19%。

## 三、国际绒毛用羊产业技术研发进展

### （一）遗传育种与繁殖领域

**1. 育种方向** 国外，以澳大利亚、新西兰为代表的细毛羊生产强国，在培育细型和超细型细毛羊的同时大力开展选育具有易管理、耐粗饲、抗病性强、繁殖力高的毛肉兼用型美利奴新品种（系）。同时澳大利亚已培育出的“少皱褶美利奴羊”可以减少蝇蛆病的发生率，降低了羊只的管理费用，同时具有很好的产毛性能。

国内，2014 年 10 月 27 日，苏博美利奴羊通过国家畜禽遗传资源委员会审定。“苏博美利奴羊”是以超细型澳洲美利奴羊为父本，以中国美利奴羊、新吉细毛羊和敖汉细毛羊为母本，采用级进杂交方法，跨省区多单位联合育种，经 4 个世代的系统选育，成功培育出了精纺用超细型细毛羊新品种，主产区主要分布在新疆、内蒙古和吉林等省区。同时，国内毛肉兼用细毛羊、绒肉兼用绒山羊、多胎细毛羊等兼用型新品种（系）的培育工作已逐步展开。

**2. 育种技术** 2014 年，由法国、中国、马来西亚、荷兰等国家 17 个研究机构共同完成的山羊 52k SNP 芯片，通过此芯片可以检测10个品种山羊的52 295个SNP位点，此芯片的开发能够在未来几年可以通过使用分子标记技术加速山羊基因组研究。随着绵羊遗传图谱的广泛应用及山羊基因芯片的成功研制及验证，国内应用比较基因组学、扩大群体的GWAS、转录组、蛋白质组学等现代分子育种技术开展了羊主要性状相关基因的研究，不同程度上揭示了羊重要经济性状的形成机理，对提高育种目标的准确性、缩短育种进程非常有益，但是在短期内分子育种技术还不可能大面积的推广和应用，更不能取代传统育种，只有和传统育种有机的结合才能准确快速地实现育种目标。

国外以联合育种、开放式核心群、BLUP遗传评估为代表的常规育种技术体系日臻完善，如澳大利亚的MERINOSELECT、LAMBPLAN、KIDPLAN遗传评估系统为澳大利亚、新西兰、乌拉圭提供遗传评估。澳大利亚The Cooperative Research Centre for Sheep Industry Innovation应用AgResearch IMF资源群体构建了绵羊遗传图谱SM 5.0版，开展了绵羊其他性状的基因组相关研究和数据收集整理工作，提高了澳大利亚绵羊育种估计值（ASBVs）的准确性和实用性。

## （二）营养与饲料领域

**1. 营养调控研究** 我国在绒山羊饲养标准的制定上，采用净能体系和小肠可消化蛋白质体系，对辽宁绒山羊、陕北白绒山羊能量和蛋白质需要量进行了研究，得到绒山羊不同生理状态（育成母羊、种公羊、种母羊）蛋白质和能量的析因模型及需要量；同时开展了绒山羊不同生理状态主要矿物质元素需要量研究；确定了绒山羊在绒毛快速和慢速生长期，日粮适宜的硫水平及氮硫比例，不同生长期微量元素碘、硒的适宜水平。并完成了绒山羊饲养标准的制定工作。

澳大利亚农业和食品部研究，通过调控怀孕期和哺乳期母羊的营养可提高其繁殖性能（初生重、存活率、断奶体重和产毛寿命），提高其后代产毛量和改善羊毛质量（细度变细），并且能够通过母羊怀孕期的活体重预测其后代的生产性能。

**2. 非常规饲料资源的开发利用** 在国内，鉴于目前粮食安全和人畜争粮的现实问题，各地都开展秸秆饲料调制以及羊全混合日粮（TMR）饲喂技术开发，为实现我国羊规模化和产业化养殖提供技术依据。开展了非常规饲料营养价值评定，以及饲料原料的营养价值和利用率的研究，为制定我国羊饲料原料数据库提供了大量的基础数据。

## （三）环境控制领域

新投资的规模场户及企业，对场址选择、圈舍类型、新型建筑材料应用等方面，都采用了新理念、新技术。例如羊场优化布局、防潮高架羊床、机械化粪便清理、保温防寒建筑材料的应用等。但是，受长年粗放养羊观念影响，大多数养殖场户圈舍简陋、环境条件差，间接导致各类疾病发生，给生产造成许多不必要的损失。

与欧美和澳洲比较，欧美部分地区在集约化羊舍中采用的多位一体化舍饲环境调控系统，主要包括了舍内温湿度、光照、气体、给供水系统和废弃物处理等的调控。而澳洲有良好的草场条件，主要以放牧为主，在30年前就建立了草场自动饮水设施。

### （四）疾病防控（治）领域

近年，我国在疫病病原学等研究方面投入较多，疫病研究中进展较快的是适合大批量、低成本检测的血清学和分子生物学诊断等方法，而传统的病原学和病理学诊断方法相对发展缓慢。疫苗研究趋向于安全性、高效性为主的新型基因工程疫苗、标记疫苗及多价疫苗为主。按照我国《中长期动物疫病防治规划》规定，我国重大动物疾病防控从有效控制的目标正向有效控制和消灭并重转变；从国内动物疾病防控为主向国内、国际动物疾病防控并重转变，兽医工作也从疾病防控向疫病防控和动物产品安全监管并重转变。

而发达国家在羊重要疫病的诊断、控制及净化技术与方法研究方面居于领先地位，通过采取不同的控制、净化措施，控制甚至消灭了一些烈性的羊传染病；近年来较多关注影响生产性能的疫病和公共卫生安全的人兽共患病等疫病，主要研究内容朝传染病动态监测和危险性评估预测，经济、方便和高敏感性诊断技术研究等方向发展。

### （五）产业经济领域

目前，我国羊毛交易的专业市场匮乏、流通渠道单一。主产区羊毛收购仍以贩子收购为主，交易价格主要由生产企业或养殖户和贩子讨价还价确定，交易过程中“污毛计价”“压级压价”“混等混级”现象普遍，“优质优价”很难体现。从“十一五”，绒毛用羊产业技术体系以综合试验站为平台，开展了产业链建设工程，在产业关键季（时）节，协同产业下游企业到基层牧场查看绒毛生产及后整理情况，开展绒毛产销对接（工牧直交）推介活动。坚决推行“科学合理分群饲养，稳步提升绒毛质量，净毛计价、优质优价”机制，构筑了一条从饲养管理到加工流通有机衔接产业上下游供求矛盾的运行模式，初步实现了“优质优价”和“优质优用”的目标，既提高了基层农牧民的经济收入，又确保了下游加工企业的利益。

针对目前国际绒毛消费高端市场的新趋势，绒毛加工产品转向功能性、高档化方向发展，对绒毛原料的细度、长度、强度、色泽等指标要求越来越高。新西兰羊毛产业新技术多集中在羊毛抗皱缩性能研究，提高羊毛耐磨性、强度，改善羊毛的光泽度，以及建立新西兰羊毛产品的可追溯系统、羊毛制品回收等羊毛制品质量控制方面。

在欧美市场，世界绿色环保组织发起对绒毛生产原产地绿色证书；在绒毛加工过程中，不得使用对人体有害的化学品，如洗涤、染色、后整理等工序必须符合欧盟产品的安全环保标准。而加拿大正在探索建立“碳交易市场”的管理模式。

## 四、国内绒毛用羊产业技术研发进展

今后一段时期，我国羊产业科技创新的核心点在于草原畜牧业承载能力过度情况下，饲养方式由传统放牧向半舍饲、全舍饲养殖转变，所需要的全新技术：包括舍饲用多胎品种、不同生理阶段全价日粮、不同地区羊舍设计、全舍饲疫病防控、相关设施设备等技术的创新。因为羊产业在全世界基本都是草原畜牧业，全舍饲养殖没有可以借鉴的现成技术。

## （一）遗传育种与繁殖领域

**1. 多胎细毛羊新品种（系）培育** 绒毛用羊不但产绒或毛，肉也是其养殖效益的主要来源。如澳大利亚的布鲁拉羊，产羔率在200%以上，且羊毛细度仍保持在20微米，完全可以满足毛纺加工需要。而目前我国还没有培育出类似绒毛用羊新品种（系），所以，多胎型绒毛用羊新品种（系）培育不仅能体现毛（绒）的纺织特性，而且在养殖效益上更优于毛（肉）、绒（肉）等兼用型新品种（系）。

**2. 地方品种选育提高** 我国羊遗传资源丰富，地方品种拥有独特的环境适应能力。如和田羊能在环境恶劣的昆仑山延繁生存，对当地干燥、炎热及低营养水平条件有极强的适应性，其被毛较长、呈波状弯曲，是纺制地毯和提花毛毯的优质原料。但是随着“肉”羊热的冲击，盲目杂交已经威胁到优良遗传资源的存亡。“十三五”应加强地方优良资源的保护和利用力度，推进地方优良品种的选育和提高。

**3. 不同类型杂交配套模式研究** 依托我国现有羊品种资源优势，通过引进国外专用肉羊品种如萨福克、道赛特、杜泊羊等，利用同期发情、人工授精、胚胎移植等快繁技术，在全国范围内建立不同类型杂交配套生产模式，分区域开展杂交优势配套技术及模式的推广，为优质肥羔生产提供终端优质杂交亲本。

## （二）营养与饲料领域

**1. 饲养标准** 随着国家草原生态保护补助奖励政策的实施，农牧区禁牧、休牧、轮牧措施逐步落实，农牧民可以用来放牧的草场面积锐减，农牧民特别是个体散养户饲养成本增加。因此，舍饲养殖成为农牧民维持生计的唯一选择，科学完备的舍饲化饲养标准是下阶段产业研究的重点内容之一，应根据产业主产区品种特点和气候环境的特殊性，分别制定或建立适宜的操作性强的饲养标准。

**2. 饲养方式** 我国养羊业饲养管理水平与澳大利亚、新西兰等有一定差距，除了养殖区域自然环境因素外，更多地受农牧民自身文化素质、传统饲养习惯及经济条件的限制，整体饲养管理方式仍比较粗放。“十三五”在产业优势区域大力开展标准化规模养殖技术示范和推广，推进我国养羊业由粗放经营向全舍饲和半舍饲经营过渡。

**3. 饲料营养价值评定研究** 羊的营养需要量的制定是一个耗时、耗力的基础性工作，与其他单胃动物相比起步较晚，和反刍动物中奶牛、肉牛也有一定差距。主要是由于羊用饲料原料能量、蛋白质、矿物质、维生素、微量元素含量等指标数据量仍有限，这些数据的收集和整理是一个长期的积累和不断修正的过程，所以，今后仍需要继续深入开展饲料营养价值评定研究工作。

**4. 不同生理阶段全价日粮研究** 随着舍饲养羊进程的加快，羊的全混合日粮（TMR）饲喂技术的开发和示范，为标准化规模养羊提供了技术支撑。今后，应重点开展种公羊配种前中后各阶段配合饲料研究；母羊妊娠前中后和哺乳期不同生理阶段全混合日粮研究；以及羔羊各生长发育阶段的全混合日粮（TMR）配方研究。

## （三）环境控制领域

**1. 圈舍设计** 羊喜干厌湿，我国南方气候潮湿一般采用高床养羊。而西北、东北和内蒙古地区冬季寒冷，圈舍内外的温度差产生大量潮气，尤其以圈舍顶棚产生潮气最多。所以，应依据不同区域气候特点，开展适合不同品种和区域特性的羊圈设计或改造，研发类似于现代化猪场、鸡场的温湿度及有害气体控制系统。相应的饲草料投喂系统、废物处理系统等。

**2. 环境参数研究** 开展光照对育成羊生长发育的影响，以及高海拔地区长时间光热辐射对绒毛品质的影响等研究。重点开展圈舍内温湿度、光照、气体、细菌量、$CH_4$排放量等环境参数研究，为建立圈舍舒适度调控系统提供参考。

**3. 温室气体排放** 畜牧业温室气体排放问题一直是影响畜牧业绿色发展的制约因素。针对动物的基因或疫苗“疗法”开展研究，减少它们的 $CH_4$ 排放量，以应对气候变化。同时，探索建立“碳交易市场”的管理模式，为建立养羊业“碳”基准排放标准提供依据。

澳大利亚 CRC 开展绵羊温室气体排放、气体组成的遗传评估以及温室气体与山羊生产性能表现的相关研究工作，通过基因选择可减少绵羊 10%～20%的温室气体排放。

## （四）疫病防控（治）领域

随着养羊业饲养方式的转变，“十三五”重点开展舍饲养羊疾病防控（治）方面研究。同时，加强羊病基础研究，尤其是新发传染病和慢性疾病的病原学和流行病学研究，为羊病防控做好技术储备。

## （五）产业经济领域

**1. 建立区域绒毛储备中心** 根据我国羊主产区分布，在新疆、内蒙古、辽宁、甘肃等主产区建立国家绒毛肉储备中心 1～2 个，由国家及地方政府联合建设，体现公益服务。制定收购政策，以相对成本价格为最低收储价，减免部分税收，羊毛（绒）公检，免检验费。同时，要立法加强原绒毛市场的监管，有效管理和严厉制裁恶性、无序和扰乱市场秩序的行为。

**2. 完善“优质优价”的产销渠道** 引导农牧民建立合作社或生产协会等组织，提高养羊的组织化程度，加大绒毛后整理等先进技术或工艺的培训示范力度，扶持农牧民合作社直接参与市场交易。加大对绒毛市场流通环节的监管力度，严格打击掺杂使假、以假充真、以次充好等违法行为，完善绒毛产品“优质优价”的产销渠道，建议国家出台绒毛市场最低收购保护价，确保农牧民生产积极性和经济利益。

## （六）基础性研究

加强绒毛用羊重要功能基因的解析，及其重要经济、抗逆性状的分子调控机制研究。在全基因组选择方面，建立绒毛用羊的全基因组选择群体，并在商业羊生产中应用。研究 SNP 等芯片技术，可适合全基因组选择、拷贝数变异分析，并建立多元化的估计来评价品种的全基因组价值。

（绒毛用羊产业技术体系首席科学家
田可川提供）

# 2014年度蛋鸡产业技术发展报告

（国家蛋鸡产业技术体系）

## 一、国际蛋鸡生产与贸易概况

### （一）国际生产情况

总体上看，2014年世界主产国蛋鸡存栏量与2013年相比有增有减，美国、印度蛋鸡存栏量增加，欧盟蛋鸡存栏量减少，鸡蛋价格持续走低。

2014年10月，美国蛋鸡存栏量3.026亿羽，比2013年同期增加了590万羽。2014年年底预计商品蛋鸡存栏量3.059亿只，比2013年增加550万只。美国1～11月鸡蛋平均生产成本降低9.9%。

在蛋鸡福利养殖方式转换中，欧盟由于蛋鸡数量减少导致鸡蛋价格持续上涨。然而当蛋鸡养殖恢复，产量增加后，鸡蛋价格开始下降。鸡蛋价格与蛋鸡存栏量的变化明显一致。由于加强鸡蛋消费宣传，消费者对鸡蛋的认可度提高，鸡蛋消费增加。

2014年日本蛋鸡存栏量略增，户均养殖规模扩大，鸡蛋平均价格提高。2014年前10个月鸡蛋价格保持高于2013年同期的水平，11～12月价格有所下降。全年中号（M）鸡蛋平均价格比2013年提高了14.4%。

### （二）国际贸易情况

2014年1～10月美国加工蛋品出口量比2013年同期增加4.3%，餐桌用鸡蛋（table egg）的出口量比2013年同期增加1.5%。蛋品出口量占蛋品产量的4.9%。

2014年1～12月欧盟蛋品出口21.5万吨，比2013年同期增加15.6%。同期，欧盟进口蛋品1.98万吨，比2013年同期减少了46.9%。

2014年1～11月日本鸡蛋进口额增加了26.9%，液体蛋增长了3.2%。美国仍是日本第一大蛋品进口来源国，从意大利进口的蛋品继续较快增长，已超过荷兰成为日本第二大蛋品进口来源国，进口额占蛋品进口市场份额达到17.9%。

## 二、国内蛋鸡生产与贸易概况

### （一）国内生产情况

生产方面，据中国畜牧业协会监测，近年来蛋种鸡产能一直处于过剩状态，尤其在2014年度在产祖代种鸡存栏数量严重高于实际需要量。祖代蛋种鸡由于存栏数量大，严重超过需要，部分品种的产能利用率极低，持续的低迷会导致个别品种减栏。父母代种鸡虽然大都盈利，但利润比较低，勉强维持。商品代蛋鸡阶段利润较好，仍有比较大的发展空间，各个企业都在积极布局。

市场方面，2014年我国蛋鸡产业经受了年初流感疫情的困扰及行情低迷态势，从第二季度开始行情回暖，鸡蛋价格不断攀升并维持在历史高位水平，全年总体上呈现出前低后高的态势。2014年淘汰鸡价格整体呈增长趋势，尤其是11、12月份淘汰鸡价格创下历史同期新高。

成本与收益方面，2014年鸡蛋生产成本基本稳定，较2013年同期微幅上涨。据农业部定点监测数据，2014年只鸡平均单产维持处于较高水平，反映出蛋鸡饲养效率较高；鸡蛋总产量全年呈现U形特征，以4月为分界点，前降后升；由于产蛋鸡存栏量相对稳定，总产量波动幅度不大。

### （二）蛋品贸易情况

我国蛋品贸易改变了2013年蛋品贸易总额减少的局面，蛋品出口额增加，蛋品进口额减少。2014年1～10月蛋品贸易总额1.65亿美元，比2013年同期增长13.3%，其中，蛋品出口额1.651亿美元，占蛋品贸易总额的99.8%，比2013年同期增长了13.5%；蛋品进口额为21万美元，比2013年同期减少了58.3%。蛋品净出口额为16 485万美元，比2013年同期增长了13.8%。我国蛋品贸易具有以下几个特点。

**1. 蛋品进口品种结构改变，鲜鸡蛋成为主要进口品种** 干去壳禽蛋进口额快速增长，孵化用受精鸡蛋进口额大幅减少。2014年1～10月鲜鸡蛋进口额占蛋品进口总额的79.3%，这一比例数比2013年同期提高了近43个百分点。干去壳禽蛋进口额比2013年同期增加了两倍多，孵化用受精鸡蛋进口额比2013年同期减少了55.5%。

**2. 蛋品进口来源地趋于分散化** 2014年1～10月从美国进口蛋品所占比例由2013年同期的94.7%下降至84.7%，自法国和中国台湾的蛋品进口额增长迅速，比2013年同期分别增长了40.2%和33.1%。鲜鸡蛋和干去壳禽蛋进口主要来自美国，进口额比2013年同期增长了4.6%。孵化用受精鸡蛋的进口来源国由美国变成了法国。自中国台湾的咸蛋和皮蛋进口增长了37.36%。

**3. 除南美洲外，对世界各大洲蛋品出口都不同程度增加** 与2013年同期比较，2014年1～10月，我国对亚洲和北美洲的蛋品出口额分别增长了13.1%和14.1%；对欧洲和大洋洲的蛋品出口额分别增长了近2倍和1倍，对非洲的蛋品出口额则增加更加迅猛。

**4. 中国香港依然是中国大陆最大的蛋品出口市场** 2014年1～10月，中国大陆对中国香港的蛋品出口额12 086.1万美元，占蛋品出口总额的73.2%，比2013年同期增加1 885.6万美元；第二大出口市场是澳门，对澳门出口额为1 331.8万美元，占蛋品出口总额8.1%，比2013年同期增加155.4万美元；第三大出口市场是日本，对日本出口额为1 331.8万美元，占蛋品出口总额5.6%，比2013年同期进一步减少159.7万美元。

**5. 湖北、广东、辽宁三省蛋品出口势均力敌** 在5个传统主要禽蛋出口省（湖北、广东、辽宁、山东、福建）中，2014年1～10月湖北、广东、辽宁三省蛋品出口占全国蛋品出口额比例分别为25.8%、

24.7%和 23.5%。与 2013 年同期相比，湖北、广东和福建省蛋品出口额增长超过了10%，而山东和辽宁省蛋品出口分别减少了6.3%和 0.1%。五省蛋品出口额占我国蛋品出口总额比例依然保持在 93%左右。

**6. 鲜鸡蛋出口量增加，一些蛋制品出口增速** 2014 年 1～10 月鲜鸡蛋出口量比2013 年同期增加了 14.1%，出口额增加22.6%，鲜鸡蛋出口平均价格达到 1.74 美元/千克，比 2013 年同期提高了 7.4%。鲜鸡蛋出口额占蛋品出口额比例达到 63%，比 2013 年同期提高了近 7 个百分点。另一方面，腌或煮的带壳禽蛋和蛋黄等蛋制品出口额比 2013 年同期增幅分别高达 39.8%和66.3%。

## 三、国际蛋鸡产业技术研发进展

### （一）蛋鸡育种

国际蛋鸡育种生产实践中，传统育种仍然为主要的手段。随着分子生物学技术的快速发展，标记辅助选择和全基因组选择等分子育种技术在蛋鸡育种中逐渐起到了一定的作用。

### （二）疾病控制

对于禽流感、新城疫等烈性传染病的防控，国际上倾向于依靠先进的集约化养殖模式和完善的生物安全措施；但是鸡传染性支气管炎在世界范围内危害依然严重，IBV 变异株数量众多且分布于世界各地，很容易传播给没有获得保护的鸡群，因此疫苗接种在增加鸡群对疫病的抵抗力方面发挥着重要作用。在疫苗研制领域，基因工程疫苗的应用已经显示出了非常广阔的前景，其效果已得到了众多用户的肯定。

### （三）蛋鸡营养

在精准评价饲料营养价值的技术方面，如何对蛋鸡饲料的营养价值、安全品质进行快速检测与评价是国际技术需求热点，也是研究的热点。另外，机器人技术应用于消化程序的自动控制，这一技术的应用使操作变得更加简便和规范。

在饲用抗生素的替代技术方面，国际上目前着力研究开发的替代技术包括植物提取物、微生物饲料添加剂和酶制剂等。另外，针对如何科学合理评价新一代饲料添加剂的功效是 2014 年研究讨论的热点之一。

在对蛋鸡的营养调控研究方面，国际上主要关注蛋壳品质的形成机理及调控技术研究。针对新型植物来源的抗氧化物质筛选研究备受青睐，其目的是全部或部分替代化学合成抗氧化剂，这对提高鸡蛋深加工产品的安全质量意义重大。

### （四）蛋鸡生产与环境控制技术

蛋鸡生产和环境控制领域目前国际上发达国家所关注的重点仍然是蛋鸡的福利养殖环境、技术标准及技术模式问题。欧盟国家正不断推进蛋鸡福利养殖技术的向前发展，整体产业上已基本实现了福利养殖的基本要求，传统笼养方式已被替代。亚太地区在蛋鸡福利化养殖技术的研发相对落后。美国用了近 3 年的连续试验证明了富集型鸡笼的应用效果较佳，有较好的发展潜力。

### （五）鸡蛋加工与分级技术

以 2002—2014 年期间“Web of Science”收录的 SCI 论文及其相关引文数据为

对象进行国家/地区、研究机构、研究学者、引用情况、关键词词频等方面的统计分析。结果显示，美国是刊发蛋品科学 SCI 论文数量最多的国家。蛋品科学 SCI 论文相对集中于农林科学、兽医学、食品科学与技术、分子生物学 4 个学科。禽蛋蛋白质结构及功能、家禽育种与蛋品品质、禽蛋营养与过敏原、蛋壳成分及其矿化机制等是目前蛋品科学研究领域的热点。

## 四、国内蛋鸡产业技术研发进展

### （一）蛋鸡育种

2014 年度国内蛋鸡产业主要从传统育种及分子育种两个方面着手，在杂交配套和制种技术的研究、品系选育常规育种技术的应用及功能基因鉴定、基因型快速测定、基因组扫描等分子育种技术及分子标记研发应用等方面进行了较为全面系统的研究。

### （二）蛋鸡疾病

疾病方面，2014 年度对蛋鸡产业影响最大的疾病问题仍然是禽流感。H7N9 病毒危害和影响仍持续存在。新城疫（ND）的流行态势与前两年相似，2014 年度国内流行的 IBV 基因型较为复杂，但 QX 型仍为优势基因型。

疫苗研制方面，针对现有疫苗株与流行株间的差异，研制出针对流行毒株的新型疫苗已成为新型疫苗的研制方向。

免疫程序优化方面，根据蛋鸡自身生理规律、疫苗诱生抗体的消长规律和疫病流行规律，对已有免疫程序进行了优化，优化效果通过成本核算和生产性能测定数据得到了具体、充分显示。

### （三）蛋鸡营养

2014 年度国内蛋鸡营养方面主要是以蛋鸡饲料原料营养价值评定、营养需要量、饲料资源开发与安全质量控制、饲料配制技术、鸡蛋品质形成主要因素及其调控技术和蛋鸡营养代谢及其调控技术 6 个方面为研究热点。

### （四）蛋鸡生产与环境控制技术

我国在蛋鸡生产和环境控制领域的研究主要包括适度规模和高密度叠层笼养的标准化生产模式及其支撑技术研究；在蛋鸡舍通风与环境控制技术方面，主要包括养殖环境对蛋鸡健康和生产性能的影响研究、蛋鸡节能型光照制度、鸡舍空气环境安全净化技术研究等；在适宜家庭农场高效饲养的万只栋舍规模的新型离地立体栖架养殖装备开发方面，自由采食均衡喂料、粪便自动收集等关键技术与设备方面均获重要突破。尤其在蛋种鸡的本交养殖技术方面推进速度较快，并取得了不同地区和不同鸡种的实际生产数据。

### （五）鸡蛋加工与分级技术

新型蛋制品发展速度十分迅速，通过技术的引进、消化、吸收和再创新，许多关键技术正在国产化。综合运用层析、离子交换结合超滤或膜滤，创新聚乙二醇沉淀、亲和色谱纯化等技术，创建蛋中多种功能成分提取分离技术，突破多功能成分无损联合提取技术；建立超临界 $CO_2$ 萃取与膜分离提取卵磷脂和蛋黄油的方法；建立瞬时间歇式超巴杀等综合处理技术，延长货架期，保持原有功能性质。通过蛋白质糖基化修饰和酶法改性，形成高凝胶性蛋白粉制备技术；水为媒介环保分离壳膜技术，创建制备有机钙技术；针对蛋膜强抗酸碱性，突破制备可溶性蛋膜蛋白关键技术，攻克碱性蛋白酶水解膜蛋白制备抗氧化肽技术；开发出纯天然乳化性和油溶性涂膜保鲜剂；发明机械湿擦清洗机，改变传统水浸、淋、冲方法，使洁蛋生产线国产化。

（蛋鸡产业技术体系首席科学家
杨宁提供）

# 2014年度肉鸡产业技术发展报告

（国家肉鸡产业技术体系）

## 一、国际肉鸡生产与贸易概况

2014年全球肉鸡生产量为8 606.6万吨，增长幅度明显，由2013年的1.73%升至1.82%。四大主产国占全球肉鸡生产总量的61.59%，美国肉鸡生产量约占全球总产量的20.05%，仍居全球最高；中国、巴西和欧盟27国，分别占15.95%、14.73%和11.70%（图1），分列第二、第三和第四名。2014年印度、俄罗斯、土耳其、巴西、美国和欧盟等国家（地区）继续保持肉鸡生产增长态势，而中国在2014年肉鸡生产呈下降趋势，是全球主要肉鸡生产国中负增长的国家。

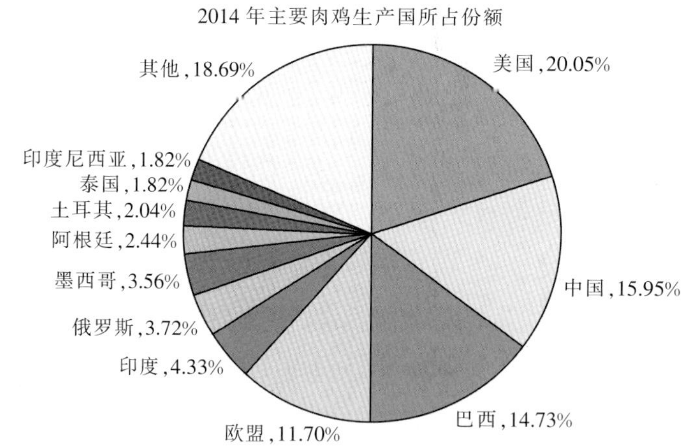


**图1　主要肉鸡生产国所占份额**

来源：Livestock and Poultry：Market and Trade，Foreign Agricultural Service/USDA Oct. 17. 2014

2014年全球肉鸡出口量达到1 047.8万吨，同比增长2.30%，略高于2013年1.28%的水平。巴西、美国和欧盟仍然是肉鸡出口的主力军，三者合计出口量占全球肉鸡出口贸易的73.12%，这一比例略低于2013年77.10%的水平；巴西和欧盟出口量保持增长，增长率分别为3.39%和1.57%，美国肉鸡出口量略有下降（－1.05%）。乌克兰、白俄罗斯和土耳其为代表的新兴经济体国家出口增长最快，出口增长率分别达到了20.57%、11.43%和10.09%，泰国肉鸡出口增长率为5.26%（图2）；这些国家出口虽然增长迅猛，但出口的绝对量并不大，占国际贸易的份额很小。

2014年肉鸡进口量为855.0万吨，同比下降0.80%。肉鸡贸易出现了进口下降、出口增长放缓的趋势（图3）。2014年肉鸡进口增长最快的国家为委内瑞拉、伊拉克和南非，增长率分别为20.23%、6.98%和4.23%（图3）。进口肉鸡最多的国家为日本、沙特阿拉伯和伊拉克，分别为88万吨、77万吨和72万吨。俄罗斯、日本等传统肉鸡进口国肉鸡进口都有不同程度的下降，而中东地区仍维持较高的肉鸡进口量，但增长幅度有所下降，拉动肉鸡进口贸易增加的主力仍是南美和中东地区的国家。

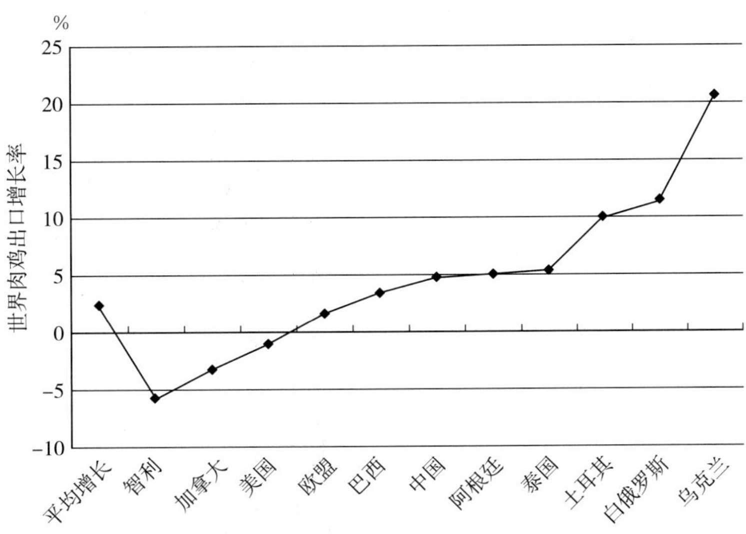


**图2　世界肉鸡出口增长率**

来源：Livestock and Poultry：Market and Trade，Foreign Agricultural Service/USDA Oct. 17. 2014

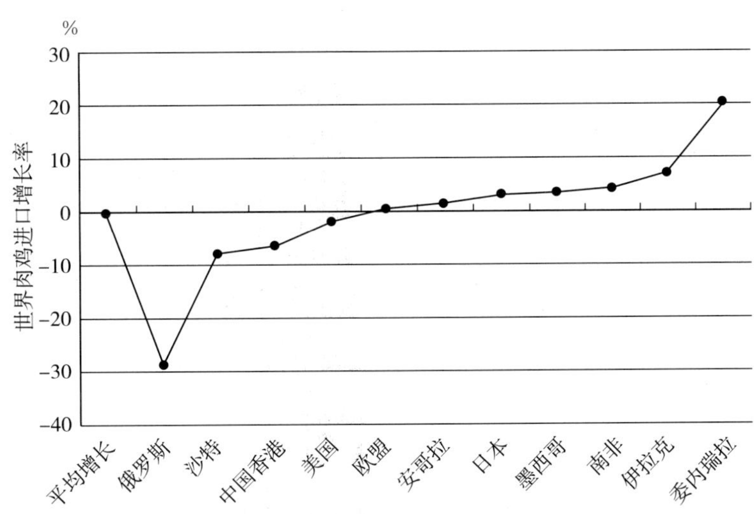


**图3　世界肉鸡进口增长率**

来源：Livestock and Poultry：Market and Trade，Foreign Agricultural Service/USDA Oct. 17. 2014

## 二、国内肉鸡生产与贸易概况

2014年是国内肉鸡行业经受考验的一年。一方面由于“速生鸡”事件引起的对食品安全性的担忧，另一方面H7N9疫情余波还未消散，又出现了H5N6高致病禽流感感染人个例的出现，终端消费受挫，产业的正常发展受到相当大的影响，造成肉鸡生产继2012—2013年后连续下降。商品肉鸡养殖由于受市场风险和疫情事件的双重打击，大部分处于保平和亏损状态。

2014年，全国肉鸡出栏量为85亿只左右，鸡肉产量为1 300万吨，比2013年减少50万吨，下降约3.70%。肉鸡出口44万吨，增长率达到了4.76%。由于受到人民币升值的压力和禽流感的影响，出口贸易难度加大。肉鸡进口量24万吨，同比下降1.64%，主要原因是由于国内消费者尚未恢复对肉鸡安全的信心，制约了肉鸡生产与进口增长。

## 三、国际肉鸡产业技术研发进展

### （一）遗传资源与育种

世界家禽遗传资源保存和利用仍然以活体原位保种为主，而评价方法继续推行分子标记方法，中国、韩国、瑞典、阿尔及利亚等国学者分别报道了各自国家地方鸡种保存和多样性评价情况。

2014年，传统遗传育种技术与信息技术、统计学手段以及分子遗传等多学科的结合越来越密切。大规模高通量的SNP检测技术相继建立和应用，全基因组选择成为肉鸡遗传育种技术的研究热点之一，现有研究报道主要集中于基因组选择的计算方法和基因组育种值估计准确性方面。针对ssGWAS、CGWAS和BayesB 3种方法的优缺点进行对比分析，发现ssGWAS综合了系谱、基因和表型信息，建模和计算方法更加可行。利用GBLUP、BayesLASSO、Bayesian混合模型3种方法估计了中国黄羽肉鸡的生长、屠体和免疫性状的GEBV，结果表明与传统的选择相比，基因组选择方法提高选择的准确性。常规的遗传力估计、遗传评估、关联性分析等研究在育种实践中的应用依然占主导地位。采用F2设计，利用线性混合模型对产蛋期啄羽和打斗行为进行了遗传参数估计，发现啄羽和打斗行为的遗传力为0.1，与食羽癖间的遗传相关为0.73。对肉质性状的遗传参数进行估计和分析发现，直接选择肌肉U-PH可以提高加工品质，但不会影响肉鸡的生产性能。

### （二）营养与饲料

提高饲料资源利用效率、降低排放、减轻环境污染和改善肉鸡健康是2014年的研究重点。确定了22～42日龄肉仔鸡日粮中非植酸磷的需要量可降低到1.5（加植酸酶）或2.3克/千克（不加植酸酶）而不影响生长性能；添加含锌沸石粉能够增加肉鸡小肠绒毛高度与隐窝深度比值，提高十二指肠IgG和sIgA浓度，改善肠道结构功能；添加纳米锌可提高肉鸡的生长性能和抗氧化能力。添加枯草芽孢杆菌可改善肉鸡前期生产性能，降低大肠和小肠沙门氏菌含量，增加法氏囊重量；添加解淀粉芽孢杆菌能提高血清IgG和IgA水平，降低盲肠大肠杆菌数量，减少粪便发酵排放$NH_3$和$H_2S$；香菜、桂冠和柠檬等混合提取物能提高肉鸡生长性能和胴体品质，添加水平为300克/吨时效果最佳；饲粮添加香芹粉、桂皮和辣椒的混合物可提高肉鸡蛋白利用率、脂肪消化率、生产净能和体增重。

针对肉鸡不同生长阶段和不同原料组成，研究了日粮中添加木聚糖酶、淀粉酶、蛋白酶、植酸酶、β-葡聚糖酶等单酶或复合酶制剂的效果，表明使用酶制剂对肉鸡生长性能、饲料表观代谢能、相关表观消化率或消化道酶活等有明显作用。

加工工艺对饲料原料营养价值的影响以及饲料原料标准回肠氨基酸消化率评定方法得到了研究。长时间热处理导致大豆分离蛋白氧化（蛋白羰基化）程度提高，氧化程度高的大豆分离蛋白饲喂肉鸡对肉鸡免疫功能有不利影响，譬如降低免疫器官指数以及血清和十二指肠黏膜中IgG等。菜籽粕经95℃高温加工后的能量利用率高于90℃和100℃，高螺杆扭矩（高挤压力）处理菜粕的能量利用率高于低螺杆扭矩（低挤压力）处理的，提示不同压榨提油处理工艺的菜籽粕AMEn值变异较大。以葡萄糖和淀粉组成的半合成日粮为基础的直接法测定的小麦DDGS标准回肠氨基酸消化率低于玉米、小麦、玉米DDGS、小麦DDGS为基础日粮的差量法。

### （三）疫病控制

2014年，危害世界肉鸡业的主要传染病是禽流感、新城疫、鸡传染性支气管炎、禽白血病等病毒病以及大肠杆菌、出血性败血症巴氏杆菌、沙门氏菌、空肠弯曲杆菌等引起的细菌病。尽管许多国家采取多种防控措施应对高致病性禽流感，但世界范围内禽流感的流行依然没有停止。亚洲及非洲区域12个国家包括孟加拉国、柬埔寨、中国、朝鲜、埃及、印度、印度尼西亚、日本、老挝、韩国和越南等，相继有禽和人的H5亚型禽流感疫情报告。发生高致病性禽流感的区域依然以亚洲的东南亚为主，欧洲和美洲很少发生。

2014年禽流感流行的毒株根据HA基因可划分为1.1.2、2.2.1、2.1.3.2a、2.2.1、2.3.2.1a、2.3.2.1c和2.3.4.6等分支。其中1.1.2分支病毒主要分布于越南和柬埔寨，2.2.1病毒分布于埃及和利比亚，2.3.2.1分支病毒主要分布于印度、印度尼西亚、老挝、越南和中国。2.3.4.6分支病毒开始在越南、老挝、韩国、中国、日本等东南亚国家和地区出现并流行，而且亚型组合复杂，出现H5N1、H5N2、H5N3、H5N6、H5N8等不同亚型组合。此外，H5N8病毒最近也出现在欧洲的德国，是否与鸟类迁徙传播有关，还有待于分析。澳大利亚爆发了H7N2亚型禽流感，墨西哥爆发了H7N3亚型禽流感。2014年H9N2亚型禽流感病毒依然在非洲、亚洲和中东部分地区呈地方流行性，目前依然没有证据表明该病毒在人间传播。

世界肉鸡疫病诊断及检测技术的主要发展趋势是高通量、快速、高特异性。检测方法仍然以RT-PCR技术、单克隆抗体、ELISA、核酸探针技术为主流。中国台湾研发出了用于检测禽白血病不同亚群ALV（A、E和J）的基于寡核苷酸探针的芯片。

国内外肉鸡疫苗的研究主要集中在病毒性疾病疫苗，细菌病疫苗研究相对较少。国际肉鸡细菌病防控技术研究主要体现在肉鸡福利和生物安全、肉鸡肠道健康以及天然抗菌肽的研究等方面。

### （四）生产与环境控制

2014年围绕肉鸡舍废弃物处理和节能减排技术、环境因素对肉鸡健康的影响以及肉鸡福利养殖等几个方面开展研究。

肉鸡养殖过程中废弃物处理和节能减排技术，通过营养平衡日粮和低蛋白日粮以及饲用酶制剂、有机微量元素、益生素、寡糖等饲料添加剂的应用，提高饲料利用率，减少含氮物质的排放；通过垫料施放酸化剂、蒙脱石等方法，增加鸡粪氮、硫的固载量，减少氨气和硫化氢等臭气的逸失；通过物化处理、生物发酵和热力学转换技术，实现鸡粪的肥料化、能源化利用和减量化排放。

环境因素对肉鸡健康的影响主要集中于温度、光照、禽舍环境改善技术和养殖模式等的研究。以高温和低温为应激源，研究探讨γ-丁氨酸、精油、白藜芦醇等饲料添加剂对肉鸡消化吸收功能、肠道健康等的影响。光照主要就光的颜色（绿色光、红色光）、光照强度等开展研究，光照颜色不影响肉鸡的能量消耗和行为，光照强度不会引起肉鸡生理应激。饲料添加益生菌，研究禽舍环境的改善效果。对杂交肉鸡（SD02×SD03）采取笼养、圈养和自由放养3种方式，发现胸大肌和腿肌Pax3和Pax7mRNA表达量和蛋白量在自由放养模式下最大，圈养模式最低，笼养模式处于中间水平，且3种模式存在显著差异。

肉鸡福利养殖集中于福利评价方法、环境富集、福利措施等方面。欧盟等发达国家逐渐引入食品安全、环境保护和动物福利等新规则。ELISA方法测定羽毛皮质酮（CORT）含量可以作为一种评价肉鸡福利水平的方法。利用能量、频谱质心、带宽、第一共振峰和第二共振峰等可识别声学参数，评估肉鸡养殖福利，并在养殖现场采集了432只21～42天科宝和罗斯肉鸡在福利条件或应激条件下的声音变化，根据肉鸡性别、品系和福利情况与声学参数建立了关联模型，用于评价肉鸡的福利状况。

### （五）鸡肉加工

2014年鸡肉加工技术研发主要集中在鸡肉制品凝胶特性的改善、超高压和超声波等高新技术应用、生鲜鸡肉的减菌保鲜及货架期预测、鸡肉风味调控等方面。

开展了添加谷氨酰胺转氨酶对鸡肉边角料加工特性改善的研究，发现谷氨酰胺转氨酶可显著提高鸡肉边角料的热黏弹性，改善凝胶特性。研究了溶液体系中，基于谷氨酰胺转氨酶的催化作用对鸡肉肌动球蛋白进行糖基化改性，结果发现糖基化可显著提高凝胶特性。添加橄榄油结合高压处理可提高鸡肉的安全、营养和感官品质。高能超声波技术可降低鸡肉凝胶的盐浓度、改善类PSE鸡肉凝胶特性、稳定肉品的乳化体系。研究特种土鸡在烹饪后主要风味物质和功能性成分的变化。

鸡肉屠宰加工过程中的减菌技术研发主要集中在化学和物理技术两大方面。在化学减菌技术方面，优化了酸化亚氯酸钠等减菌剂的应用条件、研发了相应的喷雾设备，且重视减菌技术对鸡肉感官品质的影响。物理减菌方面，应用壳聚糖结合气调包装、次氯酸钠结合超声波技术、辐照结合冷藏技术等技术均可显著延长鸡肉产品货架期。同时，本年度对新技术的应用研究较为活跃，超声波真空干燥技术能显著缩短鸡肉干制时间，提高效率；研究了可见/近红外光谱技术对鸡肉细菌数量、品质变化等特性的影响。

## 四、国内肉鸡产业技术研发进展

### （一）遗传资源与育种

2014年4个肉鸡新品种（配套系）通过了国家品种审定。农业部发布了《全国肉鸡遗传改良计划（2014—2025）》。国内学者从分子遗传的角度对国内肉鸡进行了遗传多样性分析，利用29个微卫星标记分析北京油鸡群体内的遗传参数，表明北京油鸡保种群具有丰富的遗传多样性和较高的保种价值。

分子遗传育种仍是国内肉鸡遗传育种技术研究与开发的主题之一。利用芯片（SNP芯片、表达谱芯片）技术、候选基因功能研究等方法，对肉鸡生长、肉质、繁殖和抗病等性状进行研究。发现20个与京海黄鸡上市体重关联显著的SNPs主要分布于1、4、19、25和Z染色体上，1号染色体50.6～53.6兆碱基对和Z染色体33.6～44.8兆碱基对区域是显著SNPs分布较为集中的区域。与生长性状相关的候选基因有*MyoG*、*Myf3*、*A-FABP*、*Myf5*、*Spot14α* 和 *MSTN*。9个基因（*LEPR*、*PRKAB1*、*PRKAG2*、*PRKAG3*、*MTOR*、*PDPK1*、*NPY6R*、*INS*与、*GH*）的多态性与鸡的体重、体增重、采食量和饲料转化率存在相关。*TAF15*的rs15 047 274位点与N301品系的增重、11周体重、采食量显著相关，而rs15 869 967位点与N414品系的剩余采食量显著相关。5个参与脂肪代谢的关键转录因子（C/EBPα、C/EBPβ、SREBP1、PPARα、PPARγ）在肉鸡脂肪代谢过程中均发挥重要作用。应用数字基因表达技术发现*MUC*、*LOC* 426 217、*BMP4*、*ACAA1*、*LPL*、*ALDH7A1*、*GLA*、*RETSAT*、*SDR16C5*、*WWOX* 和 *MOGAT1* 11个基因可能与北京油鸡鸡喙畸形有关。

繁殖性状主要研究影响卵泡发育的调控基因和与产蛋性能相关的基因。抗病性和免疫是今年的研究热点，主要研究鸡法氏囊发育、支气管炎病毒、禽流感病毒、细菌性疾病、免疫性状等。

### （二）营养与饲料

2014年我国肉鸡营养需要研究主要集中在微量元素。以心脏COX活性以及COX mRNA表达水平为敏感指标，评价了肉仔鸡铁需要量；22～42日龄肉鸡饲粮铁的适宜水平为103.8～110.4毫克/千克，可提高肉仔鸡腿肌剪切力并降低腿肌 $L^*$ 值。纳米吡啶甲酸铬可增加肉鸡铬利用率，降低肉鸡血清中低密度脂蛋白水平。饲粮添加酵母硒和葡萄糖氧化酶复合添加剂，可提高肉鸡生长性能和抗氧化性能，改善肉品质。

在酶制剂方面，研究了在玉米—豆粕—肉骨粉型饲粮添加蛋白酶、在小麦—豆粕型饲粮和玉米—豆粕型饲粮添加NSP复合酶、在低能日粮中添加复合酶对肉鸡生长性能、养分消化率、肠道黏膜形态等方面的作用。在小麦日粮中使用木聚糖酶改善了产气荚膜梭菌感染肉鸡的糜蛋白酶活性，提高肠道和肝脏养分转动载体的表达，有利于肠道营养物质吸收。饲料中添加果胶酶后肉鸡对豆粕和棉籽粕的代谢能和氨基酸消化率均有不同程度的提高。

针对肉鸡健康，我国也开展了不同功能性添加剂及其组合应用技术。抗菌肽和姜黄素单独或联合使用，提高肉仔鸡的生长性能和免疫功能。饲粮中添加富益生菌香橙可提高肉鸡免疫力，降低盲肠大肠杆菌数量及胸肌和腿肌中硫代巴比妥酸水平亚麻籽油和棕榈油组合促进肉鸡生长性能，增加胫骨重量、长度、骨密度，提高钙表观消化率和胫骨中钙含量。

## （三）疫病控制

2014 年，我国 H5 亚型禽流感、新城疫等烈性疾病偶有发生，传染性支气管炎、H9N2 亚型禽流感、大肠杆菌等疾病较常见，白血病感染仍然很严重。

H5 亚型禽流感病毒的 HA 基因主要分布在 2.3.4、7.2 和 2.3.2 3 个分支；H7N9 禽流感病毒基因变异不明显，和 2013 年分离毒株序列相似，依然维持低致病性分子特征；分离了新城疫毒株 class Ⅰ 的 3c 亚型、class Ⅱ 的 Ⅶ 亚型，而 Uthrakumar 等在印度分离到基因 Ⅱ 型的强毒株，提示可能出现新的高致病性流行株；禽白血病主要流行毒株 ALV－J 毒株基因出现了明显的变异，致病性试验证实这些基因变异增强了病毒的致病性。大肠杆菌等病原菌血清型众多，标准阳性血清欠缺，或血清分型系统不完整，很大一部分分离株无法进行血清分型。

已研制了检测禽白血病抗原和抗体的 ELISA、LAMP、胶体金试纸条、多重 PCR、荧光定量 PCR 等检测方法，部分检测方法已组装试剂盒，并获得农业部兽用生物制品临床试验批件，初步形成了禽白血病的净化体系和综合防控措施。中国台湾最近报道一种利用等位基因特异反转录 PCR（ARMS RT－PCR）用于区分 IBV 疫苗株和野毒株，在进一步结合高融点曲线（HRMA）的基础上，该技术还能进一步区别不同的疫苗株。建立分子分型和快速检测方法是细菌病主要的研究趋势。

目前我国推荐使用 Re－5、Re－6、Re－7 禽流感疫苗，Re－7 疫苗主要针对 2013 年至今出现的 7.2 分支的 H5 亚型禽流感病毒，再加上家禽强制免疫政策，基本上能保证家禽避免禽流感的大面积暴发和流行。国内有多位专家根据多年的流行病学调查和分子流行病学分析后认为国内的养禽场应该慎用 IBV 4/91（或称 793B），甚至建议停用该疫苗。

## （四）生产与环境控制

主要从废弃物处理、鸡舍环境控制技术、肉鸡福利养殖技术等方面开展研究。废弃物处理技术，主要通过酶制剂降解饲料抗营养因子、益生素和合生素调节肠道微生态、营养平衡技术，综合提高养分和能量代谢利用率而实现节能减排的作用效果。采用垫料添加生物质炭吸附铵氮、发酵床养殖、往复式生物质滤床复合碱液吸收除臭处理等方法，减少鸡舍及周围有害气体浓度，提高鸡舍内外环境空气质量。堆肥使用钝化剂减排重金属，发酵菌剂和生物碳优化堆肥工艺、物质转化和减排臭气；跌水—生态浮床处理沼液；肉鸡粪生物发酵沼气工程能源化。

环境因素与肉鸡健康主要集中于饲料添加剂缓解肉鸡热应激、光照强度和颜色、垫料、利用微酸电解水环境控制技术、鸡舍设计及环境自动化控制等研究。添加益生菌（地衣芽孢杆菌、枯草芽孢杆菌、植物乳杆菌）和纤维寡糖可改善热应激引起的肉鸡生长性能下降和肠屏障功能受损，且两者组合效果优于单独添加。育雏期使用蓝光和育肥期使用红光，可以提高肉鸡成活率，促进性成熟；光照颜色影响肉鸡肝脏抗氧化功能，其中绿光显著增强抗氧化功能；在肉杂鸡生产中选择白天连续光照（或自然光照），夜间补光1次（1～2小时）的光照程序可以显著提高肉杂鸡后期采食量和增重。设计开发了“开放式可封闭”多功能鸡舍、联动式鸡舍、拱形鸡舍和组装式多层鸡舍等。采用多传感器与无线网络相结合，实现舍内环境、温湿度、光照等数据的传输和自动控制；采用粉尘传感器和光电信号转换技术，对鸡舍内空气质量进行检测。开发利用地源热泵系统，既可为鸡舍供暖又可为鸡舍制冷降温。

肉鸡福利养殖技术主要集中在饲养模式、饲养密度、环境控制以及改善福利水平等方面的研究。利用生物素可以改善高饲养密度的福利水平，能够改善肉鸡步态、脚垫、跗关节等评分。研究了评价黄羽肉鸡福利指标，可以利用肉鸡行为学——采食、饮水、站立、修饰、觅食和沙浴行为的百分比，作为评价的参考指标。

### （五）鸡肉加工

研究了夏季高温运输条件下肉鸡热应激蛋白表达、物质代谢以及鸡肉品质三者之间的关联，运输0.5小时的肉鸡更容易形成类PSE肉；宰前电击晕工艺中，肉鸡扑翅会对肉质产生负面影响；超高压处理可提高添加κ-卡拉胶和海藻酸钠的鸡肉肌动球蛋白的凝胶特性；研究了夏季类PSE鸡肉的品质特征，并建立判定标准；研究了鸡肉蛋白质组成与利用方法，发现鸡肉蛋白氨基酸种类齐全、比例均衡，水解鸡肉蛋白粉是较好的利用方式。研究了煮制条件对鸡肉风味的影响，发现延长煮制时间可增强鸡汤风味、营养和口感；研究了反复冻融对不同卤制条件盐水鸡肉品质的影响，发现反复冻融导致品质下降；研究建立了真空包装鸡肉早餐肠的货架期预测模型。

胖大海胶可以显著减少鸡肉糜凝胶的蒸煮损失，提高肉制品产率；谷氨酰胺转氨酶结合超高压技术能够显著提升鸡肉凝胶品质；低剂量辐照结合维生素C处理可延长鸡肉冷藏货架期；超声波技术可快速清除生鲜鸡肉表面假单胞菌生物菌膜；超声波技术辅助滚揉工艺可促进鸡肉腌制速度，改善腌制效果；基质固相分散—超高效液相色谱串联质谱法可高效、准确、痕量的检测鸡肉中的氯霉素残留。

（肉鸡产业技术体系首席科学家
文杰提供）

## 一、国际水禽生产与贸易概况

依据世界粮农组织（FAO）提供的数据及国家水禽产业技术体系对我国21个水禽主产省肉鸭、蛋鸭、肉鹅产业的市场调查分析，世界2014年肉鸭、肉鹅的出栏量分别为41亿只和4.3亿只，与2013年基本持平。肉鸭出栏量亚洲约占90.2%，欧洲约占6.8%，美洲与非洲约占3%。中国2014年肉鸭的出栏量为31.1亿只，约占世界总出栏量的75.9%。全世界肉鸭出栏量排名前10位的国家是中国、越南、法国、缅甸、泰国、马来西亚、印度尼西亚、印度、韩国和德国。肉鹅出栏量亚洲占92.6%，欧洲占5.1%，美洲和非洲占2.3%。中国依然是世界上肉鹅出栏量最多的国家，占世界出栏量90%以上，其次是埃及、意大利、马达加斯加、波兰、匈牙利、以色列和法国。

在国际贸易方面，水禽产品进口量最大的国家是德国，成为水禽第一进口大国，亚洲的卡塔尔位居第二，世界水禽产品贸易呈现出从亚洲市场向欧盟市场扩散的趋势。随着水禽产品质量竞争力的提升，水禽在国际市场上的舞台越来越大，除种禽、鸭鹅肉一直保持较大进出口量以外，近年来鸭鹅肥肝、肥肝酱、鸭绒、鹅绒贸易量也在逐年攀升，国际贸易呈现多量化和多样化的特点。在出口的水禽产品中，种鸭出口能够获得高额的垄断利润。

## 二、国内水禽生产与贸易概况

我国的水禽产业包括肉鸭、蛋鸭和肉鹅产业。2014年我国的肉鸭、肉鹅产业仍然处于市场低迷期。在2013年媒体持续性不客观地报导“人患H7N9禽流感事件”的冲击下，严重降低了我国鸭肉、鹅肉的市场消费能力，是我国2014年鸭肉、鹅肉产品市场价格低位运行的重要原因之一。与鸭肉、鹅肉产品价格相反，鸭蛋价格一直处于高位，全年蛋鸭价格评价在12元/千克以上。根据国家水禽产业技术体系对全国21个水禽主产省（市、区）2014年水禽生产情况的调查统计，其商品肉鸭出栏量为31.05亿只，商品肉鸭存栏量为8.04亿只，肉鸭总产值817亿元；蛋鸭存栏1.94亿只，鸭蛋产量为270万吨，蛋鸭总产值359亿元；商品鹅出栏3.95亿只，肉鹅产值330亿元；水禽产业总产值降低到1 506亿元。我国水禽生产经营结构在2014年得到进一步发展，全产业链生产经营更加完善。科技进步、加工能力增强为水禽产业抗御风险与恢复发展起到了支撑作用。

中国是世界水禽产品第一出口大国。2014年，我国累计出口冻鸭肉20 684吨、熟制鸭肉20 401吨，出口额14 976万美元，每吨白条鸭冻品售价2 103美元、分割鸭肉售价1 772美元、熟制鸭肉售价5 486美元。而我国市场白条鸭价格仅为7 800～8 400元/吨，较国际市场低约5 000元/吨。我国水禽出口量的80%进入亚洲市场，对欧美市场的出口所占比例较小。每年销往我国香港的鸭肉约2 000吨。2014年我国鸭绒、鹅绒及其制品的贸易额为21.5亿美元，较2013年增长约6.5%。

## 三、国际水禽产业技术研发进展

以美国、英国、法国、德国等为代表的发达国家，其水禽产业规模相对于我国很小。但是，在肉鸭与鹅品种培育、饲养技术、食品加工方面表现出明显的技术优势。

在鸭、鹅品种方面，发达国家已经实现了以育种公司为主体、以市场需求为目标的商业育种模式，而大学与科研单位主要与育种公司合作，开展育种技术的研发活动。例如，美国枫叶公司（Maple Leaf Farm）以北京鸭为素材，针对美国人的消费习惯，采用常规育种技术培育了“大胸肉”北京鸭配套系。其具有生长快、胸腿肉率高、料肉比低的特点。并与美国普渡大学等研制了“鸭个体饲料采食自动记录系统”，该技术能够自动记录自然群体中每只鸭的采食量，以此测定鸭群的个体、家系饲料转化效率，对选育提高鸭的饲料报酬数据十分有效，并节省人力；法国的水禽消费以鸭鹅肥肝为主体，其克里莫（Grimaud）等公司培育了大型白羽番鸭、白羽半番鸭母本品系及朗德鹅专门化品系，其具有极高的产肥肝能力；英国樱桃谷农场（Cherry Valley Farm）目前培育的北京鸭配套系，因为生长快、饲料转化效率高等特点，持续垄断着世界大型肉鸭市场，占有率在80%以上。目前，水禽育种的技术手段依然是常规育种技术，分子育种技术尚在探索阶段。

国际上关于水禽分子育种技术的研究报道很少，主要针对水禽的产肉性状、繁殖性状开展基因功能、组织表达特异性研究等。例如对*IGF*－1、*MSTN*、*D2R*、*ACSL*3、*MAD*5、*TLR*5等基因与产肉性状、繁殖性状的关联性进行分析研究等。波兰学者在中国农大学者公布的“鸭参考基因组”基础上，发现了1个与肉鸭皮脂代谢相关的QTL、1个与腿肌率相关的QTL；法国研究团队将红外吸收光谱法应用到半番鸭肥肝的选育工作。

在水禽饲养技术方面，西方国家以全封闭、厚垫料、旱养为主。鸭鹅舍造价高，建筑规范，舍内设施条件好，能够有效进行舍内温度、湿度、粉尘、空气质量控制。依靠成熟的饲养技术与先进的环境控制设施，降低了水禽发病率，提高了成活率。更重要的是：水禽养殖业产生的排泄物及其垫料被全部转化为有机肥，解决了环境污染问题。2014年度，波兰学者研究报道了鹅蛋品质在不同年龄鹅之间的差异；饲养条件对鹅繁殖、福利的影响；半集约化饲养方式对鹅屠宰性能、肉质、脂肪沉积的影响等。

在产品加工方面，美国、英国、法国的肉鸭、肉鹅养殖产业实现了全产业链生产，包括品种、饲料、商品肉鸭与肉鹅饲养、屠宰、食品加工等。鸭、鹅肉类食品加工以当地消费者的需要为特点，分为熟食或半成品加工，效益极高。实现了以水禽类食品加工带动鸭、鹅养殖业健康发展的目标。目前全世界水禽肥肝年产量达 1 万吨以上，生产量大的国家主要有法国、匈牙利和以色列。羽绒的收集、利用和加工在发达国家一直比较重视，特别是白羽绒在国际市场上拥有很强的竞争力，一只水禽的羽绒价值相当于活体价值的 10%～15%，经加工后的产值相当于胴体的价格，因此，羽绒加工已成为提高水禽附加值的一条重要途径。水禽屠宰后产生的副产品如头、掌、内脏等，主要采用高压蒸煮、干燥粉碎制成高蛋白饲料。

## 四、国内水禽产业技术研发进展

国家水禽产业技术体系吸纳了我国 90%以上的水禽科技人员，成为我国水禽产业技术研发的主要力量。针对我国水禽产业发展对技术的迫切需求，我国水禽科技人员在 2014 年取得的重要科技进展概况如下。

**1. 研究建立了比较完善的肉鸭、蛋鸭、肉鹅网上与生物床养殖技术，蛋鸭笼养技术** 该技术对转变我国落后的水禽饲养方式已经发挥了重要引领、指导作用。例如，通过研究笼养蛋鸭的生活习性、改进笼具参数、研究蛋鸭笼养应激预防技术、笼养蛋鸭日常饲养管理技术等，解决了蛋鸭笼养的技术问题。与平养蛋鸭模式相比，笼养蛋鸭 500 日龄产蛋量达到 310 个，较平养蛋鸭提高了 3.2%；料蛋比较平养降低 1.1%、脏蛋率减少了 95%；体系研发了肉鸭全网床结合发酵床的饲养技术，摆脱了传统肉鸭饲养对水面的依赖，提高了生物安全水平，改善了舍内粪便管理。体系研发的“螺旋式垫料翻耙机”获得两项实用新型专利。该集成技术已在福建、广东、江西、浙江、江苏等省推广应用。

**2. 肉鸭、蛋鸭、肉鹅新品种培育取得了较大进展** 体系针对我国市场对水禽品种的需求，培育了瘦肉型北京鸭、肉脂型北京鸭、其他地方肉用麻鸭、绍兴鸭配套系、山麻鸭配套系、荆江麻鸭配套系、天府肉鹅配套系等新品种或配套系，已经较大面积的应用于我国的水禽产业。

在育种技术方面，试验证了 *novel-miR*－6、*novel-miR*－20、*novel-miR*－2、*novel-miR*－3 和 *novel-miR*－17 基因在鸭胚胎期胸肌发生过程中的功能及不同类型北京鸭胸肌组织、脂肪组织在蛋白质表达方面的差异；开展了蛋鸭生长发育、繁殖性状、抗逆性、胚胎发育、卵泡发育及青壳等重要经济性状相关基因、分子标记研究，筛选并验证了与青壳、蛋品质性状紧密连锁的分子标记；采用分子生物学技术对国内地方肉鹅品种与国外引进鹅种进行了比较研究：包括 GH 基因外显子 2 多态性、*HSP70* 基因表达差异、卵泡颗粒细胞 α－烯醇化酶基因、主要组织相容性复合物Ⅰ基因、*FoxO1* 基因、*RIG*－Ⅰ基因、*Wnt5a* 基因、抑制素（INH）α－亚基成熟区 cDNA 基因、细胞色素 *P450 2C45*（*CYP2C45*）基因、*SCD1* 基因、*Wnt10b* 基因、原代肝细胞 *GPX1* 和 *SOD1* 基因、胚原代肝细胞硬脂酰辅酶 A 去饱和酶 1 基因、*Spot14* 基因、*myf6* 基因、神经肽 Y 基因、*C4B* 基因、*A-FABP* 与 *MSTN* 基因、*MYL1* 基因、3－羟基－3－甲基戊二酰辅酶 A 合酶 IN（HMGCS1）、GnIH 受体基因、*FSHβ* 基因等。同时，运用高通量测序等技术研究了鹅就巢分子机制、鹅等级卵泡选择机制，对鹅卵泡发育与闭锁过程开展了系统研究，明确了制约鹅卵泡发育成熟的关键环节，筛选了鹅卵泡发育相关基因 160 余个，阐明了颗粒细胞对鹅等级卵泡发育调控的关键作用，为解析鹅产蛋低的分子机制奠定了基础。

**3. 积累了大量水禽营养需要量与饲料营养价值数据** 我国 2014 年在北京鸭营养需要量、地方麻鸭（肉用）营养需要量、蛋鸭营养需要量、肉鹅营养需要量及水禽营养代谢与饲料营养价值评价、饲料资源利用等研究方面取得了较大进展，积累了丰富的研究资料。研究获得了肉鸭蛋氨酸、苏氨酸、精氨酸、胆碱、维生素 $B_2$，蛋鸭蛋氨酸、赖氨酸、精氨酸、维生素 $B_2$、烟酸，肉鹅维生素 $B_2$、维生素 $B_6$、叶酸、胆碱、铜、锰等营养需要量数据；研究制定了我国临武鸭营养需要量标准。该标准对饲养我国地方麻鸭具有广泛的指导意义。

在饲料营养价值评价方面，试验研究了米糠、米糠粕、木薯渣、柠檬酸渣、椰子粕、葵籽粕、木薯渣、花生粕对肉鸭、鹅的饲用价值与利用技术，对科学高效利用我国这些饲料资源奠定了基础。

**4. 进一步明确了我国水禽流行病，疫苗与疫病控制技术研发取得重要进展** 水禽流行病学研究发现，鸭传染性浆膜炎和大肠杆菌病是危害水禽业的主要细菌性疾病；坦布苏病毒感染已成为危害我国水禽业的主要疾病之一；鸭病毒性肝炎对我国肉鸭和蛋鸭的危害较大；细小病毒病和呼肠孤病毒病对番鸭养殖业危害突出；新城疫和小鹅瘟是危害肉鹅的主要疾病。疾病危害与养殖条件、方式和免疫措施密切相关。

病原学研究表明：鸭甲肝病毒基因 3 型，呼肠孤病毒基因 2 型，鸭疫里默氏菌血清 1 型、2 型、3 型和 13 型，大肠杆菌 $O_{78}$、$O_2$、$O_{39}$、$O_{86}$和 $O_{157}$型是主要流行病原。

在疫苗方面，番鸭呼肠孤病毒活疫苗于 2013 年年底获国家一类新兽药证书，坦布苏病毒弱毒疫苗和灭活疫苗已进入临床试验，鸭甲肝病毒 3 型弱毒疫苗、基因 2 型呼肠孤病毒弱毒疫苗、小鹅瘟灭活疫苗以及采用不同毒株的坦布苏病毒弱毒疫苗或灭活疫苗、鸭传染性浆膜炎—大肠杆菌二联灭活疫苗仍处于实验室研究阶段。

在诊断和检测技术方面，国内学者在水禽疾病的分子诊断和检测技术方面开展了广泛研究，例如 PCR、多重 PCR、LAMP、Real-time PCR 等。并研究建立了检测坦布苏病毒的免疫胶体金技术和乳胶凝集试验技术。但许多方法尚需要标准化和商品化。

（水禽产业技术体系首席科学家
侯水生提供）

# 一、国际兔生产与贸易概况

## （一）国际兔业生产概况

肉兔生产方面：近两年随着全球经济的持续不振，兔业生产也出现徘徊。2012年全球兔出栏11.80亿只，2013年略有下滑，为11.78亿只[①]，2014年仍将维持此水平。2013年世界前五大兔养殖国依次为中国、意大利、委内瑞拉、朝鲜和西班牙，其出栏量合计占全球兔出栏量的81.85%，其中中国占全球的41.14%。各大洲肉兔出栏和比例见表1。兔毛生产方面，中国是重要的兔毛生产国，2014年中国兔毛产量1.2万吨左右[②]，占全球兔毛产量的90%以上。除中国外，法国、匈牙利、智利、阿根廷等国家，年产兔毛在200吨以内。

**表1　2013年国际兔业生产及其区域分布**

| 地　区 | 兔出栏量（亿只） | | | | 兔肉产量（吨） | | | |
|---|---|---|---|---|---|---|---|---|
| | 2012 | | 2013 | | 2012 | | 2013 | |
| | 数量 | 比重 | 数量 | 比重 | 数量 | 比重 | 数量 | 比重 |
| 全世界合计 | 12.07 | 100% | 11.78 | 100% | 179.02 | 100% | 178.16 | 100% |
| 亚洲地区 | 5.99 | 49.63% | 5.94 | 50.42% | 89.43 | 49.96% | 88.63 | 49.75% |
| 欧洲地区 | 3.48 | 28.83% | 3.41 | 28.95% | 51.64 | 28.85% | 51.48 | 28.90% |
| 美洲地区 | 1.86 | 15.41% | 1.68 | 14.26% | 29.67 | 16.57% | 29.67 | 16.65% |
| 非洲地区 | 0.73 | 6.05% | 0.75 | 6.37% | 8.27 | 4.62% | 8.38 | 4.70% |

资料来源：联合国粮农组织（http://faostat.fao.org/）。

兔皮生产方面，獭兔皮的生产国主要有中国、法国、美国等，据估计，2014年中国獭兔皮产量1.36亿张，占世界总产量的95%以上，但质量以法国为优。

## （二）国际兔产品贸易概况

兔肉贸易方面，2013年世界有46个国家和地区出口兔肉，总出口量4.41万吨，出口贸易额2.38亿美元，有76个国家和

① 本部分有关全球兔生产的数据来源于联合国FAO统计数据库（http://faostat.fao.org/）。

② 目前国内外均无兔毛产量的统计，此数据为2012年兔产业体系对全国的兔产业发展进行了一次大范围调研上并综合2014年业内人士意见的估计数。

地区进口兔肉。其中，出口量排在前五位的是中国、比利时、西班牙、法国和匈牙利，这5个国家合计出口3.23万吨，出口额1.63亿美元，分别占世界兔肉出口总量和出口总额的73.24%和68.49%。出口和进口居前10位的国家见表2。

表2 2013年兔肉进出口前10名的国家进出口价格表

| | 出口 | | | | 进口 | | |
|---|---|---|---|---|---|---|---|
| | 国家 | 数量（吨） | 单价（美元/千克） | | 国家 | 数量（吨） | 单价（美元/千克） |
| 1 | 中国 | 9 749.71 | 3.927 | 1 | 欧盟 | 8 504.10 | 4.596 |
| 2 | 比利时 | 6 103.99 | 5.193 | 2 | 德国 | 6 182.85 | 5.828 |
| 3 | 西班牙 | 6 012.77 | 4.335 | 3 | 比利时 | 5 427.14 | 4.759 |
| 4 | 法国 | 5 571.93 | 5.847 | 4 | 法国 | 4 064.54 | 4.388 |
| 5 | 匈牙利 | 4 895.84 | 7.042 | 5 | 俄罗斯 | 3 330.94 | 3.533 |
| 6 | 欧盟 | 3 874.82 | 7.492 | 6 | 葡萄牙 | 3 248.05 | 3.564 |
| 7 | 荷兰 | 1 775.75 | 6.469 | 7 | 意大利 | 3 168.17 | 4.857 |
| 8 | 阿根廷 | 1 582.65 | 5.498 | 8 | 荷兰 | 1 849.42 | 6.595 |
| 9 | 意大利 | 1 118.25 | 6.945 | 9 | 瑞士 | 1 438.79 | 8.279 |
| 10 | 德国 | 700.10 | 8.309 | 10 | 捷克 | 1 436.55 | 4.354 |

数据来源：联合国WITS数据库（http：//wits.worldbank.org/WITS）。

全球兔毛的统计比较缺乏，但兔毛的主要出口国为中国，中国兔毛原料及兔毛针织品出口量占世界90%以上，主要销往韩国、德国和意大利等国。兔毛产品的主要进口国和地区包括日本、中国香港、德国等欧洲国家、韩国及美国等。受2013年下半年“手拔毛”事件的影响，2014年我国兔毛出口比2013年下降26.5%。关于兔皮国际贸易的统计，FAO以及其他主要国际机构的最新统计截至2010年，当年全球兔皮进口量仅为562吨，主要进口国为摩洛哥和日本，这远远低于20世纪90年代的平均约5 000吨的水平，主要出口国为法国、比利时和西班牙等。实际上，近年来中国从欧洲兔业生产大国（如意大利、西班牙、法国等）进口肉兔皮，在国内鞣制加工后出口兔皮产品。中国的獭兔皮则是既出口原料皮，也出口加工后的成品。

## 二、国内兔业生产与贸易概况

### （一）国内兔业生产概况

据统计①，2013年我国家兔存栏为2.23亿只，出栏5.04亿只，分别比2012年增长0.84%和3.26%。预计2014年存栏与2013年持平②，而出栏有望达到5.15亿只，增速2.19%。2013年兔肉产量78.5万吨，比2012年增长3.15%。预计2014年兔肉产量将达到80万吨。

从区域结构来看，我国肉兔养殖依然主要集中在四川、重庆等西南地区以及山东和

① 资料来源：《中国农村统计年鉴2014》。

② 由于2013年的数据还没有公布，这里运用多种方法对2013年的数据进行预测，包括趋势外推、多项式拟合等方法。

河南等地，獭兔则主要在山东、河北、河南和山西等中部和北部区域，而毛兔在主要在鲁、浙、苏、皖等地。但近年来西北地区的家兔养殖的兴起，包括陕西、甘肃和内蒙古的家兔养殖均发展较快。

兔肉流通的基本格局为：家兔主产地之一的西南地区（主要是四川和重庆）的兔肉（主要为肉兔肉）以本地消费为主，部分销往广东，少量销往北方地区；另一主产地的山东，其兔肉（主要为獭兔肉），主要销往广东和四川、重庆等地，也有部分销往北方其他地区，还有部分出口；河南和江苏等地的兔肉，主要销往广东、四川和重庆等地，一部分在当地销售。其他地区的兔肉，主要是当地生产当地消费。

兔毛生产方面，2013年底受国际福利组织“手拔毛”事件的影响，2014年我国兔毛的出口受到较大影响。但由于国内兔毛分梳技术的改进，国内需求增加，因而整个2014年兔毛市场价格总体持续徘徊在高位，养殖户扩群积极性依然较高。2014年度长毛兔新增数量以老养户为主，品种和技术相对较好，养殖利润比较丰厚，只均年养殖效益达到100～150元，效益比较显著。

兔皮生产方面，受国际和国内毛皮原料价格波动和终端市场的影响，加之2013年全年处于高位运行，2014年獭兔产业总体处于低迷状态，从春节前开始走低，直到9月以后，兔皮价格才有所回升。以A级獭兔皮为例，2014年1月中旬，仍为68元，但春节后，受国际水貂皮价格下滑的影响，即刻降至50元，下降了26%，此后持续走低，至8月底仅维持在30元。进入冬季后，因冬季皮张质量好和服装市场的好转，兔皮价格有一定回升，但中间商的存货量大，兔皮价格也难以有较大回升。2014年还受更严格的环保政策的影响，全国獭兔养殖呈下降趋势，河北等地獭兔存栏下降了近30%多。

### （二）中国兔产品贸易概况

**1. 兔肉贸易** 我国兔肉仍然保持净出口，同时，2014年出口量有较大提高，根据海关统计[①]，2014全年我国兔肉出口总量达到12 868吨，比2013年增长31.99%。出口额5 471万美元，比2013年增长42.9%，主要出口到欧洲。排名前三的国家依次分别是比利时、俄罗斯和德国，对三国的出口分别占37.72%、24.64%和17.92%，合计80.27%。对三国的出口额分别占39.44%、22.30%和19.08%，合计80.82%。2014年我国出口的兔肉主要来自山东、吉林、山西和黑龙江省份，分别占总出口量的83.52%、11.33%、4.95%和0.19%；分别占总出口额的83.13%、11.47%、5.21%和0.18%。

据国家质量监督检验检疫总局公布的数据（2014.12.19），目前全国共有出口兔肉备案企业13家，其中山东8家，四川、河北、山西、吉林和重庆各1家。出口兔肉备案养兔场120家，其中河北23家、山西12家、吉林7家、四川21家、重庆1家、河南1家、山东55家。

**2. 兔毛和兔皮贸易** 我国2014年出口兔毛（已梳兔毛）830.92吨，出口额3 152.11万美元，分别比2013年下降

① 海关信息：http：//www.haiguan.info。本节有关国内兔肉、兔皮和兔毛贸易的数据，均来自海关统计。

26.44%和20.27%。2014年我国依然为兔皮的净进口国，据海关统计，2014年我国进口整张皮24 971.96吨，比2013年同期下降11.15%，金额1.216亿美元，比2013年同期降低39.93%。

综合兔产品贸易来看，我国兔肉的净出口将持续维持较长时期，但出口目的国在日益多元化。但我国的兔皮和兔毛需求将日益依赖国内市场。受国际动物保护组织的影响，未来我国兔毛的出口将长期不容乐观。兔皮则受日益严格的环保要求，兔皮鞣制将逐步以国内的兔皮原料鞣制为主，兔皮的进口在未来一段时间甚至很长一段时间都将逐步减少。

## 三、国际兔产业技术研发进展

**1. 遗传育种与繁殖**　经查阅2014年度国内期刊和会议论文关于家兔遗传育种与繁殖方面发表的30余篇文章。

（1）遗传育种。传统育种技术：Mazouzi-Hadid等研究发现阿尔及利亚兔群繁殖性状受到毛色、季节显著影响，有色兔和春季该品种繁殖性能明显较好，而白化和夏季兔繁殖较差；Dal Bosco等研究不同品种肉兔80日龄肌肉脂肪酸组成和背最长肌代谢相对指数，发现新西兰白兔和Leprino兔肉豆蔻酸百分比较低，软脂酸和单不饱和脂肪酸含量较高，本地灰兔总$n-3$脂肪酸最高；García-Quirós等研究发现选育目标包含身体健康的家兔品系后代断奶时血液有更高白细胞计数、更多CD5（+）、CD8（+）和淋巴细胞，生长期患消化道病死亡率更低；D Savietto等对不同代次家兔断奶仔数的选择存在资源分配的差异进行了研究，表明不同世代的母兔体内资源分配方式是不同的；Fernando等研究了欧洲兔亚群杂交区的空间遗传结构，发现分布在当地范围的家兔的遗传结构是一个整体因素的结果，从地理、生态到行为、分子，通过时间和空间进行分层次的交互结果。

分子育种技术：Miguel等研究了欧洲兔亚群群体分化的基因组结构，分析了分化群体间的基因区域的渐渗现象，识别了抵制渐渗现象发生的特定基因或基因组区域；Bertolini F等研究了家兔的子代基因测序发现高通量SNP。测定了两个有代表性的基因库（RRLs）来识别家兔基因组的单核苷酸多态（SNP），单核苷酸多态性在几个基因组区域被Sanger测序验证，这将有助于开发测定家兔高通量SNP基因型拥有有效成本的方案；T I Amalianingsih等采用PCR-RFLP技术分析了生长激素（GH）基因在力克斯兔（Rex）、安哥拉长毛兔（Satin）和Reza（力克斯兔×安哥拉长毛兔）3个兔品种中的变异，对背最长肌和肾周脂肪超声波成像图进行关联性分析，发现GH | Bsh1 236I变异位点与测量表型没有显著相关性，但对标记辅助选择具有一定作用。

（2）繁殖技术。Collodel等研究发现LPS分别与巧克力和蜂胶配合添加保护公兔精子正常发生过程；Nishijima等研究表明添加负载胆固醇的环氏糊精（CLC）可明显改善家兔冻融精子活力和质量，实际受精率明显提高；Alexander等对卵巢功能调控的原始数据进行了分析，发现一些激素对卵巢细胞增殖、凋亡、分泌活动、蛋白激酶表达以及血液生殖激素水平、卵巢形态、排卵数量、胚胎产量及品质、产仔数及活力产生影响；A Balazi 等研究了催产素、IBMX 和 dbcAMP 对兔卵巢闭锁卵泡的影响；Amanda 等对有活力的精子进行细胞形态学检查（motile sperm organelle morphology examination，MSOME），发现在高倍率下观察到的精子形态异常可以用来预测卵胞浆内单精子注射（ICSI）后从受精到胚泡阶段胚胎的发育情况；MD Saenz-de-Juano 研究了玻璃化冷冻过程是否可以导致 OCT4 启动子甲基化情况产生变化，来决定胚胎移植后的植入失败和转录组的变化，这是首次对兔子胚胎玻璃化冷冻过程与表观遗传变化是否相关的研究。

**2. 营养与饲料** 2014 年国际刊物发表的有关家兔营养的文章 20 多篇。涉及饲料资源开发与利用、营养物质消化代谢及应用、饲喂技术和管理制度与家兔生产等。

（1）饲料资源开发与利用。A Dalle Zotte 等研究了在生长兔日粮中添加螺旋藻和百里香对生、熟兔肉质量、营养成分保留和抗氧化能力的影响；Tina Trebušak 等研究了在家兔日粮中添加亚麻籽油和灵芝或亚麻籽油和油橄榄叶对兔肉抗氧化能力的影响；L Rotolo 等选用 150 只新西兰白兔饲喂不同水平的酿酒酵母，研究其对营养物质的表观消化率、对家兔生长性能、盲肠发酵、屠体特征和肉品质的影响；Estellés F 等研究了日粮中添加过磷酸钙对家兔通过粪便排放有害气体的影响，发现将过磷酸钙应用于家兔饲料中可能是一种降低兔粪中氨气排放的有效方法；I Gruesoa 等通过研究啤酒花和淀粉可溶性纤维对生长兔的生长性能、死亡率和对营养物质的表观消化率的影响，发现在生长兔日粮中添加啤酒花和淀粉可溶性纤维对提高生长性能和促进肠道健康有正效应。

（2）营养物质消化代谢及应用。研究包括：炎热的夏季条件下，蜂王浆对改善公兔的影响；牧草的可用性以及基因型对生长兔福利、免疫功能和胴体肉品质的影响；橘皮苷膳食补充剂对兔生长性能、胴体品质和肉质的影响；脂肪酸代谢指数对兔基因型的影响；以高可消化纤维作为断奶日粮为基础的饲喂方式对家兔健康、生长性能和胴体以及肉品质的影响；刺槐荚不溶性纤维通过去乙酰化酶-1 和过氧化物酶体增殖物激活受体 γ 共激活因子 α 对家兔动脉粥样硬化抑制的影响；α-亚麻油酸对生长肉兔生长性能、肉品质，脂肪酸组成和肝脏相关酶 mRNA 表达量的影响；不同生长促进剂对生长兔生长性能、胴体品质、血液生化以及免疫应答的影响；D-甘露糖醇对成年家兔氮沉积、纤维素消化率和食糜周转速度的影响；饲喂氧化鱼油的质量对家兔和鸡肉质及抗氧化性的影响；不同的干洋蓟苞片添加量对家兔肉质，胴体质量，及脂肪酸比例的影响等。

（3）饲喂技术和管理制度与家兔生产。研究包括：阿尔及利亚兔群断奶前的生产性能、被毛颜色、公母数和季节的影响；饮用水的酸化程度对家兔生长性能、消化酶活性及盲肠细菌含量的影响；在不同的饲养环境下兔子的外观表现及福利；生长家兔饲料纤维营养及保持消化系统健康的建议等。

**3. 疾病防控**

（1）兔病毒性出血症。Camarda A 等发现可以感染野兔的兔瘟病毒变种 RHDV2，Rhdv2 可以引发兔子急性败血症和 *Lepus* capensis 的疾病和死亡；Matthaei M 等研究发现新生兔可以有效地抵抗 RHDV 和其突变体 RHDVa 的侵染，对低浓度的 RHDV 敏感，可在血清转换前排出病毒，这对 RHDV 的流行性病学研究有重要作用；Dalton KP 等在西班牙发现年轻兔的病毒性败血症，与以往经典 RHDV G1 型不同，大多数兔感染的都是变种 RHDV，这暗示新的 RHDV 疫苗需要迫切的研制来应对严峻的变种 RHDV 感染；San-Miguel B 等发现兔肝脏褪黑激素（melatonin）在面临 RHDV 感染时可以有效地降低肝脏细胞的自噬作用，并抑制 RHDV 病毒的复制，在兔急性败血症中有保护作用；Fernandez E 等利用毕赤酵母同时表达 RHDV 衣壳蛋白 VP1 和来自海葵的蛋白酶抑制剂 rShPI-1A，可以有效防止表达 VP1 的降解，使 VP1 的产量大大提高。

（2）兔流行性腹胀病。Bäuerl C 等对发病组、健康组和健康预先用药组的盲肠微生物进行了细胞因子的转录分析和黏膜及阑尾中黏铁蛋白进行了定量分析，发现健康组和健康预先用药组的微生物种类比较相似，而发病组则表现为菌群失调和分类多样性降低，病兔的发病和死亡可能由于动物肠道内不同病原菌的增殖引起。

（3）兔皮肤真菌病。Khosravi 等研究了藏茴香精油和蜂胶乙醇提取物对于犬小孢子菌生长和 *MEP3* 基因转录的影响；Worek 等（2014）使用基因组原位杂交技术鉴定了皮肤癣菌；Abubacker 等发现鳞鸡冠花斑鸠菊的油酸化合物对炭疽菌，尖孢镰刀菌和立枯丝核菌、弯孢菌、叶斑病病原菌和犬小孢子菌均具有明显的抑制真菌活性；Liu 等发现构巢曲霉和烟曲霉耐伊曲康唑（ITZ）的耐药机制，主要是通过调节钙离子信号通路来发挥耐药作用；Mansourian 等（2014）发现丁香和石榴的提取物能够有效抑制白色念珠菌。

（4）兔巴氏杆菌病。Palócz 等研究表明（1-3）、（1-6）β-葡聚糖饲喂兔能有效地抵抗多杀性巴氏杆菌鼻腔模拟自然感染；Laxmi 等对不同的宿主动物如牛、水牛、猪、家禽和兔子 108 株多杀性巴氏杆菌进行 8 种毒力相关的基因筛查，结果发现巴氏杆菌印度分离株一些独特的毒力相关基因信息。

（5）兔波氏杆菌病。Tizolova 等报道了检测波氏杆菌和百日咳杆菌的 PCR 方法，由于波氏杆菌和百日咳杆菌之间存在交叉反应，需要对百日咳杆菌和波氏杆菌进行鉴别诊断；Guo 等报道用马尾松花粉多糖可作为禽波氏杆菌疫苗安全和有效的免疫佐剂。

（6）兔球虫病。Wang 等对兔球虫在单卵囊水平上进行了种鉴定，提供了兔球虫更为敏感的鉴定方法。

**4. 兔舍建筑与环境控制技术** 追踪国外兔舍建筑与环境调控方面的研究，2014 年相关研究仍然集中在兔笼垫板、兔笼样式与大小、饲养方式与密度、高温热应激等对家兔行为表现、生长繁殖性能、生理生化指标的影响。

匈牙利的 Gerencsér 等人研究了生长兔分别在低温（10～11℃）、中温（17～20℃）和高温（22～26℃）下对塑料网、铁丝网和厚垫草 3 种不同材质垫板的偏好行为和生长性能表现；意大利的 Trocino 等人认为饲养方式和集中饲养方式下围栏尺寸与饲养密度可能对兔子的行为、恐惧和应激水平造成影响，并比较了不同饲养方式（笼养或围栏饲养）、不同围栏大小以及不同饲养密度下兔子的各种行为表现及皮质酮水平；荷兰的 Rommers 等人研究了群体饲养下提供避难所、稻草及领地对母兔进攻行为的影响；西班牙的 Alfonso-Carrillo 等人研究了断奶时间与兔笼类型对母兔和仔兔繁殖与生长表现的影响；匈牙利的 Matics 等人研究了不同类型兔笼对生长兔的兔肉产量、胴体性状及肉品质的影响。

**5. 加工与综合技术** 兔肉加工方面，Tina Trebu˘sak 研究了灵芝和油橄榄叶来增加兔肉中 $n-3$ 脂肪酸含量以及对兔肉抗氧化性的影响；A Dal Bosco 研究了苜蓿对兔肉中脂肪酸组成和脂质代谢的影响；Zs Matics 研究了生长期的兔子在不同居住条件下的生长状况，对比了笼子饲养和围栏饲养对屠宰后兔肉品质的影响；A Dal Bosco 研究螺旋藻和百里香补充膳食对兔肉外观品质、氧化稳定性和脂肪酸组成的影响。

兔毛加工方面，开展了针织产品性能改进技术研发——高支纯兔毛走锭纺针织用纱的开发；开展了等离子/纳米纤维素联合改性兔毛纤维性能优化的研究；加工设备技术革新研究——半精梳技术和新型绒毛分梳技术；采用形态结构的检测对不同生长部位和不同细度的兔毛进行质量评价；基于 DNA 分析的兔毛纤维鉴别方法实现了对混纺织物中兔毛成分的有效检测与精确识别，兔毛纤维吸放湿性能的系统研究为兔毛加工过程提供了有益的基础数据；接枝交联、微波、等离子体处理等方法被用于兔毛纤维的改性；新型毛网卷捻兔毛梳理机的研发使得兔毛梳理问题有了突破性进展；将兔毛用于蛋白质整理剂和蛋白质粉体材料，是兔毛在精深加工和高效利用方面的新探索。

兔皮加工方面，德国朗盛化工有限公司、司马化工、巴斯夫化工、荷兰斯塔尔化工、美国劳恩斯坦、韩国理树化工等主要毛皮化料公司，均在关注甲醛的替代产品，但目前尚无完全成功或推向市场的新型鞣剂；兔皮或皮草服装，因受国际水貂皮价格的影响，2014 年兔皮服装没有大的作为，在各种毛草服饰展览会上，多倾向于多种毛皮混搭，特别是兔皮服装通过配饰长毛的狐皮或貉子皮，提升其档次，减少兔皮过余“呆板”视觉感观。

**6. 产业经济** 关于家兔农户养殖和消费的研究：Oluwatusin F 研究了在热带养兔的决定因素；Mensah J O 根据对 200 个兔肉消费者和 15 个肉兔养殖户的调研问卷，并对净现值、内部收益率、成本收益率等指标进行了的分析，研究了非洲国家加纳肉兔生产的可行性；Mailu S K 对加纳的 4 个地区进行了问卷调查，研究了家兔养殖的特征、农户的养殖目的和偏好，发现 52.3% 的农户养殖家兔是为了商业目的。

家兔养殖方式及饲料方面的研究：A Dal Bosco 对使用新鲜苜蓿喂养家兔使兔肉质量的提高进行了研究；Philip Cheriose Nzien Alikwe 对用山麻杆叶（ACLM）代替豆粕喂养新西兰白兔的效果进行了评估；Zs Matics 对 579 个样本按数量和养殖方式（笼养、围栏等）进行了分组，研究在笼中和用不同的围栏方式养殖对生产、胴体大小和肉质的影响。

其他方面的研究：Méda B 主要关注家兔养殖对环境的影响，运用动态模型模拟了家兔养殖的氮和磷排放，并指出应该设计可持续的兔养殖系统以减少对环境的影响；家兔养殖与缓解贫困关系的研究。Oseni S O 研究了非洲的小农户养兔问题，并关注了养兔与缓解小农户贫困的关系，并讨论了小农户养兔的可持续发展模式。

## 四、国内兔产业技术研发进展

### 1. 遗传育种与繁殖

（1）遗传育种。传统育种技术：杨瑞飞等研发了獭兔育种与生产信息管理系统；李寸欣等探讨了综合选择指数及算图在獭兔育种中的应用；曹亮等采用 Logistic 非线性动物生长模型，拟合海狸色獭兔从出生到 6 月龄的平均体重，进行生长曲线拟合分析；傅祥超等研究不同年龄、季节的獭兔体重分布规律；张自强等研究力克斯兔不同发育时期皮肤组织形态结构的变化规律；贾先波等采用多性状动物模型约束性最大似然法（REML）评估新西兰白兔遗传参数评估；简文素等对群体继代选育 5 个世代的加利福尼亚獭兔毛皮品质进行了分析。

分子育种技术：Gong-Wei Zhang 等研究了 *IRS*1 和 *FTO* 基因之间的交互作用及其与家兔生长的关联分析；Qiao XB 通过分析 9 个纯系兔和它的 37 个杂种组合样本，使用测序和单链构象多态性技术探究了肌肉生长抑制素基因（MSTN）全部 3 个外显子区域和 5’-调控区域的多态性；蔡月琴等应用随机引物扩增多态性 DNA 技术对大耳白黑眼兔（WHBE）、日本大耳白兔（JW）和新西兰兔（NZW）3 个实验兔品系进行 60 个随机引物的遗传分析；李冰等研究不同被毛密度獭兔皮肤差异表达基因；秦立志用芯片技术筛选获得全同胞青紫蓝色獭兔和白色獭兔背部皮肤组织差异表达基因 89 个并进行验证；R X Lan 等研究了促性腺激素释放激素受体-I（GnRHRI）、促性腺激素受体（FSHR、LHR）、孕激素受体（PGR）和孕激素受体膜结合蛋白组成-I（PGRMCI）在兔卵泡不同发育时期的存在和定位。

（2）繁殖技术。李丛艳等研究发现分娩季节显著影响齐卡新西兰母兔产仔性状，推荐春季繁殖；任永军等研究不同光照强度对新西兰哺乳母兔同期发情效果和繁殖性能的影响，表明诱导同期发情时光照强度采用 80～90 勒克斯，其繁殖性能较好；赵树科等研究表明 29 日龄獭兔白天同期分娩应用 0.2 毫升氯前列烯醇注射液最佳；刘伯等研究了獭兔不同配种方案对后代性别比例的影响，表明初配和复配均用当天用过 1 次的公兔，后代母兔比例提高 58.00%；王辉田等研究表明用针刺挤压法获取 3 层以上卵丘细胞包裹的兔卵母细胞，用 20 纳克/米表皮生长因子或 1.0 微摩尔/毫升谷胱甘肽进行体外培养，獭兔卵母细胞体外发育效果最佳；王鸽等通过系统地探讨不同的化学激活剂及其与 6-DMAP 联合激活对兔卵母细胞孤雌激活及体外发育的影响，探寻一种稳定有效的卵母细胞激活方法；Xingfa Han 等探讨了主动免疫沉淀孕烯醇酮后对兔子繁殖性状的影响作用，首次证明对孕烯醇酮的主动免疫沉淀可以作为一种雄兔的免疫阉割方式。

**2. 营养与饲料** 据对国内 40 多种有关畜牧兽医类杂志的搜索，2014 年国内刊物发表的有关家兔营养的文章 120 余篇。

（1）饲料资源开发与利用。如陈赛娟等

通过套算法研究不同替代比例花生秧对生长獭兔的表观消化能和营养物质表观消化率的影响；陈丹丹等对高粱和小麦对生长獭兔营养价值的进行了评定；钟东林等研究表明，表明松针粉既是一种理想的饲料添加剂，又是一种具有保健功能的助长剂。

（2）营养需要。如韩营等通过不同消化能水平的日粮对断奶獭兔皮肤组织中IGF－1和IGF－1R基因表达的影响研究；冯奇等通过研究日粮中性洗涤纤维（NDF）水平对断奶獭兔肠黏蛋白基因 *MUC*1 和 *MUC*2 表达的影响；常万波等开展日粮能量水平对1.5～3.5月龄獭兔免疫性能及肝脏IFN－γ表达的影响研究；孙良展等研究饲粮能量水平对42天繁殖模式下獭兔繁殖性能、体重变化及血清生化指标的影响；张博琳等开展维生素A对獭兔血液生化指标的影响研究；才仁道尔吉等开展维生素C对獭兔卵母细胞体外成熟的影响研究；堵光莹研究了不同蛋氨酸水平对獭兔各项指标的影响。

（3）饲喂技术和管理制度。目前国内外关于獭兔饲养管理的精细研究较少。任克良等通过研制仿生产仔箱并进行使用效果研究，得出仿生产仔箱有提高巢箱温度的作用，并使部分繁殖性状提高；郑建婷等通过限制饲喂量对断奶獭兔生长与健康的影响研究；叶红霞等研究不同噪音强度对獭兔生长和繁殖性能的影响。

**3. 疾病防控**

（1）兔病毒性出血症。疾病防控和诊治方面，李凯等对家兔病毒性出血症的病症、鉴别和治疗进行了综合的阐述；苏华峰等对兔病毒性出血症的临床症状、剖检变化和防治措施进行了简要的阐述；陈亚军等对贵州省某养殖场一例兔出血症诊治情况进行介绍。

病原鉴定方面，王孝友等在四川省某免疫兔瘟巴氏杆菌二联苗的兔场分离鉴定到一株兔出血症病毒NB株；张婕等也分离到一株无血凝的兔出血症病毒株，并对其进行了鉴定；肖跃强等获得了兔出血症病毒SQ－1株的全基因组序列，并进行了遗传演变分析。

疫苗研究方面，权英存等分别以黄芪多糖、蜂胶、铝胶、生理盐水为佐剂，研制兔病毒性出血症黄芪多糖佐剂、蜂胶佐剂、铝胶佐剂以及常规灭活疫苗，并从安全、免疫效果等方面对这4种疫苗进行比较；张燕等分析了VP60作为颗粒疫苗载体的可行性和对外源基因长度的耐受性；黄艳秋等构建了表达兔出血症病毒VP60蛋白的重组牛疱疹病毒1型，通过PCR、western blot及间接免疫荧光鉴定表明 *VP*60 基因在牛肺细胞中获得表达；付强等对兔出血症DNA疫苗的研究进展进行了综述。

在疫病诊治方面，付强等对近几年来有关兔病毒性出血症诊断、疫苗研制方面取得的最新进展进行了综述；肖跃强等根据GenBank公布的兔出血症病毒序列，设计了3条引物，并对引物组合进行了筛选，优化PCR体系各反应条件，测定该方法的敏感性与特异性，并进行临床应用对比试验；李宁等扩增了VP60的优势抗原区A（31－250 aa）和B（470－579 aa）两个片段，然后应用融合PCR方法将A、B片段连接起来，进行了原核表达。

（2）兔寄生虫病。2014年，我国家兔寄生虫病研究重点在于疾病的防治。为探寻毒副作用小、低残留和不产生耐药的新型灭螨药物，谭德展等、邓云夏等分别对花椒、苦参碱、青蒿素、瑞香素等中药成分的灭螨效果进行了对比。另外，根据近年来我国兔寄生虫病的流行特点，诸多学者对疾病的治疗及综合防治进行了系统性的论述（范国寿、袁村玉、张新华、卢松岩和李孟燕等），更多地从临床实践出发，为家兔养殖提供指导性建议。

**4. 兔舍建筑与环境控制技术** 2014 年，国内兔产业兔舍环境领域技术研发进展主要集中在光照强度、季节等环境因素对家兔生长发育和繁殖性能的影响方面。任永军等人研究了在水泥笼养条件下，不同光照强度对哺乳母兔同期发情效果和繁殖性能的影响；傅祥超等人通过曲面拟合的方法研究了不同年龄、季节的獭兔体重分布规律以及季节对獭兔生长发育的影响。

**5. 加工与综合技术**

（1）兔肉加工方面。樊金山对兔肉加工现状及其发展趋势进行了综述，分析了国内兔肉加工存在的问题；张少东等对兔副产品的综合开发利用进行初探；王珺等采用顶空固相微萃取结合气相色谱—质谱法分析兔肉的挥发性风味物质；黄业传等研究不同性别、部位和饲养时间对獭兔肉脂肪酸组成的影响；黄业传等对兔肉冷藏过程中脂肪酸组成的变化进行研究；马益民对兔肉产品的加工工艺与机械设备的研究进展进行了综述；李洪军等对兔肉脂肪酸组成和挥发性风味物质进行了深入的研究。

（2）兔毛加工方面。唐静等针对性地对兔养殖场、兔毛原料市场、兔毛后加工企业、兔毛产品销售市场调研的基础上，探讨分析 2014 年兔毛后加工发展趋势；张锋等对兔毛舒适性、滑糯性及优缺点进行分析，总结出一套既有效率又有效益的高比例兔毛纺纱工艺；吕军对长毛兔剪毛技术进行研究；刘少轩等开展了聚氨酯对羊毛织物的综合整理研究。

（3）兔皮加工方面。桐乡市新时代皮草有限公司自主研发的节水节能毛皮染色装置和染色技术，为毛皮产业利用新型加工设备替代传统的划槽，实现节水降耗，提供了有力的证据；张宗才等研发了基于少铬—铝结合鞣制兔皮的无甲醛鞣制技术，以及兔皮半油鞣技术，并已进行了中试生产应用。研发了以氨基磺酰盐类为基础的有机鞣剂用于兔皮的无铬鞣制。

**6. 产业经济** 2014 年的研究主要集中在个别地区家兔养殖方面，在研究方法上没有很大的进展，缺乏调查研究和实证分析。总体来看，研究主要从以下几方面进行。

关于养兔的有利条件。金永革（2014）对广西金秀县肉兔养殖进行了调查，并对其有利的发展条件进行了总结：供不应求；旅游拉动兔肉消费；养殖环境适宜；草料丰富。史丽宏（2014）研究了庆阳市獭兔生产，认为发展兔业生产的有利条件是气候干燥凉爽；土窑洞分布较广；苜蓿草资源丰富；劳动力低廉；养兔经验丰富。

关于现状及存在问题的研究。杨进桥（2014）介绍了武威市凉州区獭兔产业的发展现状及存在的问题，他认为种兔数量不足；技术储备不足；养殖设施匮乏是主要问题。周永学（2014）分析了文成县肉兔产业的基础、优势及存在的问题，认为目前存在的主要问题集中在生产技术、饲料质量、卫生环境、产品加工、兔文化宣传、信息网络服务等。史丽宏（2014）研究了庆阳市獭兔生产现状及问题，认为良种繁育体系不健全、市场风险、后续加工形式单一、基础设施配备简陋是存在的主要问题。

关于养兔的经济效益研究。袁克炳（2014）对提高獭兔养殖的经济效益给出7点对策：合理压缩兔群、选择优质饲料、及时宰杀、减少应激、合理提高兔皮的售价、适当贮藏，待价而沽。阎英凯等（2014）从场区规划布局和笼舍设计、种兔质量、现代兔业生产技术的应用、饲料、疾病防控等对肉兔养殖的效率和效益空间进行分析。

（兔产业技术体系首席科学家 秦应和提供）

## 一、国际蜂产业生产与贸易概况

目前全世界约有蜂群量 5 000 万群。欧洲养蜂历史悠久，蜂群保有量大，占全世界蜂量的 40%以上，蜂群密度大，但蜂蜜单群产量低；美国、加拿大和澳大利亚养蜂历史较短，但养蜂机械化水平较高；非洲除埃及和南非外，大多仍沿袭旧法饲养。

全世界蜂蜜总产量现已达 150 万吨。主要的蜂蜜出口国为中国、阿根廷和墨西哥。主要蜂蜜进口国是德国、美国、日本和意大利；俄罗斯和土耳其生产的蜂蜜仅能满足本国需求，出口量极少。

阿根廷作为世界第三大蜂蜜生产国和第二大蜂蜜出口国，是南美洲蜂业最发达的国家，目前饲养蜜蜂 220 万群，年产蜂蜜 8 万吨左右，美国为阿根廷主要蜂蜜进口国。墨西哥现有蜂群 230 万群左右，年产蜂蜜在 6 万吨左右，有近 1/2 的蜂蜜用于出口。主要出口国为德国、英国、美国。美国现有蜜蜂约 250 万群，年产蜂蜜 9 万吨，而美国年消费蜂蜜约 16 万吨，美国既是世界第二大蜂蜜生产国，也是世界第二大进口国。

纵观 2014 年世界蜂业生产状况，各国对蜂产品的生产质量越加严格，贸易额度逐年增加。在做好自身要求时，也在积极的获取外部支持。

在授粉生产方面，欧洲许多国家缺乏为作物授粉的蜜蜂，养蜂不敷需求，农民只好日益依赖野外的授粉者。但野生昆虫数目往往大起大落，而且许多地方改走单一作物路线。改种单一作物，能为野生蜂提供食物与栖身之处的花就减少。而且由于蜜蜂、野生蜂的食物缺乏多样性，也减弱它们的免疫力。

## 二、国内蜂产业生产与贸易概况

2014 年度蜂产业快速发展，蜂群数迅速增加，农户养蜂规模加大，专业养蜂蜂群数快速增加，多数在 150 群以上，也出现多个上千群的养蜂场。

2014 年广东春季蜜源荔枝、龙眼喜获丰收，开花期间天气较好，转地蜂场多数能收蜜 3～5 次，群产量 15 千克以上蜂场占大多数。

在蜜蜂病害方面：蜜蜂中毒严重，主要为除草剂百草枯和吡虫啉。

全国各地随着蜜蜂授粉技术的普及，进一步推动蜂产业稳步发展。山西省运城万荣县现有苹果 35 万亩。目前按照有机化苹果生产技术操作的果园、精品园超过 5 万亩。其中，建立了 3 000 亩蜜蜂授粉与绿色植保技术集成应用示范基地，示范推广蜜蜂授粉技术。实施这一举措，可为当地果农节省授粉费用近 100 万元。2014 年 9 月 19 日，大棚西（甜）瓜蜜蜂授粉现场会在金华市召开。现场会传授了大棚西瓜蜜蜂授粉技术，扩大了蜜蜂授粉成果影响力，增加了种养结合的紧密度，使养蜂业和蔬菜行业管理和技术人员对蜜蜂授粉成效有了新的认识。在设施农业快速发展的同时，授粉问题就越显得重要。许多种植户认识到蜜蜂授粉的重要性，许多人大棚种植者（比如草莓）主动去买蜂为大棚作物进行授粉，因此出现了有些养蜂者以出售授粉蜂群为主，生产蜂产品为辅。

2014 年蜂农实际生产蜂花粉约在 10 000吨，贸易量估计仍在 4 000 吨左右，其余蜂农自留。2014 年蜂花粉的国内贸易量约 2 500 吨，出口量约 1 500 吨。国内贸易量的近半为制药企业使用，出口到国外的蜂花粉主要作为动物（蜜蜂）饲料，少部分作为保健品应用。国内销售的蜂花粉品种主要以油菜花粉、茶花粉、荷花粉以及杂花粉为主，其中油菜花粉占总体贸易量的 1/3～1/2 以上。荷花粉受到国内蜂产品专营店零售商的追捧。

## 三、国际蜂产业技术研发进展

在蜜蜂病害方面，美洲幼虫腐臭病（简称“AFB”）研究上，从埃及的 AFB 患病蜂群中分离获得 2 个菌株，经鉴定为新菌株，对植物精油（提取物）抑菌、微生物抑菌、蜂毒抑菌、蜂胶抑菌、纳米药物防治、蜜蜂幼虫体液对菌的影响等防治方法进行研究。欧洲幼虫腐臭病（简称“EFB”）则主要集中在的病原分型与致病性研究、病原检测与诊断技术及防治手段研发。蜜蜂真菌病主要受饲养管理方式的影响，研究主要集中在病原对蜜蜂肠道菌群的影响及防治方法研发上。蜜蜂病虫害风险评估主要涉及农药对蜜蜂健康影响的风险评估，美国国家生物技术信息中心（NCBI）对已有的农药对蜜蜂健康影响的模型就行了错误指正，包括对不成熟模型的使用，农药的日暴露量的错误评估等方面。

在授粉生产方面，2005—2010 年，尽管欧洲地区的蜂群总量增加了 7%，但欧洲油菜、向日葵、大豆等生物燃料作物种植面积增长了近 1/3，导致授粉蜂群数量缺口严重。当前欧洲地区大约短缺蜜蜂 1 340 万群，相当于约 70 亿只蜜蜂。澳大利亚联邦科学与工业研究组织开发出了蜂群感应技术，通过安置在蜜蜂身上的微小传感器监测蜂群及其周围环境，以提高蜜蜂授粉率，进一步提高农业生产力。昆虫疾病会传染，野生授粉昆虫需保护。高效授粉对于粮食生产和生态系统可持续发展来说都至关重要，有证据表明新出现的传染病造成一些重要昆虫授粉者种群数量下降。野生授粉者种群可能面临风险，而且与人工管理的蜜蜂种群不同的是，它们没有因为养蜂人采取干预措施而受到保护。野生授粉者的这种损失会显著降低作物授粉效率。

蜜蜂的级型发育、不同蜜蜂种系抗应激性的差异及与蜜蜂发育相关的行为研究是近几年研究的热点问题。不同地区同一蜂种不同亚种遗传变异的研究不仅为研究蜜蜂进化提供了思路，同时也为抗病育种提供了素材。研究指出，欧洲不同地区的西方蜜蜂，均出现一定的遗传变异；而东方蜜蜂存在同样的情况，东方蜜蜂在亚洲的分布范围，从阿富汗扩展到中国，从日本扩展到印度尼西亚的南部。通过对东方蜜蜂细胞色素氧化酶亚单位（COI）的部分序列及其亲缘关系研究后发现，与印度尼西亚和日本的蜜蜂相比，印度平原地区的东方蜜蜂 COI 的部分与它们相比，分别存在 2.72%和 6.04%的核苷酸序列的差异。

## 四、国内蜂产业技术研发进展

我国农业部开展了蜜蜂授粉与绿色防控增产技术集成应用示范工作，主要目标就是充分利用蜜蜂等授粉昆虫的生物学特性，强化授粉与绿色植保技术的协调配合，集中科技力量，加大扶持力度，突出重点，在蜜蜂养殖和释放有基础的优势区域，选择适宜授粉作物，建立一批蜜蜂授粉与绿色植保技术集成应用示范基地，大力推广蜜蜂授粉技术和病虫害绿色防控等措施，促进蜜蜂授粉产业发展和农业丰收。

熊蜂是一类重要传粉昆虫，在维护自然生态系统平衡发挥重要作用，特别是其为高山高原上一些濒危植物的重要传粉者，对保持生物多样性起着重要的作用。随着现代农业的发展，熊蜂被引入设施作物传粉，对提高果实产量和改善果实品质具有重要作用。由于熊蜂的生态重要性和农业应用被逐步认识，进一步促进了熊蜂的人工利用研究的发展。通过 2005—2012 年的调查显示，华北地区拥有熊蜂种类 76 种，加上英国自然历史博物馆旧标本，总共 10 个亚属 77 个种，其中有 7 种熊蜂属于华北地区新记录种。2014 年度熊蜂生物学的热点研究集中于工蜂的生殖生物学，利用组学方法揭示出工蜂产卵的调控机制，而且探明了保幼激素对工蜂产卵影响，社会性对卵黄原蛋白的重要调节作用。熊蜂病虫害的主要研究集中在寄生虫的传播途径及作用机理上的研究方面。熊蜂行为学的研究主要集中在工蜂采集行为学等方面研究。熊蜂授粉方面通过比较不同传粉方式下草莓品种的产量、质量等指标，显示蜂类传粉的草莓果实单果重高、果实畸形率低并且商品等级较高。

我国蜂饲料产业刚刚起步，在饲料配合技术上，饲料企业开始借鉴畜禽饲料生产的工艺流程，但生产企业的规模不大，研发能力弱，产品单一，获利较低。

东方蜜蜂遗传图谱构建以及雌性蜜蜂发育分子机理研究取得重要进展。蜜蜂是一种重要的经济昆虫，蜜蜂授粉在农业增产和维持生态平衡中都起到了重要作用。此外蜜蜂同样是研究动物行为可塑性和学习记忆能力的一种理想模式生物。

以中华蜜蜂（*Apis cerana cerana*，简称中蜂）作为实验材料构建了东方蜜蜂（*Apis cerana*）的遗传家系，并利用单核苷酸多态性（SNPs）技术判定了 103 只工蜂的 126 990 个位点的基因型。在去除低质量和不符合孟德尔遗传规律的位点后，实验共得到 3 000 个候选 SNPs 位点，最后选取 1 535个 SNPs 标记构建了东方蜜蜂的第一张遗传图谱。东方蜜蜂遗传图谱包含 1 535 个遗传标记和 16 个连锁群，其总的遗传距离是 3 942.7 厘摩尔根，最大连锁群的长度是 574.5 厘摩尔根（包含 180 个标记），每个标记间的平均遗传距离是 2.6 厘摩尔根。类似于西方蜜蜂（*Apis mellifera*）的遗传连锁图谱，东方蜜蜂遗传连锁图谱同样拥有较高的遗传重组率（17.4 厘摩尔根/兆碱基对）。基于线粒体基因的东方蜜蜂群体亚分化研究表明海南东方蜜蜂明显区别于其他地区的东方蜜蜂；四川阿坝地区的东方蜜蜂可能属于高海拔地区的一种生态型，但尚未有足够证据证明其为单独一个亚种；吉林等 3 个地区的东方蜜蜂之间亲缘关系交近，可能属于同一生态型；云南省东方蜜蜂变异虽比较丰富，但有人认为与四川、重庆等地的东方蜜蜂亲缘关系较近。

（蜂产业技术体系首席科学家
吴杰提供）

# 2014年度大宗淡水鱼产业技术发展报告

（国家大宗淡水鱼产业技术体系）

## 一、国际大宗淡水鱼生产与贸易概况

据联合国粮农组织最新统计[①]，2012年世界淡水养殖产量为4 114.71万吨，其中，淡水鱼养殖产量3 741.76万吨，产值为590.88亿美元。鲤科鱼类养殖产量为2 540.48万吨，产值367.56亿美元，分别占世界淡水鱼养殖水平的67.90%和62.21%。其中，大宗淡水鱼（青、草、鲢、鳙、鲤、鲫、鳊）的养殖产量为1 956.17万吨，产值259.25亿美元，分别占世界淡水鱼养殖的52.28%和43.88%，占世界鲤科鱼养殖的77%和70.53%，草鱼的养殖产量最高，为502.87万吨，鲢的产量其次，达到418.96万吨。2012年，我国大宗淡水鱼的养殖产量为1 786.90万吨，占世界大宗淡水鱼产量的91.35%。

据联合国商品贸易统计数据库统计[②]，2013年世界鲤科鱼类进出口总量为9.94万吨，出口量为5.18万吨，进口量为4.76万吨；贸易额为26 986.48万美元，出口额为15 502.65万美元，进口额为11 483.82万美元。根据出口额排名，前五位的出口国分别是中国、捷克、匈牙利、立陶宛、克罗地亚，出口额分别为11 835.77万美元、2 436.76万美元、337.10万美元、300.03万美元和138.21万美元。根据进口额排名，前五位的进口国和地区分别是中国香港、韩国、波兰、德国和罗马尼亚，进口额分别为8 203.33万美元、656.83万美元、513.18万美元、466.18万美元和239.63万美元。

## 二、国内大宗淡水鱼生产与贸易概况

据2014年《中国渔业统计年鉴》，2013年我国大宗淡水鱼养殖产量达1 880.96万吨，比2012年增长5.26%，增速与2012年基本持平，大宗淡水鱼类占淡水养殖总产量的比重为67.12%。我国淡水养殖以鱼类为主，2013年淡水鱼养殖产量2 481.73万吨，占淡水养殖产量的88.56%。淡水养殖鱼类中，大宗淡水鱼类仍然是养殖的主要品种，占淡水鱼养殖产量的75.79%，较2013年下降了0.77个百分点。草鱼的产量最大，

---

① 数据来源：联合国粮食及农业组织（FAO）渔业和水产养殖部（Fisheries and Aquaculture Department），世界淡水养殖产量统计数据（Global Aquaculture Production），数据截至2012年底。

② 数据来源：该数据库的水产品进出口统计中，反映鲤科鱼类进出口情况的商品分类编号为030193，数据截至2013年底。

为 506.99 万吨，鲢其次，为 385.09 万吨，鲤与鳙产量分别为 302.25 万吨和 301.54 万吨，鲫鱼产量为 259.44 万吨，鳊和青鱼产量分别为 73.10 万吨和 52.55 万吨。

据全国 6 个监测市场统计，2014 年淡水鱼成交总量达到 147.14 万吨，平均价 13.16 元/千克，同比分别提高 9.96%和 1.68%。大宗淡水鱼成交总量 136.93 万吨，平均价格为 11.92 元/千克，同比分别提高 7.79%和 0.85%。价格月度变化上，年初以来淡水鱼价格先升后降，7 月份以后价格逐渐回落。

鲤科鱼类出口方面，据海关统计，2014 年 1～11 月我国鲤科鱼类出口量 47 682.97 吨，出口额 16 395.97 万美元，同比分别提高 8.78%和 15.46%。中国香港是最大的出口市场，输港产品占鲤科鱼类出口总量的 85.26%，其次是韩国和中国澳门。2014 年 1～11 月，对中国香港、韩国和中国澳门的出口量分别为 40 654.30 吨、3 515.56 吨和 3 374.06 吨，出口额分别为 14 086.91 万美元、1 121.86 万美元和 1 149.12 万美元。主要出口来源省份为广东、辽宁、山东、天津、湖南等省市，1～11 月出口量依次是 43 543.63吨、1 410.36 吨、1 313.00 吨、543.20 吨和 525.30 吨，出口额依次是 15 065.85万美元、445.23 万美元、355.57 万美元、250.24 万美元和 189.59 万美元。

## 三、国际大宗淡水鱼产业技术研发进展

### （一）育种与繁育技术

在育种技术方面，2014 年度国际研究学者主要是通过高通量测序技术获得大量的 SSR 和 SNP 等标记，基于分子标记构建高密度连锁图谱、性状 QTL 定位及标记辅助育种，如在鲤鱼上定位到 7 个与短时间剧烈运动相关的 QTL 位点。开展了草鱼免疫相关的基因功能与信号通路研究以及营养学研究等，少数是作为外来物种开展的北美五大湖入侵机制研究。对鲫免疫、性别相关基因的克隆、鲫鱼遗传结构研究、EST-SSR 与鲫鱼生长相关性研究以及利用线粒体 DNA 和微卫星进行鲫鱼分子鉴定等。此外，开展了银鲫和鲤鱼的杂交育种方面的研究，如银鲫与鲤鱼杂交后代的生理、免疫和血液生化指标研究。

### （二）养殖与工程设施技术

养殖技术方面，印度在稻田里饲养鱼类，可为水稻生长提供更多更高效的肥料，改善土壤，减少杂草，提高水稻的产量。美国农业科研局（ARS）经过多年的对水产养殖中最关键水质因子溶氧管理的研究发现，3.0 克/米$^3$ 的溶氧水平对养殖生产最合适，这一发现改变了养殖业界溶氧管理的传统做法。养殖设施工程方面，丹麦有一半数量的鱼类养殖生产在现代化的水产养殖设施中进行，这意味着丹麦的鱼类养殖在世界上是最具效率的。埃及建成首个商业化鱼菜共生农场，该系统结合了传统的水产养殖与水培农业，将来自鱼类的水和气体回收起来作为养分用于植物，而随后这些水将被重新输送回水产养殖系统。该系统能够在无需农业用地且消耗极少量水和能源的条件下，生产大量的有机鱼类和蔬菜。

### （三）病害防控技术

在免疫学方面，利用 RNAi 研究了在鲤

脑（CCB）细胞上抑制CyHV－3复制的机制；研究发现*MPO*、*KRT*－8和*DUSP*－1等基因在鲫先天免疫应答中可能参与了抗病毒感染；制备了金鱼疱疹病毒造血器官坏死症灭活疫苗。病毒病方面，通过不同种系的鲤研究了CyHV－3致病机理，进一步证实枢神经系统是CyHV－3的主要靶器官；首次发现了锦鲤疱疹病毒（CyHV－3）潜伏感染在鱼体B细胞中。寄生虫病方面，DNA条形码技术（DNA barcoding）用于复殖吸虫和绦虫的鉴定；一种新的绝对定量检测技术——微滴数字PCR（ddPCR）用于隐孢子虫数量的检测。药物方面比较了喹诺酮类抗生素在不同鱼类中的代谢动力学，研究了头孢类抗生素的药代动力学参数。

### （四）饲料营养与投喂技术

在添加剂方面，对葡聚糖的研究较多，主要集中在鲤，包括对生长、肠道形态和血液免疫指标、中性粒细胞外捕获因子（NETs）、多聚（I∶C）诱导的*Mx*基因表达、C－反应蛋白和补体免疫急性阶段反应、封闭蛋白（Claudin）基因mRNA表达、肠道感染嗜水气单胞菌后的炎症反应、肠道微生物和抗应激等的影响。此外，螺旋藻、木苏和水苏提取物等方面也有相关工作。饲料和饲料原料的比较，研究包括天然饵料、卤虫、谷物、颗粒饲料、膨化饲料、蚯蚓粉、乳清蛋白粉等对鱼类生长、形态、生理学反应和肌肉脂肪组成的影响。投喂方面主要包括补充投喂、盐胁迫下投喂技术等。

### （五）加工技术

贮藏保鲜方面，建立了通过鱼眼图像变化评价鱼体新鲜度的方法和利用拉曼光谱判别新鲜鱼肉和经反复冻融的鱼肉的方法；开展了通过生物传感技术评价鱼体品质变化的研究。超高压技术在鱼类保鲜与加工中的应用研究仍较活跃，美国学者采用超高压预处理技术使鱼肉内源性组织蛋白酶B、D及脂肪酶失活从而提高鱼肉冷冻贮藏过程中的稳定性；西班牙研究者应用超高压技术对发酵鱼肉中的微生物进行失活，进一步提高发酵鱼肉肠冷藏过程中的微生物安全性。鱼糜加工技术仍是研究热点，研究者应用卡拉胶结合乳蛋白、凝结多糖结合谷氨酰胺转胺酶、变性淀粉、纳米鱼骨粒等改善鱼糜凝氨特性，应用葡甘露聚糖提高冷冻鱼糜冻藏稳定性，结合巴氏杀菌和葡甘露聚糖开发了保鲜重组鱼肉制品，冷藏货架期达21天。

## 四、国内大宗淡水鱼产业技术研发进展

### （一）育种与繁育技术

筛选获得与鲢生长性状相关的SNP和SSR标记3个，建立了一种利用微卫星标记鉴别雌核发育草鱼与普通草鱼的方法，鉴别率为99.92%，获得与草鱼抗病性状显著相关的SNP标记4个。完成了鲤全基因组注释，文章发表在*Nature Genetics*杂志上；完成团头鲂全基因组注释，共注释24，328个基因，筛选到抗病和耐低氧性状相关候选SNP位点。研究了银鲫抗病和生长性状等相关的基因标记，如肌肉生长抑制素，性别相关基因*dmrt*3、*cyp*19，免疫相关基因*TLR*9等。2014年度建立鳙雌核发育家系3个，获得团头鲂生长性状优良$F_4$代选育系，抗嗜水气单胞菌$F_2$代优良家系6个，耐低

氧群体100尾；采用BLUP分析为核心的家系选育与分子标记辅助相结合的综合育种技术，开展快长草鱼品种选育，已建立草鱼全同胞家系30～40个。易捕鲤通过了全国水产原种和良种审定委员会新品种审定。

### （二）养殖与工程设施技术

重庆市成功研发推广池塘鱼菜共生综合种养技术，该项技术在规模化应用方面处于全国领先水平。江苏省水产技术推广站研究养殖水槽、增氧推水设施、残饵与粪便回收工艺等，探索鱼类养殖品种、技术与模式，建成池塘工程化养殖系统，实现池塘循环流水养殖、高产量、高产值、低用药、养殖废水达标排放的目的。常州亿晶光电科技有限公司投资8.6亿元的建设100兆瓦“渔光一体”光伏电站，“渔光一体”光伏电站年发电1.1亿～1.2亿度，年减排11万～12万吨温室气体。渔业机械研究所研发的太阳能水质改良机、太阳能投饵机、养殖水质监测平台、太阳能移动增氧机、池塘机械起捕设备、集中投喂系统等新产品得到应用和推广，提高了养殖生产管理水平和渔业现代化水平。淡水渔业研究中心开展的团头鲂循环水清洁高效养殖关键技术研究获2014年度中国水产科学研究院科技进步一等奖。

### （三）病害防控技术

完成了草鱼呼肠孤病毒Ⅱ型毒株灭活疫苗安全性和最小免疫剂量的测定；鲤疱疹病毒Ⅱ型灭活疫苗取得良好进展；完成了草鱼烂鳃病减毒疫苗、嗜水气单胞菌和维氏气单胞菌二联疫苗免疫持续期等免疫参数的测定；草鱼出血病活疫苗（GCHV－892株）已获得农业部签发的《兽药产品批准文号批件》。以单壁碳纳米管为载体连接草鱼呼肠孤病毒颗粒上VP7蛋白构成的亚单位疫苗可诱导鱼体免疫应答反应，建立了RNAi基因干涉技术高效抑制GCRV复制的方法；通过Solexa测序技术研究了miRNA技术参与SVCV感染过程，发现细胞自噬是一种新的抑制SVCV病毒复制的方式。鱼类肠道微生物研究发现草鱼肠道中降解纤维素的细菌主要为气单胞菌以及肠杆菌属细菌；454焦磷酸测序分析发现益生菌的使用可以增加养殖水体菌群多样性和稳定性。利用ITS分子标记和形态学方法鉴定了金鱼寄生三代虫的种类；研究了中草药和常用杀虫剂对指环虫的杀灭效果。

### （四）饲料营养与投喂技术

国内继续关注大宗淡水鱼不同生长阶段营养需求，主要工作包括大、中、小规格鱼的蛋白、脂肪、氨基酸、无机盐等需求研究，不同蛋白源的比较仍是主要方向，在新型饲料蛋白源方面，开始了藻类蛋白源的研究。添加剂方面的研究范围较广，包括氨基酸（如亮氨酸、缬氨酸、游离氨基酸）、维生素（C、E、胆碱）、脂肪（如花生四烯酸、氧化鱼油）、木聚糖酶、溶菌酶、壳聚糖等，并关注其对鱼类健康的影响。在养殖产品品质改善方面，研究了添加谷氨酸、蚕豆、饲料脂肪源等对鱼类品质的影响。投喂技术研究集中在投喂频率、投喂时间、投喂水平等，鲫鱼、青鱼、团头鲂的投喂体系基本形成。

### （五）加工技术

开展了基于内源酶控制的系列品质调控技术研究，明确了组织蛋白酶和胶原酶在肌肉组织中的分布和活性变化及与低温保鲜鱼肉质构间的关系，探明了超高压协同温度处理条件下鱼肉脂肪氧合酶和肌原纤维结合型丝氨酸蛋白酶的失活规律；明确了草、鳙、鲤鱼在不同的贮藏环境中引起鱼肉腐败的主要腐败菌，揭示了草、鲢鱼宰杀后鱼体中IMP的变化规律及其调控方法；确定了生鲜及生鲜调理青、鲤鱼贮藏过程中生物胺的变化规律；形成了壳聚糖涂膜保鲜、淡水鱼酶法降脂增香、淡水鱼肌间骨刺软化、鱼糜凝胶改良等系列淡水鱼加工适用技术，开发了酥脆鲫鱼、冷冻烤制鱼片、即食脆爽鱼糕、高钙鱼糜制品、自乳化微胶囊鱼油、鱼蛋白多肽等产品；建立了基于近红外光谱技术的鲫鱼肌肉营养、新鲜度指标的定量模型。

（大宗淡水鱼产业技术体系首席科学家戈贤平提供）

# 2014年度虾产业技术发展报告

(国家虾产业技术体系)

## 一、国际虾生产与贸易概况

### （一）生产概况

据初步预测，2014年全球对虾养殖产量预计300万吨，产量提升归于越南养殖产量的升高，以及中国国内对虾养殖模式的改进及病害的防控。

中国（大陆）：2014年全国对虾养殖产量约137万吨，同比增长约5.6%，对虾养殖产值达到650亿元，较2013年提高4%；

泰国：据泰国对虾协会预测，因受对虾肝胰腺坏死症影响，2014年泰国对虾养殖产量仅为23万吨，同比下降了8%；

越南：据越南水产总局发布公告显示，2014年越南对虾养殖产量为66万吨，同比增长20.4%，归于凡纳滨对虾养殖面积的扩大和养殖技术的提升。

### （二）贸易概况

**1. 国际上主要的对虾出口国是越南、中国、印度、印度尼西亚等国家和地区** 越南水产品加工和出口协会（VASEP）表示：2014年虾出口额41亿美元，同比上升了31.66%，出口额创下历史新高，是越南主要水产品中出口增幅最大的水产品。

中国水产流通与加工协会表示，2014年中国对虾加工产品出口量为17.86万吨，比去年减少了16%，已连续三年下降，但仍居高位；出口额22.03亿美元，与去年基本持平。

**2. 国际上主要的对虾进口国是中国、美国、日本、欧盟等国家和地区** 2014年，中国、美国、日本仍是全球对虾主要消费和贸易市场。2014年我国消费对虾约130万吨，进口对虾与出口对虾基本持平；美国和日本两大消费市场对虾进口总量达68.66万吨。最大的对虾产品进口国仍为美国，市场趋于平稳，2014年进口量为51.8万吨，同比增长了1.9%；印度自2013年起连续两年成为美国虾类产品进口市场的第一大国，对美国出口量同比增长了5.9%；日本2014年进口对虾产品16.86万吨，同比下降了25%。主要出口国集中在东南亚三国（越南、印度、印度尼西亚）、厄瓜多尔和中国。

## 二、国内虾生产与贸易概况

### （一）生产概况

对虾是我国海水养殖产业中重要的养殖种类，2014年全国对虾养殖产量约137万吨，同比增长约5.6%，对虾养殖产值达到

650亿元，较2013年提高4%。我国主要养殖凡纳滨对虾、中国明对虾、斑节对虾、日本囊对虾。凡纳滨对虾仍是目前最主要养殖品种，养殖产量约占我国对虾养殖产量90%。

**表1 我国主要对虾生产省（市、区）2014年对虾养殖产量（预测）**

| 省份 | 2014年产量（万吨） |
|---|---|
| 广东 | 55.65 |
| 福建 | 15.32 |
| 江苏 | 12.62 |
| 广西 | 11.28 |
| 浙江 | 10.28 |
| 山东 | 9.63 |
| 天津 | 4.72 |

### （二）贸易概况

2014年我国总计出口虾产品数量17.86万吨，出口额为22.03亿美元，同比分别下降了16%和增加1%，出口量已持续两年下滑。国内主要对虾贸易省为广东、福建、浙江、广西等地。其中广东出口虾产品9万吨，出口额11.08亿美元；福建出口虾产品4.5万吨，出口额6.39亿美元；浙江出口虾产品1.06万吨，出口额0.94亿美元；广西出口虾产品1.77万吨，出口额1.3亿美元，广西连续两年增长明显；国内出口价格继续处于高位，主要原因是全球对虾需求维持旺盛，且对虾养殖仍受对虾肝胰腺坏死症影响；除少数省份外，其他各对虾出口贸易主要省份，较2013年均出现出口量萎缩现象，除受2014年国内对虾养殖产量影响外，我国对虾内销市场得到长足发展，未来我国对虾内销主导地位将越来越明显，进口的增速高于出口的趋势将继续延续。

我国对虾主要出口美国、马来西亚、中国香港、日本、中国台湾等国家和地区，其中按出口量统计，2014年中国第一大对虾出口市场为美国，2014年出口对虾产品为3.36万吨，同比下降了3.8%，而出口额为3.32亿美元，同比增长了9.2%；第二大出口市场为马来西亚，2014年出口虾产品2.89万吨，同比基本持平，但出口额达到3.99亿美元，同比增长25.71%；第三大出品市场为香港地区，2014年出口虾产品2万吨，下降了8.3%，但出口额达到2.91亿美元，同比增长了18.29%，继续超越日本和韩国，成为中国第三大出口市场；出口到东盟各国对虾产品达到3.45万吨，同比下降了14%，而出口额达到4.74亿美元，同比增长了6.2%。

**表2 我国主要对虾贸易省2014年对虾出口金额与数量**

| 省份 | 2014年出口金额（亿美元） | 同比增长 | 省份 | 2014年出口数量（万吨） | 同比增长 |
|---|---|---|---|---|---|
| 广东 | 11.08 | −5% | 广东 | 9 | −25.4% |
| 福建 | 4.5 | −5% | 福建 | 6.39 | 10% |
| 浙江 | 1.06 | −23.8% | 浙江 | 0.94 | −13% |
| 广西 | 1.77 | 65.4% | 广西 | 1.3 | 39.78% |

注：上述数据来源于中国水产流通与加工协会。

## 三、国际虾产业技术研发进展

### （一）遗传育种研究

Alejandra等估计了凡纳滨对虾体重和WSSV攻毒后成活率的遗传力，发现感染WSSV后的体重遗传力（0.09～0.11）较未感染群体的遗传力（0.15～0.33）低，但是其感染WSSV的成活率遗传力（0.06±0.03）高于未感染群体（0.00～0.02）。Nguyen等评估了墨吉明对虾表型性状和体色的遗传力，研究表明，墨吉明对虾形态性状具有高的遗传力（0.14～0.50），加工前体色的遗传力在0.03～0.55，表型性状之间的遗传相关在0.85～0.99，体质量性状与加工后对虾体色的遗传相关在0.74～0.84，与活体体色的遗传相关在0.59～0.70。Sekar等采用SSR技术分析了斑节对虾3个印度群体的遗传多样性，发现遗传分化指数为0.021，种群分化程度低。

### （二）病害控制研究

泰国Rungrassamee等研究发现，投喂添加椰子粉来源甘露低聚糖（mannooligosaccharides，MOS）的饵料，可以显著上调了对虾肠组织中ALF、penaeidin、lysozyme、crustin和peritrophin的表达，并且明显提高了*V. harveyi*对虾的存活率。在每千克饵料添加MOS的量为2克、3克和4克三组处理中，3克MOS/千克饵料的添加效果最为显著。菲律宾Genio等研究发现投喂添加*V. harveyi*来源LPS的饵料提高了对虾对WSSV感染的抵抗力。当LPS添加量为每千克饵料50毫克时，对虾抗WSSV能力最强，存活率达到72%，而对照组全部死亡。日本Tanno等开展Bio-Theta DOX系统定量检测弧菌的研究，被监测的19种弧菌在浓度$10^3$菌落形成单位/毫升时阳性率达到100%，浓度10菌落形成单位/毫升时阳性率达到89.5%；而被检测的22种非弧菌类细菌在浓度$10^6$菌落形成单位/毫升时阴性率86.4%，浓度$10^3$菌落形成单位/毫升时阴性率达到95.5%，该系统可被开发为一种早期病原预防的检测系统。

### （三）健康养殖与饲料研究

对虾混养模式取得的重要进展：Martin等（2014）再次将对虾与番茄进行综合养殖实验，研究发现凡纳滨对虾（*Litopenaeus vannamei*）和番茄复合养殖模式可以利用15.2%的输入氮和2.5%的输入磷，表明该养殖模式可以提高输入营养物质的利用率。Li等（2014）报道，中国明对虾（*Fenneropenaeus chinensis*）+海蜇（*Rhopilema esculenta*）+刺参（*Apostichopus japonicus*）混养模式下，N、P利用率分别为0.78%和0.69%。Liu等（2014）将凡纳滨对虾与金钱鱼和空心菜进行混养，结果表明该养殖模式可以明显提高经济效益和改善水质。Ferreira（2014）报道，奥尼罗非鱼（*Oreochromis niloticus*）和凡纳滨对虾混养的生态效益极为显著，净初级生产力由对虾单养模式的42千克N下降至8千克N，相应地叶绿素排放也从单养模式的0.17千克下降至0.02千克。

在养殖对虾人工配合饲料的氨基酸需求方面，Liu等（2014）报道在低盐度条件下（5‰～12‰）凡纳滨对虾对亮氨酸的需要量为23.63克/千克（以干物质计），占饲料蛋白的5.76%；异亮氨酸的需要量为15.70克/千克（以干物质计），占饲料蛋白的3.83%。

### （四）对虾加工研究

根据ISI Web of Knowledge数据库检索，国际上有关虾加工技术的报道数量逐年增加，主要有以下2个方面：①实现加工过程的自动化是国际上有关对虾加工的研究趋势，伊朗学者开发了一种对对虾贮藏期间的水分含量和几何特征进行在线的监测和模拟的可视系统；加拿大学者开发了一种可替代人工的对虾加工废料酶解液感官评价体系。②国际上有关对虾加工废弃物利用的研究越来越受到重视，这方面的报道也不断增加，成为虾加工研究中最重要的方向之一。突尼斯国家工程学院的研究者采用胰蛋白酶酶解虾头和虾壳制备甲壳素、壳聚糖，从酶解中提取抗氧化活性肽；西班牙学者采用直接脱除乙酰基的方法从虾壳中制备壳聚糖，从虾加工废液中提取具有抗菌和抗氧化作用的壳聚糖溶液；广东海洋大学的曹文红等采用紫外照射和梯度升温法回收虾头中的蛋白质。

## 四、国内虾产业技术研发进展

### （一）遗传育种研究

国内在对虾种质资源评价方面，继续收集对虾基因信息，对基因信息数据库进行更新和完善，并对前期筛选的抗病毒免疫指标的可靠性进行了评价。完成中国对虾耐高pH新品种的4代群体选育工作，筛选出耐高pH家系26个，发现中国对虾体重和产卵量、孵化率之间的相关系数分别为0.289和0.452，而亲虾体长和体重与成活率之间的相关系数分别为0.04和−0.03，找到4个与中国对虾生长性状相关的SNP标记。估计了凡纳滨对虾不同生长阶段的遗传力，完成了不同品系的年度选育，其中高产抗病品系90日龄平均体重提高9.82%，养殖成活率提高13.43%，耐寒专门化品系较2013年的生长速度提高14.54%。完成斑节对虾6代品系选育工作，生长速度平均提高16.97%，高氨氮胁迫存活率提高了15.49%，选育出斑节对虾生长快兼成活率高的新品系1个，体长平均提高7.27%～10.72%，成活率提高了12%～18%。获日本囊对虾“闽海1号”新品种1个，品种登记号：GS-01-005-2014，同等养殖条件下，平均亩产较普通商品苗种增加7.6～10.5千克，生长周期缩短10～20天。

### （二）病害控制研究

台湾成功大学罗竹芳教授在副溶血弧菌致病株与非致病株的基因体测序与比较研究中，发现了对虾AHPND相关的-69KBP质体，此质体上带有与光杆菌同源的昆虫相关的毒素PirA和PirB，在自然缺乏或基因删除此Pir毒素试验中，致病株明显失去致病能力，证明副溶血弧菌的Pir毒素是引起AHPND的关键。在病原检测方面，优化了总细菌和总弧菌二重定量PCR检测试剂盒及WSSV、TSV、IHHNV、YHV、MrNV和IMNV等对虾病毒现场快速高灵敏试剂盒制备工艺；研发了CMNV、EHP、高毒力副溶血弧菌的试剂盒及WSSV、IHHNV、YHV-c、CMNV多种病毒的共检测试剂盒；开发了主要致病弧菌多重定量PCR检测技术；建立了总甲藻和总蓝藻二重定量

PCR 检测技术。国家虾产业技术体系 2014 年进一步完善了对虾肝胰腺坏死症生态防控技术体系，该技术体系包括了对虾养殖早期生态系统、中期生态系统和晚期生态系统池塘清理、水体培育、苗种密度、水质调控、饵料投放、养殖管理等维持的养殖生态系统平衡的技术，在 118 口池塘中试验，池塘成功率达到 94%，同期没有使用该技术的池塘养殖成功率 30%以下。

### （三）健康养殖与饲料研究

在养殖环境调控技术方面，提出了对虾养殖池塘防控蓝藻优势的技术预案。技术要点为：①放养虾苗前对池塘和水体进行消毒除害，科学使用微藻营养素和芽孢杆菌制剂培育以有益微藻和微生物为优势的优良藻相和菌相。②养殖过程中综合运用芽孢杆菌、光合细菌、乳酸菌等有益菌制剂、微藻营养素、水质调节剂调控养殖池塘生态环境。定期使用芽孢杆菌制剂，根据水质情况不定期使用光合细菌、乳酸菌、微藻营养素、水质调节剂。③养殖全程科学使用蓝藻溶藻菌制剂，一般每 7～10 天定期施用溶藻菌制剂，抑制颤藻和微囊藻等有害蓝藻生长，促进绿藻和硅藻等优良微藻稳定生长；根据天气和水体环境具体情况实时调整溶藻菌制剂的用量和用法。④养殖全程实施封闭式或半封闭式水环境管理，养殖过程中不换水，或在水源水质条件良好时少量添水保持水位。⑤实施科学的投喂策略，以对虾摄食八成饱为宜，避免饲料过量投喂造成养殖水体超富营养化。

在对虾养殖新技术研发方面，开展人工基质与有机碳添加在对虾高位池精养中应用的研究。基质组池塘水体中悬挂 40 目筛绢网，糖＋基质组池塘在使用筛绢网基质的基础上养殖过程施用糖蜜和变性稻壳作为有机碳源。结果表明，稻壳可作为较好的缓释型有机碳源运用于对虾养殖中，在养殖系统内添加有机碳源可加速人工基质生物膜的形成与成熟，并且有利于提高养殖对虾产量。

在对虾养殖设施技术方面，主要研发了以太阳能驱动的沿绳引导移动式增氧机，实现了养殖水体的均匀增氧，使养殖中下层水体溶氧提高 2～3 毫克/升，保持高于 6 毫克/升；根据对虾养殖池塘固体污物聚集规律，研发了水面行走式养殖污物收集吸除设备，实现了养殖环境代谢产物的机械式清理；根据养殖投喂管理特点，科学组配投饲系统、动力系统、巡航系统、浮体系统等，研发了自航式和牵引式的自动投饲机。

在对虾营养需求方面，主要研究了凡纳滨对虾对多种营养物质的需求特性，其中包括维生素 C 等多种维生素，以及色氨酸、苏氨酸、脯氨酸等多种氨基酸物质；明确了不同养殖水体盐度下凡纳滨对虾对饲料碳水化合物的利用特性。分析了对虾低鱼粉饲料中，酵母水解物替代部分鱼粉对对虾营养免疫机能的影响；评估了饲料中有毒有害物质氧化鱼油和重金属镉对凡纳滨对虾肝胰腺的损伤影响；建立了海藻免疫增强型凡纳滨对虾配合饲料配方。

### （四）对虾加工研究

国内有关对虾加工技术的研究比较活跃，主要有以下 5 个方面：①在基础研究方面，广东海洋大学的吉宏武等研究了凡纳滨对虾多酚氧化酶在其组织中的分布和活性。①在虾保鲜方面，开发和优化对虾无磷保水工艺。③在加工工艺方面，研究了虾的热加工、冷冻干燥、真空微波干燥、微波烤虾、高密度 $CO_2$ 加工、超高压加工以及即食食品加工等技术。④在加工机械方面，设计了对虾背腹定向装置、对辊挤压式剥壳装置，以提高对虾加工过程的自动化。⑤在废弃物利用方面，主要是利用对虾加工副产物（虾头、虾壳）开发香精、调味料、甲壳素和壳聚糖以及生物活性肽（抗氧化、降血压、铁螯合肽等）。

（虾产业技术体系首席科学家

何建国提供）

## 一、国际贝类生产与贸易概况

### （一）国际贝类生产

联合国粮农组织最新统计数字显示，2012年全球贝类总产量达到1 751.93万吨，海水养殖产量占85.59%。2003—2012年，海水贝类养殖产量和产值均呈稳定增长态势，分别从期初的1 123.78万吨和93.89亿美元，增加到期末的1 499.53万吨和156.99亿美元，10年间增幅分别为33.44%和67.21%。蛤类、牡蛎、贻贝、扇贝以和鲍螺为主要养殖物种（表1）。

**表1　世界海水贝类养殖产量与产值变动趋势**

单位：万吨、亿美元

| 种类 | 类别 | 2003 | 2004 | 2005 | 2006 | 2007 | 2008 | 2009 | 2010 | 2011 | 2012 |
|---|---|---|---|---|---|---|---|---|---|---|---|
| 蛤类 | 产量 | 337.25 | 363.47 | 367.78 | 379.84 | 420.34 | 436.50 | 443.78 | 488.52 | 492.90 | 499.92 |
| | 产值 | 37.85 | 29.43 | 34.10 | 36.69 | 39.77 | 42.58 | 43.36 | 47.45 | 48.78 | 49.52 |
| 牡蛎 | 产量 | 401.64 | 414.29 | 415.63 | 426.05 | 440.33 | 414.76 | 430.34 | 448.85 | 451.90 | 474.19 |
| | 产值 | 24.81 | 26.25 | 28.70 | 29.39 | 30.15 | 32.75 | 33.43 | 35.85 | 36.96 | 38.99 |
| 贻贝 | 产量 | 162.22 | 167.01 | 171.80 | 177.15 | 159.76 | 158.77 | 176.46 | 181.24 | 180.16 | 188.82 |
| | 产值 | 9.68 | 9.05 | 10.42 | 12.17 | 16.19 | 16.27 | 15.10 | 15.73 | 22.31 | 20.53 |
| 扇贝 | 产量 | 110.21 | 105.26 | 114.69 | 126.17 | 146.42 | 141.09 | 158.36 | 172.71 | 151.96 | 165.14 |
| | 产值 | 15.73 | 16.08 | 17.75 | 19.62 | 22.46 | 23.75 | 25.28 | 29.78 | 27.17 | 28.49 |
| 鲍螺 | 产量 | 20.56 | 25.15 | 29.20 | 32.04 | 37.47 | 35.94 | 35.43 | 38.38 | 39.50 | 42.64 |
| | 产值 | 2.32 | 2.97 | 3.74 | 4.44 | 5.46 | 6.19 | 6.72 | 7.79 | 8.84 | 10.10 |
| 其他 | 产量 | 91.80 | 95.95 | 99.50 | 112.49 | 84.98 | 98.29 | 92.71 | 69.75 | 105.55 | 134.76 |
| | 产值 | 4.87 | 5.37 | 5.85 | 6.63 | 5.26 | 6.40 | 6.04 | 4.78 | 6.96 | 9.39 |
| 合计 | 产量 | 1 123.78 | 1 171.08 | 1 198.61 | 1 253.70 | 1 289.18 | 1 285.37 | 1 335.63 | 1 399.16 | 1 427.92 | 1 499.53 |
| | 产值 | 93.89 | 88.98 | 101.10 | 108.80 | 118.53 | 127.82 | 129.84 | 142.12 | 154.51 | 156.99 |

数据来源：FishStat J，2014。

贝类养殖活动主要集中在亚洲、欧洲和美洲，2012年在全球贝类养殖总产量中所占份额分别为91.78%、4.05%和3.44%，其他各大洲仅占0.72%。其中，在鲍螺、蛤类、扇贝、牡蛎和贻贝养殖总产量中，亚洲占比分别高达99.29%、98.53%、98.10%、94.35%和53.11%。其中，鲍螺主产国为中国（97.74%）和韩国（1.54%），蛤类主产国为中国（94.70%）和泰国（1.43%），扇贝主产国为中国（86.90%）和日本（11.16%），牡蛎主产国为中国（83.28%）、韩国（6.01%）和日本（3.40%），贻贝主产国为中国（41.80%）、智利（13.48%）、西班牙（11.14%）和新西兰（4.73%）。

2003—2012年，世界海水养殖贝类主产国产量呈如下特点：①中国鲍螺、扇贝、蛤类、贻贝和牡蛎产量总体呈上升态势，稳居各类别世界总产量首位，年均增长率分别为8.34%、6.40%、4.83%、2.76%及2.32%；②韩国鲍螺和牡蛎产量呈总体上升趋势，稳居同类别世界总产量第二位，年均增长率分别为22.39%和2.00%；③泰国蛤类产量稳中有升，稳居世界蛤类总产量第二位，年均增长率0.66%；④日本扇贝和牡蛎年产量虽分别稳居世界第二和第三位，但总体呈下降趋势，年增长率分别为−3.68%和−3.64%；⑤智利贻贝产量稳步增长，新西兰和西班牙的产量则相对稳定，不同年份间产量世界排名并不稳定，但稳居第二到第四位，年增长率分别为17.09%、1.15%和−0.11%。

### （二）国际贝类贸易

2008—2013年，世界牡蛎、扇贝及贻贝进口量、进口额和进出口均价呈稳定增长态势。进口总量和总额分别从期初的33.70万吨、17.78亿美元增加到期末的65.13万吨、33.87亿美元，出口总量和总额分别从期初的34.55万吨、16.39亿美元增加到期末的38.48万吨、22.21亿美元，期初和期末的进、出口均价分别为5.28美元/千克、4.74美元/千克和5.20美元/千克、5.77美元/千克（表2）。

**表2　2008—2013年世界主要贝类品种进出口情况**

单位：万吨、亿美元、美元/千克

| 年份 | 种类 | 进口 | | | 出口 | | |
|---|---|---|---|---|---|---|---|
| | | 进口量 | 进口额 | 均价 | 出口量 | 出口额 | 均价 |
| 2008 | 牡蛎 | 3.65 | 1.95 | 5.34 | 3.90 | 2.03 | 5.22 |
| | 扇贝 | 11.15 | 10.84 | 9.73 | 10.77 | 9.31 | 8.64 |
| | 贻贝 | 18.90 | 4.99 | 2.64 | 19.88 | 5.05 | 2.54 |
| 2009 | 牡蛎 | 4.13 | 2.07 | 5.01 | 4.15 | 2.03 | 4.88 |
| | 扇贝 | 38.42 | 11.00 | 2.86 | 10.61 | 9.40 | 8.87 |
| | 贻贝 | 18.94 | 4.69 | 2.47 | 20.78 | 4.65 | 2.24 |
| 2010 | 牡蛎 | 4.60 | 2.74 | 5.95 | 5.03 | 2.51 | 4.99 |
| | 扇贝 | 12.35 | 12.93 | 10.47 | 12.65 | 11.62 | 9.19 |
| | 贻贝 | 19.81 | 4.34 | 2.19 | 21.33 | 4.65 | 2.18 |
| 2011 | 牡蛎 | 4.75 | 3.14 | 6.61 | 4.68 | 3.03 | 6.48 |
| | 扇贝 | 12.52 | 15.30 | 12.22 | 12.74 | 14.36 | 11.28 |

（续）

| 年份 | 种类 | 进口 | | | 出口 | | |
|---|---|---|---|---|---|---|---|
| | | 进口量 | 进口额 | 均价 | 出口量 | 出口额 | 均价 |
| | 贻贝 | 22.00 | 5.77 | 2.62 | 22.62 | 5.93 | 2.62 |
| 2012 | 牡蛎 | 4.28 | 2.81 | 6.57 | 4.08 | 2.75 | 6.75 |
| | 扇贝 | 11.52 | 13.58 | 11.79 | 9.53 | 11.11 | 11.66 |
| | 贻贝 | 23.09 | 5.47 | 2.37 | 21.32 | 5.08 | 2.38 |
| 2013 | 牡蛎 | 4.31 | 3.24 | 7.51 | 4.61 | 3.34 | 7.24 |
| | 扇贝 | 16.91 | 18.90 | 11.18 | 9.96 | 12.95 | 13.00 |
| | 贻贝 | 43.91 | 11.73 | 2.67 | 23.91 | 5.92 | 2.48 |

数据来源：UN Comtrade，2014。

## 二、国内贝类生产与贸易概况

### （一）全国贝类生产

2012 年，中国贝类养殖产量在世界贝类养殖总产量中占比高达 81.33%，鲍螺、蛤类、扇贝、牡蛎和贻贝养殖产量在同类别世界养殖产量中占比分别为 97.74%、94.70%、86.90%、83.28% 和 41.80%（表 1 和表 3）。2013 年，中国贝类海水养殖产量达 1 272.80 万吨，比 2012 年增长 64.36 万吨，增幅 5.33%（表 3）。

**表 3　中国海水贝类养殖产量变动趋势**

单位：万吨

| 种类 | 2004 | 2005 | 2006 | 2007 | 2008 | 2009 | 2010 | 2011 | 2012 | 2013 |
|---|---|---|---|---|---|---|---|---|---|---|
| 蛤类 | 332.36 | 338.95 | 350.99 | 390.39 | 409.03 | 415.30 | 456.37 | 465.13 | 474.91 | 492.85 |
| 牡蛎 | 328.19 | 334.70 | 340.34 | 350.89 | 335.44 | 350.38 | 364.28 | 375.63 | 394.88 | 421.86 |
| 贻贝 | 62.77 | 67.54 | 65.24 | 44.87 | 47.99 | 63.74 | 70.22 | 70.74 | 76.44 | 74.71 |
| 扇贝 | 80.14 | 91.41 | 102.02 | 117.74 | 114.82 | 129.21 | 143.84 | 133.63 | 142.00 | 160.82 |
| 鲍螺 | 24.74 | 28.76 | 31.47 | 36.82 | 35.16 | 34.52 | 37.48 | 38.53 | 30.50 | 32.32 |
| 其他 | 74.06 | 78.80 | 91.51 | 61.54 | 75.01 | 69.80 | 47.08 | 81.23 | 89.71 | 90.24 |
| 合计 | 902.26 | 940.16 | 981.57 | 1 002.25 | 1 017.45 | 1 062.95 | 1 119.27 | 1 164.89 | 1 208.44 | 1 272.80 |

数据来源：FishStat J，2014；中国渔业统计年鉴，2014。

2004—2013 年，国内海水贝类养殖产量保持着总体增长的基本态势。其中扇贝产量增幅最大（100.67%）、蛤类次之（48.29%）、鲍螺位居第三（30.64%）；牡蛎产量从 2004 年的 328.19 万吨，稳定增长到 2007 年的 350.89 万吨，2008 年降至 335.44 万吨，2013 年上升到 421.86 万吨，10 年间增幅 28.54%；贻贝产量从 2006 年的 65.24 万吨降至 2007 年的 44.87 万吨，2013 年增至 74.71 万吨，10 年间增幅 19.02%（表 3）。

2014 年，贝类产业总体上依然保持相对稳定的发展态势，主要特点如下：一是苗种供应充足，利润空间进一步缩小；二是养殖规模和产量总体稳定，产地价格大多与2013年持平或有所下降，养殖效益呈现程度不同的下行趋势；三是生态化养殖受到重视，良种和多项新型养殖技术或模式得到应用或进一步推广，生态效应和经济效益初步显现；四是围塘养殖技术实现重大突破，滩涂贝类养殖走向"多元"和"精细"，"贝蟹虾鱼混养""渔牧农果整合""生产休闲观光一体"成为滩涂利用的一种新型模式；五是厚壳贻贝人工育苗实现规模化生产，养殖规模明显扩大。

## （二）贝类进出口贸易

2013年，中国牡蛎、扇贝和贻贝总进、出口量分别为26 428.21吨和25 451.95吨，总进、出口额分别为9 890.30万美元和36 104.46万美元，进、出口均价分别为3.74美元/千克和14.19美元/千克（表4）。

**表4　2013年中国贝类进出口量、额及均价**

单位：吨、万美元、美元/千克

| 种类 | 进口 | | | 出口 | | |
|---|---|---|---|---|---|---|
| | 进口量 | 进口额 | 均价 | 出口量 | 出口额 | 均价 |
| 牡蛎 | 1 159.31 | 1 230.51 | 10.61 | 1 320.88 | 565.16 | 4.28 |
| 扇贝 | 23 726.03 | 7 749.64 | 3.27 | 23 640.93 | 35 431.33 | 14.99 |
| 贻贝 | 1 542.87 | 910.15 | 5.90 | 490.14 | 107.97 | 2.20 |
| 总计 | 26 428.21 | 9 890.30 | 3.74 | 25 451.95 | 36 104.46 | 14.19 |

数据来源：UN Comtrade，2014。

2008—2013年，中国贝类进口国主要为美国、日本、朝鲜、韩国、法国和新西兰。2013年，牡蛎、扇贝和贻贝的主要进口国分别为法国、日本和新西兰（表5）。

**表5　2008—2013年中国贝类主要进口国及进口量**

单位：吨

| 种类 | 国家 | 2008 | 2009 | 2010 | 2011 | 2012 | 2013 |
|---|---|---|---|---|---|---|---|
| 牡蛎 | 美国 | 60.68 | 58.31 | 117.14 | 157.18 | 94.25 | 77.84 |
| | 韩国 | 11.64 | 61.84 | 206.93 | 186.84 | 364.91 | 314.24 |
| | 法国 | 13.07 | 16.55 | 198.19 | 438.72 | 411.19 | 589.42 |
| 扇贝 | 日本 | 719.70 | 885.24 | 5 530.55 | 2 909.34 | 11 425.70 | 23 294.00 |
| | 美国 | 109.03 | 31.64 | 96.67 | 53.98 | 94.40 | 17.72 |
| | 朝鲜 | 116.03 | 14.12 | 353.07 | 2 070.02 | 1 990.75 | 274.28 |
| 贻贝 | 朝鲜 | 2 217.14 | 2 277.30 | 700.24 | 18.00 | 16.46 | 0.12 |
| | 加拿大 | 427.98 | 165.21 | 100.63 | 62.78 | 289.29 | 11.07 |
| | 新西兰 | 174.80 | 164.80 | 101.29 | 406.32 | 855.58 | 1 275.00 |

数据来源：UN Comtrade，2014。

2008—2013年，中国贝类出口国（地区）主要为美国、韩国、中国香港、中国澳门和澳大利亚。2013 年，牡蛎、扇贝和贻贝的主要出口国（地区）分别为香港、美国和韩国（表 6）。

据海关数据统计，2014 年前三季度，中国贝类出口量额均实现较大幅度增加。贝类出口占一般贸易出口额由去年同期的 9.27%增加到 11.02%（仅次于鱿鱼墨鱼及章鱼的 16.54%和对虾的 13.48%），出口量和出口额分别由去年同期的 16.29 万吨和 9.71 亿美元，增加到 19.30 万吨和 12.51 亿美元，同比分别增加了 18.64%和 28.88%。

**表 6　2008—2013 年中国贝类主要出口国（地区）及出口量**

单位：吨

| 种类 | 国家/地区 | 出口量 | | | | | |
|---|---|---|---|---|---|---|---|
| | | 2008 | 2009 | 2010 | 2011 | 2012 | 2013 |
| 牡蛎 | 香港 | 1 503.10 | 1 740.70 | 1 763.91 | 1 347.90 | 953.36 | 776.08 |
| | 澳门 | 753.94 | 746.30 | 677.73 | — | 2.83 | 123.00 |
| | 新加坡 | 41.18 | 19.09 | 56.19 | 64.32 | 44.57 | 101.16 |
| 扇贝 | 美国 | 7 307.22 | 6 582.28 | 11 265.91 | 8 895.77 | 4 456.99 | 8 225.00 |
| | 韩国 | 4 988.76 | 5 355.02 | 7 090.98 | 11 398.01 | 6 064.66 | 3 230.54 |
| | 澳大利亚 | 1 036.11 | 851.49 | 1 572.27 | 1 625.34 | 2 033.44 | 1 669.00 |
| 贻贝 | 韩国 | 2 187.05 | 2 612.05 | 694.63 | 545.25 | 830.32 | 332.92 |
| | 香港 | 356.61 | 1 761.11 | 1 092.13 | 205.47 | — | — |
| | 澳门 | 870.94 | 698.46 | 494.33 | 449.37 | 1.05 | — |

数据来源：UN Comtrade，2014。

### （三）国内贝类市场

国内主要水产品批发市场贝类批发价格监测显示，2014 年除蛏子均价由去年同期的 24.94 元/千克上涨至 26.64 元/千克，同比上升 6.81%外，其他贝类的价格均出现不同程度的下降。其中：扇贝均价由去年同期的 30.54 元/千克下降至 23.23 元/千克，同比下降 23.93%；牡蛎均价由去年同期的 6.81 元/千克降至 5.80 元/千克，同比下降 14.80%；鲍均价由去年同期的 133.70 元/千克降至 118.54 元/千克，同比下降 11.34%；蛤蜊均价由 2013 年同期的 7.73 元/千克微降至 7.65 元/千克，同比下降 0.92%。

## 三、国际贝类产业技术研发进展

### （一）贝类遗传和育种技术

随着高通量测序技术的快速发展，SNP 分子标记的规模开发及对应基因分型技术的研发，使得从基因组水平估计育种值成为可能，即基因组选择。基因组选择相关技术的发展和应用已成为国际育种领域新的研究热点。

2014 年，各国学者在转录组学、基因组学及蛋白组学等方面开展了大量的研究工作。扇贝方面，法国和英国学者利用 RNAseq 技术对 3 个不同温度热处理条件下大扇贝外套膜转录组数据进行了分析；西班牙学者对大扇贝血细胞的转录组进行了深度分析，报道了大量与扇贝免疫反应相关的基因；英国学者对构成扇贝肌肉的肌球蛋白 2 分子进行了结构分析，探讨了扇贝肌肉硬度的基础；法国，挪威和意大利学者对大扇贝两个群体的蛋白质组进行了比较，发现 38 种蛋白量在两个扇贝群体中明显不同；智力和秘鲁学者对紫扇贝生长发育进行了跟踪观察，建立了扇贝日生长发育方程。牡蛎方面，对牡蛎选育系和野生型差异分析及相关表型性状的遗传图谱构建，牡蛎糖原合成通路、壳色遗传机制、免疫机理及基于蛋白组学的环境适应机制和抗性机制等方面进行了深入研究。珍珠贝方面，日本学者利用组织表达特征和 RNA 干扰技术发现合浦珠母贝 6 个基因与珍珠质形成相关，美国学者获得一个珍珠质框架蛋白 n16.3，能够自组装形成蛋白寡聚体，可以指导碳酸钙按一定维度沉积，对理解生物矿化的形成具有重要启发。法国学者开展了性腺的转录组测序分析，认为 *fem-1 like*、*dmrt*、*foxl2* 基因可能与性别决定与分化有关。

### （二）贝类病害控制技术

2014 年度，病害频发依然是国际贝类产业普遍存在的突出问题，暴发的疾病集中于牡蛎、鲍、贻贝和蛤等贝类中，主要以病毒性疾病和寄生虫性疾病为主。为深入了解病害发生机理，控制病害发生水平，各国研究人员在贝类流行病学调查、贝类病原检测技术、病原致病机理、贝类免疫防御机制等方面做出大量工作。总体来看，今年国际贝类病害控制技术发展有三点值得特别关注：一是新的病原不断出现，如来源于蛤类隶属于黄杆菌科的 *Lacinutrix venerupis* sp. 等，病害防控的工作难度正日益加大；二是病原与环境相互作用的研究获得重视。研究人员已陆续开展贝类养殖环境生物膜的微生态研究、抗生素残留污染、细菌耐药性以及细菌群体与宿主和环境间关系等研究，以满足全球水产养殖可持续发展的要求；三是贝类病原检测技术呈多样化发展：抑制性消减杂交（SSH），实时荧光定量 PCR，分子原位杂交（in situ hybridization），病原核酸 TaqMan 多重 PCR 检测技术，和基于抗体的免疫荧光方法和间接酶联免疫吸附试验检测技术已广泛用于贝类病原的检测。

### （三）贝类养殖模式与养殖环境

国际上关于多营养层次综合养殖（IMTA）模式与技术的研究方兴未艾。由苏格兰海洋科学联盟牵头实施的欧盟第七框架计划“Increasing Industrial Resource Efficiency in European Mariculture”（IDREEM）项目（2012—2016）联合了来自 7 个国家 15 个参加单位的研究团队来探讨构建 IMTA 模式的关键技术，并于 2014 年 10 月 15 日在西班牙举办的欧洲水产养殖年会上组织召开了题为“Beyond Monoculture”的 IMTA 专题，分享在 IMTA 研究方面的最新研究进展（Aquaculture Europe 2014）。

当前国外牡蛎的主要养殖模式根据养殖水层的不同可分为底层养殖 Bottom-culture/on-bottom、悬吊养殖 Suspended Culture/off-bottom（图 1 A、B）、表层养殖 Surface-culture（图 1 C、E），而根据养殖设施的差异，则有笼式养殖 cage-culture（包括底层笼养、悬吊笼养和漂浮式的笼养等，图 1 B、D、E），袋式固定养殖 Rack-and-bag culture（图 1 E）以及养殖浮框

（图 1 C）等。牡蛎苗种的养殖模式以上升流培育系统为主（图 2），企业宣传的特色产品以三倍体牡蛎为主，对通过化学诱导物获得的三倍体苗种存有严重的抵触情绪，而普遍认可由四倍体和二倍体结合产生的三倍体牡蛎。加拿大开发了一种新型牡蛎养殖模式，通过海流方向，在牡蛎网箱后部安装声频发生器、测定牡蛎滤食后的浮游颗粒，进而评估该海区牡蛎养殖容量（图 3）。

**图 1** A. 插竿式“off-bottom”牡蛎养殖模式（美国华盛顿州）；B. 吊笼式“suspended-bag”牡蛎养殖模式（美国华盛顿州）；C. 浮框式“floating-tray”牡蛎养殖模式（美国弗吉尼亚州）D. 底层笼式（On-bottom cage-culture）牡蛎养殖（美国弗吉尼亚州）；E. 浮筏式或笼式“floating rafts or surface cage-culture”牡蛎养殖模式（加拿大）；F. 袋式固定养殖“rack-and-bag culture”（英国）

图2 A、B、C. 不同样式的牡蛎稚贝上升流培育系统；D. 上升流培育容器内密集布放的稚贝

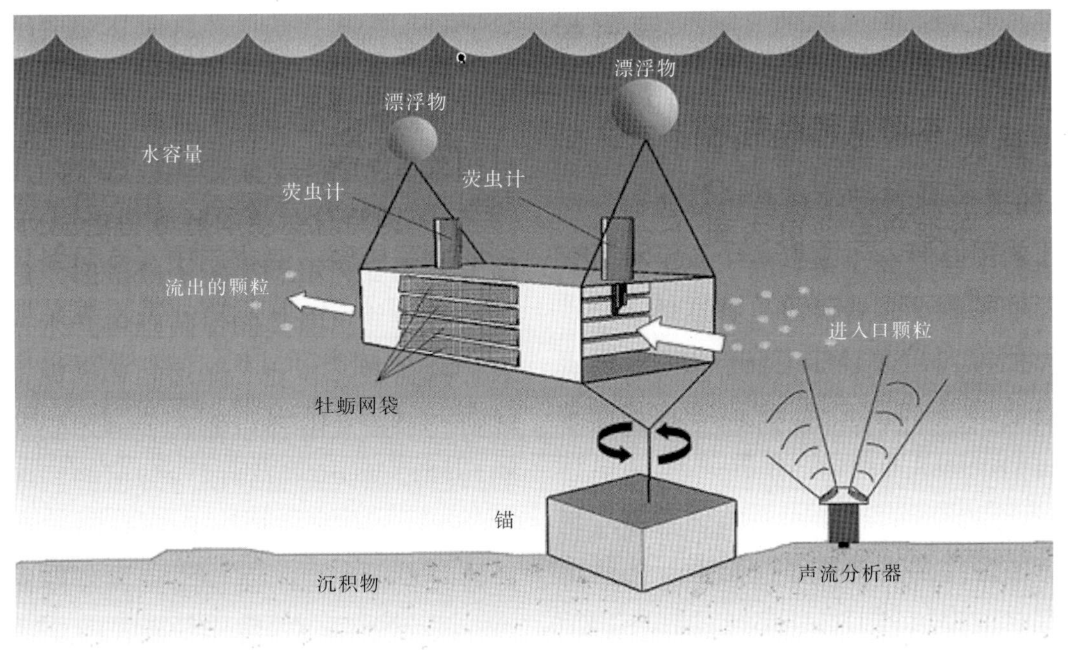


图3 加拿大牡蛎新型养殖方式

美国采用上升流装置培育菲律宾蛤仔苗种（图4）；当苗种达到一定规格后，转入海区浮筏进行中间育成（图5、图6）；当达到海区养成规格后，进行潮间带滩涂养殖，养殖区域加盖一层防护网，防除敌害对蛤仔养殖造成的危害（图7）。

图4　上升流装置培育蛤仔苗种

图5　蛤仔苗种中间育成装置

图6　蛤仔苗种中间育成浮排

图7　蛤仔潮间带滩涂养殖

在养殖环境方面，发展快速监测技术、浮标监测技术和传感器监测技术，重点关注持久性有机污染物对贝类生物富集性、长距离迁移能力、对养殖环境的不利影响以及毒性作用，从保护产品质量安全、人体健康为主要目标，强化环境监测预警及风险评价技术。建立国家重大环境基础数据库、水质基准体系，建立环境预警及风险评价模型。

### （四）贝类流通与加工技术

欧盟、美国以及日本等发达国家一直是贝类消费大国，非常重视贝类的品质与食品安全问题，所以贝类流通过程中的品质保持和微生物控制两个方面一直是其研究的重点方向。针对品质保持和微生物控制问题，近年来西方国家不断完善贝类流通所依托的冷链运输体系、提升低温流通技术水平；贝类流通过程中的操作规范、行业标准以及相应法律法规更加详尽和成熟；贝类净化以及随后冷链运输过程中的进一步微生物控制技术更加严格；对于流通环境的监测与监控以及贝类流通可追溯体系日趋成熟。

在贝类加工方面，发达国家民众消费的贝类产品仍以加工产品为主，主要为冷冻贝类产品特别是冷冻贝类调理食品。贝类的精深加工品主要以软罐头和调味制品为主，随着市场需求的发展，一些高新技术亦逐渐应用于贝类加工，如超高压加工处理在不改变食品的营养与风味的条件下杀死微生物，又可以促进贝类脱壳，因此这项技术以被国外一些贝类食品加工企业使用。在贝类活性成分开发方面，基于贝类功效成分如矿物质、牛磺酸等开发的保健品是市场上十分受欢迎。国外发达国家开发了贝类废弃物高效利用技术，利用贝壳如牡蛎壳研制了乳酸钙、柠檬酸钙等补钙产品，也开发了建筑材料、化肥缓释剂等产品，取得了很好的经济效益。

## 四、国内贝类产业技术研发进展

### （一）贝类遗传和育种技术

以BLUP技术为基础的多性状复合育种技术仍是选择育种的主流技术。鲍、扇贝、牡蛎、珍珠贝、文蛤等主要养殖贝类在选育、杂交育种多倍体育种及良种繁育方面取得良好的进展，资源家系的构建进一步完善，培育了大批生长快、抗逆、不同壳色等贝类新品系，为进一步的新品种选育提供了原材料，如香港牡蛎快速生长品系、长/香杂种回交新品系，具有生长率高特性的长牡蛎品种和金壳色新品系，具有明显生长优势的金壳色葡萄牙牡蛎新品系等。2014年是贝类育种取得显著成绩的一年，“科浙1号”文蛤、“蓬莱红2号”栉孔扇贝、长牡蛎“海蛎1号”获得全国水产原良种审定委员会重点推介。“乐清湾1号”泥蚶、“斑马蛤”菲律宾蛤仔、“万里红”文蛤、“海选1号”马氏珠母贝、“南澳1号”华贵栉孔扇贝、“申紫1号”三角帆蚌通过全国水产原良种审定委员会审定。

基因组学及功能基因等育种理论研究成果显著。贝类全基因组选择技术取得重要突破，被国家863计划农业领域评为重点成果。SNP得到大量开发，构建了对应的高密度遗传连锁图谱，进行QTL分析并解析其效应和作用机理，为开展贝类分子育种实现精确育种奠定理论基础。中国海洋大学利用2b-RAD技术，成功构建了栉孔扇贝的高精度SNP遗传连锁图谱，图谱定位标记3 806个，平均精度达0.41厘摩尔根，为目前国际上海洋水产生物精度最高的遗传连锁图谱。牡蛎、鲍、珍珠贝的高密度遗传连锁图谱也已完成构建。扇贝、牡蛎、文蛤、鲍等贝类均开展了转录组、表达谱和蛋白质组学分析，筛查到大量与生长、发育、繁殖和免疫胁迫反应等相关的功能基因，对关键基因进行了克隆、表达和功能分析，建立了基因位点与基因表达调控及性状间的关联。

### （二）贝类病害控制技术

2014年度，国内贝类产业病害控制方向研究的重点贝类为扇贝、牡蛎和贻贝等。研究的内容涉及贝类流行病学调查、贝类疾病病原检测技术、贝类免疫防御机制和贝类疾病防治4个方面，代表性工作有以下几方面。

**1. 贝类流行病学调查** 发现牡蛎疱疹病毒（Ostreid herpesvirus 1，OsHV－1）在发病贝类中广泛存在，了解到我国南方沿海养殖的鲍鱼普遍感染了鲍疱疹病毒（Haliotid herpesvirus 1，AbHV），对我国沿海贝类主要寄生虫——才女虫的分布情况进行调查。

**2. 贝类疾病病原检测技术** 2014年度国内贝类病原检测技术发展较好的有基于病原核酸的环介导等温核酸扩增法（LAMP）、RT-PCR检测技术和基于抗体的免疫荧光方法和间接酶联免疫吸附试验检测技术，并尝试设计了贝类病原核酸诊断芯片。

**3. 贝类免疫防御机制** 2014 年国内贝类免疫防御机制的研究发展迅速，代表研究有：完成了栉孔扇贝在急性病毒性坏死病毒（AVNV）感染条件下的 miRNA 表达谱的研究，从分子水平上初步认识了 AVNV 的发病机制；开展一氧化氮在贝类神经内分泌免疫调节网络作用机制的研究，明确了贝类一氧化氮系统的分子组成及其与神经内分泌系统的相互作用方式，确定了该系统在神经内分泌系统调控下对贝类免疫应答的调节作用。

**4. 贝类疾病的防治** 在贝类疾病控制方面仍贯彻预防为主、治疗为辅的方针，一方面严格生产管理，推广健康养殖的理念；另一方面加强疾病快速诊断技术研发，筛选益生菌和病原拮抗菌，选育优质抗病抗逆新品系，提高养殖贝类成活率。

### （三）贝类养殖模式与养殖环境

当前我国的贝类养殖模式总体上沿袭了传统的养殖技术和工艺。一些自然繁殖能力较强的贝类，如牡蛎、贻贝、蛤仔、蚶等仍然以自然采苗和人工育苗为主要苗种生产方式，养成阶段以池塘、滩涂、浅海底播为主，多项轻简化实用新技术，如底铺网缢蛏养殖技术、酵母粉池塘底质改良技术等在一些地区得到应用。少数经济价值较高的贝类，如鲍、虾夷扇贝、珍珠贝等主要依靠全人工育苗，养殖模式以底播养殖、悬吊式养殖为主，部分企业开始了鲍、珍珠贝的循环水养殖模式探索与中试。一些人工育苗存在技术壁垒的贝类，如栉江珧、脉红螺等的苗种，虽然已基本攻克人工繁育难题，但苗种尚未实现产业化规模的生产，目前仍然全部依靠捕捞野生资源维持产业发展。与发达国家相比，我国贝类产业各个环节的机械化、自动化水平较低，各类养殖设施匮乏，是产业发展急需解决的瓶颈问题。

近年来，在国家贝类体系持续推动和部分龙头企业的带动下，我国出现了一批贝类养殖新设施、新模式，如鲍多层立体循环水养殖设施、公寓式蟹养殖设施、牡蛎苗种高密度培育设施、东风螺循环水养殖设施等。以生态节能养殖理念为指导的循环水养殖模式开始渗入到贝类产业的每个环节。在设施研发方面，将工作重心向养殖设施研发所依赖的养殖生物行为学和生态学偏移，注重基础理论的建设，从源头上创制具有自主知识产权和核心技术的产业设施。目前，在牡蛎、鲍、东风螺等贝类的行为学方面积累了丰富的数据，并据此研发和优化了牡蛎苗种循环水高密度培育设施、鲍循环水多层立体养殖设施、东风螺循环水养殖设施等一批新型贝类产业设施装备。

在养殖环境方面，重点开展了主要贝类养殖区水质、底质、生物及生物质量的监测与评价，但对优先污染物监测分析水平相对较弱，初步建立贝类养殖生产、环境监测和污染源监测数据库。开展了不同油类、重金属等污染物质对贝类的急性、亚急性毒性效应的研究，但对多介质多界面复杂环境和复合污染物行为机制、污染生态系统毒理学诊断研究较弱。在生态环境保护方面，主要在降解菌种的筛选，养殖池塘、底栖生态环境方面开始进行一些试验性修复研究，尚未形成成熟技术。

### （四）贝类流通与加工技术

近年来我国贝类流通技术取得了积极进展。针对我国贝类食品安全问题以及出口贝类卫生质量事故不断的现状，已着手开展贝类安全卫生的源头管理以及可追溯体系的建立，优化净化工艺，开展新型微生物控制技术研究，如微酸性电解水等流通过程中的微生物控制技术；流通技术与装备水平逐渐提升，以开展冷海水喷淋保活技术、浸入式快速冷冻技术等新型贝类流通技术及装备；积极开展贝类流通过程中的品质保持技术，已建立基于气味分析的贝类品质评价技术等品质评价及保持技术。

我国贝类加工比率仍然不高，传统加工技术在贝类加工中应用较多，如冷冻、干制、研制等，主要的产品亦是一些传统食品，如冷冻品、干制品、罐头、腌制品、调味品等。但随着食品科技的发展，在贝类加工中一些新技术的应用和开发促进了贝类加工产业的发展。贝类非热加工技术、微波干燥技术、温和加工栅栏技术、组织化技术等的应用，实现了对贝肉高质化加工；生物酶解技术对贝类蛋白进行的生物发酵或酶解，开发出了高档贝类蛋白饮料、调味和活性肽产品。在贝类质量与安全方面，在麻痹性贝类毒素脱除技术、贝类产地溯源技术的取得了重要进展，主要海域如广东经济贝类毒素监控体系、华南沿海贝类产品重金属含量及其膳食暴露评估体系亦已经基本建立。

（贝类产业技术体系首席科学家
张国范提供）

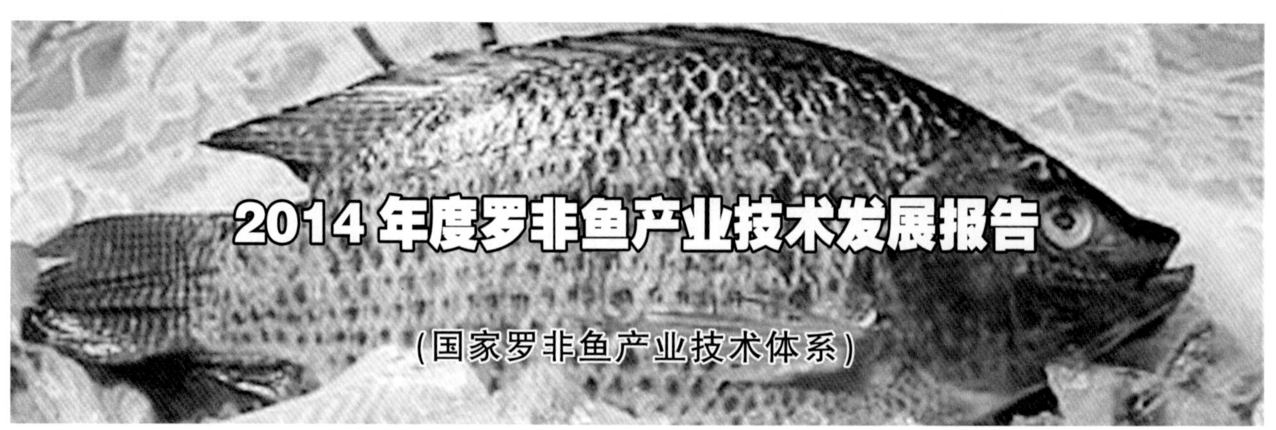

# 2014年度罗非鱼产业技术发展报告

（国家罗非鱼产业技术体系）

## 一、国际罗非鱼生产与贸易概况

### （一）国际罗非鱼生产

据联合国粮农组织（FAO）数据统计，全球罗非鱼产量呈逐年上升趋势，从2004年255万吨增长到2012年522万吨，年平均增长率为9.36%。2014年全球罗非鱼预测总产量大约为648万吨，其中养殖产量为577万吨，捕捞产量为71万吨。

### （二）国际罗非鱼贸易

2013年全球罗非鱼产品（不包括活罗非鱼及制作或保藏的罗非鱼）进出口总量（不包括再出口量和再进口量）为80.94万吨，比2012年增长了15.05%，进出口额为31.49亿美元，与2012年同期相比增长18.07%。其中，出口量为40.34万吨，出口额14.61亿美元，进口量为40.60万吨，出口额16.88亿美元。出口量排列前5位的国家有中国、印度尼西亚、泰国、美国、哥斯达黎加，分别占总出口量的79.93%、3.66%、2.53%、2.01%和1.92%等。中国是出口量最大的国家，2013年中国罗非鱼总出口量为40.36万吨，同比增长11.5%，中国罗非鱼占全球罗非鱼比例基本是呈上升趋势的。进口量排列前5位的国家有美国、墨西哥、俄罗斯、沙特阿拉伯和赞比亚，分别占总进口量的53.02%、12.84%、4.87%、3.02%和2.59%。2013年美国进口量为22.69万吨，进口额11.79亿美元，美国仍然是罗非鱼产品的最大进口国，同比增加8.46%。

### （三）国际罗非鱼市场

国际市场上罗非鱼产品以冻罗非鱼片、冻罗非鱼、鲜或冷罗非鱼片和鲜或冷罗非鱼为主。2014年罗非鱼主要进口国美国总进口量为23.07万吨，与2013年同比增加0.84%，进口额为11.14亿美元，增加7.78%。美国市场进口量最多的为冻罗非鱼片，其次为冻罗非鱼、鲜或冷罗非鱼片、鲜或冷罗非鱼和鲜或冷的罗非鱼肉，分别占总进口量的71.51%、17.27%、11.01%、0.19%和0.01%，同期增长分别为3.28%、－4.56%、－5.06%、－2.13%和－62.83%；进口平均价分别为5.02美元/千克、2.25美元/千克、7.65美元/千克、4.62美元/千克和4.74美元/千克，同期增长分别为6.34%、15.98%、4.37%、－6.96%和－35.25%（表1）。

**表 1 2014 年美国罗非鱼产品进口价格**

单位：美元/千克

| 项目＼月份 | 1 | 2 | 3 | 4 | 5 | 6 | 7 | 8 | 9 | 10 | 11 | 12 | 均价 |
|---|---|---|---|---|---|---|---|---|---|---|---|---|---|
| 冻罗非鱼片 | 5.03 | 5.11 | 5.40 | 5.35 | 5.41 | 5.42 | 5.33 | 5.10 | 4.72 | 4.67 | 4.74 | 4.68 | 5.02 |
| 冻罗非鱼 | 2.18 | 2.20 | 2.24 | 2.26 | 2.30 | 2.37 | 2.31 | 2.33 | 2.22 | 2.20 | 2.18 | 2.21 | 2.25 |
| 鲜或冷的罗非鱼片 | 7.41 | 7.46 | 7.61 | 7.63 | 7.68 | 7.75 | 7.73 | 7.45 | 7.81 | 7.82 | 7.87 | 7.68 | 7.65 |
| 鲜或冷的罗非鱼肉 | | | | | | | | | | 4.74 | | | 4.74 |
| 鲜或冷罗非鱼 | 3.34 | 6.81 | 5.91 | 6.12 | 4.23 | 6.25 | 6.72 | 3.40 | 3.62 | 3.55 | 4.25 | 5.57 | 4.62 |

从 2001—2014 年美国冻罗非鱼片的进口价格来看，中国历年来均低于其进口平均价格，价格较高的包括厄瓜多尔、中国台湾等国家和地区（表 2）。从 2001—2014 年美国冻罗非鱼的进口价格来看，绝大部分年份中国的价格都是低于其平均价格的（表 3）。

**表 2 2001—2014 年美国冻罗非鱼片进口价格**

单位：美元/千克

| 国家＼年份 | 2001 | 2002 | 2003 | 2004 | 2005 | 2006 | 2007 | 2008 | 2009 | 2010 | 2011 | 2012 | 2013 | 2014 |
|---|---|---|---|---|---|---|---|---|---|---|---|---|---|---|
| 中国大陆 | 3.53 | 3.47 | 3.28 | 3.03 | 3.04 | 3.04 | 3.06 | 4.17 | 3.63 | 3.78 | 4.43 | 4.07 | 4.43 | 4.94 |
| 印度尼西亚 | 4.98 | 5.06 | 4.95 | 4.72 | 4.89 | 5.03 | 4.99 | 5.84 | 6.41 | 6.76 | 6.51 | 6.50 | 6.92 | 6.70 |
| 中国台湾 | 3.38 | 4.04 | 4.06 | 3.35 | 3.59 | 3.96 | 4.21 | 5.42 | 5.31 | 4.60 | 6.43 | 7.34 | 6.06 | 6.86 |
| 泰国 | 3.57 | 3.91 | 4.01 | 4.19 | 4.24 | 4.76 | 10.95 | 4.18 | 5.60 | 5.24 | 5.63 | 6.02 | 6.41 | 6.23 |
| 厄瓜多尔 | 4.59 | 4.99 | 5.07 | 5.62 | 5.42 | 5.09 | 4.63 | 5.90 | 6.64 | 6.63 | 7.26 | 8.12 | 9.19 | 10.85 |
| 哥斯达黎加 | | 7.43 | 5.68 | 5.59 | 5.75 | | 5.83 | 9.68 | 6.89 | 6.15 | 6.86 | 6.08 | 6.21 | 7.03 |
| 马来西亚 | | | | | 1.64 | | | 4.57 | | | 5.30 | 6.55 | 6.45 | 7.17 |
| 巴拿马 | | 4.21 | 3.26 | 4.07 | 3.78 | 3.64 | 4.48 | 4.76 | 4.72 | 4.87 | 5.67 | 5.63 | 5.42 | 5.60 |
| 洪都拉斯 | | | | | | 5.76 | 5.67 | 7.19 | 6.39 | 6.48 | 6.36 | 6.45 | 5.61 | 5.88 |
| 中国香港 | | | | 3.19 | 2.99 | 3.31 | 2.75 | 3.80 | | 3.50 | 1.72 | 1.84 | 2.92 | 4.60 |

**表 3 2001—2014 年美国冻罗非鱼进口价格**

单位：美元/千克

| 国家＼年份 | 2001 | 2002 | 2003 | 2004 | 2005 | 2006 | 2007 | 2008 | 2009 | 2010 | 2011 | 2012 | 2013 | 2014 |
|---|---|---|---|---|---|---|---|---|---|---|---|---|---|---|
| 中国大陆 | 0.97 | 1.05 | 1.06 | 1.08 | 1.23 | 1.58 | 1.22 | 1.78 | 1.51 | 1.62 | 1.96 | 1.73 | 1.92 | 2.19 |
| 中国台湾 | 0.97 | 1.12 | 1.21 | 1.09 | 1.17 | 1.34 | 1.36 | 1.89 | 1.84 | 1.56 | 2.15 | 2.10 | 1.87 | 2.35 |
| 泰国 | 2.22 | 1.40 | 1.53 | 1.43 | 1.47 | 1.81 | 1.78 | 1.69 | 1.68 | 1.96 | 2.22 | 1.99 | 2.00 | 2.31 |
| 越南 | 2.75 | 3.37 | 2.35 | 2.31 | 2.66 | 2.80 | 2.39 | 2.43 | 2.42 | 2.55 | 2.43 | 2.79 | 2.63 | 2.74 |
| 巴拿马 | 2.56 | 1.12 | 1.13 | 0.91 | 1.64 | 1.15 | 1.47 | 1.63 | 1.72 | 1.54 | 1.53 | 1.80 | 1.79 | 1.91 |

（续）

| 国家＼年份 | 2001 | 2002 | 2003 | 2004 | 2005 | 2006 | 2007 | 2008 | 2009 | 2010 | 2011 | 2012 | 2013 | 2014 |
|---|---|---|---|---|---|---|---|---|---|---|---|---|---|---|
| 菲律宾 | 1.22 | | 1.90 | 2.18 | 1.25 | 1.59 | | 2.55 | 3.77 | 2.03 | 2.21 | 2.52 | 3.14 | 4.01 |
| 厄瓜多尔 | 4.15 | 3.11 | 1.92 | 2.22 | 2.99 | 2.89 | 2.02 | 2.36 | 2.06 | 2.28 | 3.63 | 3.63 | 3.67 | |
| 印度 | | | | | 2.42 | | | | | 0.97 | 1.31 | 1.67 | 1.39 | 1.63 |
| 中国香港 | | 0.96 | 1.21 | 1.22 | 2.17 | 1.31 | 1.29 | 1.83 | | | 2.01 | 1.80 | 1.76 | |
| 印度尼西亚 | 2.26 | 1.09 | 1.75 | 1.16 | 3.98 | 3.56 | 6.20 | 4.33 | 1.31 | 2.28 | 3.20 | 2.85 | 1.78 | |

## 二、国内罗非鱼生产与贸易概况

### （一）国内罗非鱼生产

2013年全国罗非鱼养殖总产量为166万吨，比2012年增长7.1%，罗非鱼养殖总产量占全国淡水养殖鱼类总产量的5.9%，与2012年基本持平。全国29个省市养殖生产罗非鱼，主产区仍是广东、海南、广西、福建和云南，罗非鱼养殖产量分别为70.0万吨、35.5万吨、28.6万吨、12.7万吨、12.3万吨，占全国罗非鱼养殖总产量的42.2%、21.4%、17.3%、7.7%、7.4%。2014年全国罗非鱼养殖估算总产量为170万吨，比2013年增长2.5%。

### （二）国内罗非鱼贸易

2014年我国罗非鱼加工出口企业有133个，比2013年减少了8.90%，产品销往97个国家或地区，比2013年增加6.6%。2014年中国罗非鱼总出口量为39.5万吨，同比下降2.1%，总出口额为15.3亿美元，同比上涨5.6%。我国罗非鱼的出口目的国有97个，主要的前5个国家出口额占总出口额的75.6%，其中美国、墨西哥、科特迪瓦、伊朗和以色列分别占总出口额的53.1%、13.1%、3.3%、3.0%和3.0%。我国罗非鱼出口有10个省（直辖市），主要的前5个地区出口额占总出口额的99.8%，其中广东、海南、广西、福建和云南的出口额分别占总出口额的43.5%、25.6%、18.1%、9.8%和2.9%。罗非鱼出口产品的主要品种有冻罗非鱼片、冻罗非鱼、制作或保藏的罗非鱼（整条或切块）和活罗非鱼，活罗非鱼主要供应中国香港和中国澳门。2014年前3个产品的出口额分别占总出口额的75.1%、21.3%和3.4%，每千克平均出口价分别为4.80美元、2.27美元和4.75美元，分别同比增长4.2%、4.4%和−0.6%。活罗非鱼出口量约为903.5吨，平均价格为2.68美元/千克，比2013年增长24.2%。

### （三）国内罗非鱼市场

罗非鱼国内市场的主要产品以鲜活罗非鱼为主，规格为每尾250克以下、250～500克、500～750克以及750克以上的鲜活罗非鱼平均塘口价、平均批发价、和平均零售价见表4。2013年受前二年市场、自然灾害以及养殖病害的影响，罗非鱼养殖面积和数量明显下降，许多养殖户减少或放弃了罗非鱼养殖，2014年国际市场有了明显好转，罗非鱼成鱼价格上涨，在第一、二季度连续攀升，养殖户对罗非鱼养殖信心一度恢复，然而受下半年国内市场物价下跌，冬季加工厂订单大量减少又恰逢出鱼量高峰的影响，导致罗非鱼价格在 10 月份后开始下跌。与 2013 年相比，罗非鱼塘口价上升了 2.50%，批发价上升了 2.97%，零售价下降了 6.86%。2013 年 12 月至 2014 年 12 月不同规格的罗非鱼塘口价、批发价和零售价见表 5～表 7。

**表 4　2014 年罗非鱼主产区鲜活罗非鱼价格行情**

| 规格（克/尾） | 平均塘口价（元/千克） | 平均批发价（元/千克） | 平均零售价（元/千克） |
|---|---|---|---|
| ＜250 | 3.97 | 4.97 | 6.17 |
| 250～500 | 7.75 | 8.48 | 10.00 |
| 500～750 | 10.30 | 10.98 | 12.77 |
| ＞750 | 12.40 | 13.74 | 14.00 |

**表 5　2013 年 12 月至 2014 年 12 月鲜活罗非鱼塘口价**

单位：元/千克

| 规格（克/尾） | 2013 12 | 2014 1 | 2014 2 | 2014 3 | 2014 4 | 2014 5 | 2014 6 | 2014 7 | 2014 8 | 2014 9 | 2014 10 | 2014 11 | 2014 12 | 均价 |
|---|---|---|---|---|---|---|---|---|---|---|---|---|---|---|
| ＜250 | 3.74 | 3.59 | 3.98 | 4.13 | 4.48 | 4.55 | 4.06 | 4.03 | 3.53 | 3.53 | 3.67 | 3.15 | 3.63 | 3.85 |
| 250～500 | 7.46 | 7.87 | 7.29 | 7.98 | 8.67 | 8.72 | 8.32 | 6.41 | 6.04 | 6.38 | 6.17 | 5.36 | 6.31 | 7.15 |
| 500～750 | 9.62 | 9.19 | 9.70 | 10.21 | 10.75 | 10.72 | 10.39 | 9.18 | 8.87 | 9.05 | 8.62 | 7.57 | 8.42 | 9.41 |
| ＞750 | 11.40 | 11.64 | 12.48 | 13.58 | 14.00 | 14.10 | 14.10 | 12.17 | 11.30 | 12.38 | 11.58 | 11.50 | 10.20 | 12.34 |

**表 6　2013 年 12 月至 2014 年 12 月鲜活罗非鱼批发价**

单位：元/千克

| 规格（克/尾） | 2013 12 | 2014 1 | 2014 2 | 2014 3 | 2014 4 | 2014 5 | 2014 6 | 2014 7 | 2014 8 | 2014 9 | 2014 10 | 2014 11 | 2014 12 | 均价 |
|---|---|---|---|---|---|---|---|---|---|---|---|---|---|---|
| ＜250 | 5.00 | 4.77 | 4.82 | 5.23 | 5.49 | 5.48 | 4.86 | 4.98 | 4.55 | 5.05 | 5.03 | 4.27 | 3.63 | 4.86 |
| 250～500 | 8.12 | 8.66 | 8.52 | 8.79 | 9.68 | 9.54 | 8.52 | 7.54 | 6.86 | 7.24 | 7.28 | 6.42 | 6.96 | 8.01 |
| 500～750 | 10.72 | 10.46 | 10.71 | 11.15 | 11.64 | 12.05 | 11.36 | 10.50 | 10.33 | 10.77 | 9.91 | 9.07 | 9.54 | 10.63 |
| ＞750 | 12.50 | 12.70 | 14.10 | 15.37 | 15.50 | 15.80 | 15.90 | 13.83 | 13.10 | 13.90 | 12.50 | 12.50 | 11.50 | 13.78 |

表 7　2013 年 12 月至 2014 年 12 月鲜活罗非鱼零售价

单位：元/千克

| 规格（克/尾） | 2013 12 | 2014 1 | 2014 2 | 2014 3 | 2014 4 | 2014 5 | 2014 6 | 2014 7 | 2014 8 | 2014 9 | 2014 10 | 2014 11 | 2014 12 | 均价 |
|---|---|---|---|---|---|---|---|---|---|---|---|---|---|---|
| ＜250 | 6.60 | 6.23 | 5.99 | 6.32 | 6.86 | 6.95 | 6.15 | 6.14 | 5.51 | 6.13 | 5.91 | 5.07 | 6.18 | 6.16 |
| 250～500 | 9.79 | 9.78 | 9.91 | 10.29 | 11.28 | 11.30 | 10.48 | 9.20 | 8.27 | 9.07 | 8.84 | 7.99 | 9.42 | 9.66 |
| 500～750 | 12.88 | 13.03 | 13.07 | 13.47 | 14.33 | 14.42 | 13.92 | 13.27 | 13.34 | 12.94 | 12.07 | 11.85 | 12.38 | 13.15 |
| ＞750 | 14.79 | 15.40 | 16.75 | 17.90 | 18.75 | 18.50 | 18.50 | 16.90 | 16.50 | 16.90 | 15.50 | 15.50 | 14.50 | 16.65 |

## 三、国际罗非鱼产业技术研发进展

### （一）遗传育种

在遗传育种方面，科威特学者利用正反交实验选育出具有耐盐性的罗非鱼品系，适合在海水中养殖。美国、以色列和日本等国学者则对调节渗透压适应高盐环境的耐盐机制方面进行了广泛研究。在性别控制方面，比利时学者发现罗非鱼胚胎发育初期用性染色体阻遏剂或促进剂进行处理能够显著影响其性别逆转，而将胚胎短期暴露在类固醇或芳香化酶抑制剂中也会导致性逆转，法国学者发现雌激素 E2 的合成影响了胰岛素样生长因子的表达，进而导致了罗非鱼性别间的生长差异。

### （二）养殖

研究集中在罗非鱼与其他品种搭配混养和混养比例的确定等方面，孟加拉国、坦桑尼亚、墨西哥、以色列和巴西等国分别开展了罗非鱼与对虾、鲶鱼、玛雅丽鱼、青蛙等混养的试验，研究显示混养后罗非鱼及混养品种的养殖产量和成活率得到显著提升。养殖水环境调控方面，巴西开展通过浮萍净化污水、加工浮萍成球状饵料投喂罗非鱼，发现主要生长指标与投喂商业饵料间无显著差别，研究结果有助于废水资源化利用和环境保护；印度尼西亚学者发现生物絮凝技术能显著提升罗非鱼幼苗的生长性能和非特异性免疫能力；肯尼亚学者研究发现棕榈壳对养殖废水中的氨氮、亚硝氮、硝氮、悬浮性固体等都具有较好的净化效果，有助于改善罗非鱼养殖水质。

### （三）营养与饲料

新蛋白源开发利用仍然是国际关注的热点，土耳其、美国和德国科学家分别发现用花生粕可替代饲料中 20%的鱼粉，酒糟蛋白可替代 30%的混合蛋白，麻风树籽粕可替代 75%的鱼粉，而泰国和美国学者认为用酵母发酵的菜籽粕可完全替代豆粕，用藻蛋白加 3.8%的磷酸氢钙可完全替代玉米蛋白粉，巴西学者选用紫苏油替代葵花籽油，提高了鱼体的多不饱和脂肪酸含量。巴西、巴基斯坦和美国等国学者获得了不同生长阶段和养殖环境下蛋白质的需要量，发现雌亲鱼在蛋白水平为 38%时繁殖能力最强，流水中为 35%～40%，而高密度循环水中为 32%，内陆咸水养殖幼鱼需 29%；在添加剂研究方面，法国学者发现添加 2 000 单位/千克的 6-植酸酶可显著提高饲料利用率和磷利用率。

### （四）病原检测和病害控制

链球菌病仍然是世界上养殖罗非鱼的主要疾病，以色列发现了一种新的RNA病毒。对于病原检测除了常规的细菌学、寄生虫学检测技术外，细菌病原16S rRNA基因、RT-PCR、脉冲场凝胶电泳技术及寄生虫病原28S rRNA基因分子标记技术的使用仍然较普遍。在病害防治方面，各国纷纷通过饲料添加β-葡聚糖、黄芪多糖等免疫增强剂，或多香果、夏枯草、百里香、迷迭香等植物及相关提取物、枯草芽孢杆菌等益生菌，来替代抗生素的使用。美国完成了海豚链球菌和无乳链球菌的全基因组序列，目前各国均在积极开发罗非鱼链球菌病疫苗及其佐剂。马来西亚学者研制了可表达细胞壁表面锚定蛋白家族的无乳链球菌口服疫苗。古巴学者开发了一种罗非鱼α—螺旋抗菌肽分子佐剂，可有效增强罗非鱼亚单位疫苗的免疫原性。

### （五）加工技术

国外研究继续集中于罗非鱼的加工副产物的利用。巴西学者优化了罗非鱼皮提取胶原蛋白的工艺，分析了酸碱处理、提取温度和提取时间对胶原蛋白的产率、黏度和凝胶强度的影响，得到了最优的提取工艺；巴西学者通过脱胶、洗涤、干燥、过滤等一系列工艺流程，从尼罗罗非鱼废弃物中提取鱼油并进行纯化，产品在酸度、过氧化值上优于粗鱼油；此外还在罗非鱼片加工废弃物鱼肠中提取蛋白酶，制作出蛋白水解物与商业蛋白酶比较性价比较高，适合作为蛋白原料应用在水产饲料中。

## 四、国内罗非鱼产业技术研发进展

### （一）遗传育种

数量遗传统计、个体物理标识、家系选育、选择育种等技术的综合运用广泛应用于罗非鱼良种培育中，获得国家级水产新品种“中威1号”吉富罗非鱼和吉奥罗非鱼，其选育技术分别为数量遗传学BLUP分析与家系选育相结合的综合选育方法和杂交育种。SNP、微卫星、线粒体DNA控制区、DNA指纹技术等分子标记技术广泛应用于罗非鱼种质资源鉴定、品种间亲缘关系、杂交后代亲权关系和亲子鉴定等相关研究中。上海海洋大学利用可数性状、可量性状和框架性状等基础生物学研究方法比较分析了杂交罗非鱼后代$F_1$、$F_2$形态性状的遗传与变异特征，获得了杂交罗非鱼后代的遗传倾向和遗传规律。

### （二）养殖

根据主产区气候和地形水文特点，继续因地制宜地完善诸多养殖模式。广东、海南、广西等南方罗非鱼主产区继续推广普及水库网箱养殖、稻田养殖、流水高密度等收益较高的养殖模式；同时根据当地需求混养淡水白鲳、鲈、大黄鱼、对虾、蟹、鳖等水产品种；广东、福建地区在夏季高温养殖期间，利用微生态制剂调控池塘水质技术，在改善水环境，增强罗非鱼机体免疫能力，降低链球菌等病害发生概率；引用“生物浮岛”技术，开展了罗非鱼—水培植物（包括蔬菜、中草药）的“复合池塘生态养殖技术”试验示范。北方地区开展了温室大棚罗非鱼与兰花的立体养殖、罗非鱼套养淡水石斑鱼、高寒盐碱地池塘精养模式推广。

### （三）营养与饲料

新饲料源的开发利用也是我国学者关注的热点，如酶解小肽可以替代秘鲁鱼粉，日粮中添加植酸酶可减少日粮中40%左右的磷酸二氢钙使用量，水解羽毛粉可部分替代奥尼罗非鱼幼鱼饲料中的豆粕或棉粕，以亚麻籽油替代50%鱼油时罗非鱼的生长效果最好。长江水产研究所、西南大学和淡水渔业研究中心等单位对罗非鱼的有效磷、蛋氨酸、苏氨酸、亮氨酸和泛酸等营养素需要量进行了重点研究。在饲料添加剂的开发和应用方面，L-苹果酸和葡多酚可提高肠消化和吸收能力，枯草芽孢杆菌和富硒益生菌可提高罗非鱼的免疫力和抗氧化功能。

### （四）病原检测和病害控制

无乳链球菌为主要病原的链球菌病仍然是罗非鱼危害最严重的疾病，其流行血清型和基因型具有地域特性。双重PCR方法、双抗体夹心ELISA检测方法及LAMP等快速检测体系的建立和应用，为罗非鱼无乳链球菌病预警与控制提供了技术支撑。在病害防治方面，通过在饲料中添加含中草药，如复方提取物“三黄连合剂”、鱼腥草等，以及果寡糖等免疫添加剂，通过增强鱼体非特异性免疫能力来进行疾病预防，也是我国的研究热点。疫苗研究方向从全菌灭活疫苗转向基因工程疫苗开发和疫苗佐剂筛选，亚单位疫苗的相对免疫保护率比2013年有显著提高，达到69%～89.00%。广西水产科学研究院构建了海豚链球菌突变株进行弱毒活疫苗开发，广东海洋大学和西川农业大学则研究表明无乳链球菌Sip-GAPDH嵌合核酸疫苗和SL/pVAX1-sip口服DNA疫苗在链球菌病防治中具有潜在应用价值。

### （五）加工技术

罗非鱼片保藏保鲜新技术方面，上海海洋大学优化了罗非鱼片冰温贮藏过程中真空冷诱导前处理工艺，较好地保持了鱼片鲜度和游离氨基酸含量；海南大学研究开发了茶多酚EGCG、食用明胶等保鲜添加剂，南海水产研究所开发出海藻酸钠、黄原胶和谷氨酰胺转氨酶等新型保水剂，有效提高冷藏罗非鱼的品质并延长了保鲜期。除了传统的冷冻产品、干制品、腌熏制品外，食盐焗罗非鱼干、罗非鱼罐头食品、方便休闲食品的加工技术得到了很大发展，产品色泽及口感好，食用方便。加工副产物利用方面，从鱼鳞提取胶原蛋白制作凝冻休闲食品、鱼皮中提取明胶、血液中提取血红素等工艺的研发，提升了罗非鱼下脚料的利用效率。

（罗非鱼产业技术体系首席科学家杨弘提供）

# 2014年度鲆鲽类产业技术发展报告

(国家鲆鲽类产业技术体系)

## 一、国际鲆鲽类生产与贸易概况

### (一) 世界鲆鲽类捕捞及养殖情况

据联合国粮农组织（FAO）2014年数据，2012年世界鲆鲽类产量117.2万吨，同比2011年减少0.6%。其中，捕捞量99.0万吨，同比减少1.0%，养殖产量18.2万吨，同比增长1.6%。2012年世界鲆鲽类生产格局无明显变化，但主产国产量有变化。太平洋北部和大西洋北部仍是鲆鲽类资源集中分布区域，印度洋地区产量同比减少约10.0%。2012年，格陵兰庸鲽、欧鲽、岩鲽、欧洲川鲽和帆鳞鲆产量同比增加，岩鲽增幅24.8%；美首鲽和黄尾鲽降幅超20.0%。2014年，欧盟成员国在大西洋北部水域的鲆鲽类捕捞配额总量为188 196.4吨，比2013年减少24 219吨。其中，2014年太平洋北部海域太平洋庸鲽捕捞配额设定为12 481吨，较2013年减少11.3%。亚洲方面，据日本2014年4月数据，2013年日本鲆鲽类产量5.6万吨，与2012年持平，其中，捕捞量5.34万吨，同比增加0.9%；养殖量2 600吨，同比减少16.1%。据韩国统计网站数据，2014年上半年，韩国养殖牙鲆产量20 746吨，同比增加8.2%，产值同比减少13.5%；养殖面积233.7万米$^2$，增幅7.2%。

### (二) 世界鲆鲽类贸易情况

2014年，世界主要市场鲆鲽类产品集散量和价格波动较大，总体呈上行态势。法国伦吉斯市场大菱鲆价格先降后升，总体呈下降态势。西班牙莫卡巴那水产市场鲆鲽类销量总体呈上升态势，其中鲜舌鳎销量最大。丹麦汉斯特霍尔姆鱼市场鲆鲽类产品销量与2013年同比下降约8%，价格高于2013年。日本札幌市场鲆鲽类产品价格波动大，主体呈下行态势。韩国鹭梁津市场鲆鲽类产品集散量比2013年有所上升，价格总体呈震荡上升态势，牙鲆波动较大。2014年，世界鲆鲽类主要进出口国贸易规模萎缩，产品结构和市场结构变化不大，新兴经济体对鲆鲽类的消费潜力进一步释放。冰岛、美国和韩国等主要鲆鲽类出口国产品出口额分别下降28.5%、2.5%和18.7%。2014年，美国和韩国鲆鲽类进口额分别下降0.84%和7.38%。美国对加拿大、墨西哥和阿根廷等美洲国家的鲆鲽类进口增加，对中国、泰国和新西兰等国的进口减少。韩国鲆鲽类进口总额缩减，但舌鳎进口大增。

## 二、国内鲆鲽类生产与贸易概况

### （一）国内鲆鲽类生产情况

根据国家鲆鲽类产业技术体系各综合试验站调查数据，2014 年体系示范区县鲆鲽类工厂化养殖总面积为 723.39 万米$^2$，比 2013 年增长 0.34%；网箱养殖面积为 36.07 万米$^2$，比 2013 年减少 19.94%；池塘养殖面积为 8 540.0 亩，比 2013 年大幅增长 55.27%。三大主要品种中，大菱鲆养殖面积为 587.61 万米$^2$，比 2013 年下降 2.46%；牙鲆和半滑舌鳎养殖面积分别为 45.69 万米$^2$ 和 87.25 万米$^2$，与 2013 年相比分别增长 24.77%及 12.36%。2014 年体系跟踪示范区县鲆鲽类总产量为 7.49 万吨，较 2013 年增长 4.21%。其中，大菱鲆产量为 5.99 万吨，占总产量 79.94%，较 2013 年增长 6.45%；牙鲆产量为 9 896.0 吨，占总产量的 13.21%，较 2013 年下降 14.09%；半滑舌鳎产量为 4 782.30 吨，占总产量的 6.38%，较 2013 年增长 23.32%。

### （二）国内鲆鲽类贸易情况

2014 年，我国鲆鲽类产品进出口规模进一步扩大。全国鲆鲽类产品进出口总额为 83 619.77 万美元，进出口量为 300 756 吨，同比 2013 年分别增加 2.68%和 1.69%，分别占水产品总体份额的 2.71%和 3.56%。按照海关统计分类，冻比目鱼鱼片出口规模最大，出口额和出口量分别占鲆鲽类出口总体的 79.96%和 75.52%，其中冻格陵兰庸鲽是进出口规模最大的单项种类。2014 年，我国与 72 个国家和地区有鲆鲽类进出口往来。其中，出口 54 个国家和地区，进口来自 27 个国家和地区。出口日本的规模最大，金额和数量分别占该项的 32.87%和 31.15%；美国的进口规模最大，金额和数量分别占该项的 59.87%和 73.08%。2014 年，全国有 15 个省市有鲆鲽类产品进出口记录，比 2013 年增加了 1 个。其中，辽宁鲆鲽类进出口规模依然最大，山东次之。值得关注的是，在外部环境变化、产品价格低位运行、城市化及信息化浪潮等因素的综合影响下，鲆鲽类主要产品消费方式正在转型，国内产品市场出现了新的变化，产品电子商务交易平台建设开始发展，家庭消费、网络营销正在兴起，使得产品的国内市场基础更加坚实。

## 三、国际鲆鲽类产业技术研发进展

### （一）鲆鲽类育种与繁育技术

2014 年，国外对鲆鲽鱼类的遗传改良主要集中在鲆鲽鱼类的主要品种大菱鲆、牙鲆和塞内加尔鳎等种类。其中，对大菱鲆取得了较大研究进展。调研文献发现，国外主要采用分子生物学方法继续开展分子辅助育种研究；其他方法如传统的数量遗传学选育研究和较为前沿的全基因组育种方法在本领域尚未见有报道。西班牙圣地亚哥联合大学利用 RAPD 筛选技术在大菱鲆雌核发育个体中鉴定出一条与性别相关的 DNA 序列；通过荧光原位杂交技术（FISH）利用 BAC 克隆整合大菱鲆遗传图谱和细胞遗传图谱；开发了第一代锚定到大菱鲆遗传连锁图谱和细胞遗传图谱的 BAC 克隆探针面板。西班牙格拉纳达大学和西班牙圣地亚哥・德孔波斯代拉大学构建了塞内加尔鳎第一个基于微卫星的单倍体遗传图谱。日本Marua Suisan水产有限公司研发部、日本大学生物科学学院和爱媛大学南爱媛水产研究中心合作开展了利用微卫星标记对骨化不完全的牙鲆幼鱼进行亲子鉴定研究，谱系选择将是预防这种畸形的有效手段。

随着对重要鲆鲽类苗种人工繁育技术流程的熟化，通过加强基础研究揭示养殖环境变化对早期发育的影响机理，提升苗种生产质量，成为当前国际鲆鲽类苗种繁育产业技术研发的一个重要趋势。2014年度相关学者就塞内加尔鳎苗种的早期发育、营养强化、白化率等方面展开了研究；针对大西洋牙鲆，研究了养殖环境中$CO_2$含量对早期胚胎及仔稚鱼的存活及生长存在显著影响；同时研究了星斑川鲽与石鲽正反交后代的发育规律等。上述研究为塞内加尔鳎、星斑川鲽、大西洋牙鲆、大西洋庸鲽、牙鲆、半滑舌鳎等养殖品种苗种培育过程中的营养强化和三倍体诱导控制等提供了理论依据。

### （二）鲆鲽类养殖模式与工程技术

2014年，工厂化养殖装备方面，国外学者对生物滤器的反硝化性能进行了研究。通过对滤器运行参数的优化、滤料的改进等形式实现滤器的反硝化功能。美国西弗吉尼亚淡水研究所对流化床生物滤器的反硝化性能进行了研究，当滤器的水力停留时间为15分钟时，滤器对硝酸盐的去除率及去除负荷分别为26.9%和402克/（米$^3$·天），其去除效率与进水溶解氧和碳氮比例有关。挪威科技大学对膜过滤技术在养殖系统中的应用进行了深入的研究，结果发现采用该技术时鱼类体重比常规养殖系统高出13%，浊度明显降低，水体内的细菌总数减少80%。网箱技术研发方面，德国GAATEM公司历时4年开发出BECK-Fish可移动下潜式圆柱形养殖网箱。这种移动式网箱可设置于开放海域，在风暴天气时能下潜到海面波谷下7米深处，确保网箱设施和养殖鱼类的安全。美国FLEXGARD公司继续加强网衣防污处理新产品的研发，并在丹麦、意大利设立代理机构，推广研发的新型网衣防污涂料。池塘养殖方面，研究人员日益重视池塘养殖生物的基础生理参数研究。美国正在开发一种基于陆基工厂和池塘接力的海水“鱼菜共生”养殖系统，可充分利用工厂化养鱼排放的营养物质养殖海水蔬菜，同时依靠海水蔬菜的生物修复功能实现水质净化，达到养殖鱼类和海水蔬菜的双丰收。高效养殖模式方面，国外学者重点对循环水养殖生物和水质处理等方面开展了研究，分析了环境胁迫对养殖鱼类的影响，为集约化养殖设施提供关键的生物参数。

### （三）鲆鲽类疾病防控技术

2014年报道的鲆鲽类的主要细菌性病原包括腹水病病原迟缓爱德华氏菌、出血性败血症病原弧菌属细菌、巴斯德菌病病原美人鱼发光杆菌等。鲆鲽类的病毒性病原包括大菱鲆疱疹病毒、病毒性出血性败血症病毒和虹彩病毒（肿大病毒）等。盾纤毛虫等寄生虫依然是鲆鲽鱼类产业的巨大威胁。在防治鲆鲽类细菌性与病毒性疾病方面，国外早已研制和使用了商业化的疫苗，而我国尚在研制中。在鱼病防控方面，多价载体疫苗、亚单位疫苗及以环境友好技术为基础的微生态制剂、免疫增强剂等新型水产药物逐渐成为国际渔药界的研制热点。

### （四）鲆鲽类营养与饲料技术

2014 年，国际上有关鲆鲽类营养研究的重点主要在集中在以下几个方面，首先是鱼粉替代和氨基酸研究，还有植物油替代、脂肪和脂肪酸研究，此外是益生菌、维生素和藻类等添加剂的应用研究，另有少量关于糖类代谢的研究。研究对象包括大菱鲆、牙鲆、半滑舌鳎、大西洋鳙鲽等，研究焦点集中在大菱鲆。国外对鲆鲽类营养研究目前仍不够系统和全面，对于营养机理的研究仍相对较为薄弱。

### （五）鲆鲽类产品质量安全控制与加工技术

国际上对包括鲆鲽鱼在内的海水鱼类研究日益增强，热点正逐渐转向新型的质量安全控制技术的开发，尤其是对新型、快速、无损检测技术的开发。国外学者使用噬菌体代替传统的保鲜防腐剂应用到海水鱼的贮藏保鲜中，不仅可有效抑制细菌的生长繁殖，而且对鱼类的防腐保鲜作用显著；利用便携式近红外光谱仪，结合化学计量学分析，以 $K$ 值为指标，建立了多种银白鲑新鲜度的预测模型。利用快速、无损、简便的方法开发新型质量安全控制技术，对鱼类产品的质量安全至关重要，可借鉴用于鲆鲽鱼产地溯源、原料新鲜度、贮藏期理化性质变化、产品质量评价等方面。

## 四、国内鲆鲽类产业技术研发进展

### （一）鲆鲽类育种与繁育技术

2014 年，我国采用数量遗传学、分子生物学以及数量遗传学和分子生物学相结合的方法对鲆鲽鱼类主要遗传改良品种大菱鲆、牙鲆和半滑舌鳎的选育进行研究，较为前沿的全基因组育种方法在本领域尚未见有报道。中国水产科学院黄海水产研究采用数量性状发育动态遗传分析技术，开展了大菱鲆体重性状在不同生长期的基因遗传效应进行了分析。在大菱鲆耐温选育方面，黄海水产研究所所利用 WOMBAT 程序采用平均信息约束极大似然法对大菱鲆稚鱼耐温性状的遗传参数进行了评估。南京农业大学、中国水产科学院黄海水产研究所等单位采用非求导约束极大似然法，联合开展了不同低温养殖时间对大菱鲆生长性能及数量性状遗传力的影响。对牙鲆的遗传改良方面，主要采用传统分子生物学方法对选育品种的生长、抗病等遗传性状进行分析。在牙鲆育种新技术的应用上，中国水产科学院首次把畜牧、植物育种上较为成熟的灰色关联度分析方法应用到牙鲆主要生长性状与体质量的关联分析上。对半滑舌鳎的遗传改良方面，国内基本上还是以较为传统的分子生物学技术为主导，新技术和新方法的研发及应用尚未见报道。新品种培育方面，2014 年黄海水产研究所等培育出具有快速生长、高成活率性状的大菱鲆新品种“多宝 1 号”。

2014 年国内报道了有关漠斑牙鲆、牙鲆、大菱鲆、半滑舌鳎等鲆鲽类人工繁育的最新研究结果，研究发现漠斑牙鲆垂体中促黄体素 β 亚基的表达与卵巢发育存在正相关性、光照周期对褐牙鲆幼鱼摄食量和饲料转化效率产生了显著影响；研究发现半滑舌鳎野生群体的后代白化率较低，白化同时会伴随一定比例的眼睛异常，白化个体生长甚至会超过正常个体，同一家系中白化个体的抗病性要优于正常个体。此外，星斑川鲽精子超低温冷冻保存方法、牙鲆和星斑川鲽杂交三倍体等工作也取得了较大进展。上述研究为大菱鲆、牙鲆、半滑舌鳎和漠斑牙鲆等亲鱼性腺诱导发育成熟技术及苗种培育过程中环境因子调控和营养强化技术的优化提供了理论参考。

### （二）鲆鲽类养殖模式与工程技术

2014年，工厂化养殖装备方面，国内重点开展了高效生物滤器、清洁能源、养殖系统集成等方面的研究工作。中国水产科学研究院渔业机械仪器研究所研究形成一种流化砂床生物滤器低温快速挂膜方法，采用接种原滤料15%方式，滤器运行9天就能完成挂膜过程，在16～18℃工况下，对于氨氮的去除负荷维持在157～331克/（米$^3$·d），优于其他挂膜方式。渔机所对清洁能源应用技术进行了研究，总结了循环水养殖系统热量需求的计算方法和太阳能供热系统的设计计算方法，设计构建一套“太阳能+机组”联用自动温控系统，能耗相对于单机组可减少30%以上。另外，对自动投饲、水质监测和视频监视技术进行了集成，完成一种工厂化养殖多功能自动工作平台设计，并初步完成系统组装。网箱养殖技术方面，体系专用养殖网箱岗位研究团队首次验证了双层网底网箱养殖鲆鲽类的可行性；试制出HDPE圆形升降式养殖网箱，实现了网箱升降控制功能；研制出新一代网箱水下观察设备和养殖环境监测系统。此外，为实施深远海养殖发展战略，中国水产科学研究院渔业机械仪器研究所等单位积极开展了大型养殖工船及搭载网箱养殖技术研发，目前项目已进入实质性推进阶段。池塘养殖模式方面，我国学者提出了一种淡水工程化池塘循环水养殖模式，养殖废水处理效果和循环利用效果良好。在池塘生态混养方面，从生态位角度组合搭配养殖品种，提高养殖生物间能量循环利用效率，可达到生态高效生产。本体系池塘养殖工程岗位自主构建了一套鲆鲽类工程化池塘循环水养殖系统，完善了设计工艺参数，配套研制了高效增氧、饵料自动投喂和水质自动监测设备，形成了高效养殖技术工艺。

### （三）鲆鲽类疾病防控技术

目前国内尚无一例商业许可的鲆鲽类专用疫苗。体系岗位科研团队，华东理工大学研究人员采用基因工程手段获得免疫效果显著的减毒活疫苗株，以浸泡给药方式免疫保护率达到80%以上，有望开发出鲆鲽类专用的预防腹水病和弧菌病减毒活菌疫苗。其中抗弧菌病疫苗获得我国首例海水鱼用疫苗转基因生物安全证书并完成农业部临床试验数据申报，效果显著。腹水病疫苗完成了农业部批准的临床试验并进入新兽药注册证申报环节，现已完成药证审批复检，有望在2015年获得我国首例大菱鲆腹水病弱毒活疫苗证书。研究利用减毒疫苗构建抗病毒和寄生虫的多价载体疫苗、安全可控的菌蜕疫苗以及其他创新疫苗。与灭活疫苗、亚单位疫苗和DNA疫苗相比，减毒或灭活疫苗具有高效、成本低、给药方便（非注射）等优点，具有巨大的市场需求和商业价值。

### （四）鲆鲽类营养与饲料技术

2014年，继续开展鲆鲽类幼鱼营养学研究，主要涉及大菱鲆脂肪酸代谢和替代脂肪源开发、功能性氨基酸代谢以及中草药等添加剂的研究，在此基础上优化了相应的饲料配方。在仔稚鱼营养研究中，研究涉及功能性氨基酸、核苷酸和不饱和脂肪酸适宜添加量等方面。亲鱼营养学研究方面，研究焦点集中在鱼粉替代对于后代质量影响的方面，填补了国内在该领域的研究空白。

### （五）鲆鲽类产品质量安全控制与加工技术

2014 年，国内新建鲆鲽类生食鱼片加工生产线一条，形成年加工 1 000 吨以上的规模，建成低温流通系统，市场正在逐步开拓中。加工生食鱼片剩余部分开发制成大菱鲆鱼皮制品大菱鲆鱼头制品、等加工制品，将副产物高值化利用，提高原料利用率和附加值。利用紫外光、X 射线等无损检测手段，研究确定鱼片中骨刺的无损检测性能和识别特征，建立鱼片异杂物无损检测信息支持平台集成开发新装置，目前行业里正在普及推广的技术。此外，通过对河北和山东两省的鲆鲽鳎类养殖企业进行的现场调研，针对渔用投入品质量安全开展了摸底调查，调查共采集样品 58 批次，重点检测硝基呋喃类、氯霉素、孔雀石绿、结晶紫、己烯雌酚和五氯酚钠等禁用药物，磺胺类、喹诺酮类等药物以及总汞等 28 项指标，共获得检测数据 807 个，结果显示目前两省该系列产品质量安全状况较好。

（鲆鲽类产业技术体系首席科学家雷霁霖提供）